SUSTAINABLE PROFITABILITY

THE THOUGHTS AND METHODS
OF TRADING SYSTEM CONSTRUCTION

持续盈利

交易系统构建的思想与方法

戚春涛 著

企业管理出版社
ENTERPRISE MANAGEMENT PUBLISHING HOUSE

图书在版编目（CIP）数据

持续盈利：交易系统构建的思想与方法 / 戚春涛著 .
北京：企业管理出版社，2025. 3（2025.7 重印）
ISBN 978-7-5164-3246-4

Ⅰ . F275.4

中国国家版本馆 CIP 数据核字第 202586QF84 号

书　　名：	持续盈利：交易系统构建的思想与方法
作　　者：	戚春涛
责任编辑：	尚　尉
书　　号：	ISBN 978-7-5164-3246-4
出版发行：	企业管理出版社
地　　址：	北京市海淀区紫竹院南路17号　　邮编：100048
网　　址：	http：//www.emph.cn
电　　话：	编辑部（010）68414643　发行部（010）68417763　68414644
电子信箱：	qiguan1961@163.com
印　　刷：	三河市东方印刷有限公司
经　　销：	新华书店
规　　格：	170毫米×240毫米　16开本　26.25印张　320千字
版　　次：	2025年3月第1版　2025年7月第2次印刷
定　　价：	88.00元

版权所有　翻印必究·印装错误　负责调换

推荐序

2023年，我到北京出差拜访了阔别许久的老朋友戚总，闲谈间得知他正在写一本关于交易系统的书。作为相识多年的挚友，我知道他的做事风格向来是谦虚稳重且一丝不苟，但在交易类书籍汗牛充栋的当下为何还愿意花如此大的心血和功夫，心里难免有些好奇又有些疑惑。2024年年底，公司在杭州举办客户交流活动，未曾想到戚总顶着重感冒专程从北京过来给我带来样稿，更未曾想到原以为是一本小册子结果竟是沉甸甸的"干货"，真可谓是十年磨一剑。

作为2008年进入期货市场的一名研究老兵，有幸见证了国内期货和衍生品市场从量的飞跃到质的提升，上市品种和监管体系不断完善，客户结构产业化、机构化、专业化特征日趋显著，投研方法体系的迭代进化日新月异。特别是在几轮经济金融和大宗商品牛熊周期转换中，有幸遇到了许多良师益友，既有市场上的传奇，亦有"结硬寨，打呆仗"的智者，有成功者，也有寂寞者。总之一句话，交易路上如人饮水，冷暖自知。

记得曾读过一句古人的话：更涉世故则智明，久历患难则虑周。诚如戚总在书中所言，交易是一门看似门槛极低，实际上门槛极高的事业。易者，变易与简易的统一；战者，先占而后戈。占对应的是研究方法，有基本面分析，有技术分析，也有量化分析等其他流派。对于此，个人粗浅的理解有三句话：1.定量是模型，定性是洞察；2.基本面分析是交易者的估值模型，技术分析是交易者的心理模型；3.研究不落地、上下不通气，交易无体系，盈亏无边际。换言之，交易体系是交易者的"护身符"，善败者不亡，这也对应着本书提出的"小亏大赚是实现持续稳健盈利的核心逻辑"。

仔细阅读本书，你会发现具有三个特点：系统化、辩证性、烟火气。首先是系统化，全书五章内容先从打地基开始，有条不紊、层层递进，先破成见，立正知，再从知到行。二是辩证性，我们知道世上没有灵丹妙药，自然也没有所谓交易圣杯，任何方法体系都不是完备的，如果有那一定是正确的废话，再好的方法体系最多也只是"标月之指"。作者在介绍方向交易体系、资源配置等核心内容时不武断，不忽悠，不掩盖缺点和问题。三是烟火气，读这本书可能时不时会让你会心一笑，交易源于生活，比如讲时间架构要知道"我是谁，谁是领导，谁是下属"，讲节奏点时提到的"点点的节奏点"。

前段时间和朋友讨论不确定性和风险的关系，因为二者往往很容易混淆，后来经过思考初步形成这样的认识：不确定性是中性的，而风险往往与人有关，无知者无畏，半知者常畏。市场就像一面镜子，能照映出我们自身真实的缺点，而承认无知才是认知的开始，增历练，广见闻，多读书。

最后借用戚总在书中提炼的一副对联，与诸君共勉。

行险道或可一战成名，谁曾见失意者积骨如山？

循正途方能百战不殆，无智名无勇功仍称善战。

光大期货研究所所长　叶燕武

2025年2月

前言

大约在2010年，某出版社的编辑向我约稿，希望我能写一本关于股票交易的书。彼时我是颇不知道天高地厚，自以为预测对了几次市场，掌握了一些技术分析方法，发明了一点自己的东西，就可以著书立说了。非常幸运的是，由于懒散，这本书并没有写完。现在想来，若是真的写完并出版了，奉献给读者的恐怕是以"术"为主的内容。到2014年，我的整个体系才算成熟，当时若是勤快一些，把这本书写出来，还是比较对得起读者的。如今比2014年又增长了十年的交易年龄，就交易体系而言却是原地踏步，只是小修小补而已。所以我想，大概这本书可以写了吧，再等也拿不出更好的内容奉献给读者了。

当然更深层的原因是底气。无论从理论逻辑还是从实践操作，这套姑且命名为"方向交易体系"的东西，似乎是比较经得起推敲的，若读者吃透学好之后据此交易，"以交易为生"似也不是难事。

但读者也万勿以为"持续盈利"就是每笔单子都能赚钱。本书所谈的"持续盈利模式"，其实应该改为"可持续盈利模式"，即该模式可以让交易生涯持续终生，不必等到盖棺论定的那一天才可以得到自己的交易是成是败的结论。大体上，以这种模式去交易，即使在最差的年景也不会爆仓；最好的年景，也不至于盘算着买下地球。读者朋友应该慢慢会明白一个道理，能让你暴赚的方法，也是可以让你爆仓的。同理，若我说我的模式不会爆仓，那么它的盈利也不会是一年翻数倍的。所以，这个模式比较适合希望以交易为职业的交易者。当然若是工作闲余时间进行交易其实更好，因为这个模式学着有些难，精通之后做起来却很轻松自在，根本不用随时盯盘。

本书分为五章。第一章是理论基础，是这个模式的哲学根基，以层层递进的方式介绍方向交易体系的交易三观、核心逻辑，顺便把一些个人的交易理念介绍给大家。我知道有很大一部分读者喜欢直接看技术分析方法，最好是今天看了马上能用的东西，若用了之后不赚钱，则弃之如敝屣。其实一套成熟的交易体系，其必定立足于某种坚实的理论基础之上。方向交易体系尤其如此。读者若通读全书，必定会发现后面的交易技术和资金管理方法，无一不与它们的理论基础紧密相连。

第二章相信大部分读者会比较喜欢看，因为事涉交易技术。其实从我学习交易以来，看过的交易技术书籍不下百本，即便清理了一些，某天数数书架上还有三十多本，其中我认为有用的不到十本。而这些书籍，大部分都写了一些类似"秘籍"的东西。但如今我能用得上的，已是寥寥无几。我会用比较大的篇幅来写我的交易技术，但读者须知，这些技术最终使用的时候，其实也就几秒钟的思考时间。几秒钟，能用得上多少技术？所以希望读者不要抱着学习"秘籍"的态度来看这一章。本书的重要任务就是破除"扫地僧""交易秘籍"之类的迷信，自不会反把自己的东西写成"如来神掌"。但也希望读者能在学习这章内容的时候仔细领悟、多多画图，假以时日，自能内化为极简的交易技术，届时面对一个交易标的只需几秒钟即可判断其交易条件。以我和我的五个弟子为例，我们每人每周末分配七百到一千只股票，每人二三十分钟即可从中选出潜力股。这也是技术分析的优势：我们不需要储备规模庞大的研究团队以研究不同行业的股票、不同产业链的期货，甚至不同国家的交易品种。第二章第一节是对技术分析的综述；第二节介绍了方向结构分析法的十一个要点，是方向技术规则的基础理论；第三节对常用的、与实战关系较密切的形态进行了分类介绍，这一节并非照搬形态学教科书的内容，里面颇有自己的实战心得；第四节时间架构、第五节节奏点是方向交易体系中非常核心的两个概念，与实战的联系至为紧密；第六节时空研判则介绍了几种我常用的与交易关系较大的技术工具；第七节是把前六节的技术方法简化为技术规则，并以豆油为案例演示了如何综合运用这些交易技术规则。这一章很长，占了全书65%的篇幅，其重要性却占不到20%。所以我希望读者对待这章的态度是：时间可以多花，重视程度不要太高。

第三章写资源配置，也可以浅显地理解为资金管理。其中波士顿循环理论是我借鉴了管理学当中的波士顿矩阵模型独创的，无论跨市场资产配置还是单市场资产配置都可以运用。以我阅读交易书籍的经验，80%以上的图书不会涉及资金管理部分。盖因80%以上的作者认为"看得准"才是盈利的利器，只需看准了，满仓交易、高杠杆交易就是了，当然这也是交易领域二八定律或一九定律的成因。其实交易者运用的是资金，盈利或亏损的也是资金，自然应对资金管理倾注极大的关注度，现实中对资金管理进行深入研究并融汇于交易体系之中的情况却不多见。这章内容简单，也枯燥，但却是整个交易体系中极为重要的环节，万望读者切勿轻易放过。

第四章名为账户策略。账户策略站在更高的维度来审视整个资金账户应如何进行控制。涉及较浅层的"赢冲输缩"和笔者独创的"三元一体理论"。赢冲输缩从技术入场位和离场位的设置以及资金运用两个方面来阐述如何根据账户盈亏情况进行交易各环节的调整。而三元一体理论则从市场环境特点、个人交易系统特点、账户状态三个方面综合考量，以对某个阶段的交易进行"定调"。比如，当交易系统特点与市场环境不相匹配的阶段，应如何调整交易策略？我们又如何感知系统特点和市场环境是否匹配？这章的理论或能对交易老手有所启发，交易年龄较短的读者有个印象就可以了，以后若有机缘，应能有所感悟。

第五章"交易执行"则是把书中的理念、方法运用到实际交易当中的实操环节。这章用交易策略制订和交易计划、交易执行、交易记录来完整阐释在一次交易中如何把方法论的东西落实到实战中。由于股票市场的复杂性，我把有关股市交易的大势观察、选股等问题也揉入了这一章。

本书力图以作者的十几年交易经验为尽可能多的，尤其是计划以交易为生的交易者提供思路和方法，所以读者会发现后文有些章节的文风和前言不太一样，只要内容允许，我都尽量采用活泼通俗的语言、生动易理解的比喻以适应大多数初级入门交易者，所以有些地方会看起来不那么"严肃"。另外除非特别必要，也尽量回避教科书式繁杂的层次结构，尽量让每一节都像阅读一篇文章一样一气贯通。这么写看上去不"学术"，却实用。应该说，本书对交易年龄在两年以上的交易者用处要大一些，但初学者也可以先从中汲取简单易懂的方法，尤其注意使用轻仓标准化资金管理方法，以期能在市场上多存活一段时间，这样会有机会深入理解其他暂时无法理解的部分。我在初学交易时颇有急躁的毛病，翻看一本交易或技术分析书籍，先从中选择其简单方法在图形中进行画线验证，若不符，就很轻易地否定一整本书；或者看看作者预测了什么，再与实际走势进行验证，若不符，也弃之如敝屣。后来随着交易经验的增长以及对交易的理解慢慢深入，才知道这么做确实摒弃了一部分无用的技术，但也丢掉了一些自己进步的机会。我希望初学者能吸取我的教训，静下心来，能理解多少理解多少，暂时无法理解的先囫囵吞枣，之后在交易中遇到书中提到的理念或方法，回想到书中的阐释，或能起到醍醐灌顶的效果。

　　交易是一项看似门槛极低，实际上门槛极高的事业。很多交易者终其一生都在方法论上兜圈子，以"看得准"为盈利的唯一途径，最终一无所获甚至倾家荡产。本书所提供的方向交易体系，则从最基本的交易三观入手，推导出小亏大赚的核心逻辑，再围绕这个核心逻辑建立交易技术系统、资金管理系统以及交易执行系统，更辅之以账户策略以从更高维度对"死不了、活得好"进行保驾护航，各子系统之间紧密联系、互相呼应，整个体系在逻辑上、方法上和执行上无懈可击，当能为迷途中的交易者提供一些启发和帮助。若读者能内化为自己的东西，则能比较轻松地应付日常交易，实现以交易为生的目的。

　　需要注意的是，本书的理念和方法是成体系的，此方法运用于此体系是有效的，单独运用的效果未必符合读者预期，切记切记。另外，方向交易体系完全立足于实战，书中列举的技术分析方法和交易技术，是按照实战设计的，用之于预测市场，则与作者的意愿相违背，效果也未必很好；反过来，多从实战的角度出发琢磨这些方法，更进一步在实战中反复磨合，则能起到事半功倍的效果。

　　最后，预祝所有仔细研习本书的读者都能从交易中获得乐趣、提升以及财富！

目 录

第一章　打好交易地基 ………………………………… 1

引子：以交易为生是否可行 ………………………………… 2

第一节　若交易可控，就不用等盖棺论定了 ……………… 3

第二节　如何实现交易相对可控 …………………………… 6

第三节　地基的地基：交易三观 …………………………… 8

第四节　精研市场规律有意义吗 …………………………… 11

第五节　市场有规律吗？为什么 …………………………… 17

第六节　方向三观 …………………………………………… 20

第七节　持续稳健盈利的核心逻辑 ………………………… 21

第八节　如何实现小亏大赚 ………………………………… 26

第九节　交易系统概要 ……………………………………… 28

　　一、为什么我们需要一个交易系统 …………………… 30

　　二、交易者应如何建立一个交易系统 ………………… 33

　　三、建立交易系统的注意事项 ………………………… 34

第十节　关于一些比较重要的交易理念 …………………… 37

　　一、低吸、追高、抄底、逃顶、牛市持股熊市持币 …… 37

二、谈谈知行合一的问题 ·········· 41
三、关于技术派和基本面派以及双剑合璧 ·········· 43
四、守株待兔和按部就班 ·········· 45
五、孙子兵法与交易 ·········· 46

第二章　技术分析和技术规则 ·········· 53

第一节　技术分析总论 ·········· 54
一、技术分析的目的 ·········· 54
二、技术分析的原理 ·········· 60
三、技术分析的缺点 ·········· 69
四、技术分析的优点 ·········· 75
五、方向交易体系技术分析方法提要 ·········· 77

第二节　结构形态分析法 ·········· 79
一、以交易为目的，不追求固定的结构框架 ·········· 80
二、在某级别底部或顶部形态完成之前，所有与原趋势相反的走势一律先看作中继 ·········· 86
三、以某周期顶部或底部形态的反抽确认为判断方向的主要依据 ·········· 89
四、以中继面积的比较作为各中继是否是同级别的主要依据 ·········· 92
五、中继与趋势相匹配的原则 ·········· 96
六、研判结构和进行交易，都需要在某个时间周期下进行 ·········· 99
七、结构的相对性和演变 ·········· 101
八、N字结构和对称 ·········· 104
九、走势分类问题 ·········· 112
十、运动方式问题 ·········· 124

十一、注重符合交易周期和交易优先级的交易标的 ……… 132

第三节 基本形态举要 ……………………………………… 136
一、主要顶底形态 ……………………………………… 137
二、主要中继形态提要 ………………………………… 161
三、关于重神不重形 …………………………………… 178

第四节 时间架构——知道"我是谁"，才能找到领导和下属 ……………………………………………………… 185
一、时间架构解决了什么问题 ………………………… 186
二、时间架构的定义 …………………………………… 190
三、顶底和中继级别的定义 …………………………… 197
四、时间架构常见分层 ………………………………… 200
五、时间架构应用 ……………………………………… 211

第五节 节奏点——聆听市场的号角 ……………………… 218
一、世间万事皆有节律，交易应有节奏意识 ………… 219
二、节奏点的定义 ……………………………………… 221
三、节奏点分类和交易优先级问题 …………………… 224
四、节奏点交易的优势 ………………………………… 232
五、节奏点交易实战要点 ……………………………… 238

第六节 时空研判——寻找最具性价比的战机 …………… 247
一、时空研判的原理、作用、原则和注意事项 ……… 249
二、画线工具的设置问题 ……………………………… 251
三、空间研判 …………………………………………… 257
四、时间研判 …………………………………………… 275
五、时空研判 …………………………………………… 286

第七节 简易技术规则及综合运用 ………………………… 294

第三章　资源配置 ································ 315

第一节　资源配置总论 ······························ 316
一、资源配置比技术更重要 ················· 316
二、什么是资源配置、需要解决什么问题 ············ 318

第二节　单品种轻仓、分散持仓和标准化控仓 ·· 320
一、重仓集中打的魔力和问题 ················· 320
二、对治方案：像个普通生意人一样做交易 ·········· 326
三、我的资金管理规则 ····················· 328
四、股票的标准化控仓规则 ················· 330
五、商品期货的杠杆计算和控仓标准 ············ 332
六、小资金如何轻仓做期货 ················· 337

第三节　波士顿循环——可大可小、顺应自然的仓位策略 ·· 339
一、波士顿矩阵——波士顿循环的灵感来源 ········ 340
二、波士顿循环 ························ 342
三、波士顿循环的通常状态、交易要点 ··········· 343
四、波士顿循环运行三原则 ················· 347

第四章　账户策略 ································ 353

第一节　赢冲输缩 ································ 355
一、赢冲的情况 ························ 356
二、输缩的情况 ························ 359

第二节　三元一体理论 ······························ 360
一、人的一生，得时很重要 ················· 361
二、三元一体理论的定义 ················· 365
三、三元一体理论的应用 ················· 367

　　　　四、注意事项 …………………………………… 368

第五章　交易执行 …………………………………… 371

第一节　交易策略制订 …………………………… 372
　　　　一、账户策略的指导 …………………………… 372
　　　　二、大势观察 …………………………………… 378
　　　　三、策略制订 …………………………………… 390

第二节　交易计划、交易执行和交易记录 ……… 394
　　　　一、交易计划 …………………………………… 394
　　　　二、交易执行 …………………………………… 397
　　　　三、交易记录 …………………………………… 399

后记 ……………………………………………………… 402

第一章

打好交易地基

> **本章逻辑提要**：以交易为生是可以实现的——前提是交易结果是可控的——若要实现交易的可控，必须依靠一个完整的交易体系——整个交易体系必须建立在坚实的哲学基础之上——由这个哲学基础我们可以得出整个体系的核心逻辑，并围绕这个核心逻辑建立整个交易体系。

引子：以交易为生是否可行

你是怎么进入这个市场的？我想以下情景会很熟悉。

丈母娘靠炒股赚了不少钱。
邻居靠做期货买了三套房子。
都说是牛市了，试试手气吧。
需要搞点活钱啊，死工资怎么应付孩子的培训费。

还有很多场景，就不一一列举了。在进入这个市场之前，我相信很多人都进行了思考。比如，我凭什么就能在这个市场赚钱？结论可能包括：有可靠的小道消息，懂经济，懂财务，学了一些技术方法，据说一直持有就能赚钱拿着就是了，等等。然后呢？以下情景是否仍然熟悉。

当赚钱了——so easy，盘算着再涨几天就能换辆车了，后来发现出来混迟早是要还的。

亏钱了——不服，要想办法赚回来，要不然怎么跟家里人交代。

套牢了——算了，当股东吧，继续套。咦，有专门写如何解套的书籍，这书不靠谱，再学学别的。

有的人，实在没招了，忍痛认栽，当然不排除后来又不甘心杀了回来。总之，你就这么稀里糊涂或明明白白地在这个市场里一直晃悠着了。读书，逛论坛，看视频，看直播；研究经济、政治、国际形势、行业新闻、企业发展；拜师学艺，希望找到交易秘籍，最好传授者是个扫地僧，飞花摘叶杀敌于无形。好吧，我承认，我就是这么过来的。

二八定律在这个市场是靠谱的，长期而言大部分投资者是赚不到什么钱的。很多投资者将其归咎于自己信息闭塞、不够专业，于是投资一些业绩不错的基金，然后发现所谓专业投资经理也不是每年都赚钱，最恶心的是这些盈利数年的基金专门在自己投资的时候亏钱。于是"韭菜"变成了散户的代名词。正是：韭菜割不尽，牛市来又生。所以我一直在思考，普通交易者想要从这个市场上赚钱，甚至到金盆洗手之前都是盈利状态，究竟能不能实现？

我在进入这个市场的第一年，就在某大V的文章里看到这样一句话（非原文）：交易者不到金盆洗手的那一天，难言成败。而从市场上一些著名交易者的经历来看，确实是流星极多、恒星极少。比如传奇交易者利弗莫尔，一度其收入约等于美国一年税收的三分之一，交易生涯三起三落，第三次交易失败后开枪自杀；按《以交易为生》作者的说法，预测大师江恩，最终留给儿子十万美元。还有我们每年的明星基金经理、历届交易大赛冠军，也很少能一直戴着头顶的光环。所以随着对这个市场的了解，我觉得大V说得是有道理的。那么问题来了，如果必须到金盆洗手那天才能知道自己交易的成败，我来这个市场干什么？好好上班不好吗？所以之后几年，我都在围绕这个问题进行思考、学习、实践。直到我得出下一节的结论。

第一节　若交易可控，就不用等盖棺论定了

是的，答案就是，如果交易结果是自己能大体控制的，你就有把握实现以交易为生的目的了，也就不用等到金盆洗手那天才知道自己的交易生涯是成是败。

我们先思考一下，如果想让我们做的一件事如愿以偿，比如每天吃什么，前提是什么？比如，小的时候，每天吃什么能做到如愿以偿吗？定量的牛奶、禁吃的零食和冷饮、必吃的鸡蛋等等，有多少我们不爱吃的东西被父母强制塞到肚子里？又有多少看着垂涎欲滴的东西却跟我们咫尺天涯？这一切的改

变，发生在我们可以控制我们的钱包、保姆、自己动手做饭的阶段。简而言之，当吃饭这件事归我们自己控制的时候，就比较随心所欲了。当然这种可控也是相对的，会受到商业宴请、三高、钱包厚度等的影响。但总的来说，大部分情况下我们还是可以实现我们的口腹之欲的。所以"相对可控"就是吃饭自由的前提。

再比如我们的职业生涯，如果和某位领导的升迁紧密相连，那么它还能按我们的意愿发展吗？不能，因为不可控了。

再比如坐车，我们未必能安全，因为安全与否由司机控制；坐飞机，安全与否由飞行员以及起飞前的机械师控制，等等。总而言之，凡是我们无法控制的事情，就很难如愿以偿；凡是我们能相对控制的事情，大概率能够实现目标。

交易当然也一样。如果交易结果相对可控，以交易为生很难吗？一定要等到金盆洗手那一天才能盖棺论定吗？

如此浅显的道理，难道要思考好几年吗？是的，恕我愚笨，这确实是我想了好几年才得到的结论。

为什么我要思考好几年才能得出这个结论？最大的疑惑当然是：交易结果怎么可能可控？这个疑惑是对的。因为市场哪年有牛市，哪年走熊市，我们是无法控制的。交易者和农民是一样的，都要看天吃饭。市场好，就是农民的好年景；反之亦然。其实就是这句话，也是初生牛犊们所不服的：我就要笑傲牛熊，不管市场怎么变化我都能赚钱。这种想法不需要我来讲道理，市场会用几年的时间把这个道理给牛犊们讲得明明白白。言归正传，既然市场怎么走是不可控的，你怎么让自己的交易结果可控？

我先来谈谈我对相对可控的理解。以我在深水池游泳为例比较容易理解。我刚学游泳的时候，是在 15 米泳道学的，站起来水深到不了胸口。教练告诉我，只要能连续游 200 米，深水区就可以去游了，需要解决的仅仅是心理恐惧而已。后来我能连续游 1000 米了，就踌躇满志地来到了 50 米泳池试水。道理我是明白的：我能连续游 1000 米，那么到了深水区我自然不会沉下去。但当我想到深水区站着肯定没过头顶时，各种恐惧油然而生：对面游来一个人我躲不及怎么办？突然呛水了怎么办？遇到腿抽筋了怎么办？危险情况下我大声呼救的时候救生员正在戴着耳机听音乐怎么办？后来我让救生员一直盯着我游了一圈，没问题，我确实能游过深水区。但当我再次想要游深水区的时候，做交易养成的习惯思维又来了：我必须能自己救自己才最保险。所以那天也就游了那么一次，就好长时间没有尝试。直到有一天，我做到了一件事，我才真正敢于到深水区游泳。

这件事就是，学会踩水。

当我会踩水了，那么我遇到任何意外，都可以停下来，脑袋露在外面，保证自己可以顺畅呼吸。

这跟交易有什么不一样吗？当没有意外发生的时候，我们正常游泳；当市场正常运行的时候，我们正常交易。当有意外发生的时候，我们能在深水区自救；当市场发生重大变故的时候，我们能让自己的损失可控。

所以，这就是我对"交易结果相对可控"的理解。市场当然是不可控的，但它一般有自己的运行规律，当它在正常运行的时候，不论牛熊，我们该做什么做什么，市场赏多少饭我们吃多少饭；当市场发生我们意料之外的变化的时候，我们能控制自己的损失。

用《孙子兵法》的话说就是：不可胜在己，可胜在敌。做好自己能控制的事情，把结果交给市场，这就是交易结果相对可控的真实含义。

但做到这一点很容易吗？

一个对某公司价值很有信心的投资者，可能会满仓这家公司的股票，越跌越买，借钱也买。当公司或大盘发生重大变化，连续一字板跌停，请问，他如何控制自己的损失？

一个对豆粕信心满满的多头，去美国地头查看了旱情，研读了各种供需报告，十倍杠杆押注豆粕大涨，当豆粕转势跌停，当天发生50%的回撤，在面对这么大的资金回撤的时候，他能否作出砍仓的决定？

当你连续在市场止损10次，第11次还会不会平心静气地止损？这时候鸡汤文自动涌上心头了吧：忘记价格，按规则交易。你真的做得到吗？还有就是你怎么就会连续止损10次呢？跟谁学的技术？

这三个场景很熟悉吧？读者可能会得到几个结论：不要重仓，不要押注到一个交易标的。要学习那种看得准的方法，以免经常止损；要培养好的心态，严守纪律。

这些都对。

问题在于，一直轻仓，能赚多少钱？真的有那种大部分情况下都看得准的方法吗？连续止损之后，真的能严守纪律吗？

好吧，我们继续改善。轻仓改为有利润之后加仓，或者总仓位增加但分散持仓以分散风险，或者连续止损几次之后观望，抑或去深山老林找老和尚学习坐禅。这样行吗？是的，好一些了。我们学会了分散持仓，学会了让自己休息，甚至学会了心如止水。这个阶段，应该是有几年交易经验了，交易业绩会有改善。但我们仍然会发现，虽然亏损控制住了，资金曲线却有可能是稳健向下的；或者业绩时好时坏，好的时候觉得自己的方法天下无敌，差的时候访名师寻高友以图学到武林绝学。前者，交易方法是有问题的，比如进场点选得不好之类的；后者，对交易的认知是有问题的，总认为好的交易方法在所有市场情势下都能赚钱。所以，稳定的交易，不是靠解决一两个短板，学习几个方法就能实现的。靠什么？且听下节分解。

第二节　如何实现交易相对可控

一辆汽车，只有轮子能跑吗？只有刹车能跑吗？只有油门能跑吗？刹车、油门、轮子都有了，你坐哪？好吧，一辆完整的汽车有了，你不会开，怎么跑？你会开了，不会躲避险情，会不会出事故？

所以，一辆车能开，是以汽车自身完善的系统为前提的。你能好好开车，是在你对汽车驾驶的各种操作熟练之后实现的。

结论有了：要想实现交易的可控，我们需要一个系统。当一个系统的各个子系统互相匹配、互相配合，围绕一个任务去运行，那么这个系统才是可控的。这里面提到两个词：互相匹配、互相配合。这两个词都是一个系统能成为有效系统的重要保证。先说互相匹配，比如一辆汽车的刹车不能和动力匹配，加速很快、时速很高，而刹车较差，那么这辆汽车出事故的概率很大。再说互相配合，一辆汽车发动起来，需要各个子系统都协调地运动起来才行。

在交易中，交易计划、止损、减仓、离场、仓位控制，就是制动系统；进场、加仓、持仓就是动力系统。有了资金管理规则、进出场规则，就有了一个简单的交易系统。那么，有了交易系统，是否等于交易相对可控呢？换句话说，一辆汽车，是否一定是好开的、安全的？未必。

我曾经见过一个基金的净值曲线图，一年之内赚了八倍；第二年这些利润全部回吐，然后又亏了50%左右。这位基金经理的交易是否是相对可控的呢？显然不是。他的资金管理一定是激进的，激进的资金管理，就像超速行驶的汽车，一旦遇到险情，能有效回避吗？概率极低。而他的资金管理为什么是激进的呢？很可能，他的交易思想就是暴利。

我还见过一种情况，就是交易者遇到业绩不顺的阶段，就认为是交易系统的问题，把交易系统改来改去，刚改好，市场变了，继续改。最后面目全非，业绩也极为不稳定。

前者的交易系统，缺乏"可控"的交易思想；后者的交易系统，以结果为导向，缺乏一个坚实的哲学基础。

哲学，是一切学科的根基，包括交易。

所以，结论就是，一个可控的交易，需要可控的交易系统；一个稳定的交易系统，需要坚实的哲学根基。下图是方向交易体系的总图，可以看出，方向交易体系的交易哲学，即交易三观，处在整个体系的源头位置，如下图。

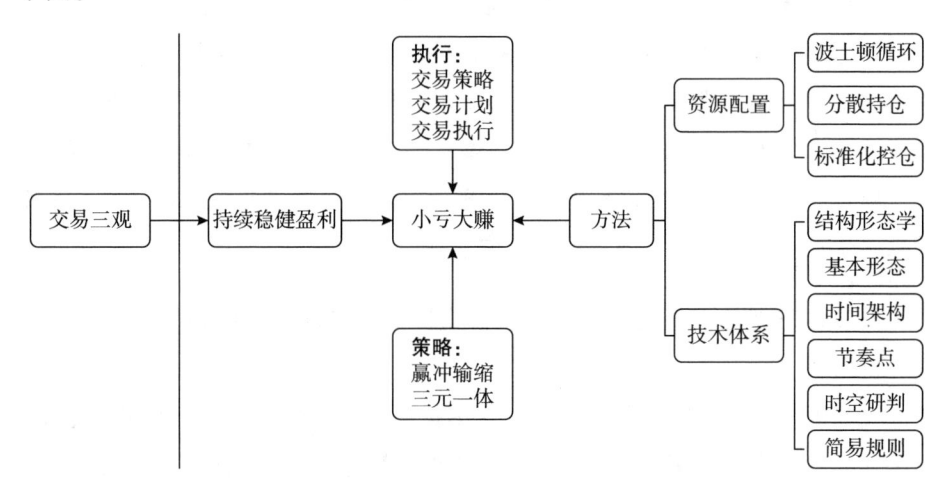

```
                        执行：
                        交易策略
                        交易计划                          ┌─ 波士顿循环
                        交易执行              ┌─ 资源配置 ─┼─ 分散持仓
                           │                  │           └─ 标准化控仓
                           ↓                  │
交易三观 → 持续稳健盈利 → 小亏大赚 ← 方法 ─────┤           ┌─ 结构形态学
                           ↑                  │           ├─ 基本形态
                        策略：                 └─ 技术体系 ─┼─ 时间架构
                        赢冲输缩                            ├─ 节奏点
                        三元一体                            ├─ 时空研判
                                                           └─ 简易规则
```

哲学，无疑是我们普通人最头疼的学科，名字就高大上，令人望而却步。实际上，它却可以极通俗，通俗到它会渗透在我们日常生活的很多细节里。这些渗透在我们生活细节中的哲学，来源于我们的三观；同样地，交易的哲学，来源于交易三观。

第三节　地基的地基：交易三观

如果调查一下，初中阶段，我们最不爱上的课是什么？我相信政治课的上榜概率会很高。为什么？可能是因为空洞。比如三观：世界观、人生观、价值观，课本上的定义读来枯燥无味。但当我步入中年，回顾自己的日常行事，再观察周围的人、事，发现三观并不是没用的，而是非常有用，它是一个人、一个企业、一个国家行事的根基。

我还是抛开课本的语言，用我自己的理解来描述一下什么是三观。

世界观　我们如何看待这个世界？包括但不限于：人死了以后灵魂是否存在？是否存在一个佛教所说的西方极乐世界？是否有地狱、天堂？历史的进程是上帝主宰的还是有规律的，抑或是无序发展的？

人生观　我们应该如何度过一生？佛教徒的人生观会以脱离六道轮回、成佛作祖为人生的最终目的；我也听一位朋友说过，人活一辈子，就像逛商店，好好逛就是了。显然，不同的人生观来源于不同的世界观。

价值观　我们做什么是对的，做什么是错的？什么事情做起来是有价值有意义的？一名佛教徒会认为杀生、吃肉是错的，一位保健医生会告诉你应该多吃肉。同样地，佛教徒会认为与修行相关的事情做起来都是有意义的，反之则毫无意义；唯物主义者会认为佛教徒的修行纯属浪费时间。可见，价值观来源于世界观，直接指导我们的日常生活。

所以，三观的根基是世界观。有什么样的世界观，就会有什么样的人生观、价值观。

交易者也有交易方面的三观，即交易世界观、交易价值观、交易人生观。一名交易者的交易风格（激进、保守、稳健、飘忽不定），也来自于他的交易三观。

我并不是一开始就知道这一点的。甚至在各种交易书籍、交易文章中，我也没看到有人提到交易三观。但当我有一天意识到交易者也有自己的三观，并且交易者的所有交易行为都和交易三观有关的时候，我发现，这是一个交易体系最为重要的根基。所以，尽管这部分看似和交易并不直接相关，却是最为重要的部分。也可以说，若不能接受并坚信本书的交易三观，其他部分要么学了用处不大，要么难以坚持，用佛教的话说就是容易退转。

我们先来说说最重要的部分，**交易世界观**。

交易世界观就是，你是怎么看待这个市场的。最重要的就是：**市场价格是由什么因素决定的**。市场是否有规律这种争论貌似独立存在，实际上答案隐含在市场价格决定论的结论之中。当然，和通常所说的世界观一样，交易世界观里也有一些其他内容，比如指标管用吗？如何看待成交量？如何看待形态、K线组合？如何评价黄金分割等画线方法？但究其根本，这些问题都是为了预测或判断市场价格未来的走势，所以根本上说，也脱离不了市场价格决定论的范畴。所以我们只需要讨论价格决定论这个根本问题就可以了，这个问题明白了，其他问题自会迎刃而解。

先说两个交易世界观的具体例子。我有个朋友，预判市场走势或收盘后评判市场走势的时候，经常说这样的话："他"会先涨上去，把你骗进来，然后再跌，套住你："他"的成本就在某某点位，绝不可能跌多了，还会拉回来的。我就问他，"他"是谁？怎么会有这么大的神通想涨就涨，想跌就跌？我的朋友说，当然是主力啊，个股有主力，大盘也有主力。我问，2008年奥运会开幕那天，大盘主力希望看到股市一片绿油油吗？他说，那当然，因为韭菜已经收割完了，主力完成任务了。诸位请看，他的交易世界观就是：市场价格是由主力主导的，他的主要任务是猜测主力啥时候犯"坏"，啥时候做好事。

2023年7月24日收盘之后，"活跃资本市场"的指导意见让很多人亢奋，认为当前就是"政策底"，另有一种声音认为，"政策底"从来不是"底"，必须等"市场底"出现之后才是真正的"底"。这种争论很常见，从中可以看出，有一部分人的交易世界观就是：市场价格是由政策主导的。另一部分人的交易世界观就是：市场价格是由市场主导的。

以上情景是否很熟悉？还有一些新手不太熟悉的交易世界观。

波浪理论认为，市场价格是由波浪规律决定的，其中斐波那契数字在波浪理论中占有重要位置。

想必有些朋友看过随机漫步理论，这个理论认为，市场价格是随机形成的，毫无规律可言。

基本面派认为，市场价格是由市场基本面决定的，比如经济形势、公司价值等等。

道氏理论认为，不用去想价格怎么形成的，价格本身就反映了市场的态度。

江恩理论则用"江恩轮中轮""江恩角度线""江恩箱"等工具预测市场，这无疑反映了江恩的交易世界观：市场价格是由数学方法和神秘规律决定的。

当然还有很多其他的，比如有的朋友谈起来为什么不炒股，会说"我肯定不如主力消息灵通"，他肯定是认为市场价格是由消息面决定的，高大上的说法是"事件驱动"。再比如研究康波周期的，研究周易的，研究成交量的，都各有各的交易世界观。

持有不同交易世界观的交易者，其**交易价值观**和**交易人生观**是不同的。比如我认识的一位精研技术并相信市场走势可以精确预测的交易者，他认为准确预测顶底价格和时间是最有价值的，与此无关的技术毫无价值。他经常说的一句话就是：我的方法不需要资金管理。言外之意就是肯定能做对，做对了肯定是暴利。以我的了解，这种以极致技术预测为研究方向的交易者不在少数。所以这类交易者的交易价值观就是：用准确预测的方法去做的交易是对的；终生研究准确预测的方法是最有价值的。而获取暴利则是他们的交易人生观。

其实各种流派都有其道理，但最关键的一点是：这些东西都是方法论，而且是偏重于进出场的方法论，充其量只是交易系统的一条腿。交易中至关重要的另一条腿——资金管理的缺失，不免让孜孜一生于研究这些方法的交易者们一直用独腿跳舞。当然我也见过一位基金经理用基本面交易，但资金管理方法很好，其净值曲线多年来是很稳健的。我的两个学生后来也去研究基本面，我说只要你的资金管理和基本逻辑不脱离我们的体系，用什么方法其实都是可以的。所以单独研究方法，尤其是只研究进出场的方法，并不是一条阳光大道。

> 我曾经在2012年的一个夏初，沐浴着柔和的阳光坐在楼下的台阶上思索：我凭什么能在这个市场上立足？这次思索的结论，构成了日后方向交易体系的雏形，那就是用"一个人"来战斗。即把交易系统的各个部分组合成一个完整的人，哲学和逻辑是大脑，左腿是技术规则，右腿是资金管理规则，左手是交易策略，右手是交易执行。

笔者无意一一评析各种交易三观的优劣，后文仅就与本书交易三观有关的一些内容阐述自己的观点。

第四节　精研市场规律有意义吗

> **本节逻辑提要：** 洞察何时何价是做不到的——只研究时间是没意义的——只研究空间也是没意义的——只研究进出场的方法论是没意义的。

除随机漫步理论之外，其他不同派别的交易者无疑相信市场是有规律的，他们研究各自的方法，其目的无非是发现市场的规律并从中找到获利的方法。区别在于精确度。以笔者的知识面所能达到的认知，江恩理论可以说是对预测精确度要求最高的一种方法；其次是波浪理论。这两种理论同时追求时间和空间的精确，即何时何价。江恩有个著名的故事。

1909年夏季，江恩预测9月小麦期权将会见到1.20美元。可是，到9月30日芝加哥时间12时，该期权仍然在1.08美元之下徘徊。江恩的预测眼看就要落空。这时他说：如果今日收市时不见1.20美元，将表示我整套分析方法都有错误。不管现在是什么价格，小麦一定要见1.20美元。结果，在收市前一小时，小麦冲上1.20美元，震动整个市场。该合约不偏不倚，正好在1.20美元收市。

波浪理论也是以某次精确预测而名声大噪，成为技术派当中成大宗的一个流派。

何时何价可以说是一名交易者的终极梦想。试想，假如做到了何时何价，在市场最高点放空，在市场最低点做多，再用上十倍杠杆，让地球跟着自己姓岂不是指日可待？

但我觉得这只能是个梦想。先从理论上推理。我们知道，一张市场走势图是二维的，纵轴是价格，横轴是时间。何时何价意味着时间和空间同时符合某种规律。那么，假如某种方法一直能做到判断何时何价，则市场走势图必定走得非常规矩，并不断重复。极端的情况就是斜向上的正弦波。但显然，市场从未出现如此精致的走势。所以一直何时何价是不可能做到的。

江恩和艾略特肯定发现市场并不是"精致"运行的。所以他们的理论里掺杂了很多应付"不精致"走势的说法。以波浪理论为例，除了几条铁律，其他都是可以变通的，这也使波浪理论几乎可以解释所有走势（尤其是大盘指数），但也造成了千人千浪、难以用于实战的局面。从实践来看，波浪理论的事后解释总是可以做到完美，但事前若敢言之凿凿，则打脸的概率还是比较高的；江恩在自己的书里也预测了很多走势，事后看也并不精确，甚至谬以千里。所以我敢断定的是，假如交易者把一生的精力都投入到何时何价的研究中，终将一无所获。这段文字，主要目的是劝交易者们，尤其是很聪明的交易者们，尽量不要走我曾经走过的弯路，只有把精力投入到整个交易体系的研究中，才不至于一无所获。

可能是多数人认识到判断何时何价是不可能的，所以我也看到市场上有些交易者在研究"时间"问题，有些交易者专注于研究"价格"问题。我觉得意义也不大。

研究"时间"问题的核心在于寻找拐点，包括调整结束的拐点时间和顶底转向的拐点时间。比如三角洲理论是专门讨论时间的，斐波那契时间、斐波那契周期、康波周期也都是研究时间的。先不说这些关于时间的研究方法究竟能否做到精确，就算做到精确又能如何？我们知道，市场中获利主要靠的是空间，只知道时间拐点，但不能预估市场是否给出获利空间，对交易的意义究竟有多大呢？

如上图，假设有位精研斐波那契时间的分析师，在 2023 年 3 月 21 日（B 点后面的那根大阳线那天）认为深成指将迎来一波反弹，他取 A 点为起始点、B 点为结束点，画出斐波那契时间。那么他首先面临的问题就是反弹结束点究竟取 1.236、1.382、1.5 等的哪个参数？我们假设他有独门秘籍，直接断定 1.382 为结束时间，那么他又面临第二个问题：深成指会走上图标号 1、2、3 的哪一种走势？显然如果走 3 的话进场交易就是参与了个寂寞、2 很鸡肋、1 还是值得参与的。当然有人会说，先参与了试试，要是发现横向的苗头就撤。横向的苗头就算出现了，你怎么知道它后面不会继续剧烈反弹？如下图三个框算不算横向苗头？后来是不是又演变为斜向反弹？

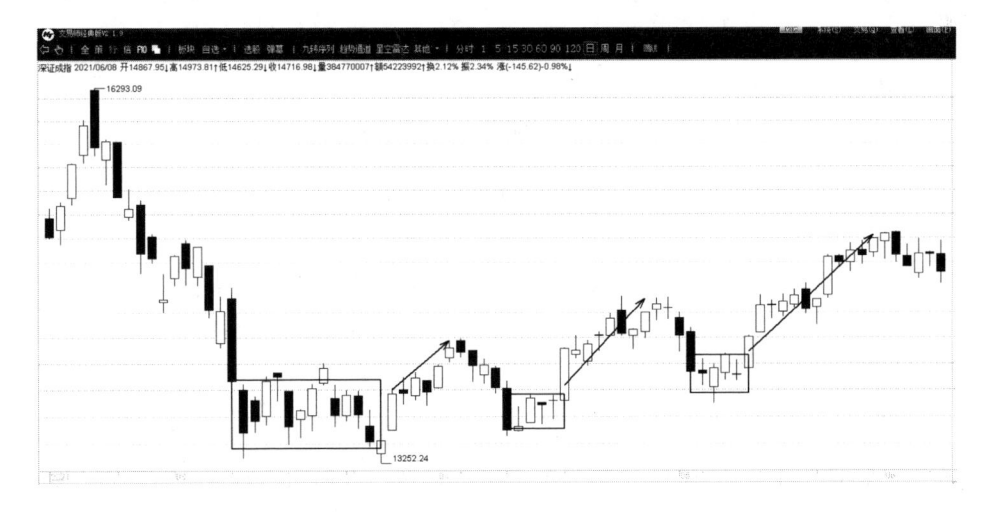

再往深了说，为什么取 1.382 参数而非其他参数为反弹结束时间？你是否敢事前断定？如果不敢断定，那么只能称为预判而非预测，也只能用于大体预估，到了拐点附近再行观察。所以精研时间不是没有意义（后面讲到技术部分的时候我们会介绍一些简单的时间测量工具，并说明其用途），但绝不是决定性的。

同样的道理也可以用于精研空间。我们经常看到某些大 V 的个人介绍里会提到这么一句：曾经精准预测某某历史大顶（大底）的点位。与研究时间相比，研究空间的交易者更多，也更博眼球。研究空间的方法很多，比如整数点位。

2008 年 3000 点保卫战至今记忆犹新。当上证指数在 2008 年 4 月份跌到 3000 点之前，3000 点保卫战的呼声极高，甚至直接预言 3000 点就是铁底。若此预言成立，预言者今后的个人介绍里少不了加上一句"曾经准确预言 3000 点历史大底"。可惜，市场走势并没有给他们成名的机会。2008 年 4 月 22 日下午 1 点 48 分，指数到达 2990 点，之后一路上攻，收于 3147 点。之后几天甚至跳空高开高走。但端午节之后，又以跳空低开形成岛形中继，之后一路下跌，如下图。

还有一种方法就是用估值研究空间。基本面交易者据说是不择时的，重点关注估值水平。但 2023 年的股市很出人意料，市场估值有很长时间都在历史低位，甚至低于2008年1664点、接近2005年的998点，但市场就是不见底。2007年的大牛市，从4000点起就有著名人士认为市场高估了，潇洒清仓，事了拂衣去，深藏身与名。但市场在不断的高估声中涨到了6124点。

技术派绝招更多，波浪尺、黄金分割线、角度线、抛物线、螺旋线、阻速线、趋势线、布林线、各种均线等等，五花八门，令人眼花缭乱。我曾见某技术论坛帖子，密密麻麻画了很多线来预测次日指数点位。我相信这么密集的线是一定能"准确"碰到指数的某个点位的，高开低收四个点位配合密集的线条，一个点位都碰不到才真是见了鬼了。

但重点不是准确与否的问题。我们先假设这些空间预测方法是准确的。比如我现在预言上证指数将来会达到一万点，我相信这个预言只要股市不关闭就一定能实现。届时我能不能在自我介绍里加一句"提前多少年即成功预言上证指数将到达一万点"？但这种缺少时间判断的预言和预言我一定能活到死有何区别？假设我从998点就预计市场将涨到6124点，但在如此跌宕起伏的过程里，我真的能一直坚持自己的判断吗？如下图。

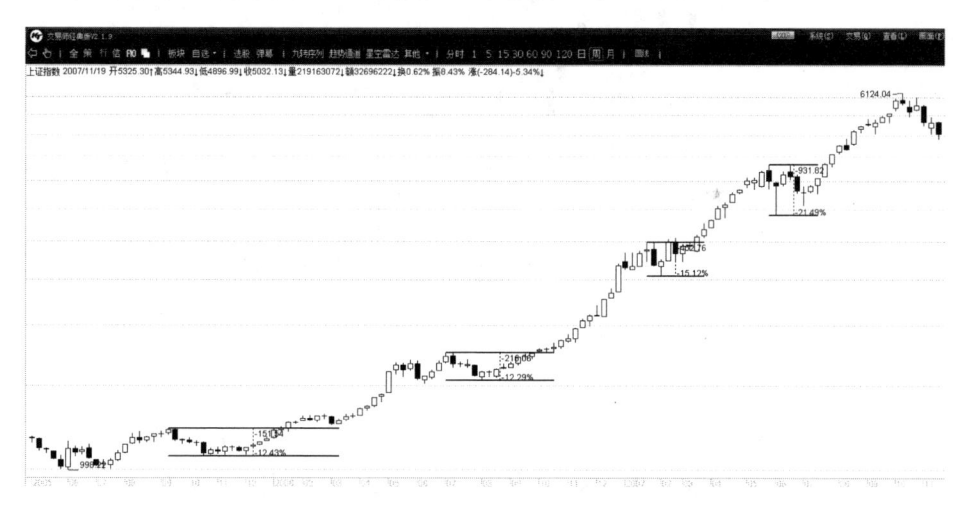

从998点涨到6124点期间，指数最高调整幅度达到20%以上，对于大部分个股就意味着起码35%的调整幅度，再加上"半夜鸡叫"等因素的影响，扪心自问，反正我是没有办法一路持仓到6124点的——不论我有多么相信6124点必定实现。最重要的因素，就是缺少时间判断，期间我可能会想，万一是再次破了998点，于3203年才到达6124点呢？

我记得 2009 年，某位擅长江恩理论的老师，预言某股票是个百元股。彼时该股票不过 7 元，我们就想，这可是十几倍的大牛股啊！但他没说时间。后来这只股票最高也不过到了 13 块钱，期间多次跌破预言时的 7 元。试问，谁敢坚守它到百元目标实现？

我自己也曾预测过某种股票的价格，半途受不了折腾下车了。几个月后偶然翻到那只股票，发现其最高点和我的量度目标只差了几分钱。这件事情给我的震撼很大。之所以震撼，是因为那个阶段我痴迷于各种预测方法的研究，但发现实战中这些方法并不能让我拿住股票或者精准逃顶抄底。那么我研究这些东西干什么？

所以，只精研时间或空间的问题在于：你可能猜对了结果，但走不完过程；或者你以为你猜对了结果，但被市场掏空了钱包。

我们现在回顾一下前文深成指，如下图。

事后看，深成指的这波反弹，空间被黄金分割的 23.6% 参数完美框住；时间被斐波那契时间的 1.382 完美框住。看上去时间空间同时准确，那么问题来了：第一，你能否断定后市不会超过 A 点？第二，你能否事前确定深成指将反弹到此时此点？

总的结论就是，真要通过完全把握市场规律去赚钱，除非时间和空间同时精确，否则没有意义。但时间和空间同时精确，起码是不可能一直做到的。所以，把时间和精力完全投入到进出场的方法论上，是没有意义的。不幸的是，大部分拥有极高天赋的专业人士，毕生精力都用在了这种方法论上。

但这是否意味着我们要放弃对市场规律的研究呢？不是的。因为市场毕竟有规律可循。

第五节　市场有规律吗？为什么

> **本节逻辑提要：**市场价格由多空双方的力量和意愿共同决定——多空力量和意愿角逐的结果体现在走势图上——市场参与者是人，是大自然的一部分，所以有大量交易者参与的市场会符合一定的规律——这些规律不是总能精确实现。

前一节对精研市场规律的做法进行了评析，看上去是否定了市场是有规律的，但其实**笔者只是反对把研究市场规律作为交易成功的唯一途径**。但市场确实有其自身的规律。反对者会用下面这个小故事来反驳：

某技术派人士拜访某大佬，大佬问他某股票现在会涨还是会跌，技术派人士说会涨。大佬拿起电话说，卖出一百万手。股价当然应声下跌。

但这个故事是不具有普遍意义的。一只盘子很小、很容易操控的股票或者成交量不太活跃的期货品种，确实很容易在大资金的操控下短期内毫无规律可循。但参与者众多的交易标的，尤其是参与者最多的大盘指数，从长期的角度，还是有其自身的规律的。为什么？

先来谈一下我对市场价格形成机制的理解。

我认为决定市场价格涨跌的因素是多空双方的力量和意愿。只说力量不谈意愿，偏了；反之亦然。可以说力量和意愿缺一不可。比如说某部分资金看空，有做空的意愿，但它的力量不够，不能成为主导力量，那么价格就会上涨或横盘。再比如说你有大量的资金，可以买入做多，但你觉得价格不够低，想等一下，那么空有力量却无意愿，就不能使价格上涨。

在股票市场，不考虑融资融券的前提下，做空的力量是筹码的持有者，他不愿持有就会想办法卖出。当希望获取筹码的人很少、力量不足，或者没有大量获取筹码的意愿，就导致想交出筹码的人必须把价格向下挂才能卖出去，这时做空的力量和意愿是大于做多的力量和意愿的，那么股价就会下跌。筹码抛出到一定程度，原来持有大量筹码的人，他的筹码在逐步减少，做空的力量也就不足了；还有一些人由于价格已经降低到了一定程度，他不愿以血的代价再交出筹码，假如恰好在这个时候，有人希望获得筹码（有意愿）且有大量的资金（有力量），当这个做多的力量和意愿大于做空的力量和意愿时，股价会由快速的下跌转为反弹。当反弹到一定程度，做多的力量和意愿开始消退，比如说从 2008 年半山腰 30 多元买云南铜业的人，跌到 6 元，不愿意交出筹码了，后来又涨到 30 元了，他熬了这么长时间，就容易选择卖出，如下图。

再比如上证从 3067 点跌到 2610 点，有些人会认为是一个重要的底部，有些人会认为它只是一个反弹，在这种分歧下就会有人卖出筹码，也会有人抢筹码。当抢筹的力量和意愿大于抛筹时，2610 点的反弹就成功了。由于下跌离 3067 点并不远，反弹了一阵之后，浅套的人，本来套 30%，现在只套 10% 了，就有可能趁着反弹把筹码卖出。这个时候，由于 2610 点的上涨已经持续了一个多月，做多的资金也开始变得有些犹豫，那么此时做空的力量和意愿会大于做多的力量和意愿，指数就会重新出现下跌。当下跌到 2610 点附近的时候，有些人会想他会不会出现第二底呢？他们又开始买入筹码，虽然有做多的意愿，但是做多的力量比不过套牢筹码卖出的力量，导致 2610 的低点又被跌破了，如下图。

而期货市场的价格涨跌，也是由"力量和意愿"来决定的。比如铜，有人看多有人看空，假如某个时点，铜的价格很高，做多的人要么由于心理恐惧减仓，要么由于获利巨大需要兑现一部分利润，要么认为价格远远偏离了生产成本，同时，看多的人把资金已经用得差不多了，大量持仓，已经没有多余资金也就是没有力量推动价格上涨了，甚至他们心理上也有些恐高了，不太敢再投入大量资金。这时看空的呢，假如恰好力量和做多的一样大，而由于做多阵营内部发生分歧，或者做多者自己产生纠结，那么空头就会占有优势，顶部就出现了。即便是市场操控者，比如试图操纵伦铜价格的滨中泰男，他的力量并不是源源不绝的，当他大量持仓，后续力量不够了，场外资金也不愿参与做多，就会被击垮。

综上，我认为，决定价格涨跌的根本因素是多空双方的力量和意愿。

那么，为什么这种价格形成机制又会有规律呢？因为多空双方的力量和意愿最终表现在价格上，而当多空双方的参与人数众多，形成具有统计学意义的数量时，他们的行为就会符合一定的规律，这个规律，是行为学的规律，也暗合自然规律——因为人是大自然的一部分。

远在美国的江恩发现，遇到中国的农历节气节点附近，市场容易产生剧烈波动。我们可以观察一下，到了节气（注意，节和气是两个时间，比如清明是节、谷雨是气，二十四节气是节和气穿插排列的）时间附近，市场确实容易发生剧烈波动。这不是迷信，这是因为节气附近月相、潮汐等自然现象的变化会对人的心理和生理产生影响，若影响到投资者，就会间接影响市场价格的波动。再有就是斐波那契数字，我很难解释这些数字为什么能作为画线工具使用，去衡量市场的阻力位、上涨目标位，只是觉得它们是大自然的一种规律，这种规律会影响到投资者的心理和行为。

另外我发现，某些物理原理也可以用到市场规律的探究上。比如惯性、合力、对称等。

总之，在市场分析过程和具体交易过程中，我确实发现市场在一些时刻会符合某种规律。比较常见的是对称规律、斐波那契规律、N 型结构规律、惯性规律、爆发力规律、衰竭规律、强弱规律。除了斐波那契规律之外，其他规律是能够找到非神秘的原理去解释的。不过解释规律原理不是这个章节的任务。这些规律我们也将在技术规则章节结合实战进行介绍。

但这些规律能否一直得到准确实现呢？如第四节所述，一直准确是不可能的。那么为什么不会一直准确？因为有市场参与者力量与意愿的变化，也有政策、外围市场等外力的影响。那么我们为什么又要运用这些规律去交易呢？因为这些规律符合行为学的、自然科学的一些原理，可以成为衡量进出场性价比的重要依据。

第六节　方向三观

前面所有的铺陈，都是为了这一节：方向交易体系的交易三观。细心的读者应当已经能总结出方向交易体系的交易世界观了。不过我还是在这里总结陈述一下。

方向交易世界观认为，市场价格是由多空双方的力量和意愿两个因素的较量形成的，其结果表现在 K 线、走势图上。在参与人数具有统计学意义的市场中，其走势图会有一定的规律性，但由于多空力量的变化、各种外界因素的影响，这些规律并不总能精准实现，市场走势最有确定性的规律就是不确定性。

我觉得遛狗理论能比较形象地阐明这个世界观：市场走势就像被遛的那条狗，经常会偏离主人的行走路线（这条路线就相当于规律、狗的轨迹就相当于价格），但不会跑得太远（没牵绳的二哈除外）。

这条交易世界观有如下意义。

第一，引申出来交易人生观和交易价值观，以及可持续盈利的核心逻辑。

第二，按照市场规律制订交易规则既是有用的，也是必需的；交易体系也是如此，必需且有用。

先说**交易人生观**。既然市场最有确定性的规律就是不确定性，那么我们能否依据学到的或者自己研究的规律去重仓豪赌，以博取暴利？当然不能，小概率的不确定性走势，落到我们具体某笔或某阶段交易上就是100%，重仓暴利的反面就是大幅度回撤甚至爆仓。但市场存在的规律性也能让我们通过建立交易规则得到获利的机会，所以在这个市场上获利也是可以的。那么好了，这个市场既能让我们获利，又能让我们爆仓，显然爆仓是不可以的，也就是不能牟取暴利；过于保守也是没必要的，因为市场还是有规律可循的，这些规律实现的时候就是我们赚钱的机会。所以，在排除暴利、保守两个选项之后，唯一的出路就是持续稳健盈利（注意稳健和稳定不是一回事，稳定表述的是结果，稳健表述的是过程）。**这就是方向交易人生观。**

交易价值观主要涉及做什么是有价值的，如何评判交易行为的对错两个方面。既然方向交易世界观认为市场是难以精准预测的，那么穷尽毕生精力去研究进出场方法论是没有价值的；研究应对市场的体系、规则是有价值的；坚守交易体系和规则也是有价值的。既然坚守交易体系和规则是有价值的，那么凡是符合交易体系、规则、计划的交易行为，亏钱了也是对的；凡是不符合交易体系、规则、计划的交易行为，赚钱了也是错的。这就是方向交易价值观。这个价值观对实战是有用的。我常看到有交易者没按规则止损反而获利，然后沾沾自喜。除非你的止损规则是有原则性问题的，否则所谓"出来混迟早是要还的"，你用错误的方法赚的钱，迟早会还给市场的。**价值观里最常见的错误是赚了即是对的，亏了即是错的。**

第七节　持续稳健盈利的核心逻辑

我接触的很多交易者都宣称自己是稳健的交易者，但在实际操作中我发现他们所说的稳健和我的理解大相径庭。比如有的交易者认为做到等待合适时机再交易就算是稳健了，时机（他认为的时机）一到，直接满仓。有的交易者也知道止损，另一些交易者认为每次三分之一仓位，分三次入场就算是稳健了。甚至有的期货交易者认为三成仓位是轻仓。所以我觉得你认可的持续稳健盈利这一方向交易人生观，可能和它真正的含义并不一致。

方向交易人生观，第一含义是稳健，不追求暴利，这一点和大部分人的理解应该是一致的；但要想实现盈利的可持续，就不是那么能轻易做到的了。要想做到盈利的可持续性，其核心要件就是让交易相对可控（参见第一节的内容）。而要做到交易的相对可控，其核心要件又是什么呢？

那就是小亏大赚。这是实现持续稳健盈利的核心逻辑。

很简单的一个逻辑，需要专门用一节来阐释吗？需要。

举个很简单的例子：你认为的亏损是什么？其实很多交易者不愿意止损，其潜在心理是：这是一次失败的交易。在他们心里，亏损＝失败。但在我看来，小亏大赚中的亏损，是交易的成本，就像一个工厂日常运营的损耗：人工、场地、原料等。如果你把亏损看成成本，还会因为"亏损＝失败"而不愿止损吗？一念之转，天差地别。当然，这里的亏损必须是"小亏"，10%的亏损，止损那么几次，钱就没了。所以，亏多少算是"小亏"，你真的理解吗？

再如大赚。我相信每个交易者都有过这样的心理：赚钱了就要落袋为安。为什么？怕得到的再失去，这比没得到还要痛苦。我记得刘德华主演的《雷洛传》里有个剧情：雷洛为了让嫌疑人供出同伙，许诺招供的话就给他一万块钱。这人坚守江湖道义，一言不发。雷洛就把酬金从一万减到九千，再减到八千，当减到七千的时候嫌疑人就受不了了，竹筒倒豆子，全招了。其实，如果说小亏是工厂生产成本的话，大赚就是销售收入。很简单，假如销售收入不能弥补生产成本，工厂迟早倒闭。所以"让利润奔跑"既很难做到，又必须做到。

前面两个例子，或许能说明这样一个问题："截断亏损，让利润奔跑"这么一句几乎所有交易者都耳熟能详的话，并不容易做到。不容易做到，既有方法的问题，更多地我想还是没有理解小亏大赚的深刻含义。如下表。

胜率：40%　　单位：元

预设条件	1000万元资金		每年150笔交易		亏损交易每笔0.1%=1万元		胜率40%
	总成本	目标	打平	盈利10%	盈利20%	盈利30%	盈利40%
	900000	每笔利润	15000	31666.61	48333.33	65000	81666.67
市场	波动率	盈利率	1.5%	3.17%	4.83%	6.5%	8.17%
期货	1.75%	利润幅度	2.63%	5.54%	8.46%	11.38%	14.29%
		行情幅度	3.98%	8.40%	12.82%	17.23%	21.65%
股票	3.50%	利润幅度	5.25%	11.08%	16.92%	22.75%	28.58%
		行情幅度	7.95%	16.79%	25.63%	34.47%	43.31%

这张表的交易笔数、每笔交易平均亏损和胜率三个预设条件基本是方向交易体系每年的平均交易情况。当胜率为40%的时候，每年150笔交易就会有90笔是亏损的，我们每笔亏损交易的止损幅度基本为0.1%上下，1000万的0.1%就是1万元，90笔亏损，这一年的总成本就是90万元。而盈利交易为每年60笔（150笔交易乘以40%的胜率），要想打平成本，每笔盈利的交易就需要赚15000元；要想盈利10%，每笔盈利交易需要赚31667元，以此类推，如果我们想要做到年盈利40%，每笔盈利交易需要赚81667元。每笔交易赚81667元，落实到走势上是什么概念呢？期货需要走出21.65%的行情，这样我们吃其中三分之二的利润（由于我们是右侧交易，不会在最低点进入，最高点离场，平均而言一波行情吃到三分之二就不错了）才能实现这个目标。21.65%的行情是怎么算出来的？是按照每笔单子的标准化仓位，算出实现8万多利润需要的利润幅度，再除以三分之二，倒推行情幅度。标准化仓位后面讲资金管理的时候再细说。那么期货市场的全市场平均单日波幅是1.75%左右（这个数字是变化的，一般我每周进行一次计算），如果要走出21.65%的行情，需要大概12根流畅的K线或者十几、二十根带有调整的K线。简单理解，就是要想实现期货市场单笔利润14.29%，需要市场走十根以上趋势明显的K线。同理，股票市场全市场单日平均波动幅度为3.5%，如果要吃到40%利润，需要单笔利润28.58%，股票涨幅43.31%，大体上也是走十几根以上趋势明显的K线。说完40%利润，再回过头来说保本。聪明的读者应该能推理出来保本所需要的K线，那就是大概3、4根。

请问，市场走多少根趋势明显的K线，我们能否控制？当然控制不了。

而市场走十几二十根趋势明显的K线的机会多吗？看看一年的走势图，这种机会不多。那么我们应该怎么做？有利润了，就拿着，直到出现离场信号。也就是，一定要珍惜有利润的单子，不要轻易交出去，让市场决定走多少根K线。同时也说明，赚多少钱是市场趋势幅度说了算的。

反过来，假如我们的单笔亏损幅度过大，是不是也就相当于工厂没控制好生产成本？那么再加上市场为数不多的趋势又拿不住，也就是销售收入不好，我们靠什么赚钱？所以这张表仔细琢磨透了，为什么要做到小亏大赚也就深刻理解了。深刻理解的东西，执行起来才会到位。

这张表还能说明另外两个问题。

①为什么要做主升浪而不是做震荡短线。我记得有位朋友跟我说，市场75%的时间都是在震荡，我们应该把研究的精力放在震荡上。这位朋友显然只是看到了问题的一面，即市场大部分时间是震荡走势。但他没有看到另一面：一是震荡走势不好赚钱——当你看明白是震荡的时候，震荡快结束了；当你按震荡去做的时候，来了趋势会很吃亏。二是市场里赚钱主要靠的是价格差，赚大钱来源于大趋势——浩浩荡荡十几根周线的大趋势。正是这种大趋势，给了我们巨大的价格差，足以弥补日常小亏的成本，并赚取巨额利润。这笔巨额利润甚至可以弥补其他不利年景的成本，让多年的平均收益率达到20%以上。

②为什么要做大周期。从期货的角度来说，一根日线大概1.75%的波动幅度，一根五分钟K线0.175%的波动幅度（大概，各品种有区别），那么吃一波趋势保守的话能吃到5根K线，日线是8.75%的幅度，5分钟K线连1%都不到。同样是一次决策，正确率一样、所费的心思一样，假如用的是相同的杠杆，赚的钱差了十倍，哪个划算？当然做期货的都说不要持有隔夜单，这是另一个话题，后面资金管理章节会谈到（见第三章第二节第六条，小资金如何轻仓做期货）。在股市里，一根日线，股票全市场平均波幅3.5%，5根日线组成周线，大体15%左右（因为不可能天天涨），那么如果做日线趋势，顺利的话20%左右；周线呢？5根周线接近翻番。这些年大家被股市折磨惨了，去问问经历过2007年大牛市、2015年大牛市的人，只要敢持有一两个月，翻番还是比较平常的。真赶上连板了，七天就能翻番。

怎么做主升浪？怎么做大周期？这个话题也会在第二章谈到。此处主要谈的是小亏大赚的问题。

当然有人会觉得未必要小亏大赚，直接不亏大赚就好了。此问题在前面已经谈过了，自己试试比什么都强。

再就是有人会觉得提高胜率是可行的途径。这个问题很普遍，大多数人觉得你要是专业操盘手，就不会亏、不能亏，必须看得很准。我就经历过，一位投资人考验我的方法是问行情，看准了，我就没问题；看不准，再见。但实际上，真正赚钱的人，胜率并不高。初入股市就赶上牛市的人会觉得诧异：明明我买一只股票就赚钱，再买一只还赚钱，胜率很高啊？你怎么说赚钱的人胜率不高？让我来分析一下原因。

很久之前我看过一本书，叫作《至高无上——来自最伟大证券交易者的经验》。这本书写了杰西·利弗莫尔、伯纳德·巴鲁克、杰拉尔德·勒布、尼古拉斯·达瓦斯、威廉·奥尼尔五位顶级交易者的交易心得。五个人的共同特点就是：错了跑得快，对了拿得住。假设他们跑得快的单子持有 3 天，拿得住的单子持有 20 天，那么一年当中，做亏损单子的机会，大概 70 次；做大赚单子的机会，大概 10 次。也就是说，虽然你有能力大赚，但一年时间就那么多，获胜的次数不会很多；反之失败的机会倒很多。所以一个持续盈利的交易者，一年 40% 胜率，已经很高了——他必须很能待机，不去轻易尝试，这才能做到 30%~40% 的胜率。

有几年交易年龄的交易者都会观察到，大牛市的时候，几乎人人都是股神，胜率极高，所谓站在风口上猪都会飞；大熊市的时候，很多人拔电源止损，所谓大潮退去才知道谁在裸泳；震荡市的时候，趋势交易者很容易亏损。而市场什么时候走流畅的趋势，什么时候震荡，我们是不知道的。所以做交易，有点像农民种地，需要看天吃饭。农民的"天"，就是交易者需要面对的市场行情。小亏大赚，落实在每一笔交易上，就是错了尽快止损；对了尽量拿住。落实到一生的交易中，就是来了大行情尽量多赚，在行情不利于自己的时候，尽量少亏。那么如何知道来了大行情？拿得住盈利单子的账户会告诉你；如何知道行情不利于自己？没什么进场机会或者进场就容易被打，就是行情不利于自己的阶段。那么在大行情里，尽量用赢冲输缩的账户策略赚个 40% 以上；正常行情保持百分之十几二十的利润率；不利于自己的行情尽量保本，最多亏损不超过百分之十。那么一生的交易结束，年均百分之十几到百分之三十的利润就是非常不错的业绩了，几乎是国际交易寿星的天花板。

所以小亏大赚并不是简单的"截断亏损，让利润奔跑"，它是构筑整个交易体系的核心逻辑，它是落实到每一笔交易的具体行为，它也是交易生涯实现年化百分之二十收益率的行动指针。总的来说，它是实现持续稳健盈利这一交易人生观的前提和保证（像不像政治课本里的语言？忍忍吧，这个核心逻辑是如此重要，只好用这种语言来表述了）。

第八节　如何实现小亏大赚

实现小亏大赚并不容易。需要破三关。第一关，心理障碍；第二关，方法；第三关，系统构建。

先说第一关：心理障碍。交易中有四个比较常见的心理陷阱。

①**损失厌恶症**：不赔钱远比赚钱重要。这会让交易者出现过于谨慎，不敢尝试，导致错过机会的问题；或者把止损看成失败，不愿意及时止损的问题。

②**沉没成本**：已经消耗的时间、金钱和精力会影响当下决策。常见的现象就是假如某笔交易已经持有了很长时间，或者已经有了很大亏损，或者抱有了很大期望，那么这笔单子也很难下决心止损。这有点像糟糕的婚姻，已经投入了很多年的精力，也投入了很多钱，离婚的决心会很难下。

③**锚定效应**：看到过的价格会影响决策。这个更常见，每个人都遇到过。尤其是赚钱离场的时候，假如某单交易从很高的价格回落，那么交易者往往希望起码在回到那个价格的时候再离场。如此拖延下去，往往导致很大的回撤，甚至赚钱单子变成亏损单子。

④**处置效应**：早早兑现利润却让损失持续下去。这和损失厌恶症有点类似，但这一条说的重点在于交易者很怕赚到的钱再失去，也怕浮亏的钱万一有机会回来，那么现在离场岂不可惜。

归根结蒂，这四种心理陷阱来源于人性中的贪婪和恐惧。经常有人把巴菲特的"别人贪婪我恐惧，别人恐惧我贪婪"当作座右铭，从而过早下车或者跑到半山腰站岗——因为你所认知的"别人"如何，既未必客观和可衡量，也未必就一定是顶或者底。

也有人把贪婪和恐惧视为洪水猛兽，希望能克服这两个可恶的弱点，从而能稳定获利。

能克服吗？这是人的天性，与生俱来，真克服了，也就跳出三界外，不在五行中了。在我看来，我们来到这个市场，就是要贪婪，赚的钱越多越好，让利润使劲奔跑，否则来干嘛？也要恐惧，尽量少亏钱，尽量少做没把握的交易。贪婪和恐惧是把双刃剑，用对了，就能好好利用自己的天性去赚钱；用错了，就会少赚钱或者亏钱。什么是用错了？想一想，亏损的单子不愿意止损，是不是因为贪婪？盈利的单子早早退出来，是不是因为恐惧失去账户浮盈？

还有人提出交易获利三分靠方法，七分靠心态，也有跑到深山老林里找老和尚学坐禅来修炼心态的。我不知道三分七分是怎么算的，也很纳闷既然交易需要学习坐禅何不直接请老和尚来操盘。

过心理关，不能靠修炼（修炼也有作用，但不解决根本问题，因为你解决不了人性天然存在的贪婪和恐惧），要靠方法。这就是第二关，方法关。

举个简单例子，一笔满仓而亏损10%的单子，和一笔3%仓位而亏损10%的单子，哪个更容易止损？当然是后者，毛毛雨啦。再比如，找到一个爆发点进场（我称之为节奏点，第二章第五节会有介绍），进场即有可能迅速脱离成本，需要修炼心态吗？方向交易体系的资金管理规则和技术进出场规则，无一字涉及心态，但处处围绕保护心态设计，这样反而能从根本上解决心态问题！涉及到的方法包括但不限于：①节奏点进场；②进场理由消失即离场；③以上一级周期确定方向从而保证不犯原则性错误；④分散标准化控仓并单品种相对轻仓；⑤主选亲人图形进场；⑥以大势或板块效应做保障等等。而反过来，之所以很多人把心态问题放到极高的高度来强调，绝大多数原因是：重仓、逆势、频繁交易、过度追涨杀跌等等，这些方法又哪一条不是造成心态问题的根源？

当然，实现小亏大赚并不仅仅靠上面所提到的方法，还有很多其他方法。比如判断市场状态和交易标的状态的技术分析方法，以波士顿循环进行资源配置的方法，以赢冲输缩和三元一体理论进行账户策略规划的方法等。上述种种方法，如果不用一个体系一起来，那就如同汽车轮子和发动机各行其是，无法成为可以驾驶的汽车一样，是难以互相协作，实现小亏大赚的。换句话说，我们需要过第三关：建立一个交易体系或者叫交易系统。

交易系统这个名词，第一次听到的时候觉得是个非常高不可攀的东西，感觉一定有用，但不知道具体是什么，如何去搞。那时候我还沉迷在各种技术方法的学习上，但由于脑海里有了这个名词，我在阅读和学习中对它进行了有意识的关注：一方面多方了解它是什么，能干什么，另一方面在技术学习的时候多向有可能能建立交易系统的技术倾斜。可惜的是，市场上按一个交易系统来写的书如凤毛麟角，起码我当时找不到一本适合我技术方法的交易系统书籍。我只好慢慢积累，大概用了五年的时间，方向交易系统算是基本成型。这时候我重新阅读《海龟交易法则》（这是我能接触到的我认为最为完备和规范的一个交易系统，但初读并不能完全理解其中的思想和方法）与之印证，发现体系架构和核心思想有很多共同之处，这让我最终确认我建立的就是一个交易系统。但我觉得我的系统里有一些不属于通常所说交易系统的东西，比如交易三观、核心逻辑、账户策略等，那么我就把自己搞的这套东西叫作交易体系。为方便读者理解，本节也把它叫作交易系统。

交易系统这个东西对于交易有多重要呢？这本书，就是围绕建立和介绍一个交易系统写的。这一章前面所有小节，都是为了一步一步引出交易系统这个主题。所以虽然交易系统是本节提到的第三关，我必须用单独的一节来写交易系统，并且用了"交易系统概要"这种板着面孔的题目。

第九节　交易系统概要

> **本节提要**：了解交易系统——为什么需要一个交易系统——如何建立——注意事项。

让我们先从"系统"说起吧。教科书的语言表述是：系统，是由相互联系、相互依存的若干个部分组成的，具有特定功能的有机整体。有机，指的是事物构成的各部分互相关联，具有不可分的统一性，所以这个词和前面的"相互联系、相互依存"有共性，但强调了"不可分"。详细来说，系统有如下关键词。

①若干部分组成：有很多子系统或者要素。

②相互联系：这些子系统或者要素之间是有关联的，不是独立存在的。

③相互依存：这些子系统或者要素之间彼此依存。此能照顾彼，彼也能照顾此，单打独斗没什么存活能力。

④有机：我最头疼这词，是个地方就爱用它（尤其官方语言）。但这里还真得用它，它强调了"不可分"，也就是从系统组成要素中抽走任何要素，这系统都有可能出毛病。简单理解就是汽车没了一个轮子也就趴那了。

⑤具有特定功能：组合这么多要素，是为了形成1+1>2，或者争取不小于2的一种目的。为什么不用"大于等于"？因为这两句各有作用，前者是可以多赚钱的，后者是可以保命的。

花这么多笔墨写这么不容易读下去的东西，只是因为我们必须一字一句地理解什么是系统，才会对交易系统的重要性、作用有进一步的理解。面对一张图来解释交易系统会直观一些，如下图。

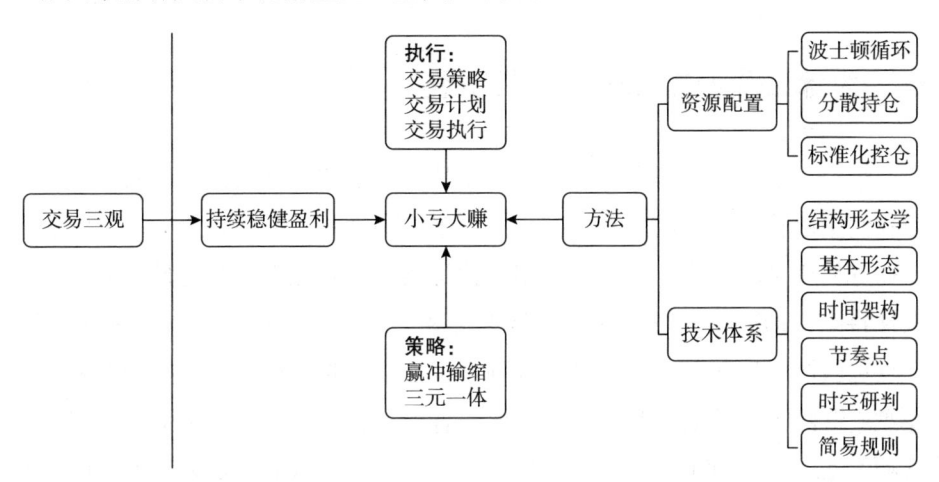

```
交易三观 → 持续稳健盈利 → 小亏大赚 ← 方法
                            ↑
                执行：交易策略/交易计划/交易执行
                策略：赢冲输缩/三元一体

方法 → 资源配置 → 波士顿循环 / 分散持仓 / 标准化控仓
方法 → 技术体系 → 结构形态学 / 基本形态 / 时间架构 / 节奏点 / 时空研判 / 简易规则
```

从方向交易系统来说，这个系统的哲学基础是交易三观，要实现的目的是"持续稳健盈利"，实现这个目的的核心逻辑是"小亏大赚"，其他要素或者说子系统均围绕"小亏大赚"来设计，换句话说，如果把"小亏大赚"改成"大亏大赚",其他所有子系统都要大换血。

当然不是所有交易系统都有一个哲学基础,也不是所有交易系统都有个核心逻辑。但一个成型的交易系统必须包括的要件有:

①买什么:市场或交易标的选择。
②何时买:不仅是择时问题,还含有触发条件的意思。
③买多少:即仓位问题。
④是否及如何加仓:扩大杠杆的问题。
⑤是否及如何减仓:降低杠杆的问题。
⑥如何止损:一般来讲,止损是指入场后没多久就需要离场的情况。
⑦如何止盈:通常的说法是把止损止盈分开说的,实际上都是离场问题,在此从俗。

这些要件都具备之后,一个交易系统的雏形就出现了。但不等于有了这些东东就有了交易系统,就像不等于把轮胎、底盘、发动机等组合到一起就有了一辆汽车一样——如果这些部件互相不匹配,那就是一堆零件而已。后面我们会讲到这个问题。本节提到"交易系统"这个词的时候,都是指成型的、有效的交易系统。

说完系统,我们来说说概要。

一、为什么我们需要一个交易系统

第一,规避人性弱点。人性的弱点其实不应该叫弱点,应该叫特点,因为我们用以获利的人性优点同样也来源于这些特点。换句话说,一个所谓弱点往好处用了就是优点,往坏处用了就是弱点。此处当然指的是往坏处用的人性特点,即弱点。我们的弱点是无法避免的,一旦弱点被坐禅修炼掉了,优点也就同时熔化了。前文已经谈到过,去深山修禅还不如直接请老和尚来操盘。既然不能请老和尚(因为他要是答应了,你反倒不敢用他,说明他贪婪啊)也不能靠坐禅,做个自动化交易软件也不是普通交易者所能做到的(其实自动化交易也需要有正确的思想、逻辑、匹配的方法,不是一自动化了就封神了),解决方案就是交易系统。交易系统是一本规则书,相当于学校的学生守则、公司的员工手册、国家的法律、家庭的家规。它一方面可以约束我们试图闯红灯的心；另一方面直接根据系统给出的信号和规则去交易，可以做到快速决策，最大化规避市场上的各种噪音。前者最常见，比如明明觉得抄底不好，还是觉得价格太便宜了，管不住自己的小手，最后站在半山腰。后者主要出现在如下场景：国家出了核弹级利好（其实可以多种解读）；某品种按不同的分析方法可以有不同的决策，此时需要简易的规则来保证决策的唯一性；仓位本来是标准化的，但由于消息来源"可靠"，忍不住想多做一些。这时候就可以彰显有个交易系统的重要性了：遇到"忍不住"的时候，系统规则会约束你；遇到举棋不定的时候，系统规则会迅速指明正确的、唯一的交易动作。如同法律约束了人性中"恶"的一面一样，交易系统也约束了人性中不利于盈利的一些缺陷。

当然规则约束只是一方面，一个不易遵守的规则是难以靠自律长期坚守的。所以我们的重点是把规则设计得比较容易遵守，也比较容易得到好处，这样才能从根本上规避人性天然存在的弱点，并将其转化为优点。这个观点前文已有涉及，此处不赘述。

第二，力争 1+1>2 或不小于 2 的效果。此处用戚继光发明的鸳鸯阵来说明比较容易理解。

在戚继光以前，在军队中受到重视的是个人的武艺，能把武器挥舞如飞的士兵是大众心目中的英雄好汉。各地的拳师、打手、盐枭以至和尚和苗人都被招聘入伍。等到他们被有组织的倭寇屡屡击溃以后，当局者才觉悟到一次战斗的成败并非完全决定于个人武艺。戚继光在训练这支新军的时候，除了要求士兵娴熟的技术以外，就充分注意到了小部队中各种武器的协同配合，每一个步兵班同时配置长兵器和短兵器。一个步兵班有战士 10 名。这 10 名战士有 4 名手操长枪作为攻击的主力。其前面又有 4 名士兵：右方的士兵持大型的长方五角形藤牌，左方的士兵持小型的圆形藤牌，都以藤条制成。之后则有两名士兵手执"狼筅"，即连枝带叶的大毛竹，长一丈三尺左右。长枪手之后，则有两名士兵携带"镋钯"。"镋钯"为山字形，铁制，长七八尺，顶端的凹下处放置火箭，即系有爆仗的箭，点燃后可以直冲敌阵。这种配置由于左右对称而名为"鸳鸯阵"。右边持方形藤牌的士兵，其主要的任务在于保持既得的位置，稳定本队的阵脚。左边持圆形藤牌的士兵，则要匍匐前进,并在牌后掷出标枪,引诱敌兵离开有利的防御的位置。引诱如果成功,后面的两个士兵则以狼筅把敌人扫倒于地,然后让手持长枪的伙伴一跃而上把敌人刺死戳伤。最后两个手持镋钯的士兵则负责保护本队的后方,警戒侧翼,必要时还可以支援前面的伙伴,构成第二线的攻击力量。可以明显地看出,这一个10人的步兵班乃是一个有机的集体,预定的战术取得成功,全靠各个士兵分工合作,很少有个人突出的机会。正由于如此,主将戚继光才不惮其烦地再三申明全队人员密切配合的重要性,并以一体赏罚来作纪律上的保证。

  这个阵法很让人无语。从攻的角度,远近结合,无坚不摧;从防的角度,戚继光打一仗死几十人的情况都极为罕见。当一个交易系统的资金管理、技术规则、交易执行、账户策略按统一的逻辑设计出来,且彼此匹配、互相配合,就相当于一个鸳鸯阵:保存自己、消灭敌人。以方向交易系统为例:选亲人图形为交易标的,较大可能会猎取到一波主升浪,一旦实现可以保证利润空间;节奏点进场保证了止损的唯一性和较小的止损幅度,可以让止损下得去手,也提供了进场即脱离成本的可能性,让持仓有很好的心态;分散持仓,让风险分散的同时也较大程度避免了机会成本;单品种轻仓,使其止损或日常波动对账户状态的影响较小,同样有利于止损执行和稳定的持仓心态;波士顿循环则让系统根据市场触发条件自动把资金向好品种集中,快速摆脱亏损品种;交易计划会让进出场行为得到提前规划、仔细考量;而站在更高角度审视交易策略的账户策略,则让交易者在不同市况和账户状态下采取保守、中性、积极的不同交易风格,让账户在最不利的市况下也不至于爆仓,在有利的市况下尽量多赚取利润。整个系统的组成要素是关联的,比如如果没有分散持仓和节奏点进场,波士顿循环就不会实现;没有波士顿循环也很难体察到市况对系统是否有利。整个系统环环相扣,如击常山之蛇,击其首则尾应,击其尾则首应,击其中则首尾皆应。整个系统执行下来,守则不会爆仓,攻则保证正常利润或取得超额利润,简单说就是死不了、活得好。

  第三,保持一致的交易动作。交易系统指向的交易动作基本是唯一的,这意味着在所有市场环境下我们的交易行为是一致的。而没有交易系统指导的交易动作很难保持一致性。为什么要保持一致的交易行为?我们都遇到过上不去网的情况，原因可能包括运营商网络故障、电脑故障、路由器故障、网线故障，如果我们换一台电脑就能上网了，大概率是电脑故障（为什么说是大概率？因为没准你换电脑的一瞬间网络故障修复了）；如果换电脑的同时也重启了路由器，然后能上网了，那就很难知道是电脑的问题还是路由器的问题。再如农民种地，每年都种一个品种的小麦，施肥量一致，种植过程一致，那么在不同气候特点的年份，收成如何他们是有数的。假如某年改种其他品种的种子，施肥、种植过程不变，他们会比较相同气候条件下产量的不同，从而得出种子优劣的结论。如果在改变种子的同时又改变了其他种植方法，那就很难知道种子的优劣了。所以必须有不变的变量才知道变化是否由其他变量引起。交易也同样如此。一个拥有稳定交易系统的交易者，其交易行为是一致的、可重复的。如果在大致类似的交易环境下交易结果欠佳，那一定是系统的问题，需要优化交易系统；反之遇到市场突发事件导致业绩回撤，同时交易行为是按交易系统执行的，那一定是市场的原因。市场的原因，我们继续坚守交易系统即可；系统的原因，就必须优化交易系统。假如交易者的交易行为是飘忽不定的，一会儿用成交量决策，一会儿用均线指标决策，就很难复盘出交易结果欠佳到底是方法的问题还是市场环境的问题。而一个稳定的交易系统，在相同的市况下其表现是大体一致的，那么我们通过交易系统的表现就知道哪些市况是需要调整策略进行适当规避，哪些市况是可以正常执行的，才能为账户策略的制定提供判断依据（账户策略也是我的一个发明，第四章会专门论述）。

二、交易者应如何建立一个交易系统

第一，拿来主义。据我所知，市场上有很多交易者直接采用了海龟交易系统，并根据自身特点进行了一些修改。当然你也可以在阅读本书之后把方向交易系统作为一个框架，进行一些适合自己的更动。这就像买了一个精装修带家具的房子，里面的电视、橱柜等可以依据自己的喜好进行替换。但需要注意的是，必须深刻理解该系统的逻辑内核，这样才能保证在进行更动的时候不会拆了承重墙或房梁。

第二，自上而下建立交易系统。即以某种市场观为基础，建立自己的核心交易逻辑，然后围绕这个核心逻辑建立与之匹配的交易规则。这么做的好处不言而喻：你会明了自己的逻辑是无懈可击的，当市场态势的变化导致净值不佳时，不会轻易放弃自己的交易系统。就像一个开悟的禅师，"将头迎白刃，犹如斩春风"，不会因外界诱惑或恐吓而轻易放弃自己的信仰。

第三，自下而上建立交易系统。很多交易者形成交易系统的过程是先有大量的实践经验积累和知识积累，之后从中选择最适合自己的部分建立规则，最终形成交易系统。有的交易者形成系统之后会总结出系统的逻辑、哲学、思想；有的只是一直简单执行他的系统。我建议还是提炼出系统的灵魂比较好，这样比较容易坚守，也容易根据系统逻辑进行调整。

三、建立交易系统的注意事项

第一，首先当然是交易系统必需的各个要件都要有。前文提到过这些要件，这里再列一下。

①买什么：市场或交易标的选择。
②何时买：不仅是择时问题，还含有触发条件的意思。
③买多少：即仓位问题。
④是否及如何加仓：扩大杠杆的问题。
⑤是否及如何减仓：降低杠杆的问题。
⑥如何止损：一般来讲，止损是指入场后没多久就需要离场的情况。
⑦如何止盈：通常的说法是把止损止盈分开说的，实际上都是离场问题，在此从俗。

第二，各个要件之间要能互相匹配。简单说就是不能把越野车的发动机换到普通乘用车上，因为其他配件并不能支持越野车发动机的性能。这一点前文多有涉及，此处不再赘述。

第三，闭环。此处主要指买卖条件。比如MACD金叉买入、死叉卖出，就是闭环的，有一买必有一卖相对应，且条件来源一致。下图是用两根均线的交叉来建立的进出场系统，向上箭头为买入、向下箭头为卖出，可以看到有一买必有一卖，它是闭环的，如下图。

如下图，用 KDJ 的 J 值高于 100 卖出、低于 0 值买入为买卖条件设计的交易系统，由于 J 值在低于 0 值之后到下一个低于 0 值之间，未必出现高于 100 的情况，那么就导致这个系统不是闭环的。

两次买入之间并没有卖出动作

第四，适合自身情况。每位交易者都有自己的经历、学识、性格特点等，一个交易者自建的交易系统其实是他自身特点的外化，他交易的是他自己。如果是拿来主义的交易系统，必须注意进行适合自己的改造。或者在拿来的时候根据自身情况进行选择。比如一个性格谨慎的交易者，让他执行一套大起大落的交易系统，大概率他是执行不下去的。

第五，尽可能简单、易执行。我常说的一句话就是"容易坚持的事情才容易坚持"，这句貌似废话的话包含两层意思：易做到、有好处。比如健身房锻炼，制定一个强度很高的训练计划，大概率是坚持不下去的。交易也一样。交易规则尽量简洁，达到几秒钟最多一分钟即能判断是否进出场的标准。你看着方向交易体系需要用一本书来表达，在实际交易中是非常简单的，能迅速决策，且持仓在多数情况下比较舒服，这就比较容易坚持下去。如果一个进场需要花费很长时间去研判，那么这种系统必定含有很多变量需要去分析判断，这些变量只要有一两个在研判中出现疏漏，就会带来不理想的结果。重要的是，当结果不理想时，由于变量太多，你很难复盘出需要修正的或出现问题的变量是什么。

第六，优化要适度。追求更高效率是人的天性，这会让交易者难以忍受进场不能立刻获利的情况，或在某种不适合自身交易系统的市况下屡屡止损的情况，那么他必然有优化交易规则的冲动。优化是可以的，但要注意：

①不轻易更改系统逻辑和系统框架。除非你的逻辑和框架站不住脚，否则一定要在基本框架不变的前提下进行规则修订，且其修订必须符合基本逻辑和框架。

②不存在百战百胜的交易规则，一旦去追求这种极致的确定性，就会终生处在不断修正交易系统的不归路上。

③结合不同市况的实践进行优化。一个系统建立之初，未必已经穿越牛熊，所以这个系统在牛市、熊市、震荡市都有哪些难以容忍的缺点，是否在极端市况下会崩溃？这些都是需要在实际交易中注意观察、统计、总结的，然后根据需要进行优化。就像一辆汽车设计出来之后，要在不同的天气、路况下进行试驾，然后修正。当然有时判断出系统表现不佳是市场原因还是系统设计原因是比较困难的，这就需要交易者对系统的基本逻辑有深刻的认识，才能知道到底是否需要大修大改。一般来说，一个系统在建立之初的几年，改动的频率会相对高一些；当这个系统很多年才进行一次小修小补，那么这个系统就已经成熟了。

④非常重要的一点是，任何交易系统都有它非常适应的市场环境和不太适应的市场环境，不可能存在一种交易系统适应所有市场变化。这就像

一个人，在人生旅途中总有顺利的或不顺利的人生境遇一样，总会有高低起伏。比如一个企业家，在成功的阶段，其性格特点可以被评价为"慧眼独具"，善于"力排众议"；当他失败的时候，这个特点会被批评为"独断专行、刚愎自用""听不进不同意见"。其实人还是那个人，只是我们太喜欢从结果来推论造成某个结果的原因了。做人要不忘初心，执行交易系统也一样。

第十节　关于一些比较重要的交易理念

交易理念看上去比较虚，但却是交易中极重要的部分。有些交易理念已经在前面涉及了，还有些交易理念会在后面章节提到，本节主要把一些不易糅合在其他章节的交易理念，以及市场上流行的但笔者认为值得商榷的交易理念放到一起，以期加深交易者对交易的理解以及对本书的理解。

一、低吸、追高、抄底、逃顶、牛市持股熊市持币

这些都是市场上常见的，且为交易者常挂在嘴边的词汇。前四个常被作为评判分析师或股评家是否有良心，是否为"小散"考虑的重要标准。先说低吸和追高。

低吸大体分两种情况，一种是模糊的，无标准的；一种是有所依据的。比如我们会听股评家说，"建议逢低吸纳"。这句话就很坑人。如果你吸纳了，继续跌，股评家是没有责任的，因为他说"逢低"，你没"逢"到那个真正的、最低的"低"啊！交易者大概也多数会检讨自己找低点的能力不行。双方皆无法判定责任，大概率是股评家继续"良心"，小散继续用日渐干瘪的钱包寻找低点。另一种好一些，比如"跌到五日线低吸"，跌破了大不了在十日线继续低吸，后面还有二十日线、六十日线、半年线、年线，总有一个会止跌的，只是不知道交易者能"继续"几次，到了那个最终的低点是否还有银两"继续"。"低吸"相对于"追高"，起码是政治正确的，因为低吸是为你省钱考虑的，追高有为主力托盘、坑害小散的嫌疑。但没有标准的、没有止损

条件的低吸在我看来都是耍流氓。一个钟摆，用肉眼判断到哪里才是摆动的终点，是要向回走一点才能最终确认的，低吸，就相当于钟摆在摆动过程中即判断其为终点，错的概率大。那怎么办？追高吗？"追高"，也分两种情况。一种是价格即将到达对称位（什么叫对称位，第二章会详细讲）时买入，虽说价格未必以对称位为终点，但毕竟性价比不高了。这种，我认为是真正的追高。另一种情况是市场在经过一段时间盘整或回调后，出现一根有可能重拾升势的大阳线，这根大阳线，从当日或次日的角度看，似是"追高"了，但从未来可能运行的空间看，还在很低的位置。这种不属于追高。这种方法虽然比最低点"低吸"成本要高，但确定性也高一些。重点是，你真的能找到最低点吗？如果不能，不如做这种"追高"。下图为追高和突破买入的示意图。

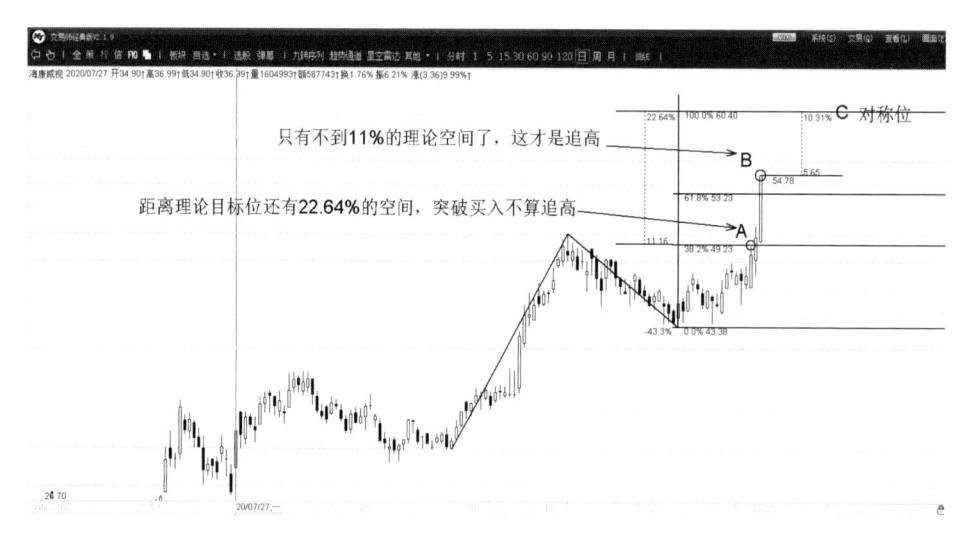

C点为理论目标位，A点貌似追高实际不高；B点才是真正的追高。虽然该股最终涨到了波浪尺1.382的量度目标，但衡量性价比主要用对称法则。

与低吸相比，抄底逃顶有更广泛的信众。抄底，极为美妙的一个词，一旦抄对了，成本最低、容易持股。但这个词有很大的欺骗性。"底"，意味着相当长的一段时间都不会来到这个价格，它是一个"结果"，是需要比较长的时间和走势来验证的。在交易者作出所谓"抄底"动作的一瞬间，它并不是被验证的，只是交易者心中臆想的一个"底"。所以，抄底一定是正确的，但抄臆想的"底"一定是错误的。由于在任何"底"到达的瞬间，它都没有被验证，所以抄底虽然正确，但这种正确是没用的，因为那一瞬间它并非"底"。有几年交易年龄的交易者都会有过抄底抄在半山腰的经历，即便大盘没在半山腰，个股也有机会让你站在那里，如下图。

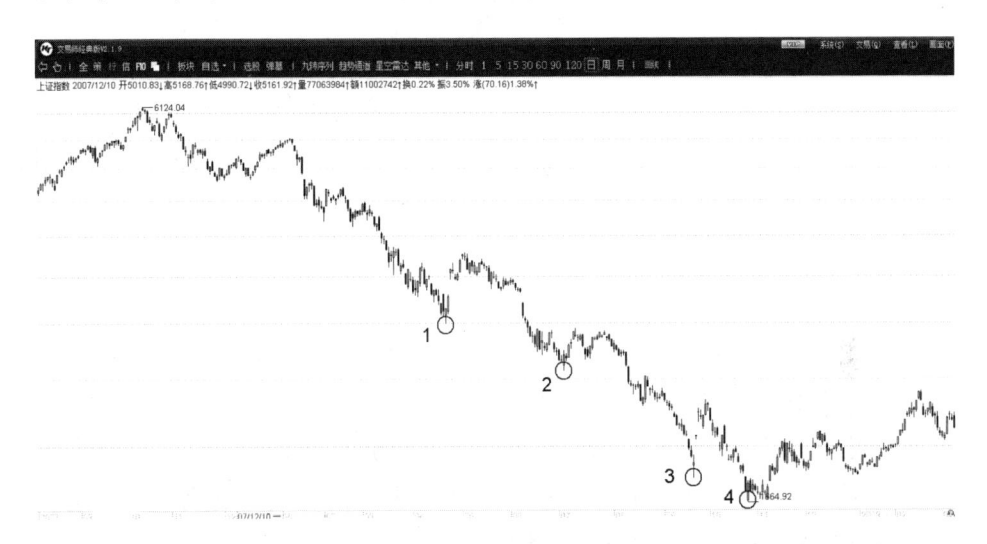

上图是上证指数 2008 年大熊市走势图。图中 4 个点，只有抄到了第 4 个才是一个比较大的底。不幸的是，由于前面三个低点给的教训，到了第四个点很多交易者已经养成了"反弹一段就赶紧走"的惯性思维。所以第四个点即便抄到了也意义不大。也有的交易者会说，在大熊市抄对了一个波段低点拿一段就走。这句话基本是对着事后的图说的。

第一，这种做法不叫抄底，应称之为"做反弹波段"。

第二，就算你每次抄对了反弹波段，个股毕竟不同于大盘，你抄的个股未必涨，并且大盘也没准是横着反弹。

第三，真的大底来了，由于交易者是按反弹波段做的，已经在所谓的高点走了，又会面临卖掉的股天天涨，不愿意买回来的"锚定心理"。

最重要的，抄底逃顶，均属于"逆势"。因为在事后验证的"底"到达的当时，市场一定是下跌趋势。什么时候才是上升趋势？底部结构形成并回踩确认的时候。

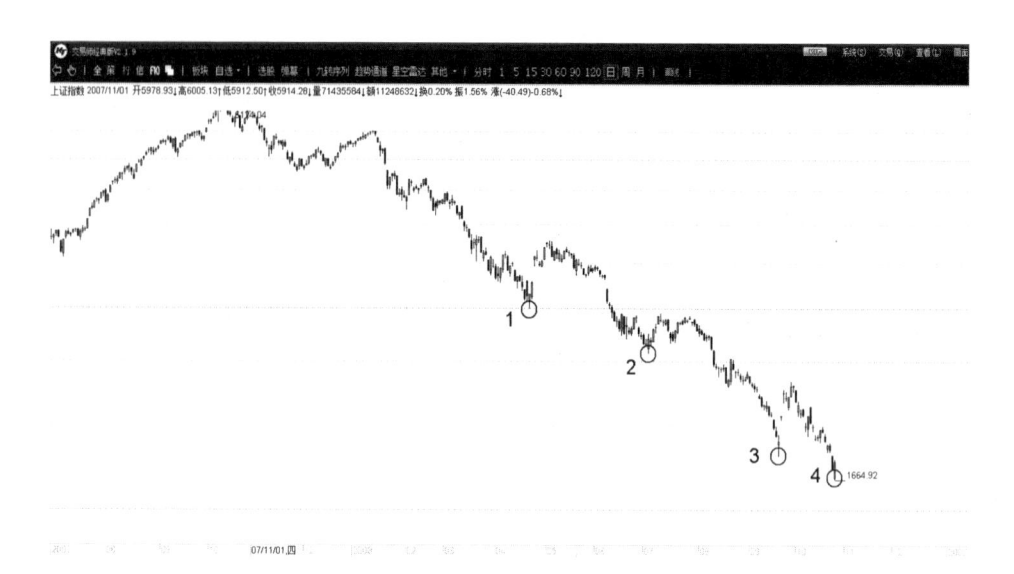

如上图，1664点大底到达的时候，市场是不是一个下跌趋势？1664点这个低点和前面的低点相比，难道气质绝佳、骨格清奇？

而说着抄底逃顶的人，却经常强调"趋势是我们的朋友""顺势而为""趋势为王""一定要尊重趋势"。一边强调顺势，一边在逆势，简直是自称信佛的人脖子上挂了袋铁观音（茶叶）。

现实交易中我们会体会到，就算是你抄到了真的"底"，也没有太大意义。

第一，前面提到的惯性思维，认为涨一段就要赶紧跑，别丢了到手的利润。那么你抄底干嘛呢？抄底难道不是为了以最低价格优势把股票拿到顶吗？初心何在？

第二，底部往往不是一个低点形成的，很多时候会有第二低点，甚至第三低点。在市场向第二低点滑落的时候，你会坚信你抄到的第一低点一定是底吗？

第三，个股未必是底，还可能有更低点；而且大盘反弹（第一低点之后的上升段其实严格来说就是反弹）期间个股一般不会齐涨共跌，经常是今天涨明天跌的板块轮动形势，持股极为不易，中途下车概率极大，如下图。

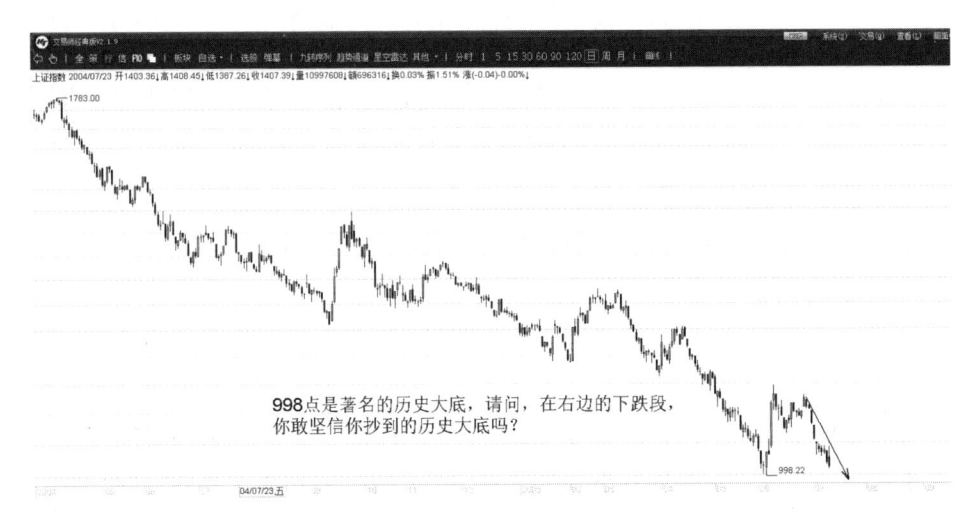

998点是著名的历史大底，请问，在右边的下跌段，你敢坚信你抄到的历史大底吗？

所以，综上，抄底是逆势的，而且大概率会抄了个寂寞。至于逃顶，把前面的分析反过来听就知道它的错误所在了。

还有句话相信所有人都听过，且很多人奉为圭臬：牛市持股、熊市持币。和抄底逃顶一样，这是句正确的废话。说它正确，是因为有太多人在大牛市里拿不住股票，最终赚不到应赚到的钱了；也有太多人在熊市里不舍得割肉，或者出来进去忙着抄底，最后把牛市赚到的钱吐回去还亏了很多了。说它是废话，是因为所谓牛市，往往是到了中后期才会被认定的，那会儿已经开始有专家在好心地提示风险了，就算你知道应该牛市持股，也会被他们吓得抓紧机会逃顶了；熊市开始的时候，也没人认为是熊市来了，因为之前已经有很多次逃顶错误的经验了，那么这次好容易调整了，那当然要低吸或者要牛市持股了。然后呢？然后就是熊市了。熊市进行过程中，也同样有各路好心的专家在喊着婴儿底、钻石底等等各种名堂的底。当然他总有一个底会喊对，但你的钱包已经在多次"继续买入"的继续中见底了。所以这句话很对，但绝不可以当作一个交易理念来奉行，因为它是句废话，正确但难以执行。

二、谈谈知行合一的问题

我看到很多交易者把自己不能按预先的想法执行交易动作归咎于没做到知行合一，潜在的意识里认为自己的想法或者方法是对的，只是执行不到位导致亏损或失去一部分利润。这个问题也有一部分原因确实是执行能力问题，比如学到了一套很正确的交易系统，但由于缺乏实践磨合，所以执行会有不到位的问题。如果是这种情况，倒也不是什么问题，毕竟新车也有磨合期。怕就怕由于过分归咎于知行合一，导致自欺欺人，永远都觉得自己的方法没问题，是知行合一没做到的问题。我们姑且抛开王阳明的哲学，只按照大众所认知的知行合一来分析这个问题。

交易者检讨自己做不到知行合一的时候，大多数情况都是认为自己的知见是正确的，只是执行不到位。但在我看来，实际情况应该是反过来，即大多数情况是知见的问题。知见的问题，约有两种，一是不正确，二是不深入。

先说第一种。自责不能知行合一的现实情景，有"明知道"要跌，下不去手止损；"明知道"涨到位了，没有离场，之后股价转跌了；"明知道"还要涨，却早早离场等等。其实"明知道"本身就是有一点问题的，因为人的记忆是有选择性的，容易选那些有利于自己的情景去记忆。其实摸着胸口问问自己，在"明知道"的瞬间，是否也有相反的想法呢？或者，你上一次的"明知道"是不是正确呢？我们也抛开这个"明知道"不谈，假设交易者的"明知道"是对的，那么，止损下不去手，是不是有仓位过重的问题？过早离场，是不是也有仓位重的问题，而且还是不是有可能是离场方法存在问题（比如从不右侧离场）？涨幅到位还没离场，是不是有可能陷入了"锚定效应"的心理陷阱？是不是跟之前的某次提前下车的经历有关系？说到底，如果有好的交易系统做支撑，这些情况是较难出现的。比如，轻仓时止损并不难，拿住单子也不难；节奏点进场比较容易进场即获利，有了盈利保护，后面在盈利情况下离场也不难，而且止损点清晰，进场即知道自己会承担多大成本，那么止损时也无非按部就班设置条件单就是了，不会认定为一次失败的交易；如果有固定的进出场规则，不会这次离场过早，下次又迟迟下不了决心离场。所以知的正确是知行合一的根本。知的正确，容易从中获益，行也就有动力。另外，知是为行做准备的，建立一个难以执行的交易系统，强求自己做到知行合一，本身就不现实。**第二个问题就是"不深入"**。字面的理解和深刻的理解相比，自然是深刻理解容易执行；深刻理解和内化为自己的东西相比，自然是内化容易执行，也容易坚持。我在教学中就遇到过，学生作业写得头头是道，遇到不顺的行情就容易怀疑学到的东西，然后去学一些所谓"必胜"的奇技淫巧。所以，解决"知行合一"的问题，不妨先从"知"入手，看看"知"得对不对、理解得深不深。

当然"行"也是重要的。首先"知"的正确与否、交易技术的筛选，就需要"行"来验证。比如我学习交易的前几年，学了大量的技术方法，但通过交易实践，最终留下来并且写入交易规则的，估计连十分之一都不到。甚至在实战中也就用一两招就足够了。当然并不是一次实践失败就能证明某技术是错误的。先看原理有没有道理（有的技术甚至没有原理），再看是否简单易执行。比如均线技术，以五日线止损，是否容易执行？我看不太好执行，因为五日线在开盘期间是不断波动的，以哪一瞬间的五日线为止损位？反过来，用节奏点失败为止损点，则清晰明了。其次，"行"的结果也能促进"知"的深度和正确度。"绝知此事要躬行"的"绝知"，我理解应该是内化为自己的东西的意思。有次在光大期货直播间直播，有位网友抄底做多碳酸锂，我说它正在下跌，你为什么要抄底？他很听话，反手就做空了。次周直播留言，说他反手做空获利不菲。这样他就尝到了顺势的甜头，之后的交易对于"顺势而为"的重要性肯定就不是从字面理解的了。另外我们的交易系统并不是一开始就搭建完备的，而是需要修修补补，甚至大修大补。这些修补的重要认知来源，就是"行"。修补之后再实践，再发现问题再修补，如此"知""行"交替行进、互相强化，最后可得大成。

最后总结一下："知"的正确与深入，自会促进"行"的坚决；"行"的结果，又会反哺"知"的正确。

三、关于技术派和基本面派以及双剑合璧

技术派和基本面派（为图省事，我把价值投资、个股基本面分析、宏观策略、事件驱动策略都归类为基本面派）百年来就像华山派的剑宗和气宗（金庸《笑傲江湖》里的故事），总有人想分辨个高下。其实在我看来，技术分析是一种进场和离场方法，基本面分析也是一样，都是进出场的**价格**依据。从最终形成资金曲线的角度，用哪种方法不是决定性的，进出场技术加上资金管理方法才是决定性的。基本面交易我见过资金曲线非常好的，技术派也有资金曲线很稳健的。所以用哪种方法并不重要，重要的是形成自己的交易

系统。由于我对基本面方法不是很了解，没有发言权，在此仅依据我的经验列举一下用技术分析方法进出场的优势：

①技术分析比较通用。不论大盘还是不同个股，不论股票还是期货还是期权还是外汇，不论是德国的还是美国的股票，走势图都有共通之处。这样一来，交易者不用通晓各个行业、各家公司、各个品种、各个国家的情况，只要是有K线走势图的品种或市场，都可以交易。后面如果交易者成立基金，也不需要养活庞大的研究团队。比如之前提到过我们的团队，五千只股票，六个人分工，周末每人半个多小时就能选好股票，汇总之后再进一步筛选。做期权交易时，仅用合约走势图，不用懂那些希腊字母也能做得很好。

②交易决策相对比较明确。虽然说面对一张走势图，有时会有"它到底是个什么形态"的争论，但要不要做，出现了什么条件才做，是明确的。但消息面就可以多种解读。同样的消息，涨了会被解读为利好或利空出尽是利好；跌了会被解读为利空或者利好出尽是利空。问题是消息出现的时候，你到底做什么决策呢？下面这个段子就很有代表性：

> 人民币升值，A股跌，因为升值不利出口；人民币贬值，A股跌，因为资金要出逃；人民币加息，A股跌，因为货币收紧；人民币降息，A股跌，因为经济差才降息；美联储加息，A股跌，因为资金被抽走；美联储降息，A股跌，因为美股吸引力增强。

③门槛比较低，适合大多数人入门，学好之后也比较省心。只要你不要求做到判断何时何价，只要求有个简单有效的进出场方法，学起来还是比较快的，不用花一辈子时间不断研究各个公司、各个市场。每天看看走势图，选选交易标的，做做交易计划，设一设止损，跟踪一下市场变化，日子还是比较悠闲自在的。

当然还有人希望做到双剑合璧，即把基本面和技术分析结合起来，以提高胜率。这个愿望是好的，但我个人觉得不太容易实现。技术分析是择时的，价值投资大多数只看价格是否低于估值，是不择时的。而价格低于价值时，市场多数情况下是处在下跌趋势的，但技术派当中的趋势跟踪法则，又希望在上升趋势中进场，此时两者就会出现矛盾。还有其他一些情况，两种方法发出的信号经常不一致。就像两块手表，显示的时间不一样，你信哪块手表的呢？所以双剑合璧一定很能打吗？我看不一定，恐怕因信号不一致而错失进出场机会的概率会比较大一些。所以精研一门，然后在资金管理上下功夫，最后形成稳定的交易系统，才是交易正途。

四、守株待兔和按部就班

下面是两位交易者的不同交易场景。

交易者 A：通过年线、月线、周线、日线、小时图、15 分钟图、5 分钟图分析，大盘明天应该是涨的，赶紧选股。

一顿操作猛如虎，把均线、MACD、KDJ、RSI、宝塔线、筹码峰等等所有自己知道的指标看了一遍，选出三支认为明天必涨股票。第二天，再根据集合竞价、分时图等等，选择进场或者不进场。

交易者 B：大势是向上的，明天如果大盘突破某个点位，新的一轮涨势可能会到来，那么可以买一些符合交易条件的股票。如果大盘下跌，那么再等等看，不过只要大盘没有触发系统性风险点位，一些看着特别好看的股票符合条件了也可以买进。

然后从股票池里选出明天触发买入条件即可买入的股票，算出每只个股的买入数量，规划好总仓位，在计划表里填入触发价格和止损价格，算好止损金额，剔除止损过大的股票。次日，设好条件单，触发自动买入。

交易者 A 和交易者 B 都是用技术分析来交易的，交易者 A 属于主动出击型的，分析和预测市场涨跌，然后买入或卖出；交易者 B 属于条件应变型的，猎物进入射程范围，且不是打不了的猛兽，则扣动扳机；看不清是不是猛兽，或者猎物又离开了射程范围，那就继续等待下一个猎物出现。

方向交易体系的交易理念是后者。我经常说的两句话就是：打能打的鱼、收能收的网。不是你的菜，吃下去也容易拉肚子。这也像鳄鱼的捕猎方式，它会静静地趴在水里等待猎物出现，绝不会主动爬到山洞里找老虎拼命去。这种理念的根源是交易世界观。我不认为市场能够"铁口直断"分析出来一个必涨或者必跌的结果，我会分析一下市场的大体方向和大概率的涨跌，然后对小概率的结果做好防备。重要的是设定如何走才是大概率的涨跌、如何走才是小概率的结果。如何走,有时是具体点位的突破或跌破,有时是一段心中描绘的走势图。当市场的走势和交易标的的走势符合交易系统设定的条件时,下一件事情就是按部就班地去操作。

按部就班,来源于交易价值观。即交易是一件按系统规则去做的"事情",赚钱了是按部就班去操作的正常结果,也会高兴,但不至于认为自己天下无敌,知道后面还有亏钱的机会;亏钱了也是按部就班操作的正常结果,也会有点难受,但不会认为自己很失败,是个笨蛋,亏钱只不过是按系统规则止损、付出了该付的成本。只要交易系统长期看是正期望值的,就一直按部就班去操作,控制好过程,把结果交给市场。

守株待兔和按部就班都需要一个共同的心理素养,就是耐心。耐心空仓等待交易机会出现、耐心持仓、耐心等待离场机会出现。非常多的交易者是见不得账户里有现金的,今天卖出股票,担心错失赚钱的机会,当天就会选股买入,稍有耐心点的第二天第三天也就进场了。按理说按部就班是按照交易规则去交易的,本身就需要等待符合交易条件的情况出现,自然就有了耐心,那为什么按部就班也需要耐心呢?因为尤其是在股票市场,做交易是需要结合大势的,在大势下跌的情况下仍会有些符合条件的交易机会出现,这种交易机会大概率会是失败的。若没有耐心,遍地、随时都是按部就班的机会,按部就班也就失去了意义。

五、孙子兵法与交易

《孙子兵法》当中有很多条文与交易理念是相通的。也可以换种说法,就是有些交易理念我想通过引述孙子兵法相关条文来分享给读者。

1. 论慎战

> 兵者,国之大事,死生之地,存亡之道,不可不察也。故知兵之将,生民之司命,国家安危之主也。

我曾经读过一篇博文,题目记不清了,大体意思是"把每一次交易当作最后一颗子弹",作者迈克吴。作者以利弗莫尔第三次东山再起的故事为背景，讲述了自己"慎战"的交易理念。

1914年，利弗莫尔在经历了第三次大破产后，期间又遭遇了美国4年的经济大萧条，资本市场索然无味，也无任何赚钱效应，同时他还欠下百万美元的巨额债务。他似乎再次进入了山穷水尽的地步，因为当时只有一家券商能够给他一笔为数500股交易额的信用。也就是说，对他的人生而言，只有一颗子弹，一次扣动扳机的机会，非赢即输。如果他不能在这唯一的机会中，看对大盘、选对股票、抓住时机、拿出勇气，无论这四个条件中哪一个出现问题，都会造成永远再无翻身机会的结果，那么他或许就真的只能永远破产，然后和99.99%的人一样，永远离开资本市场。也就是说他必须要做一次成功几率高达99.99%的交易，而当时的股市却是处于一个四年经济衰退的行情，这种难度是我们无法想象的。1915年3月后，利弗莫尔早已看好大发战争财的伯利恒钢铁公司，那时股价约50美元，他选择了蛰伏和等待，直到1915年5月下旬。伯利恒钢铁股价于6月初开始冲天而起，3周内达到90美元以上。在用了超过16周的时间等待大盘的强度，其中包括6周的时间等待伯利恒钢铁个股的强度后，利弗莫尔终于在其股价98美元时出手了，他扣动扳机，用唯一的一颗子弹为自己射中了金苹果，之后伯利恒钢铁股价涨幅高达591美元，利弗莫尔也恢复了所有的交易信心和股本。作者后面又以2008年做空沪铜为例，说明等待时机并把每一次交易当作最后一颗子弹的重要性。

这篇文章在很长时间内影响了我的交易理念。我觉得确实应该如此。市场中机会无穷、钱包里银两有限，看到市场可能上涨就急匆匆射出自己的子弹，蒙对了还好，做错了既有可能亏损，也有可能丧失更好的交易机会。

2010年9月30日下午国庆长假前一天，市场在经过两个月的横盘震荡后突然发力，在煤炭板块和有色板块的带领下发起了一波"煤飞色舞"的行情。那天下午我因为人在旅途，并没有操作。晚上复盘，精心挑出了几只股票准备长假后第一时间买入。之后结果还是不错的，我买的几只股票基本都是该板块的阶段涨幅前几名（第一第二没机会，接近涨停开盘或者已经连涨数天不符合节奏点进场要求）。后来我得知，有些朋友在9月30日下午看到大盘异动就很机智地买入了股票。同是买入了煤炭股或有色股，阶段获利却远不如晚一天买入的我。后来我反思这次交易：假如我9月30日下午也在盯盘，且也买入股票，会不会和我的几个朋友一样收获了了？我觉得很有可能。其一，大盘异动是由煤炭和有色板块引起的，这两个板块的龙头已经涨停，其他没涨停的个股也就算不上龙头股。而龙头股和跟风股相比，阶段涨幅差距是很大的。我很有可能因为几个龙头已经涨停，仓促买入其他跟风个股，虽也会有收获，但远不如买龙头的收获大。其二，我也很有可能买入其他板块的个股。毕竟大盘的一波大涨，也会带动各个板块轮动上涨。但实际上，那波行情基本就是煤炭和有色板块在涨，其他板块也就是友情参与而已。这件事并不是我有意在"慎战"，但这次无意的经历却给了我很大的启发：一波预期涨幅较大的行情，不用急于参与，静心分析行情、精心选股也一样可以带来很大收获。当然这次经历也让我后来看到迈克吴的文章后产生了很强的认同感。

后来我交易系统完全成熟的时候，我仍然认可慎战，但不会把每一次交易都当作最后一颗子弹了。为什么？因为利弗莫尔是满仓交易，我的交易系统是分散持仓且单品种相对轻仓，一只股票或期货品种的仓位，其预算止损幅度不会超过0.5%，有很多子弹可以打。重要的是，分散持仓的一个理念基础是降低机会成本，通过多品种交易尽可能避免错过主要赛道。更重要的是，我的交易世界观逐渐成形，不再过于主观地去判断哪个交易品种更优，而是把主观判断的成分降低，在大势允许的前提下，出现交易定式即可参与，这也同样是分散持仓的哲学基础。但"慎战"仍是深入骨髓的一个理念，虽然轻仓且试仓成本低，仍不会轻易尝试，这也让我的交易频率很低，一年下来股票、期货、期权合计也不过150笔左右的交易。对于满仓需要20多只股票、十几个期货品种、四个期权品种的交易来说，这个频率已经是非常低了，一年算下来最多3次满仓交易的机会。当然其中也包括了持仓几天即撤离的斥候单子，所以其实不会有3次满仓交易的。

2. 论交易策略与交易计划

> 夫未战而庙算胜者，得算多也；未战而庙算不胜者，得算少也。多算胜，少算不胜，而况于无算乎？

"庙算"，后世演义小说多写成"妙算"，前面还经常加上"神机"两个字。一字之差，让普通智力也能完成的一项工作变成非卧龙凤雏不可的一门玄学。其实"庙算"的"庙"，指的是庙堂，是古代政府的办公场所，庙算大约是近代战争中大到战争风险评估，小到参谋部的沙盘推演和图上作业这类操作。这段话意思比较明确，就是在打仗之前要提前评估双方的优势劣势，盘算一下胜算有多大。如果把形势评估得准确一些、计划更周密一些，取胜的机会比较大；反过来，如果计划不周密，容易失败，更何况压根儿不做计划的那种战争呢？

做交易是没有明确的对手的，但也需要评估大势、制订策略、做好交易计划，不要去打遭遇战（前面我做"煤飞色舞"行情的经历也能说明这一点）。大部分散户是没有交易计划的。一张交易计划表，看似只填一下入场价格、数量、止损，其实已经经过了对大势的评估、具体交易标的的选择过程，在填写这张表格的时候又会因为冷静思考了一遍大势、次日的变化及应对、止损，从而让交易更加理性。另外，由于提前已经预估了损失，在损失真的发生时心理上也容易接受。所以，要想做好交易，先从一张计划表开始吧！

3. 论市场与系统的关系

> 知彼知己者，百战不殆；不知彼而知己，一胜一负，不知彼，不知己，每战必殆。

这句话我的用途是用于体察交易系统和市场之间的匹配度。这是一个大多数人都没有意识到的问题：有的基金为什么某些年份表现出色，某些年份让人大跌眼镜？自己的交易为什么有的阶段别别扭扭，有的阶段顺风顺水？其实就像每个人都有适合自己的环境和时代一样，交易系统也存在和市场之间的匹配度问题。这个问题在后面的三元一体理论里会予以详述，此处先留个印记。

4. 论待机，论系统逻辑的无懈可击

> 昔之善战者，先为不可胜，以待敌之可胜。不可胜在己，可胜在敌。故善战者，能为不可胜，不能使敌之可胜。故曰：胜可知，而不可为。

慎战与待机，有共通之处，但强调的方面不同。慎战重点强调战争是生死攸关的大事，轻易不要发动战争；待机偏微观，强调的是等待敌我均势的变化，在敌方有机可乘时方可考虑发动攻击。这一条还强调了"不可胜在己，可胜在敌"，即是前文一再强调的"市场是不可控的，自己才是相对可控的"的交易理念。普通人理解的古代战争，大概是"两军交锋之际，突然伏兵四起，敌方大败"吧。我以前就是这么理解的，更肤浅的阶段是认为两军胜负取决于两军大将单挑，大战二百回合，大喝一声将对手斩于马下之后挥军掩杀。越到后面，尤其是看了宋、明、清较少传奇色彩的战争记录，才慢慢了解到战争胜负有"神机妙算"的因素，也有大将决斗的因素，但那绝不是主要因素。孙子兵法里说得很明白：主孰有道？将孰有能？天地孰得？法令孰行？兵众孰强？士卒孰练？赏罚孰明？吾以此知胜负矣。也就是说，决定战争胜负的因素先看双方的"内功"。把自己练得"不可胜"，再等"敌之可胜"。这和我们做交易有什么区别呢？市场能不能走出十年一遇的大行情，是要等待、观察、试探的，也就是等它"可胜"，但要想等到它可胜，你先得能在市场上存活到大行情来的时候，也就是你得"不可胜"，当个"蒸不烂、煮不熟、捶不扁、炒不爆、响当当一粒铜豌豆"（关汉卿《一枝花·不伏老》）。那么这粒铜豌豆，首先必须质地坚硬，即我们的交易系统得"不可胜"，其次要学会待机，耐心等待"敌之可胜"的战机出现，否则一颗再硬的铜豌豆捶打次数多了也就变成铜箔了。

交易系统的"不可胜"，必须在底层逻辑上站得住脚，再在整体构建上推理起来无懈可击。它可以有弱点，但不能有致命弱点。什么是致命弱点？即遇到极端行情会爆仓或回撤极大。什么是极端行情？2015年1月15日，美元/瑞郎的那根大阴线就是非常极端的行情，当天振幅25%、跌幅14%左右，振幅是平时波幅的20倍，跌幅是平时波幅的10倍，如下图。

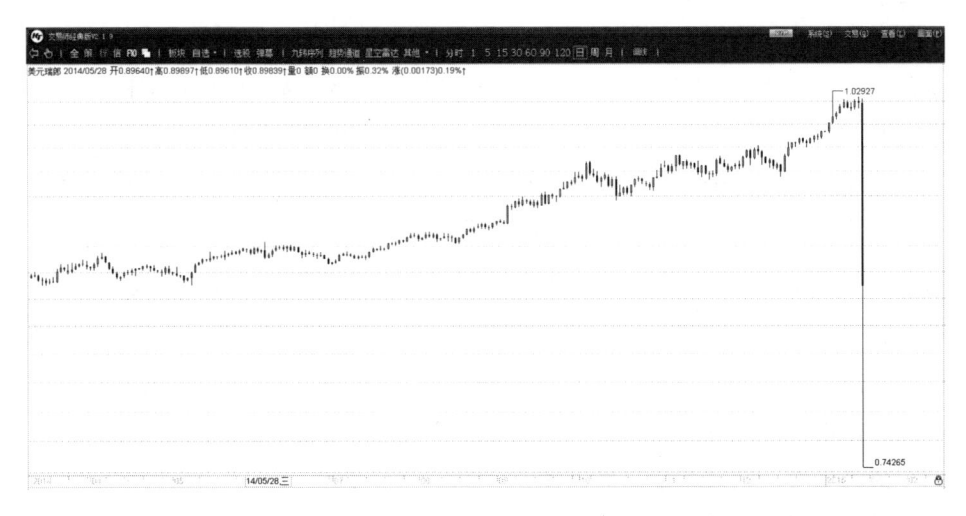

即便你设了止损条件单，也未必能有机会触发；即便触发了，也会有很大的滑点。这种行情，对于空头来说就是百年难遇的盛宴；对于多头来说就是百年不遇的洪灾。假如一个交易系统，它的仓位设置就是单品种 1 倍杠杆，这一天的最大回撤也会达到 25%，收盘回撤 14%。当然我们的系统也不能全然为这种行情做准备，就像堤坝防洪功能设置为一年一遇属于不负责任，设置为千年一遇纯属浪费一样。大体上，遇到非常极端的行情，像美元瑞郎这种，系统能够单日回撤 3%~8% 就是可以接受的，毕竟收回 8% 失地还不是一件遥不可及的事情。刚才举例美元/瑞郎是用的 1 倍杠杆，其实用 10 倍以上（外汇的最大杠杆要比期货大很多）杠杆的大有人在。一旦杠杆用到 10 倍，极端行情盘中爆仓也很正常。其实我们看到的期货大赛交易冠军没有不用高杠杆的；听说的国内期货界传奇人物也都经常使用高杠杆。比如棉花奇人在 2010 年的棉花大行情中，有了浮盈即加仓，满杠杆操作才成就了一代传奇。但同样的操作手法也让他在次年的交易中吃了大亏。

5. 论最佳交易机会

> 古之所谓善战者，胜于易胜者也。故善战者之胜也，无智名，无勇功。故善战者，立于不败之地，而不失敌之败也。是故胜兵先胜而后求战，败兵先战而后求胜。

市场是不需要勤奋者的，《盐铁论》里说，利在势居，不在力耕，意思和

"赶上风口猪都能飞"差不多。交易者常见的错误就是怕错过交易机会，对市场的一根长下影、一根高于昨天高点的阳线都十分敏感；盯盘也紧盯分时线、紧盯热门板块，生怕错过第一进场机会。看上去很勤奋、很努力，大部分情况下收效却不大。为什么？因为市场的大机会不是每天都出现的；大机会的进场点也不是只有那一天、那一分钟、那一秒。善战者，会耐心等待市场特点符合自己交易模型的阶段出击，不求最低点进场，只求进场后赢面较大；不求积少成多，只求遇到风口飞起来。大机会来临时，交易是很容易的，进场就赚钱、持仓也容易，这就是"易胜"的状态。在易胜的状态下交易，自然没人觉得你很厉害，所以也无智名、也无勇功，但活得长久、滋润。

易胜之时，就是最佳交易机会。

最后，我把很多年前写的一副对联送给大家：

行险道或可一战成名，谁曾见失意者积骨如山？

循正途方能百战不殆，无智名无勇功仍称善战。

第二章

技术分析和技术规则

第一节　技术分析总论

> **本节主线**：技术分析的目的，技术分析的原理，技术分析的缺点，技术分析的优点。

我入市不久就接触了技术分析。从深信不疑、孜孜以求寻找精确打击的方法，到简化技术分析为交易中的技术规则，大约用了 4 年时间，至今也以技术规则为唯一交易依据。后来我才知道，技术分析在交易界是非主流的方法，主流的是基本面分析。技术分析，似乎更是草根交易者的法宝。不过我也从不认为基本面分析就不对，只要资金管理和交易方法在交易哲学的基础上匹配起来，用技术还是用基本面都是"术"的层面，无所谓。但对于大多数普通交易者来说，技术分析显然学习成本最低、可应用的交易标的最多，堪称一根直尺走天下，所以学习交易从技术分析入手更适合大多数人。

可惜的是，有相当一部分聪明人，聪明反被聪明误，一直沉迷于技术分析的研究，希望找到精确打击、胜率百分之百的方法。我就曾经是这种聪明人，后来意识到自己再聪明也聪明不过市场，所以及时止损，转向整个交易体系的研究。本节希望能在以下四个问题上对技术分析爱好者有所启发：技术分析的目的，技术分析的原理，技术分析的优点，技术分析的缺点。

一、技术分析的目的

我们先来谈**第一个问题**：技术分析的目的。

这个问题似乎是个很奇怪的问题：我们学技术分析不就是为了赚钱吗？还能有什么目的？其实不然。我们看看技术迷李四都犯了哪些错误，让他学习的技术分析难以赚钱。

技术迷李四的日常技术分析场景：市场跌到某黄金分割点就是重要支撑。如下图。

第二章 技术分析和技术规则 | 55

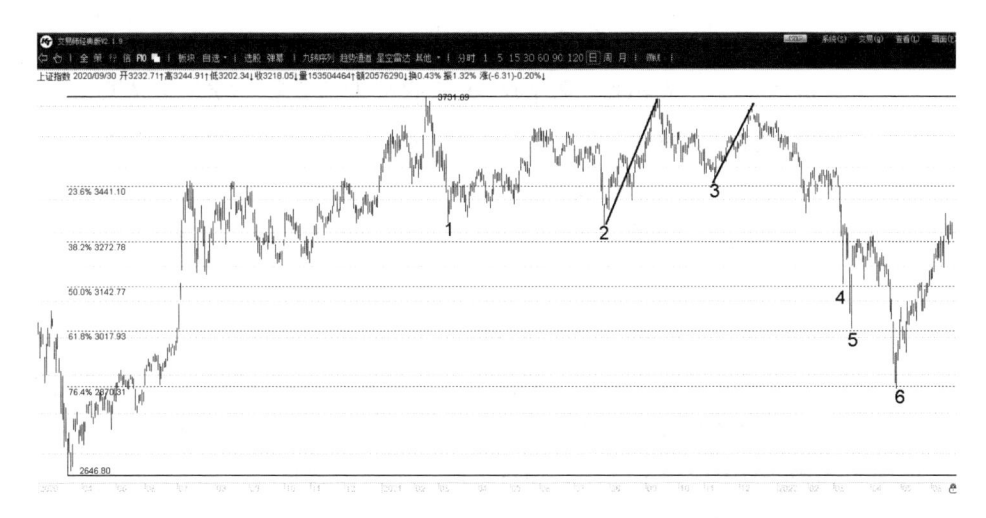

李四通过学习掌握了黄金分割线的画法，当市场从 3731 点下跌的时候，他就画好了黄金分割线，预言市场将在 3272、3142、3017 三个点位获得支撑。简简单单一句话，表明李四已经离交易比较远了。交易，抛开资金管理规则，单纯说技术问题，就要回答如下六个问题。

①干什么？李四没有说到了支撑位是干什么的。那这个支撑位画完了供着吗？等反弹解套和等到了支撑位入场都是跟交易相关的语言，只说一句某处是支撑位，和交易相关吗？

②方向。支撑位，李四的大体意思是到了那个位置会获得支撑，那支撑之后，是反弹（反弹的话就是不会过前高，弹完了继续跌）还是重拾升势？反弹，可以不理；重拾升势就要找机会入场了。不谈方向，无从交易。

③唯一性。交易是瞬间完成的动作，无论是触发条件单还是手动下单，它都是在一瞬间完成了买入或者卖出的动作。当一个黄金分割支撑位（且不论准不准）有三个甚至五个的时候，到底哪个位置是李四作出交易动作的瞬间？

④具体入场（离场）条件。比如到达支撑位出现一根十字线，次日高于十字线高点入场；或者组成底部红三兵，次日突破高点入场。这些不管对不对，都是具体的入场条件。李四没有提及这个问题。

⑤应变。假如错了，什么情况是错了？没到支撑位就向上走怎么办（如图中标号 2 的那段走势，和支撑位毫无关系，但其走势对于日线交易者来说还是值得参与的）？到了支撑位横着走怎么办（如上图中标号 5 的反弹，大部分时间是横着走的）？如何止损（如图中标号 4 的反弹仅持续了一两天，

那就需要及时止损)?

⑥交易价值。一个支撑位产生的结果无非是重拾升势(交易价值最大)、持续数周的大反弹(交易价值次之,但其中又有整体横着走的反弹,则交易价值又次之,如图中标号 5 的反弹)、一日游或三日游(基本没有交易价值,如图中标号 4 的反弹)。如果不能回答交易价值问题,这个支撑位画了有什么意义?

其实李四已经算是技术迷中比较好的一个了,他只简单运用了黄金分割,没有把一大堆技术变成线条画在走势图上。那种密密麻麻的画线我真的见过,必有一根 K 线的高/低点能碰到某根线上。但用处呢?还是那句话,交易是当下瞬间完成的动作,这个动作必须具备的一个特质就是唯一性:就在此时此刻此点位,下单!

我在学习技术的最早期,学了很多杂七杂八的技术。面对一张走势图,可以画的线包括但不限于:黄金分割、波浪尺、趋势线、幅度尺、阻速线、对数螺旋线、安德鲁音叉线、时间尺、斐波那契时间、斐波那契周期等等。再就是各种指标的"综合运用",KDJ、RSI、MACD 等副图指标;布林带、薛斯通道、顾比均线流、鳄鱼线等主图指标。综合来综合去,有时会准,但未必对交易有用;有时直接面对一张 K 线图上的密密麻麻的画线和指标"挠头四顾心茫然"。

为什么会这样?为什么学了那么多技术反倒不会交易?

问题一:用处不对。也可以说理念不对。我当时学技术的目的就是"精确打击"。以我至今仍在使用的波浪尺为例,该工具的原理就是对称和斐波那契扩展,用于评估交易的报酬风险比是很好的工具,用于预测则时准时不准。我当时画一堆线的目的就是精确打击(精,精准;确,确定),在最低点买入、在最高点卖出。在大部分情况下这种行为都是错误的,因为抄底逃顶本身就是逆势的(如果是寻求回调目标位倒还有情可原,毕竟是顺势的)。一把菜刀何罪之有?用于切菜是用在正途;用于砍人就成了作案工具。技术分析的很多工具、方法都是前人经验积累的结果,本身是好东西,用错了地方,反过来埋怨技术分析没用,到底是谁没用?

问题二:过于芜杂。前面说过,交易是瞬间的动作。即便在做交易计划时,虽然不是瞬间做好计划,但其入场价格、止损价格也是唯一的。这就要求用于决策的方法必须简单、有唯一性（唯一性不是指看法唯一，而是交易的价格和止损的价格唯一，如果看法唯一，何来止损？）。先说简单。对于"大道至简"这四个字，我在那个阶段并不接受，只觉得"艺多不压身"，只要有别人提到某方法神奇我就去验证。结果就是，过多的方法，影响了决策时的决心、下单时的动作。唯一性也同样重要，前面说过李四画黄金分割的问题，再以李四的均线交易方法为例：李四规定，突破 5 日均线做多，但次日的 5 日均线在盘中是变化的！到底哪个价格做多？类似的还有布林带等。但海龟交易法则所应用的唐奇安通道就不存在这个问题，它所设定的做多做空价格是唯一的。

问题三：没有分类。不同的技术分析方法有不同的用途。有用于研判形势的，有用于交易规则的。如顶底形态的确认，就是研判方向；波浪尺是用于研判交易价值的；节奏点是用于交易规则的。我把所有的方法都用来研判，不糊涂才怪。

问题四：没做"减法"。这和问题二有些类似，单独拎出来说是因为它比较重要。减法，减什么？减那些与交易无关的技术。什么是与交易有关的？研判类当中，能研判方向、交易价值、入场时机、持有条件的，都是有价值的；交易类，能过滤和选择交易标的的，能建立进、出、加、减、持、观规则的，能对进场离场点进行具体规定的，都是有用的技术。没用的技术，大部分都属于研判类的，这类技术可用于研判走势，但研判结果难以应用于交易。我曾经学习过一门技术，叫作"三角洲理论"，该理论以研判市场的时间拐点为主要目的。当拐点恰好落在用这个理论画出的时间点上时，被认为是正确的；当拐点不在理论标注的时间点时，被认为可能产生了"变异"或者"漂移"。这个理论的问题在于：既然有变异、漂移，那么在 K 线走到用该理论画出的某个时间点的瞬间，我们该干什么？万一变异或者漂移了呢？再就是，这个时间点的性质是什么？大底的拐点？反弹的拐点？结束调整的拐点？类似的技术还有很多，我都一一减掉了，甚至都忘了具体减掉了哪些技术。

李四的问题在于，他所做的技术分析与交易无关；我的问题在于，我的技术方法干扰了交易。相信我俩的问题也是很多技术分析爱好者面临的问题。现在，是时候对"技术分析的目的"做总结陈词了。

学习技术分析的唯一目的就是交易。为此要抛弃所有无法应用于交易的技术。如果要表述更严谨一些，那就是抛弃所有与你想搭建的交易系统无关的技术。比如既然要做趋势跟踪系统，那么带有超买超卖提示的指标就不要过于关注了，比如布林带，既提示趋势，又提示超买超卖，就属于既想跟踪趋势，又想在所谓的高点下车或者低点上车，不伦不类。须知，任何利润都是有成本的，所以既要、又要、还要就是毒药！更有甚者，陷入"精确分析"的泥潭，以分析正确为荣，在论坛或者视频里预言对了一次高低点，比钱包鼓起来要高兴得多。在我看来，这已经是中了邪了，从事了另一个职业：分析师。分析师和交易者是不同的两个职业。前者不能说错，后者不能做错（按交易系统操作）。

那么什么样的技术是对交易有用的？前面其实说过了，在此再具体罗列一遍。

1. 交易研判方面

①方向研判。当然方向是有时间周期限定的，比如5分钟周期交易者和日线周期交易者看到的方向是不一样的。再如一个做股票的人，只做十天八天的趋势，去看年线意义不大。对于期货交易者来说，方向做错了是致命的错误。

②交易价值判断。一是级别，即某段周期的涨跌是否符合自己的交易周期。二是衡量交易报酬风险比，即未来大概率的涨跌幅度和止损幅度之间的比值，若低于3，甚至低于1，那就是一笔不划算的交易。三是运动方式，比如横向反弹，虽然反弹时间长度可能符合交易周期，但没有空间就没有利润。

③交易时机判断。交易不仅指的是进场、出场，还包括了加仓、减仓、持仓、观望。时机则既包含了时间，也包含了空间，还包含了对未来的预期（如幅度、速度等）等含义。此处仅以时间和空间选择来代表时机。一是时间择机。比如一波长达20天的下跌之后出现反弹，我们会得出两个推断：如果反弹时间只有三两天，那么这波下跌没走完，换句话说20天并不是一波完整的下跌，我们需要继续等待（做空需要继续持仓或恢复仓位，根据当时的反弹力度和自身具体情况决定）。如果反弹表现出较大级别的反弹特征（比如形成了更小级别时间周期的底部结构）且跟随验证为超过两三天的反弹，那么我们可以推断这段反弹一般不低于6个交易日，甚至若是下跌斜率很陡峭，

反弹可以持续 10 天以上。那么根据这种研判，就可以得出是否平空单或者何时重新入场做空或者观望多久的判断。二是空间择机。假如我们做个股是以大盘走势为主要参考依据的，某次遇到一波主流趋势为上升的大盘走势出现了下跌，那么在未出现见顶形态之前出现的下跌我们都先认为是上升趋势中的回调（详见下一节的要点二）。此时可以利用黄金分割、趋势线、安德鲁音叉线等工具来衡量未来继续回调可能到达的目标位（这些工具的使用方法详见本章第六节）。在接近或到达测算目标位后观察市场表现，若大盘出现明显的回调结束的 K 线组合特征，我们就可以试探选择强势个股介入交易。

上面举例说明了我们应该选择哪些技术来学习，即有助于方向判断、有助于交易价值判断、有助于交易时机判断的那些技术，可以学习或保留。由于每人机缘不同，遇到的和学习的技术内容也不同，所以此处仅是列举拣择的原则，读者未必采用我的具体技术方法。

2. 交易规则和执行方面

和研判不同，规则和执行直接落实到实战，其中有和研判重合的部分（比如下一节要点十一提到的"亲人图形"，既是研判又是规则；本章第五节介绍的节奏点也既是研判又是规则），更多的是接近实战的内容。

①选择和过滤交易标的。好的交易标的当然是有交易价值的交易标的。上一条交易研判方面的"交易价值判断"侧重于研判空间是否有高性价比、时间周期是否符合自己的规定。但只有当一个交易标的通过了"初筛"之后，我们才会对它进行更详细的报酬风险比研判。本条所说的就是"初筛"——相当于相亲之前先看照片。看照片当然有标准，交易也一样。不是什么样的交易标的都适合去做的。我之前学习画线期间学了如何判断未来涨幅、可能的回调时间等，学完之后发现我不可能把所有股票拿过来一只一只画一遍再决定买哪只吧？后来才明白，画线测量其交易价值，应该已经到了第二步了。一个能画出未来可能空间很大的交易标的，并不见得适合你做，就像长得像明星的人未必适合当伴侣一个道理。所以我后来先规定了标准，按标准选出交易标的之后再进行交易价值衡量。我的标准包括股性（是否爱上下折腾）、成交量、筹码峰、中继的形态是否亲人（亲人图形几乎是我唯一的初筛标准，下一节要点十一会讲到）、预期的速度等。交易者可按自己的标准去学习和保

留与交易标的选择、过滤相关的技术，未必跟我一样。

②进、出、加、减、持、观的具体技术规则。这六个字我是经常提的，既是交易策略，也是交易动作，还是交易规则。那么我们学习或者拣择技术，就要选那些可以制定具体交易规则的技术。比如黄金分割，可以当作技术规则吗？显然不能，因为有时K线并不到达黄金分割位置即开始我们需要的行情。但MACD的交叉可以当作技术规则，只是因为它在盘中经常变化（在交叉的瞬间），所以一般需要附加一条"收盘附近"或者"盘中发生明显交叉"的规则。KDJ的超买超卖数值可以当作规则吗？不能，因为它到达超卖数值发出了买入信号后，可能还没到达超买数值即再次回到超卖数值发出买入信号，也就是你还没来得及等到卖出信号呢，它又让你买入了，结果就是它的买和卖不是成对的。以上举例，望读者举一反三，制定自己的学习和拣择交易技术的标准。

③能应用于具体交易动作的技术。假如交易规则规定，节奏点K线成立后，次日高于该K线高点进场。那么这个"K线高点"是一个具体的、可数据化的、唯一的数值，它是可以应用到交易动作中的。与之相对比的是，假如交易规则规定，5日均线向上交叉10日均线时进场，那么这个技术无法应用到实际交易动作中，因为假如盘中震荡较大，这个交叉的数值并不唯一，就需要加入补充条件，使数值变得唯一且可执行。持仓和观望还好，可以模糊一点，未必每次都需要很具体的数值规定。但进场、离场、加仓、减仓都需要能在交易计划中写下具体数值（除特殊情况外，比如高开或低开过多导致不符合报酬风险比要求这类情况），在具体交易中可以用这个数值设定条件单。如此一来，类似一些超买超卖指标，其实是难以应用到具体的交易动作中的。

好了，让我们概括一下第一个问题"学习技术分析的目的"的结论：学习技术分析的唯一目的是交易，包括交易研判和交易规则以及交易执行。我们应注意学习那些与交易研判、建立交易规则、执行交易动作高度相关的技术，摒弃那些与交易相关度很低甚至无关的技术，简化我们的交易技术。

二、技术分析的原理

接下来我们来研究第二个问题：技术分析的原理。

本书第一章第五节《市场有规律吗？为什么》已经对技术分析生效的原理写了很多，这节很重要，请读者回到第五节再重温一下那些内容。此处我们概括一下第五节的观点，并进行一些补充。

其实"技术分析的原理"这个题目太大了，我在这里主要想写的是我所主要应用的结构形态学的基本原理；换句话说，就是我为什么要采用形态学为方向交易体系的主要技术基础。我认为，市场走势是由多空双方的力量和意愿合力决定的，力量和意愿缺一不可。多空双方的力量和意愿较量的结果，表现在某一天，就是一根有最高价、最低价、开盘价、收盘价的 K 线，成交量也是其结果之一；表现在某一段时间，就会是一段趋势，或者一段线型逆向波动，或者一段中继形态，或者是某个顶部或底部形态。换句话说，我们在学习形态学中遇到的各种形态、趋势，其实就是多空双方力量和意愿进行较量的结果。这个结论，可以推导出两个推论。

推论一：形态学的指导意义是相对可信的。 有人把形态学归结为概率统计的结果，即某种形态经常出现在顶部，那就定义为顶部形态。如果是这样，至今没有统计数据表明某个顶部形态出现的概率，凭什么说"某形态是顶部形态"是概率统计的结果？后文论及形态学缺点的时候我们会看到，几乎所有形态都可以被看成顶部或底部形态。而它们最终之所以在图表上被认为是顶部或底部形态，基本上是走势走完了，看着一张缩小的图表来认定的。如果是这样，形态学对于交易的指导意义又在哪里？

而我之所以认为形态学的指导意义是相对可信的，就是因为我认为形态是多空双方力量和意愿较量的结果，是有其原理的，而不是简单的统计优势。力量和意愿的较量，在其进行过程中，必有变化。这种变化会表现在走势运行速率上、成交量上。以 M 头为例。假如 M 头信号反映了多空双方力量和意愿的对比，那它理应表现出哪些特征？我们知道，M 头在形成过程中，有 4 段走势，如下图。

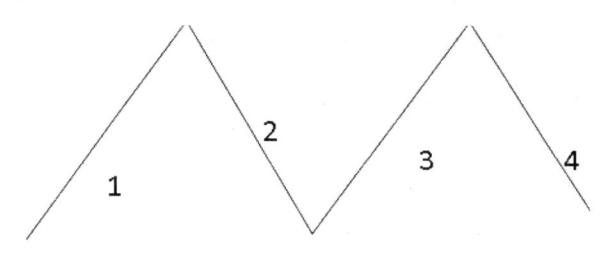

图中 1、3 两段走势代表了多方力量和意愿占优的状态；2、4 两段走势代表了空方力量和意愿占优的状态。我们推想一下，假如最终空方获胜，M 头成立，那么在 M 头形成的过程中，空方的力量和意愿需要强于多方。强弱，在 K 线图中我认为用斜率（也就是速度）来表示是最客观的。下跌速度快于上升速度，代表了空方的力量和意愿大于多方的力量和意愿。按这个设想，2 的下跌速度一般要快于 1 的上升速度，之后 3 代表多方的反攻，假如空方占优，3 的上升速度一般要慢于 2 的下跌速度；多方在进行 3 反攻失败之后，空方再次进攻，那么 4 的下跌速度也会快于 3 的上升速度。如此一来，在整个 M 头多空双方的较量过程中（注意是个过程，有攻有守，所以需要逐段按顺序对比），形成了空方占优的局面，最终 M 头成立。这就是 M 头之所以成为顶部的原理，也是 M 头具有方向性指导意义的原理。下图很好地表明了 M 头形成过程中空头占优的状态，如下图。

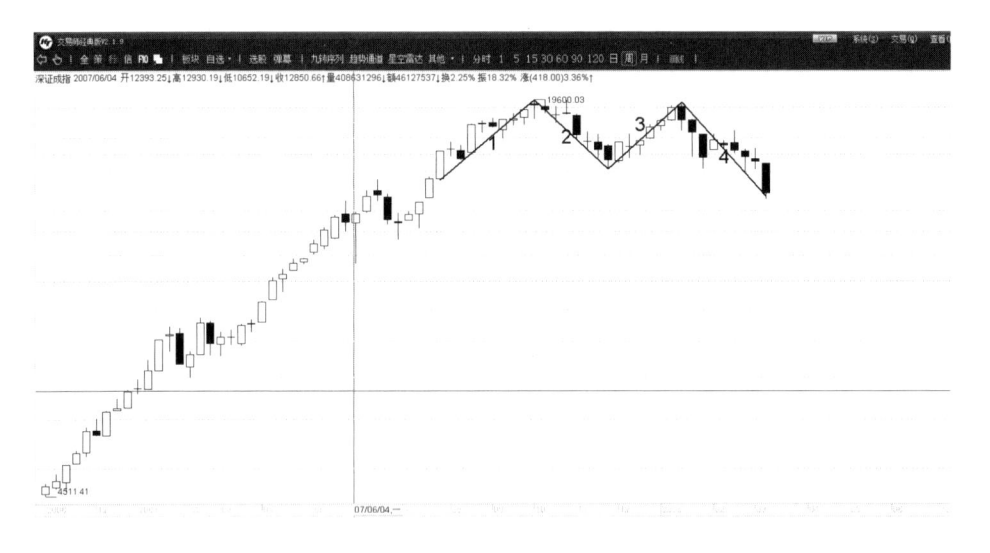

图中线段 1 为多头占优状态，其斜率经计算为每天 2.853%。线段 2 理应下跌速度大于线段 1，其斜率经计算为每天 3.215%，确实快于线段 1。线段 3 的反攻速度应慢于线段 2，其斜率经计算为每天 2.996%，确实慢于线段 2。线段 4 的下跌速度应快于线段 3，其斜率经计算为每天 3.427%，也确实快于线段 3。

下图是一个假 M 头的斜率比较情况，如下图。

线段 2 的斜率为每天 3.13%，慢于线段 1 每天 8.448% 的斜率。线段 3 斜率为每天 3.782%，快于线段 2 每天 3.13% 的斜率。线段 4 斜率为 3.342%，慢于线段 3 每天 3.782% 的斜率。

用两幅图来证明 M 头原理成立，是很幼稚的做法，但我这里不是证明，是举例说明 M 头形成的原理。在原理有道理的前提下，某个图形有所偏差也不能让这个道理不成立——毕竟这是一个凭常识就能推想的道理。

前面说这么多，只是为了说明我确信形态学有指导意义，是来自其原理，而非概率统计优势。

推论二：走势图的规律性是有其原理的。有原理，就有道理，我们就可以运用这些原理来研判和交易。

这个原理前面已经说过，假如一个指数或交易标的是参与人数众多、不易被操控的，那么由于参与的"人"具有自然属性和社会属性，由这些"人"参与之后形成的走势图，也会符合自然规律和社会规律。那么我们就可以运用这些规律而不是统计学优势来研判和交易。这一点很重要。比如说，读者若问我空间对称的概率大吗？我没法回答，因为我确实没有进行概率统计。但我知道空间对称是有原理的，那么我就敢用空间对称来衡量一个交易标的的报酬风险比。其实，最终空间不对称也能讲得通，且看我的跑步规律：

我经常会围着一个湖跑步，步道上有距离标线。我发现，我每跑一千米就会感觉疲劳，进入步行状态，一般步行400米的时候就会重新跑步（实际情况是我一般步行不到400米就会觉得可以重新跑步了，我很怀疑这个数字是382米，即1000米的斐波那契数字关系，之所以我到400米才重新跑步，只是因为400米处有标线）。那么按我的体力，进行充分休息之后，大概率可以跑多少米？没错，大概率可以继续跑1000米。这就是空间对称的原理。但为什么我有时候会超过1000米呢？可能是因为前面有个人，我想超过他再休息；而有时为什么又跑不到1000米呢？一种情况可能是鞋带开了，需要系鞋带，干脆休息一会儿；还有种情况可能是合计跑了5000米了，实在没体力了，越跑越慢，很像走势图的最后一段趋势的衰竭状态。但不管怎么说，跑1000米并休息400米之后，继续跑1000米的概率是很大的。

把跑步的原理应用到市场走势，就形成了空间对称规律。同理，我们也可以运用物理课本的知识，推导出惯性规律；自然界的斐波那契数列规律在市场中的神奇验证，也就有了来源。可以说，方向交易体系中运用的技术方法，都是结合了生活、自然界的一些规律的；而我之所以敢于这么结合，归根结蒂是因为我相信市场走势是多空双方力量和意愿较量的结果。

以上就是我所应用的结构形态学（我更愿意称之为结构形态分析交易法，但较拗口，请读者原谅我采用"结构形态学"这个有些高大上的名称）的基本原理，**也是我主要以裸K线、形态学构筑方向技术体系的信念根基。**

在交易中应用结构形态学，我们不需要具体分析多空双方力量谁大谁小，因为它们已经表现在具体走势图中了。顶部形态，是多方力量和意愿衰竭、空方力量和意愿逐步占据上风的过程；趋势状态，是某方力量和意愿占据优势，取得压倒性胜利的状态；中继形态，是多空双方意愿和力量相对胶着或某一方稍占上风的状态。作为交易者，我们的任务就是：第一，选边站队一定要正确（跟随胜利者的方向）；第二，在某方取得胜利的时候尽快跟上胜利者的步伐，分享价格红利；第三，在双方相对胶着的情况下，要么回避观望，要么持仓观察（在回调力度允许的情况下）。问题来了，用长期均线能否规定方向？用两根均线的交叉，或者K线越过某根均线能否跟随趋势？用均线族的缠绕能否得出多空双方胶着的结论？

答案只有一个：能。

那为什么我采用了结构形态学而不是均线作为交易体系中主要的技术方

法呢？除了前文所述均线交易不易取得唯一确定的交易数值这个原因之外，还有一些其他原因。

1. 衡量报酬风险比

结构形态法中的对称规律可以通过衡量进场价格到量度目标之间的幅度与止损幅度之间的比值来判断某笔交易是否划算。如下图。

假如我们计划做空这个交易标的，就需要衡量性价比（具体原理和方法后文详述，此处仅用于举例）。假如在图中大阴线跌破中继之后（图中矩形部分）我们计划低于该大阴线低点做空。入场价格距离量度目标的幅度为5.77%（如上图），也就是理论获利幅度为5.77%，止损幅度3.63%（如上图），那么报酬风险比为：5.77%/3.63%=1.59，远低于我们规则中规定的"报酬风险比不低于3"这个原则。那么除非账户状态激进（后面三元一体理论里会论及），这个交易标的我们是不会参与的。均线交易法我觉得很难衡量这个报酬风险比。若哪位均线交易者有好的方法，也欢迎纠正我这个观点。当然这个图形是随手翻到的，并不会实际这么交易（方向已经是多头方向了），只是为了说明结构形态法可以较好衡量报酬风险比而已。

2. 进行时间规划

结构形态学可以运用对称时间或斐波那契时间来预估一波趋势或中继的时间长度，为进场、待机、持仓作出时间规划。和空间一样，时间也有对称、斐波那契等规律。道理也很简单：假如李四是犯罪嫌疑人，你是跟踪他的警察叔叔，根据以往的观察，李四行走19小时就要休息8小时才能继续上路。那么假如李四行走8小时停下来了，他会休息8小时吗？也可能，但一般那是出现意外了，比如李四遇到了老同学喝了一顿酒喝多了。但大概率他行走8小时的停顿，只是他针对8小时的行走进行的休息，合理时间也就3小时左右；针对19小时的行走进行的休息，仍然是8小时才合理。

这个原理运用到技术分析，道理是一样的（前提是我们相信市场走势符合一定的自然规律）。李四这个嫌疑人，就是市场；我们，就是跟踪者。李四的19小时行走，就是一波大趋势；李四的8小时行走，就是大趋势里面的一段小级别趋势；李四的8小时休息，就是大中继，结束之后大概率还要继续行走19小时；李四8小时行走后的3小时休息，就是小一级别的中继，如下图。

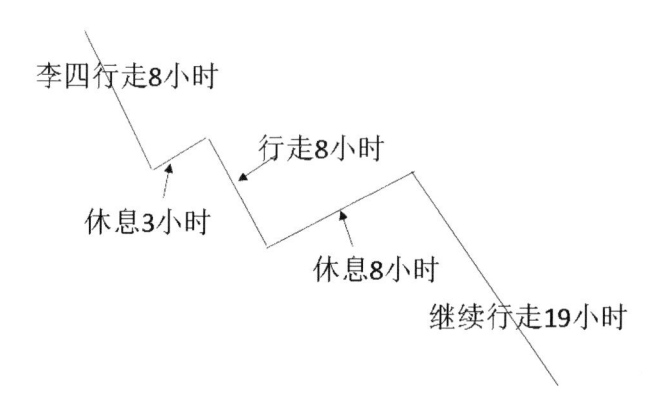

我们把这个图改成走势图，如下图。

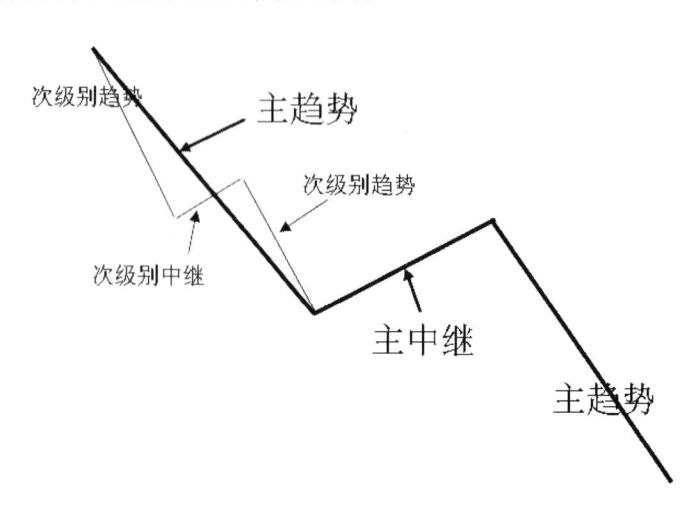

单是一个跟踪嫌疑人李四的故事，我们就可以衍生出很多技术原理，以后我们还会继续看到李四同学的身影（常看罗翔老师视频的读者会明白李四同学跟张三同学是同班同学，罗翔老师用一个张三普及了很多刑法知识；我希望李四同学也能起点作用，起码不是东施就好）。

言归正传。辛苦的警察叔叔发现李四行走 8 小时后有休息的迹象，根据李四以往的行为习惯，叔叔们就可以用一只眼睛盯着李四，另一只眼睛闭上休息三个小时。同时叔叔们也会心里有数：休息完了大概率还会跟着这个酒足饭饱的李四走 8 小时。当李四走了 19 小时后有了休息迹象，叔叔们会松一口气，觉得终于能轮流睡个觉了，睡足了，第二天大概率还要继续跟踪 19 小时。

聪明的读者一定已经明白了：市场走了 9 天的趋势，假如出现了逆向波动，大概率会是 3 天以上；假如只走了 1 天的逆向波动，那么市场的这波趋势大概率不止 9 天（因为 1 天和 9 天不形成匹配关系，就像李四行走 18 小时停了 2 分钟一样，这 2 分钟不是他真正的休息），可以持仓或者观望，继续等待真正的休息。一旦真正的休息来了，尤其是那种长趋势之后的休息，一般时间短不了，可以规划一下心仪已久的休闲计划。持仓也是一样，一旦身处趋势之中，可以看一下大概率会走多长时间，接近那个时间点之前，都可以比较安心地持仓（也需要睁一只眼闭一只眼，以防李四同学突然发疯）。所以为什么上班族都可以运用方向交易体系比较轻松地操盘呢？就是因为大部分时间我们都是在走路（趋势持有）、休息（逆向波动观望或持仓），小部分时间睁一只眼闭一只眼（出现异常波动），非常少的时间在作出交易动作（出现交易机会时、刚刚入场还没有利润保护时）。

3. 减少视觉干扰

我总觉得裸 K 线组成的走势图是最直观的，顶部、趋势、若干中继、底部，清清楚楚，不用考虑很多。有了均线，比如说市场下跌到 250 日均线，就会觉得到了年线了，市场应该如何如何。没这个年线的干扰，我不会想市场该干什么，只会观察市场在干什么和出现了什么苗头。再比如均线缠绕，很多根不同周期的均线出现缠绕的时候，往往也就是我的"亲人图形"（什么是"亲人图形"，详见第二章第三节的要点十一）出现的时候，如下图。

但有些同样出现均线缠绕的走势图，折腾得很厉害，股性很差，我可能只在净值允许的情况下参与。如下图。

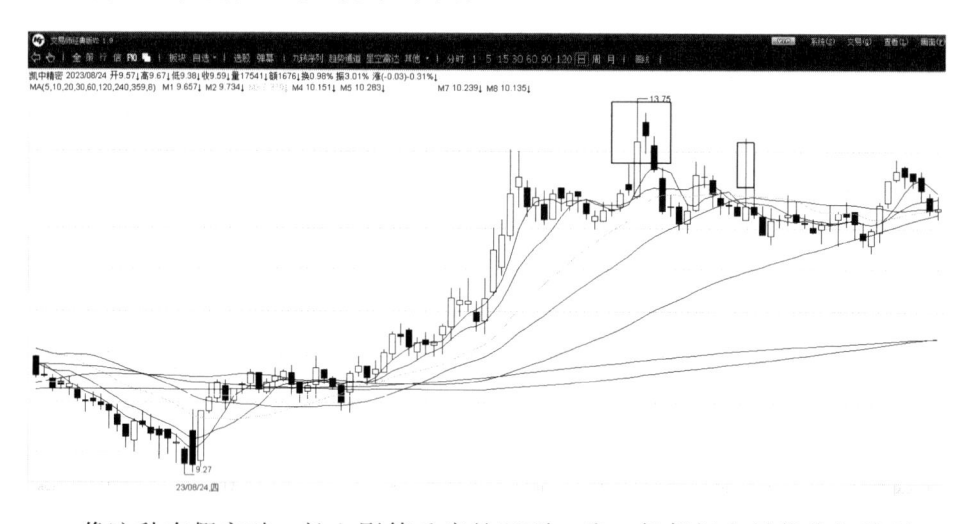

像这种有假突破、长上影等毛病的股票，我一般都把交易优先级降低一点。这有点像谈朋友，有怪癖的尽量不要考虑——不要被下跪和眼泪骗得心软，结婚了就知道这是多么痛的领悟了。当然你自身状态特别好，有能力用自己的气质治愈对方的怪癖（相当于净值状态非常好），那也不妨试试，毕竟缺点突出的人也许优点也会突出。

但读者请看上图，用均线缠绕看，这股没毛病。至少我们大部分眼光都会被缠绕的均线吸引，纠结数分钟（如同一个外貌不错的有怪癖的异性会让你纠结一样）。如果没有这些均线，我只用几毫秒就会把它的交易优先级降下去。

还有就是，均线的存在会干扰我观察市场在横向运动过程中的运动方式。什么是运动方式后面会有详述（详见第二章下一节的要点十）。当多空双方力量和意愿比较平衡的时候，就会形成横向震荡走势。这种横向震荡的持续时间也是有限的。那么什么时候会有较大可能结束力量均衡的局面？其实观察横向运动内部的小趋势、小逆向波动的运行力度，是能有所警觉的。在这种需要用心观察的阶段，均线的干扰也是我不欢迎的——择偶也一样，用"心"去感受，减少车、房、七大姑八大姨这些指标的干扰。

我们已走得太远，需要回到本节的主线了。本节要谈的第一个问题是技术分析的目的；第二个问题是技术分析的原理。下面该第三个问题了：技术分析的缺点。

三、技术分析的缺点

在这里仍然强调的是形态学的缺点。而且之所以先写缺点，主要担心大家和我当初一样，把白纸黑字上写的技术方法都奉若神明。不是这样的，这个世上既没有扫地僧，也没有飞花摘叶皆能伤人的技术方法。方向交易体系主要应用的就是形态学，前面我说了它很多好话，这里必须泼些冷水，为的是读者们的钱包。

1. 主观

各种形态虽然也有其定义，但并不十分严格、精确。某个形态，张三可能会认为是三角形，李四觉得更像矩形。就说下面这张图，到底算个什么形态呢？如后图。

再如我常用的"亲人图形"，也就是一看见就像是见到失散多年的亲人一样的那种图形，其他使用同样方法的人也许看着并不亲。

还有结构划分问题，在中继的起止点上更容易出现不同意见；即便是自己研判，也会因"这样也行、那样也行"而举棋不定。

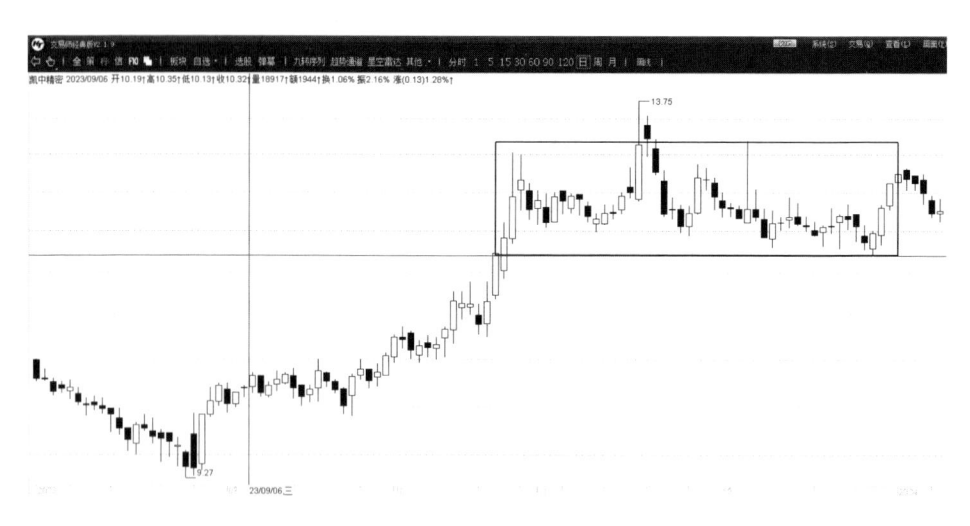

如上图1、2、3三个点，哪个是反弹结束点？按"形"，应该取1，因之后不再是剧烈反弹；按"最高点"（这是很多技术方法的取点原则）应该取2；按"神"应该取3，因3之后才进入快速下跌，取3的另一个理由是参考之前相似级别的一个反弹的时间长度；若是参考周线，则2刚好落在周线的结束点那一周。好了，那个举棋不定的人就是我。

读者也没必要灰心，因为形态学不是解决"精确"问题的，也不是为了抄底才学习的。以上图为例，1、2、3三个点，取哪个点无非是为了找到时间对称或者空间对称点，时间上前后差不了几天、空间上也差不了几个点位，我们又不逃顶抄底，搞那么精确干吗用？我比较倾向于取3，那我就以3为反弹结束点去研判对称点位和时间以及斐波那契时间，也对 2 不排斥，也看着点，最终是哪个点其实无所谓——反正我不会在所谓的"第一时间"抄底。至于形态划分问题，中继形态其实是无所谓的。你只要知道那里是一堆和原来趋势方向不一样的 K 线且是趋势的休息站就行了，当然也留个心眼，别是终点站。具体它是个三角形、楔形、矩形还是线形中继，对于交易有影响吗？名相而已，无关大局。顶/底形态重要一些，事关方向，我们也有解决方案，本章第二节和第三节会讲到。至于哪幅走势图好看、哪幅不好看，更是审美问题，哪类图形你交易着顺手，看着有信心，就交易哪幅图，设好止损啥也不怕。

我在这里把主观问题放在第一位强调，就是怕读者陷入技术泥潭，忘记了"技术是为交易服务的"这个宗旨。君不见网上为浪型、为"笔""线段""中枢"争论得不可开交、最终千人千浪、千人千缠的奇观？其实解决之道很简单，搁置争议、埋头交易就好了。

2. 事后完美，当下不易辨认

学习形态学的过程中可能大家都有体会，就是一幅走势图缩小以后，或者换成周线图之后，是个上升趋势还是下跌趋势还是震荡走势、哪里是顶部、哪里是中继，一目了然，清清楚楚。但到了每天走一根的看盘过程中，就容易犯迷糊：这到底是个中继还是顶部？如下图。

当K线走到最右那根阴线的时候,是不是看着像个顶背离?

如上图,事后缩图看,妥妥的上倾楔形中继。

再看这只个股,如下图。

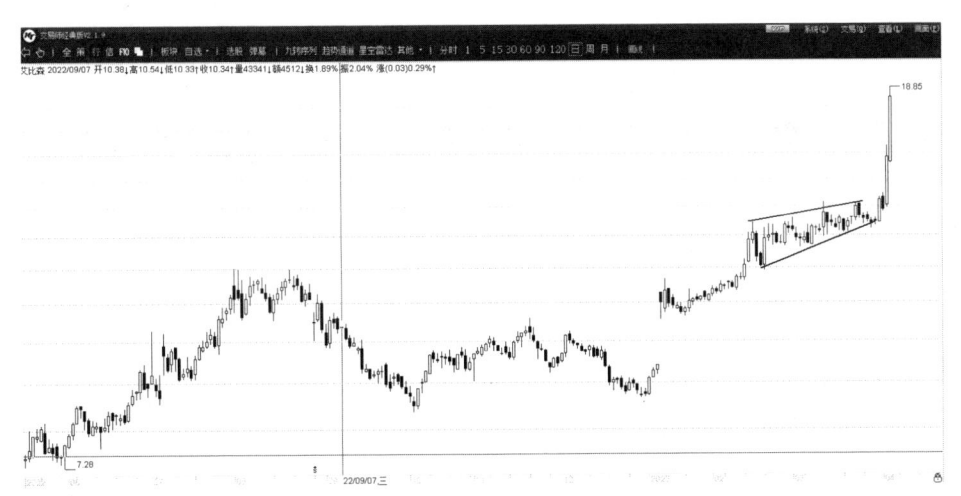

方框内看着是不断衰竭的顶背离走势。事后再看，如下图。

是不是也变成了上倾楔形中继？

怎么处理这种问题？

①用时间架构和账户策略来辅助决策。简单说，一个日线趋势交易者，遇到周线级别的疑似顶背离，完全没必要守着，万一它真的是个周线级别顶背离呢？越拖到后面越易受沉没成本心理影响，君子不立危墙之下，先跑为敬。如果你的账户状态极好，处在非常积极的、可以提升防守周期的状态（详见本章第四节时间架构部分），那就等确认了再走，没确认顶背离，那就正好继续持有。

②个股遇到了，如果是持仓，参考第一条。如果是进场，那就不进好了。这和选择配偶是一样的，看着脾气不好的，为啥要强扭这个瓜呢？

3. 无所不包，也就什么都没包

形态学几乎囊括了市场上所有能出现的形态，教科书把它们归纳总结为主要顶部/底部形态和持续形态（中继）。同时，几乎所有中继形态也都有概率成为顶/底部形态；几乎所有顶/底部形态也都可以成为中继形态。这不是我说的，是我看形态学的经典著作约翰·墨菲在《金融市场技术分析》总结出来的。如下图。

按前面几张楔形中继的经验，加上墨菲同学的形态学，楔形大部分是中继形态。但这个个股很不给面子，最后走成了楔形顶部，如下图。

再看看 M 形中继，如下图。

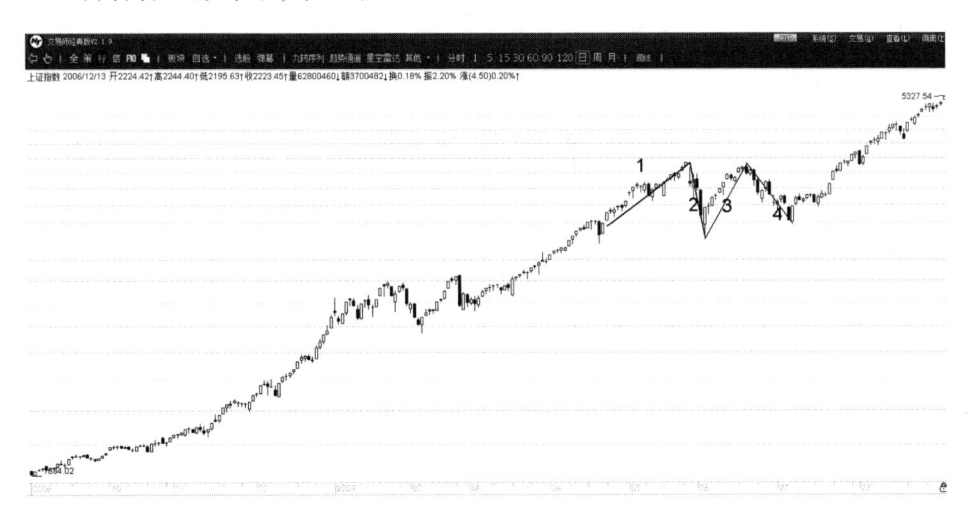

这个 M，2 斜率大于 1，3 斜率小于 2，符合空方力量和意愿大于多方的要求。4 斜率小于 3，不符合要求。排除这一点，单看形状，是不是就是个大 M？按书里的说法，也应该是顶部形态才是。但它偏偏是个中继。

类似的例子非常多。令人沮丧吧？没关系。第一，进场宁可确定一点，不怕慢一点。第二，我们有止损、亲人图形、账户策略、时间架构、节奏点保驾护航，吃不了大亏。千万记住了，我们不是来研究学问的，我们是来赚钱的。有短板不怕，系统来补齐。再说了，哪项技术又是百分百准确无误的呢？

好了，继续回到主线。

四、技术分析的优点

此处的技术分析仍然特指以裸 K 线和形态学为主要研究对象的技术体系。其实技术分析的优点前面写了很多，在这里主要是概括总结一下。

第一，技术分析对于方向、走势规律的研判是有原理可依的、相对可信的。详见第一章第五节，以及本节"技术分析的原理"的相关内容。肯定有人嫌这种方法没有预见性或者信号来得太迟，错过了一段行情。很多分析师或交易者的惯性思维就是：没买在最低点就算是错过去了。比如 2024 年 7 月

9日收盘以后，我看到一段视频，说盘中直播提示了2905点这个低点，上证指数在上午11点最低打到了2904点，你没在2905点买入，就再也没机会买入了。分时图如下图。

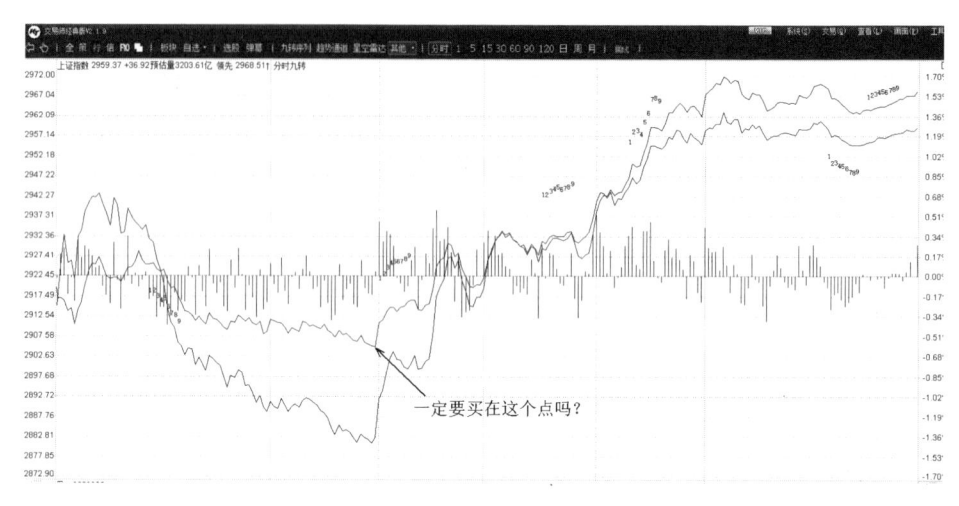

但恰好那几天我天天能刷到他的视频，同样的提示也发生在7月3日，这位主播号召大家在7月3日2980点买入，如下图。

这种情况非常常见：假如没买到最低点，就是踏空。他们若知道了我的买入点，一定会笑得满嘴没牙。殊不知，低点产生之时，正是趋势下跌过程中，这不是逆势吗？而但凡要做到不逆势，就必须放过最低点/最高点，放过这两个金融史上最贵的区域（杰西·利弗莫尔语，大意如此）。我们来这个市场上是来过抄底的瘾、找抄底逃顶的快感的，还是来赚钱的？当然抄底逃顶者会反驳：抄底才能成本最低、持股最安心。扪心自问一下，抄在半山腰的时候、频繁抄底抄错了的时候，成本还低吗？就算抄在了最低点，面对底部区域的反复折腾，你拿得住吗？拿不住的话，这个底抄了又有什么意义？

结构形态学的好处就是通过辨识确认顶部和底部，然后顺着新的方向去交易。参与得晚，但确定性高，很难犯方向性错误——做过期货的人会知道，方向，对于期货交易来说就是命根子。至于技术分析在辨析交易价值、预估时空、选取交易标的等方面的优势前面已经说了很多，此处就不多说了。

第二，技术分析通用于各个市场和交易品种，跨市场（股票、期货、外汇、期权）、跨国别、跨行业（股市的不同行业板块、期货的不同板块）交易很方便，多少熟悉一下它们的特点就行了。

第三，在交易策略、交易计划、交易执行方面很快捷。比如选股，五千只股票用裸K线一只一只翻完只需要最多两个小时；用技术指标选股也就不到一分钟的时间。假如盘中看到计划外的交易标的，几秒钟也能作出符合交易系统的决策。

由于以上优点，我的整个交易体系当中的进场、出场、加仓、减仓、持仓、观望六个交易动作，皆以技术分析为准绳，从不掺杂任何其他因素（如基本面分析、小道消息等）。

其实我的交易体系形成之后，技术分析和技术规则已经分成两个部分。技术分析负责衡量大势，研判交易标的的当下状态以及计算报酬风险比，也用于持仓过程中的走势状态分析；技术规则负责触发交易动作。技术分析部分相对内容较多，涉及很多方法；技术规则非常简单，简单到几句话或几张走势图即可说明的程度。所以本章大量内容在介绍我常用的技术分析方法，少量内容介绍简单的进出场规则。需要注意的是，技术分析方法并非预测方法；技术分析方法虽不直接用于实战，却是实战规则的理论基础，也为实战提供重要决策依据。而技术规则虽然简单，但其中所需要用到的时间架构、节奏点等规则则来源于技术分析方法。所以两者皆不可轻忽。

五、方向交易体系技术分析方法提要

入市以来，我学了很多技术分析方法，仅扔掉的书籍就不少于100本。

最终被我认为有用的书籍不到 10 本，留下的技术分析方法也没多少。取舍的标准是：①越接近实战越好。②符合某种原理。③重点是辨别方向、级别、运行速度、拐点的方法。我的技术分析只看裸 K 线，没有任何均线、副图指标，辨别的是方向和级别，衡量的是报酬风险比，绝无预测目的。

> 这一点和约翰·墨菲对技术分析所下定义大有不同。约翰·墨菲在《金融市场技术分析》一书中给技术分析下的定义是：技术分析是以预测市场价格变化的未来趋势为目的，以图表为主要手段对市场行为进行的研究。

我的技术分析方法可大体罗列如下：

①结构形态分析法。约翰·墨菲所著《金融市场技术分析》是我留下的为数不多的几本交易类书籍之一。书中林林总总列举了十余种技术分析方法，包括道氏理论、趋势理论、形态理论、成交量理论、均线理论、指标理论、波浪理论等等。我主要从中选取了道氏理论和形态理论作为结构形态分析法的基础。关于结构形态分析法的具体方法和应用，将在下一节予以详述。

②走势分类和运动方式理论。该理论重点解决"参与"问题，即何种走势和运动方式值得参与，另外对于中继和趋势的结束研判也有重要参考意义。

③时间架构理论。这个理论可以说是整个交易技术的核心理论，与实战密切相关。离开这个理论无从谈结构、谈趋势、谈交易参与。

④节奏点理论。这也是最终落实到实战的一个理论，甚至可以说是一个交易规则。

⑤时空研判技术。这个技术的名字无疑令人兴奋，但我主要用它衡量报酬风险比，以用于交易进场决策；其次用于分析指数；偶尔用于观察持仓品种是否到了危险区域、需要提高心理警惕。里面用到的技术方法包括对称（时间、空间）、斐波那契时间、斐波那契波浪尺、黄金分割等。这些技术方法的运用均需立足于结构分析，否则取点将非常困难。

摒弃大量华而不实的技术方法本身就是难度颇高的一项工作，我用了大概六年的时间才舍弃了起码四分之三的技术分析方法（不含一些雕虫小技，比如某个成交量指标分析法、时间的魔力等），留下了这些简单、重要、实用的方法。后面各章节将对这些方法予以详述。希望读者在独立理解各节内容后予以前后贯通,最后达到能够综合运用的程度。

第二节 结构形态分析法

在我最初阅读《金融市场技术分析》(那时叫《期货市场技术分析》)的时候,我是割裂学习各种形态的。直到有一天我仔细琢磨了"中继"这个词的含义,我才恍然大悟,把各种交易标的的走势按顶底、趋势、中继连结起来,组成一个完整的结构。由此构成了结构形态分析法的雏形。

我们先来谈一谈什么是结构。

定义:某个交易品种或者指数,在某一个时间周期框架下,构成的一个完整的走势。一个完整的结构(以上升方向为例)包括:底部形态+趋势+中继+趋势+(中继+趋势不断迭代)+同级别顶部形态。直接看下图比较直观。

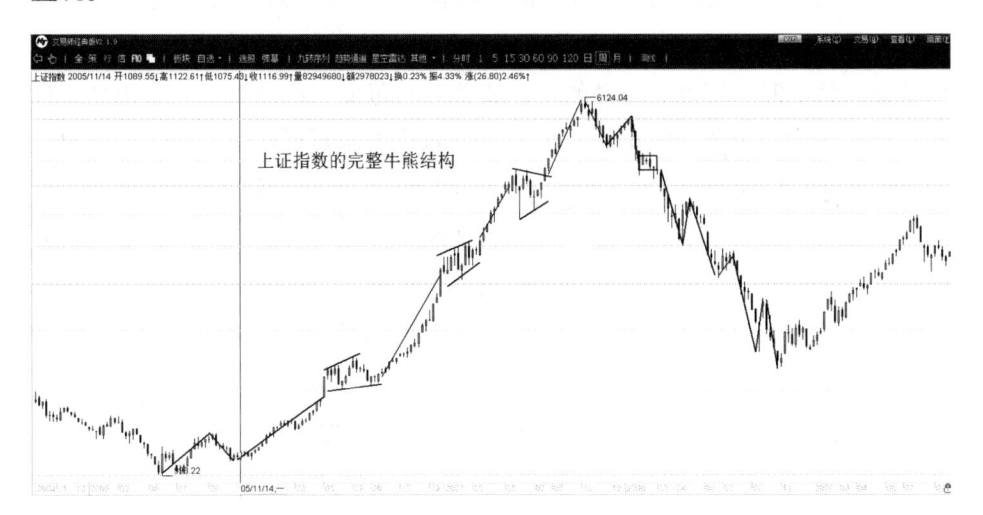

上图是上证指数 2005 年到 2008 年形成的完整的牛熊结构(周线图)。上升结构包括了一个双底形态、三个中继和四段趋势,之后又形成双顶形态(这个双顶并不标准,但深证综指等其他指数表明,6124 点附近确实形成了双顶形态)。在双顶形态形成之后,上证指数又走了四个中继和三段趋势,构成了一个向下的熊市结构。

在有了直观印象之后，我们再回过头来解释一下结构的定义。首先我们是在某个时间周期框架之下讨论结构问题的。比如我们用小时图完全可以在上证指数某段趋势中找到一个完整的牛熊结构，这个结构可能和整个周线方向完全相反。那么当一个看小时图的交易者和一个看周线或日线图的交易者谈论牛市熊市的时候，他们是完全谈不拢的。所以离开时间周期无从谈牛熊、谈趋势。

"完整的走势"指的是一个结构跟一个人一样，有头、身子、手臂和腿脚。只要是参与人数足够多、不易被操控的指数或者具体交易标的，绝大多数是有完整结构的，即有顶部形态、趋势、中继形态、底部形态。结构完整的意义在于，我们可以通过观察其走势是否完整来辅助判断指数或交易标的的新一轮牛熊是否又开始了。当然很多图形在走完某个巨大牛熊结构之后会陷入长期震荡，但在长期震荡过程中仍会产生小一个或几个时间层级的牛熊结构，这些更小时间层级的牛熊结构是否需要参与，则是"时间架构"需要解决的问题。总之，我们需要尽量寻找图形的完整结构，以对交易方向进行判断。

在实战应用中，结构完整意味着一旦开启一个牛熊结构，有了顶部结构之后，大概率会有同级别的底部结构相对应。一定要注意"同级别"三个字。所谓"同级别"，直观地看，就是顶部形态和底部形态看着大小是接近的；量化的话，就是时间跨度、波动幅度，或者时间跨度和波动幅度的乘积是接近的。那么假如一个熊市结构开启了，漫漫熊途中需要观察的就是是否出现了一个和顶部结构同级别的底部结构。没出现之前，不要轻易言底。

在解决定义问题之后，我们需要了解结构形态分析法的一些要点。由于该方法务求解决实战问题，故并未像波浪理论等技术方法一样构建一个宏大的、可以自圆其说的体系，只是把有助于实战的十一个要点总结出来，此点请读者谅解。

一、以交易为目的，不追求固定的结构框架

以交易为目的就是我们划分结构不是为了学术研究，只是为了方便交易。既不期望划分出所有的结构，更不期望划分出完美的结构。有些时候，市场的走势就是很无厘头的，缩图也看不出整体结构是什么、头在哪、脚在哪。这时候若是出现了一段亲人图形，难道就因为没法划分结构就要放弃交易吗？如下图。

这只股票属于次新股，上市之后一路下跌，并没有准备一个头部形态供我们赏玩；之后见底一路上升，也没给个底部形态让我们研究。但当它最后出现一段上升加三角形整理的亲人图形的时候，照样也得把它纳入股票池，做好交易的准备。

有很多结构真的是不好划分。只要阅图无数，那些中继不规则、顶底形态不规则的图形就会经常遇到。若我是为了创立一门精密的学问，必定加上很多规定，以让这些结构变得可以划分、辨识，如此一来，倒是能自圆其说了，但讨论时众说纷纭、实战中却难以决策，图啥呢？与其纠结于这里到底是个什么顶，那里到底是个什么形态，还不如在自己的交易周期里找个亲人图形做交易呢。比如 PTA，如下图所示。

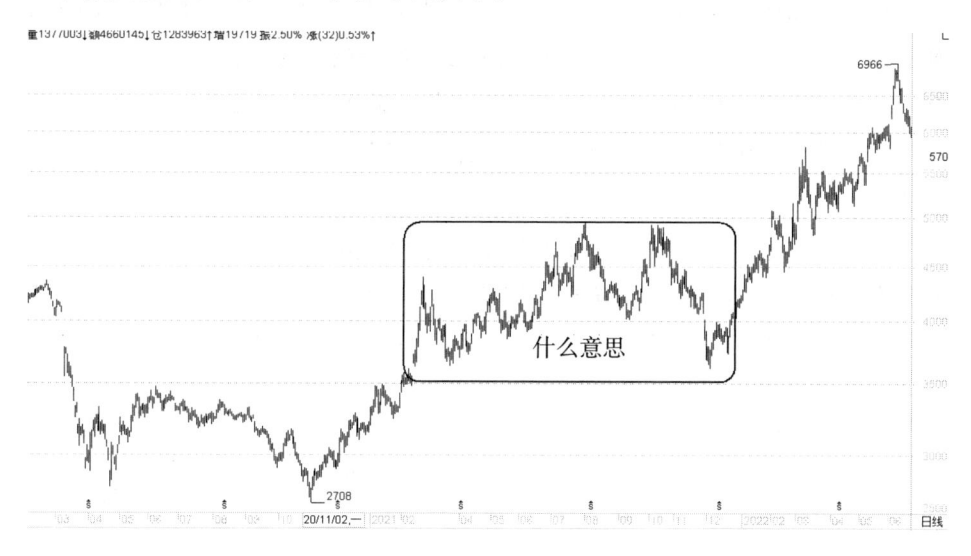

当然 PTA 在方框中走成这个样子跟期货不同合约价格不连续有直接关系，但股票中类似的例子也不少。既然不知道这是什么，那就对该问题"存而不论"。只要它方向没什么变化，在后面出现亲人图形的时候，选那一段亲人图形进行交易就是了。

"不追求固定的结构框架"这一条是针对波浪理论的。波浪理论有五浪、三浪之说，一共八浪构成一个完整结构，且对其中的一些浪型进行了硬性规定。波浪理论无疑开创了结构分析的先河，使图表分析师从整体角度来看待市场。但波浪理论在力求理论完美、自圆其说的同时，也使其整体浪型结构过于僵化，而为了让这种僵化的完整结构能得到完美诠释，又不断调整时间周期，分成更多的小级别浪型来解释某浪为何没有结束，这就造成"千人千浪"的奇观，也造成"事后完美、事前千浪、事中不知所措（或斩钉截铁犯错误）"的缺陷，总之运用于实战时笔下虽有千言、胸中实无一策。我在交易实战中发现，放弃固定浪型，只根据"中继级别一致"的标准去划分结构，反而更能贴合实战。如上证指数 998~6124 段，按我的结构划分方法，可以数出 7 个浪，这完全不符合波浪理论上升 5 个浪的划分方法，但却能放下包袱、一路跟随，直到牛市结束。其实这也更符合最原始的道氏理论。在大量的图表研究中我也发现，3 浪、5 浪、8 浪的结构都出现过，没有必要非得固定一个模式，一路跟随是最好的解决方案。所以我对结构的定义里有很重要的几个字"不断迭代"，意即在顶部或者底部形态最终被确认之前，不去理会到底整体结构会走多少个浪。一个实战案例就是，斯坦利·克罗做空白糖做了五年，假如他用波浪理论去数白糖在何时结束下跌，他是无法一路跟随做空五年的。

不追求固定的结构框架对于实战是很有意义的。翻阅大量图表可知，并非每个指数或交易标的，在所有时间都在进行牛熊转换。有时一波熊市过后是长期宽幅震荡，如下图。

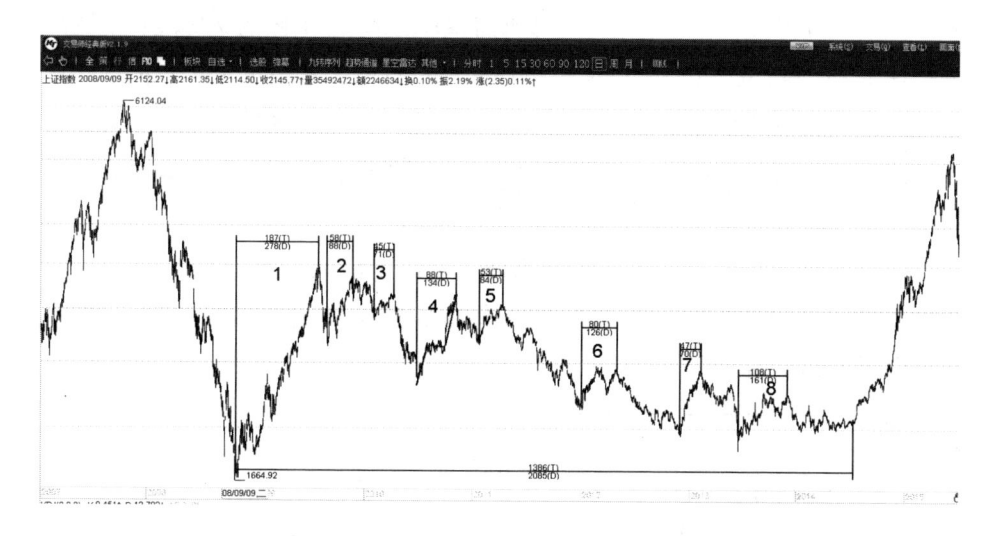

在 6124~1664 段大熊市结束后,上证并没有开启一轮新的牛市,而是进行了接近 6 年的宽幅震荡。在这六年里,对于日线级别交易者来说,大约有 8 个可交易的趋势段。而在 2015 年大熊市之后,市场的表现又和这六年不同,如下图。

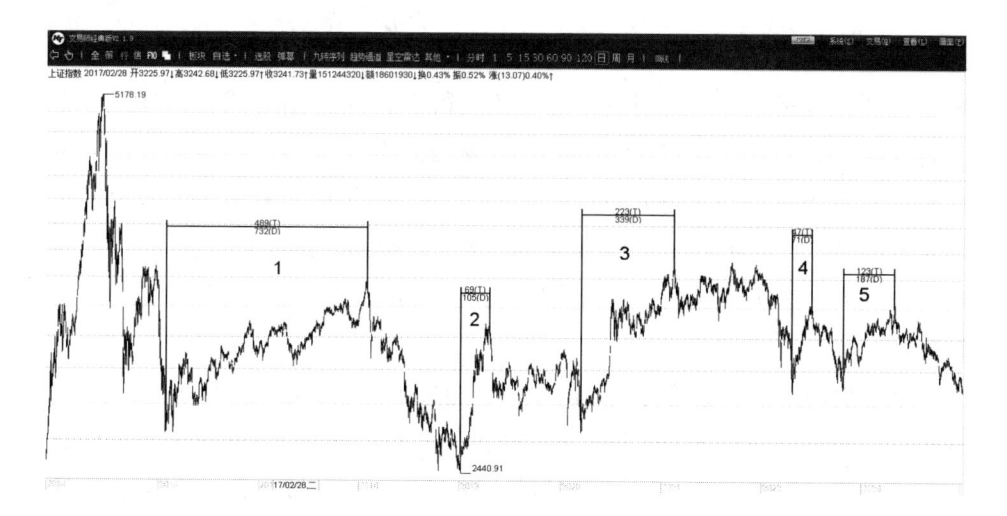

从两幅图的比较中我们可以看到，两个宽幅震荡的走势并不相同；这两个宽幅震荡走势里的次级别可交易趋势段也千变万化，并没有几个重复的模式。上图的 4 号段是个 N 形走势，只有简单的三段。上图的 7 号段、下图的 2 号段和 4 号段，都属于 V 形反转走势，更没有那么多浪可数。若把结构形态学的结构设置为固定的模式，很多不在固定模式范围内的走势就不会参与了，或者按固定模式参与了反而因刻舟求剑而很受伤。但其实若能做到胸无定见，这些次级别中小牛市大部分是可以参与的。

也唯有胸无定见，知道市场什么样子都能走出来，才能不执着于定式，见招拆招，随时应变。下面几张图是我 2023 年 7、8 月份跟踪美铜的过程，先看背景，如下图。

梅桶，沿路线 1 一路南下，之后在线段 2 进行了 ABC 式游荡休息，合并构成线段 2 反弹，之后运行线段 3，并跌破线段 B 低点。在跌破线段 B 低点时，我有了"线段 3 将延续线段 1 的下跌，走对称"的预期，若出现矩形 4 的小横盘，则梅同学大概率会继续南下，则向南跟踪（入场做空）。之后该嫌疑人突然快速返程，不知其目的，遂放弃抓捕计划，继续跟踪，等待证据。

结果梅桶同学北上的行程超出预料，超过了线段 3（实线部分）的 50%，遂怀疑梅同学也许有北上计划。更重要的是，梅同学在下图的 6 号凉亭休息了一段时间，且期间有北上迹象，但又回到凉亭坐下继续休息（假突破），见梅同学如此狡猾，我们只好按兵不动，密切观察其休息完毕北上的蛛丝马迹，如下图。

图 2

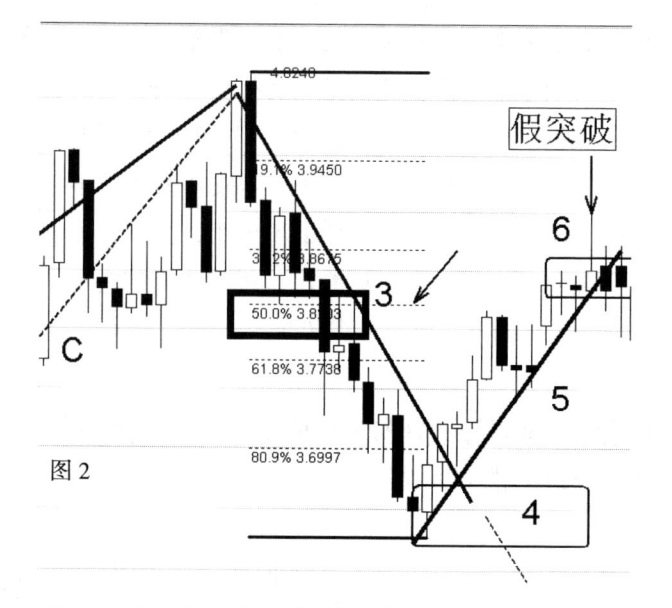

在 6 号凉亭吃完饭之后，梅同学没有像我们推测的那样北上，而是突然快速南下。且在南下过程中不断在下图的 1、2、3 号休息点作出快速折返动作，让人感觉他随时会北上，直到 4 号休息点，梅同学采用了半躺的休息方式，感觉他这次躺完继续南下的概率大增。不过我们衡量了一下报酬风险比，距离梅同学的对称点位大约 6% 的幅度，止损幅度大约 3%，报酬风险比为 2∶1，所以只是紧盯，而不是靠近他。最后这个让人头疼的梅桶同学再次嘲笑了我们的智商，从 4 号站点返程北上。不过我们由于胆大心细会算账，这期间也没惊动了他。在梅同学后面的行程里，一直没有出现抓捕机会，我们遂改为睁一只眼闭一只眼淡淡地看着他自己折腾。如下图。

图 3

看到这里，满心期待大战的读者们可能要失望了。其实很多时候由于李四、梅桶等同学反侦察能力强，我们都没有机会上演大战的剧情，但通过只选最容易辨识的证据（即前面图1、图2的6号位和图3的4号位）、评估性价比，不轻易出手，从而避免了警力损失，也是不容易的事情。读者也许会有疑问，图3的1、2、3号位我们为什么不出手，尤其1号位。不忙，后面慢慢就理解这个问题了。同时也可以看出，假如我们胸存定见，认定梅同学必将如何如何，会被梅同学戏耍得晕头转向。

二、在某级别底部或顶部形态完成之前，所有与原趋势相反的走势一律先看作中继

与原趋势相反的走势，我一般称为逆向波动。希望读者记住这个名词，后文会经常使用它。这种相反走势，可以是横向的（如三角形、矩形中继），也可以是反向的（我一般称为波浪形中继），甚至可以是同向的（如上升趋势中的上倾楔形中继）。如下图所示。

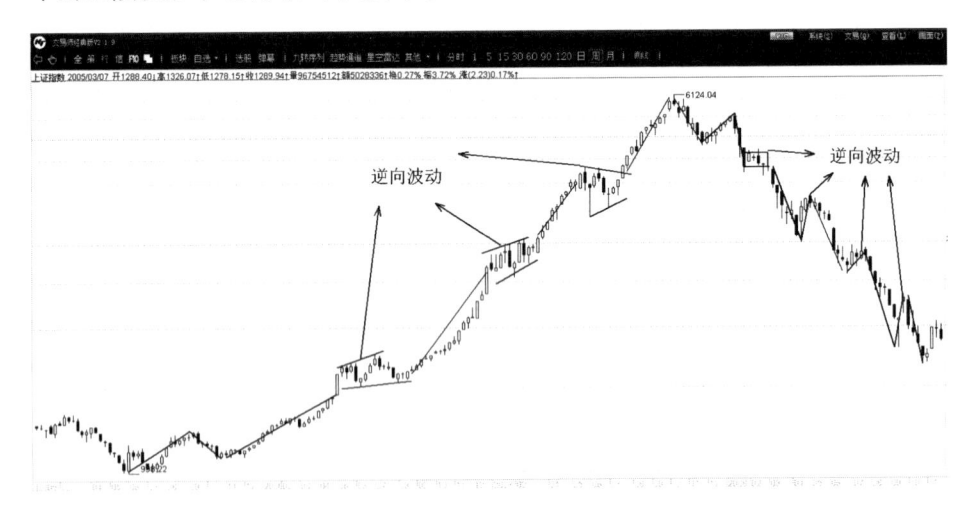

我们知道，从来没有只跌不涨的市场，在一波熊市结构中，总会产生几次反弹。这些反弹很容易被抄底者认为是见底的标志。但很不幸，所有的反弹都会只是反弹而已——除了最后一次。但谁又知道哪一次反弹是最后一次呢？君不见多少大神在不断抄底中折戟沉沙，毁掉一世英名？所以，我们把

所有下跌趋势中的反弹都看作逆向波动，也把所有上升趋势中的回调看作逆向波动。这样一来，当所有逆向波动结束时，我们会继续沿原主流趋势方向去交易。这一点在期货市场中至关重要，因为方向是期货交易的生命线。在证券市场里，由于融券很困难，所以大部分下跌时间我们是以空仓为主的。当期货市场最后一次做空失败，也就很有可能方向发生了扭转。但尽管存在做空失败的可能，我们仍应沿原趋势方向去交易，因为之前我们可以用这种方法获取大量利润。仍以上图为例，上证指数在见到1664点之后，产生了一个周线级别的双底形态，那么这个双底的第一波上升，尽管后来被验证为双底中的第一只脚，但在被验证之前，我们仍把它看作是一次逆向波动，在其结束时继续做空。如下图所示。

虽然事后看这次做空失败了，但如果不这么做，之前的下跌做空利润我们也不会吃到。谁又能每次都正确地预见底部产生了呢？我想，斯坦利·克罗之所以能连续五年做空白糖，就是因为他遵循了这一原则吧。

再如一些大部分情况为中继形态的形态（三角形、矩形、楔形等），若直接看作顶部，势必不会沿原趋势方向去交易，而先看作中继，以突破中继为进场点，以回到中继为止损点，那么无非两种结果：假突破变顶部，亏一点；真突破成中继，大赚一把。这种生意怎么盘算怎么划算。如下图。

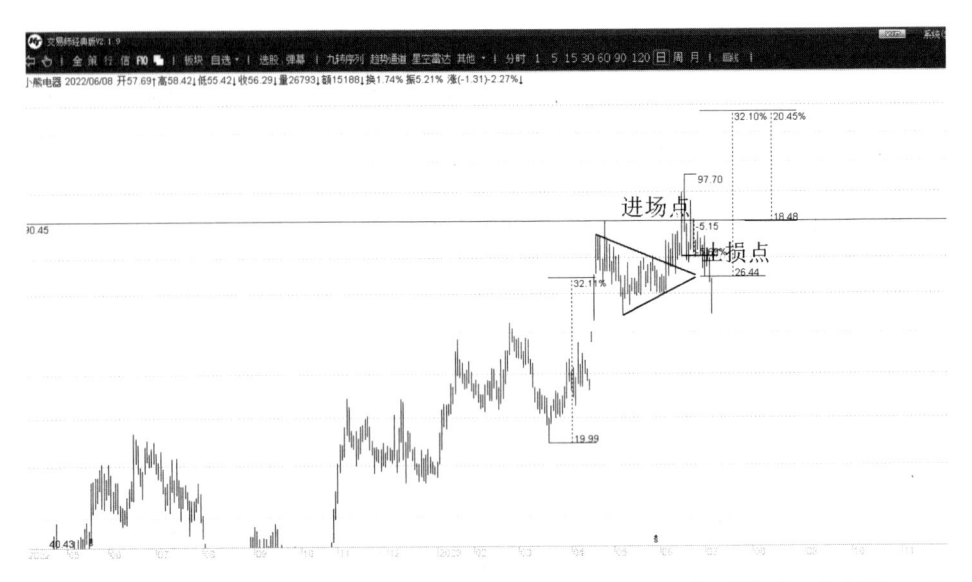

这是小熊电器 2023 年的一段走势。当它突破三角形高点时为第一进场点。根据对称原理，进场点到量度目标的幅度为 20.45%，进场点到止损点之间的距离为 5.69%，报酬风险比绝对大于 3∶1，非常划算。下图为细节图。

尽管最后演变为尖顶，但假如遇到这种中继不去交易，那么下面这种涨幅也会错过，如下图。

上图是广汇物流 2022 年的一段走势，量度目标为 79%，从进场点到离场点可以吃到 47% 的利润，进场之后也没跌破止损点。聪明的读者可以提前思考一下量度目标的测量方法和离场点设置的理由。

三、以某周期顶部或底部形态的反抽确认为判断方向的主要依据

我们研究结构当然必须找到它的顶部或者底部。但顶部和底部形态出现了，就一定是顶部和底部形成了吗？其实未必。如下图已被多次引用。

这里是不是很像一个双顶形态？但假如你认为这里就是牛市的顶部，之后会走熊的话，那就继续往后看，如下图。

无疑，这个双顶失败了。我在很久之前学习技术的时候，有一项技术叫作"顶部失败形态"，即某个顶部形态的高点被越过之后，预示后市将大涨。后来才想明白，其实不是顶部形态失败，而是一种中继形态，而且这个所谓的失败的顶部形态一般都没有被反抽确认。

什么是反抽确认？就是大部分顶部或底部形态，都会有个颈线位，以双顶为例，颈线位如下图所示。

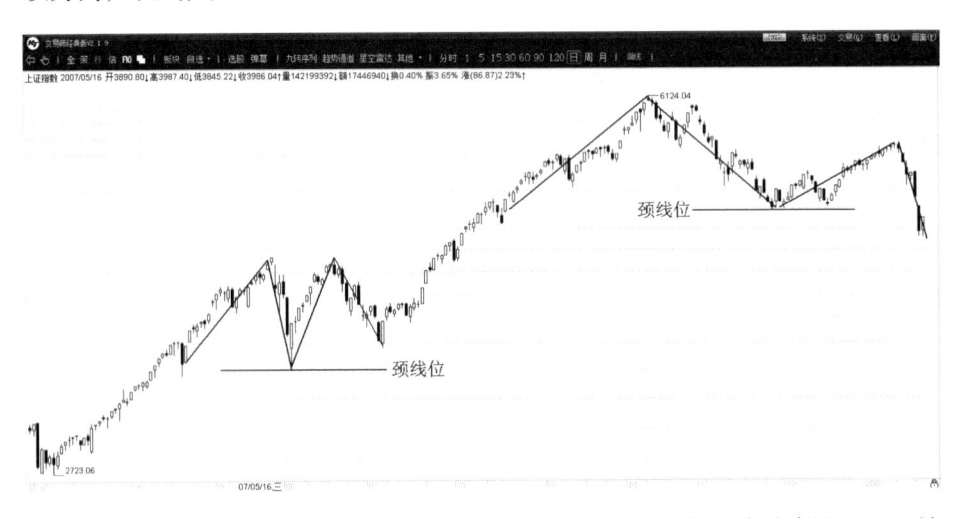

假如这个颈线位经过了反抽，之后继续上升（以底部形态为例），那么就

称为底部形态反抽确认。如下图所示。

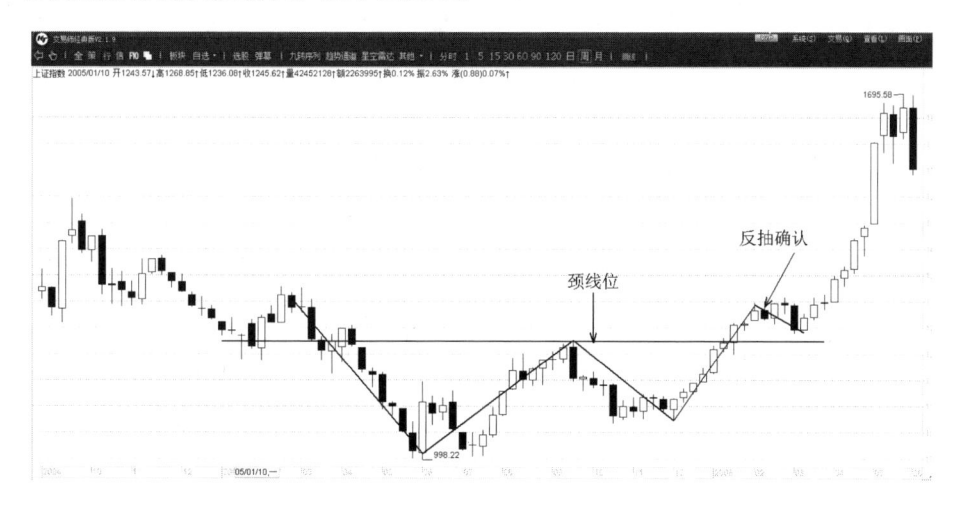

有时这个反抽会稍微跌穿颈线位，如下图。

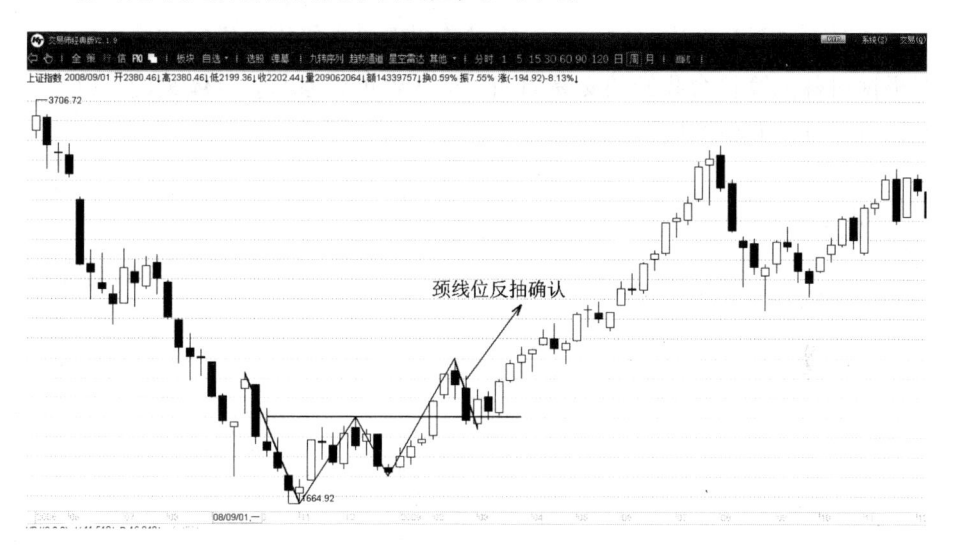

大部分顶部或底部形态都会有颈线位的反抽，这一观察可以为我们提供两点启示：

①在反抽完成之前不要轻言反转。

②在突破颈线位的时候，往往市场已经运行了一段距离，突破之后随时有可能产生反抽，那么我们尽量不要在突破颈线位的瞬间交易，而是耐心等待反抽产生之后再入场交易（尽管有时会牺牲一点空间，但更加稳妥）。

这个要点在实战应用中常常可以让我们规避很多没必要的"抄底损失"。

例如在 2023 年连绵不断的下跌中，我们只能等待如下两种情况出现才考虑进场交易，如下图。

情况 1 属于某个次级别上升趋势或者叫作更大级别的逆向波动，这种情况根据对称测算符合我们的交易周期，那么就可以参与。具体案例可以参考 2010 年 7~11 月的走势，如下图。

情况 2 是以双底突破颈线位反抽后继续向上为例，若出现其他底部形态也是同样适用的。

四、以中继面积的比较作为各中继是否是同级别的主要依据

中继这个名词也是启发我把形态、趋势合并考虑为一个结构的灵感来源。

中，中间；继，继续。意思很明了，这是个中间休息状态，休息完了干嘛？继续赶路。就像一个旅人，走了一天，他要找个旅店休息一晚上，这个休息状态就是中继。但我们会在走势图中看到很多个中继，如下图。

图中凡是与主流趋势（该图的主流趋势为下跌趋势）方向相反的走势，均可称为中继。图中一共标注了12个中继。但直观看，它们似乎反弹幅度、力度不太一样。序号3、5的两段反弹，看着似乎是一个级别的，序号6又比3、5大一个级别；序号1、2又不像一个级别。不要小看这种对中继级别的比较，这是确定或推测结构的重要依据！比如，我们假如以序号2为一个中继，那么画波浪尺取点（波浪尺用法详见本章第六节）应该如下图所示。

图中圆圈为波浪尺 3 个取点，其目标点位 100% 位置为 3042.08 点，与 2021 年 8 月 16 日那周的最低点 3044.88 极为接近。这种取点，求取的是以序号 2 为中继的一段 ABC 下跌结构的目标点位。之后的 161.8% 点位、238.2% 点位虽然也和序号 4、序号 5、序号 6 的反弹起点很接近，但其实这个波浪尺与它们毫无关系，因为序号 2 这个中继，只属于 4110.18~3044.88 这段下跌。你可以理解为，序号 2 这段中继，是 4110.18~3044.88 这段旅途的一个休息点，这位旅客要想到达 3044.88 这个目标点，只需要在序号 2 旅店休息一个小时，之后他的体力恢复程度足以支撑他走到 3044.88 这个第一目标点。而他要到达 2644.87 这个目标点，休息一个小时是不够的，他需要在序号 3 旅店休息一个晚上才有体力支撑他走到 2644.87 点，如下图所示。

圆圈仍然是 ABC 取点，这次的目标点位是 100% 位置即 2540.06 点位。读者会发现，这次波浪尺的目标点位与真正的反弹（标号 5 的反弹）起点 2644.87 点风马牛不相及。这也是我为什么从不以这种工具作为预测工具的原因。但它是衡量报酬风险比的重要依据。为什么呢？因为从原理上讲，这位旅客的体力能走完 4110~3044 这段旅途，休整一晚上之后，其体力应能支持他走完一段与 4110~3044 距离大体相当的旅途。所以假如我们是一个跟踪他的间谍，最合理的推测就是他在序号 3 休整一晚上后，能走到 2540.06 点。但市场的魅力恰在于此，它在拥有规律的同时，也有其随机性。市场在 2644.87

点止步不前，就像一个旅人途中也许遇到了意外的风景，临时改变了计划，或者他途中偶感风寒，需要提前休息一下。我们能做的，就是及时调整跟踪策略，往回走一段，到 2644.87 点继续监视我们的目标。

所以，中继级别的大小，就是旅行者休息的时长。休息的时间越长，他的目的地就有可能越远。比如张三从北京天安门出发向南走（步行或骑行），到 10 公里的位置吃了顿午饭（第一个中继），并且吃完饭继续向南走，那他大概率会继续走 10 公里。如此不断以 10 公里休息一小时的节奏行走，到了 50 公里的地方，他找了个旅店住了一晚上（更大级别的中继）。那么我们就要观察：他住完这一晚第二天早上是继续往南走还是往回走。继续往南，表示那个旅店的一晚确实是更大的中继，他的下一个大目标大概率是 50 公里，中间包含了好多个需要休息 1 小时的小目标（小中继）。如果他往回走了，那么这个旅店就是他的终极目标（顶或者底）。当然也要确认一下他往回走到底是去取了个东西继续南下还是就是想回去了（回踩颈线位确认）。假如张三继续南下，之后，他很有可能在 200 公里的位置休息三个晚上（中继级别又大了，或者是个终极目标），我们就继续跟踪观察他下一步的动向（这到底是个顶或者底，还是更大级别中继）。所以明白了吧，为什么前面说任何逆向波动先当作中继看，为什么所有顶底最终都要以反抽颈线位来最终确认。聪明的读者肯定想到了，必须比较各个中继的大小，以确定各中继的不同级别。那么如何比较中继的大小呢？最简单的办法就是拿肉眼看，感觉是一个级别的就是一个级别的，稍微有点交易经验的应该能看出来。还有个办法就是比较面积。因为中继的形态各有不同，有线形逆向波动的，也有三角形逆向波动的。有时一个中继只反弹 3 周，但反弹了 20%，另一个中继反弹了 8 周，但只反弹了 8%，那么这两个中继的级别其实是一样的，奥妙就在于它们的反弹面积是接近的。如何计算反弹面积？用反弹时间乘以最大反弹幅度就可以了。两者数值接近，即定义其为相同级别的中继。

中继面积的比较和衡量，在实战中有以下三种用途。

①确定逆向波动级别，并把这个逆向波动级别与相应的趋势相匹配，以预估未来目标（下一个要点会详述匹配问题）。

②预估逆向波动结束时间，做好入场准备。一般同级别中继面积接近，假如都是线形逆向波动，第一个逆向波动用了3天时间，那么第二个逆向波动运行到第三天的时候就要注意观察了：它是继续逆向波动还是延续原趋势？比如第四天、第五天还在逆向波动，那么这个中继的级别无疑是扩大了。可能性一，这是个更大级别的中继；可能性二，这是某级别顶或者底的第一只脚。假如第四天它有结束逆向波动并出现沿原主流趋势继续运行的苗头，那么我们就需要评估报酬风险比、评估图形是否符合交易标准，然后做好入场、加仓或者观望准备了。

③离场的底线之一。按方向交易体系的离场规则，假如获利丰厚，当逆向波动出现时是要持仓观察的，一是观察是否出现新的加仓机会；二是假如中继级别不大于之前的中继级别，是要继续持仓的。但当逆向波动（即可能的新中继）面积大于此前中继面积，就要评估其是否有可能成为更大的中继甚至是某级别顶底的第一只脚，此时需要评估持仓品种的盈利幅度、整体持仓情况、净值等，以决定是提高交易的时间架构（详见本章第四节时间架构以及第三章第三节的波士顿循环）级别还是维持原时间架构级别，假如是后者，毫无疑问是要离场的。

五、中继与趋势相匹配的原则

我在跟随K线反映一切老师学习画线的时候，经常发现同学们感慨："取点是永远的痛。"其含义，一是按自己的取点方法，验证下来发现"不准"；二是面对一个弯弯曲曲的走势图，不知道从何下手。其实若知道趋势与中继相匹配的原理，取点还是比较容易的（难度也有，且有的走势需要走一段之后恍然大悟一下，此处指的是大部分走势）。

中继与趋势相匹配的道理也比较简单，从前面跟踪嫌疑人李四的故事里也能领悟一部分。一般情况下，我以斐波那契时间为主要匹配工具，即假如上升趋势耗时18天，其逆向波动时长应不短于6~7天，也就是三分之一以上的时间。短于这个时间的逆向波动，应该只是整个上升趋势的一部分，或者说这段上升趋势不止18天，如下图。

广汇物流一波上涨趋势耗时 33 个交易日，之后调整 4 个交易日，然后重拾升势。这里是不是意味着广汇物流已经结束调整将继续上涨 33 个交易日或者对称的涨幅呢？按趋势与中继相匹配的原则，33 个交易日上升趋势的最低要求是调整 11 天，这 4 个交易日的调整显然与整个趋势不匹配。这就好比李四的体力走 3 小时需要休息 1 小时，但他某次走了 3 小时突然停了下来休息了 1 分钟，那么这 1 分钟大概率是他要系一下鞋带而已，他这次可能不止走 3 小时。只有当李四确实休息了 1 小时以上，我们才推测他将继续行走 3 小时，否则中间的小停顿绝不是李四的真正休息。我们继续看广汇物流的走势，如下图。

所以 38 个交易日才是广汇物流这波趋势真正的长度。之后该股进入 16 个交易日的调整，超过了最低匹配要求，那么这时我们才可以把后面的几根阳线推测为重拾升势且这段升势有可能与之前的趋势相对称。也就是说，这时候我们才可以考虑取点画波浪尺、时间尺。当然这只股票最后没有到达对称位即结束升势（时间未对称、空间差 1 分钱），这也是我们需要一路跟踪而非言之凿凿其必将到达某个价格的原因。试想一下，若李四本应继续走 3 小时，结果他走到 2 小时 45 分钟的时候接了个电话说家里有急事需要立即返程，难道我们能去押着李四走完 3 小时再返程吗？下图是广汇物流的结局。

在交易中，运用匹配原则可以避免过早介入交易，被迫止损。朋友们常问"如何识别假突破"，这或许可以算作一个方法吧。当然我也因为这一规则错失过一波大的行情，即 2014 年外盘原油的下跌，如下图。

由于图中区域 1 逆向波动 9 个交易日，短于区域 2 的 12 个交易日，且区域 1 尚未摆脱整个顶部形态，所以我把区域 1 纳入了整个趋势段。那么整个趋势段的时长就变为 41 个交易日，区域 2 只有达到 14 个交易日才满足最低匹配要求，再加上周线图看着区域 2 的周 K 线也和趋势段不匹配，颇似一个大浪当中的一个涟漪，所以我就耐心等待真正匹配的逆向波动出现。但原油此后一路流畅下跌，并没有出现我所盼望的大的逆向波动，所以这段波澜壮阔的下跌走势最终白白错过。也正是因为这次错过，我才在交易体系中打了个补丁：当账户状态积极且图形为"亲人图形"，可以在接近匹配的时间予以尝试。不过以我的经验，这种逆向波动时间低于趋势时间三分之一，但却是与趋势段相匹配的逆向波动的情况比较少见，绝大部分情况下我是能从等待中获益的。

六、研判结构和进行交易，都需要在某个时间周期下进行

我们的软件，可以看 5 分钟图到年线的各个周期的 K 线图，甚至可以自定义周期；我们的均线，有年线到 5 日线的很多条预设均线，也可以自定义均线；我们的 MACD、KDJ、RSI 等，也可以调整参数，使之更灵敏或者更迟钝。比如约翰·墨菲在《期货市场技术分析》里讲到 RSI 指标的时候，说了这么一段话。

王尔德原本采用的时间跨度是 14 天。有些技术分析图表服务系统，例如《商品纵览》（商品新闻服务公司的一个分支机构出版），则采用了 9 天的时间区间。时间跨度越短，则摆动指数越**灵敏**，其变化幅度也越大。而当 RSI 达到了上限或下限时，其效果最佳。因此，**如果用户在较短的时间基础上进行交易，要求摆动更为明显，则不妨缩短其时间跨度**。如果扩大时间跨度，则摆动指数就变得更平缓，幅度也更狭窄，故 9 天的摆动指数的幅度要大于原来 14 天的摆动指数幅度。不过，虽然 9 天和 14 天的时间跨度仍然是最常见的，但为了改进其效果，技术分析者也尝试了其他的时间长度，比如 5 天和 7 天。

所以无论是我们看裸 K 线、看均线、看指标，都和时间周期问题密切相关。在我们运用不同时间周期图表、调整指标参数的时候，最常遇到的问题有两个：

①游走于所有周期。从 1 分钟图看到年线；从 5 日均线看到 250 日甚至

更长的均线。典型的场景就是：5分钟图可以做空的时候，却因为250日均线（即年线）的所谓支撑作用而放弃入场；或者依托5日均线进场做多，最后因为5分钟均线破位而离场；或者在日线看好某个品种，准备次日突破高点进场，却因分时线的一个小背离放弃进场。

②乱调参数。我相信每个熟练运用行情软件的人都干过这件事。调整的目的大多因为试图找到最"灵敏"的参数。当然也必然遇到某阶段"灵敏"，另一阶段无效的情况。

在不同周期里乱串，就相当于在一支军队里从马夫到统帅都可以发号施令；也相当于拿着全国地图在小区里找一栋楼，或者反过来，拿着小区地图寻找从北京到上海的路线。

所以我们需要一个周期标准，以决定军队里谁来发号施令或者拿哪张地图寻找宝藏。这个标准就是你常用的交易周期，而不是"精准""能预判高低点"。

我记得我研究均线和指标的时候（均线其实也是一种指标，分开说方便一些），看到某书说用斐波那契数字代替软件预设的均线好，就改成3日线、5日线、8日线、13日线等；看到某书又说MACD用5、34、5更"准"，就又改为这些数字。当然我不会只对MACD动手术，KDJ、RSI等指标也会跟着遭殃。改来改去，也没个结论，仍然是"挠头四顾心茫然"。这就是因为我以"精准""预测"为目的修改参数，目的就是错的，自然也就无法验证参数调整的对错。

这种情况直到我创造了"时间架构"理论才彻底改变。

这个理论最核心的一件事就是确定交易周期。即我的交易周期是哪一级时间周期？比如我在日线趋势里持仓最舒适，换成周线趋势我的持仓会在日线回调中让我心惊肉跳，那最适合我的无疑是日线趋势，我的交易周期就定义为日线周期，我就是个日线交易者。日线，就是我这支军队的统帅，就是可以指引我到达目的地的地图。如此一来，调整均线、指标参数也就有了依据。最重要的是，分析结构也有了依据！

以裸K走势图为研究对象的方法，比如波浪理论、缠论（特指缠中说禅去世以后研究缠论的一些方法）等，为了自圆其说或更加"精准"，天然有"以小见大"或"以大推小"的冲动（即以极小周期预测大周期见顶或见底的时间空间或以大周期逐级推演小周期未来的走势）。这也不是毫无道理，比如从军队马夫的待遇可以推知军队的补给状态；从统帅的个人能力可以推知马夫在这支军队里能活几集。但马夫的待遇取代不了统帅能力、军纪、士气、训练情况、战略部署等更重要的情报；统帅的个人能力不行不代表统帅的统帅（即统帅的上级）个人能力不行。所以用马夫的待遇去研究对手是可以的，用于直接指导打仗恐怕只能听天由命了。

研判结构的最终目的是交易，所以结构的研判必须和交易周期密切相关。日线交易者主要以日线为观察图表，参考周线和小时线就足够交易使用了。否则当前结构是个什么结构、当前是处在趋势还是中继之中、趋势方向是什么、当前K线在整个结构中处于什么位置等问题，在1分钟图到年线图中皆有不同的答案，依据哪个去决策？实战典型场景是：日线图看不出什么结构，最后在5分钟图里找到一个N字结构，然后进场交易。殊不知，这个5分钟结构也许是更大级别时间周期结构的末端，N字最后没有走出来。

时间架构理论是方向交易体系的核心理论之一，第四节将介绍具体应用方法，请读者务必尽量重视。

七、结构的相对性和演变

结构的相对性指的是：在某级别时间周期下，某一段走势针对的是哪一段走势？如下图。

图中 GH 段下跌，针对的是哪一段上涨？是 FG 段还是 DG 段？而 DE 段的反弹，针对的又是哪一段下跌？是 AD 段还是 CD 段？

判断相对性有什么用？

①过滤杂波，简化结构，便于推断未来的演变。我们假如判断 DE 段的反弹是针对 CD 段的，那么如果指数沿 EF 段继续下跌，下跌长度将以 CD 段为参考依据；同理，假如我们判断 DG 段的反弹是针对 CD 段的，那么如果指数沿着 GH 段继续下跌，推演未来的下跌长度时，我们也将以 CD 段的长度为依据。实际上，G 点的出现推翻了指数沿 EF 段下跌的推演，最终 DG 段成为针对 AD 段的反弹，EF 段相对于 A-D-G 结构来说，成为可以过滤的杂波。

②相对性变了，性质和预期也就变了。假如我们推断 DG 段的反弹是针对 CD 段下跌的，那么当指数跌破 D 点时，始于 G 点的下跌从属于 A-B-C-D-G-？的结构；假如我们判断 DG 段的反弹是针对 AD 段下跌的，那么当指数跌破 D 点时，始于 G 点的下跌从属于 A-D-G-？的结构，这两个结构的级别是不一样的，后者级别高于前者。前者是小级别下跌，后者是大级别下跌，性质是不一样的。性质不一样，预期也就变了。预期变了，防范风险或参与交易的级别也就变了。

那么我们应如何判断走势的针对性？主要依据是要点四的中继面积比较，辅之以要点五的中继与趋势相匹配的原则。以上图为例，DE 段反弹和 BC 段反弹的面积是比较接近的，所以它们针对的都是邻近一波的趋势，即 BC 段针对的是 AB 段下跌、DE 段针对的是 CD 段下跌。搞清楚针对性之后，黄金分割、波浪尺、安德鲁音叉线等工具的取点就有了依据。另外也要参考要点五的中继与趋势相匹配的原则，若某中继明显超出了趋势段的匹配度，那么这个中继很可能针对的是更大级别的下跌段，甚至有可能是反转。仍以始于 D 点的反弹为例，若指数在 H 点止跌并展开一波上涨，其高点接近 A 点，那么 D 点就不再是针对 AD 段下跌的反弹低点了，而是某级别上涨行情的反转低点。如下图。

当 J 点出现时，DJ 段的长度已经与 AD 段接近，且 J 点非常接近 A 点，那么 D-G-H-J 构成一个独立的 N 字结构，AD 段的参考意义就消失了。那么这个新的 N 字结构的出现又有什么意义呢？它的意义在于，我们会预期指数经过相当于 GH 段级别的调整后，可能继续上涨。

所以结构的相对性并不是静态的，在交易的当下，先通过中继级别的比较来推断走势的相对性。然后根据后续走势的演变对结构的相对性进行调整。我们继续看上证指数后来是如何变化的，我们又是如何调整预期的。如下图。

当 L 点出现时，K-L 段更像是一个矩形中继，且面积接近于 GH 段。那么此时结构就发生了演变：图二的 HJ 段大概率没意义了，改为 HK 段，HK 段和 DG 段是同级别的；GH 段和 KL 段是同级别的。这样一来，主预期变为：指数将走 LM 段，其长度参考 HK 段。而次预期为：指数继续横向调整到 N 点，从而 KN 段成为针对 DK 段的中继，未来的上涨级别更大，长度参考的是 DK 段。当然指数转而下跌，走 LO 的预期永远要有。

指数后来又进一步演变了，我们若是一直跟着推演，能一直推演到 2024 年，显然这不是本要点的任务。读者只要通过前面的案例了解以下 4 点。

①结构是有相对性的。

②相对性判断的主要依据是中继面积的比较。

③相对性是会演变的。

④相对性变了，行情的性质也就变了，我们的预期和应对措施也就变了。

读者可能会觉得本要点和要点四、要点五有重合的地方，但要点四和要点五更注重静态的分析，主要偏重知识性介绍，而本要点更注重动态的结构分析，目的是用于实战，可以说要点四和要点五都是为本要点服务的。当然要点六的时间周期问题也是本要点的立足根基，即所有结构的相对性都是在某级别的周期里进行的。

本要点若与黄金分割、波浪尺等工具结合讲解，则读者更容易理解，所以此处只是大概介绍，更多分析和案例请见第七节：《时空研判——寻找最具性价比的战机》。

八、N 字结构和对称

前面提到过，不是所有的走势都能分辨出来一个完整的结构的。但我们只需要知道一点：N 字结构是某级别时间框架下最小的结构，就足以应付看不出完整结构的问题。这句话包含两层含义。

第一层含义：看似繁复的走势中总能找到大大小小的 N 字，如下图。

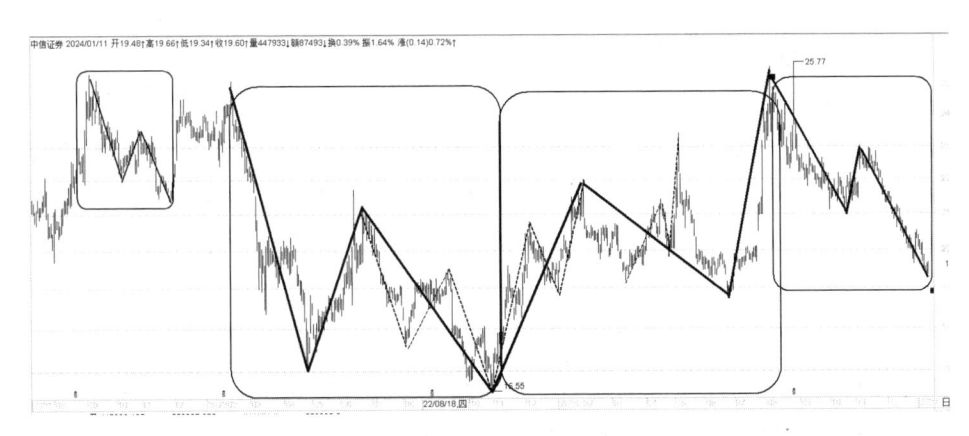

中信证券的这一阶段走势，相当复杂，难以找到完整的顶部底部形态，但从里面能发现很多 N 字或者倒 N 字的结构（图中方框内），同时这些 N 字结构里又包含小的 N 字结构。有些小的 N 字结构又构成大 N 字结构中的一笔。其实若是缩小时间周期，比如到 1 分钟、5 分钟、15 分钟等级别的 K 线图里，又能找到非常多的 N 字结构。

第二层含义：当我们看不出市场整体结构的时候，只要找到符合我们自己交易周期的一个潜在的 N 字结构，就可以在走 N 字最后一笔的可能的起始时间进行交易。如下图。

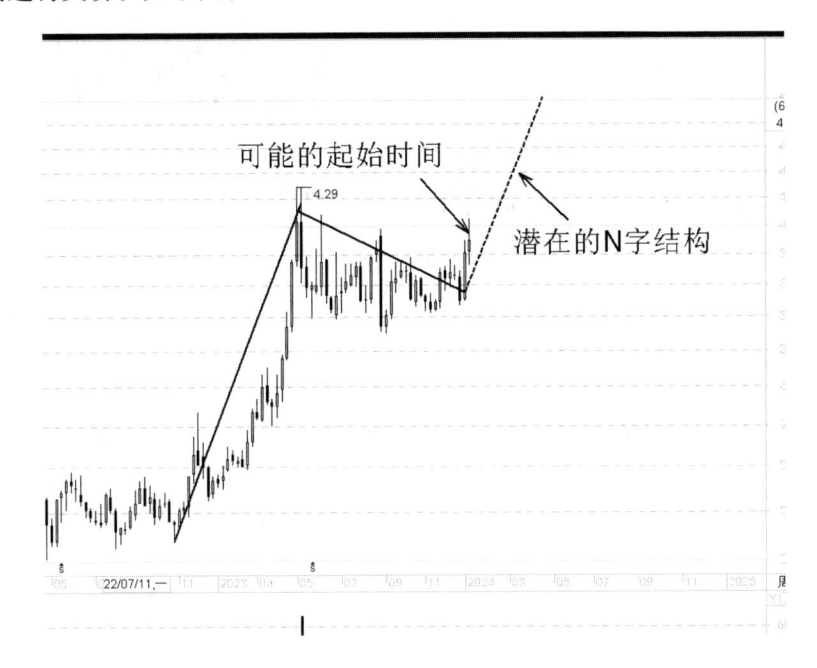

N 字结构的实战意义。

①不必担心错过趋势，没有只涨不跌或者只跌不涨的市场。当某个交易标的处在一段趋势之中的时候，不知道它何时会回调，所以在途中上车也许是半途、也许临近停靠站、也许正好到了停靠站。与其处在各种不确定性之中，不如等待它到了一个站点并经过与趋势相匹配的休整之后再上车。

②当遇到繁杂的、辨别不清的走势时，不用试图解读明白所有结构，只需要在自己的交易周期范围内寻找潜在的 N 字结构即可。后面讲时间架构会讲到，我们应该选取自己相对固定的主要交易周期，比如日线。那么如果一段潜在的 N 字结构其第一笔为 10 日以上的趋势，那么我们就可以通过匹配原则（详见第五个要点）择机入场。

需要注意的是，潜在的 N 字未必走成 N 字，也许是个平顶或尖顶，那么最后一笔就不存在了。也就是说，我们可以推测 N 字的形成并介入交易，同时也要防止它的那两笔已经走成的走势只是其他 N 字的组成部分。如下图。

在这里我们推测它有可能走出 N 字结构是没有问题的。但最后这个 N 字结构失败了，在周线图中看得比较清晰：这两笔被拆到了两个 N 字结构中，如下图。

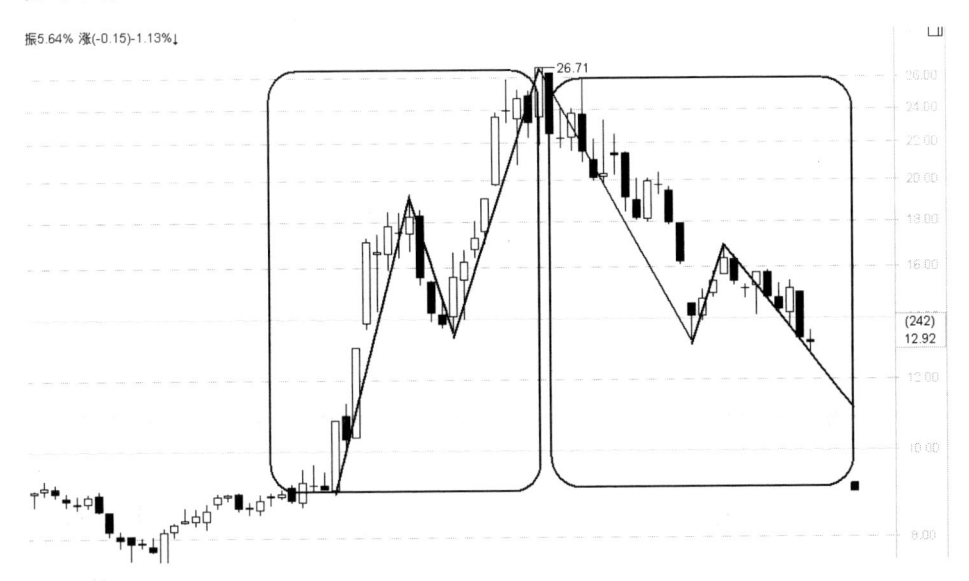

这是一只名叫工业富联的股票，读者有兴趣的话可以切换周线、日线图好好玩味一下。

那么在潜在 N 字的第二笔可能的末端，我们是否应该介入交易呢？这就是交易价值评估的问题，就要用到对称原理。其实在前面很多地方我们都已经谈到过对称问题，此处起到强调和梳理的作用。

先梳理一下对称的原理：

①大自然中对称现象无处不在。如人体的左右对称、树叶的对称等等。市场走势也常常走出对称现象。

②前面讲了跟踪的问题，一个人前面走了多远，经过与前面路程相匹配的休息之后，大概率还会继续走相同的长度或时间。

对称分为时间对称和空间对称，两者可以同时满足，也可以只满足其中一条。交易中由于主要靠空间赚钱，所以空间对称是第一考量要素。如下两幅图。

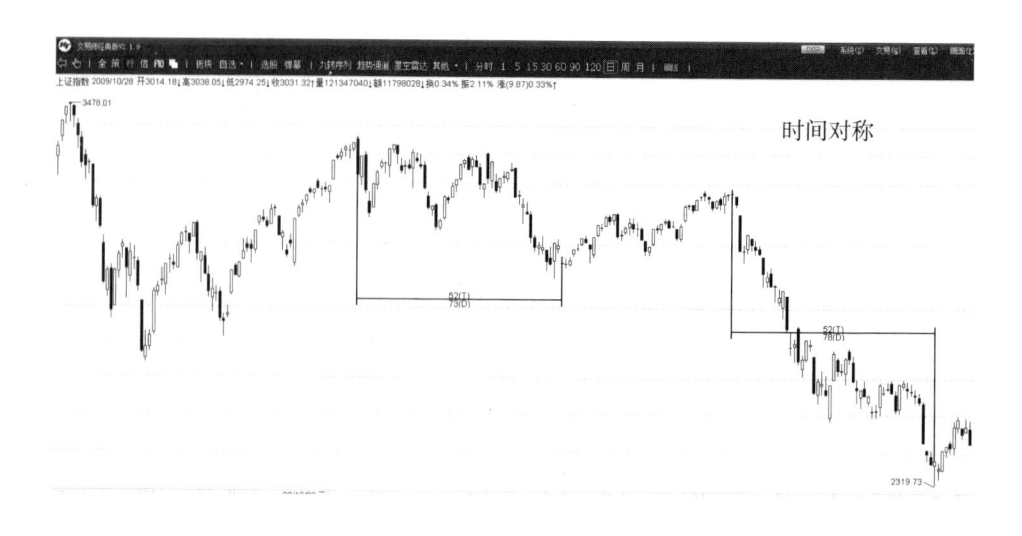

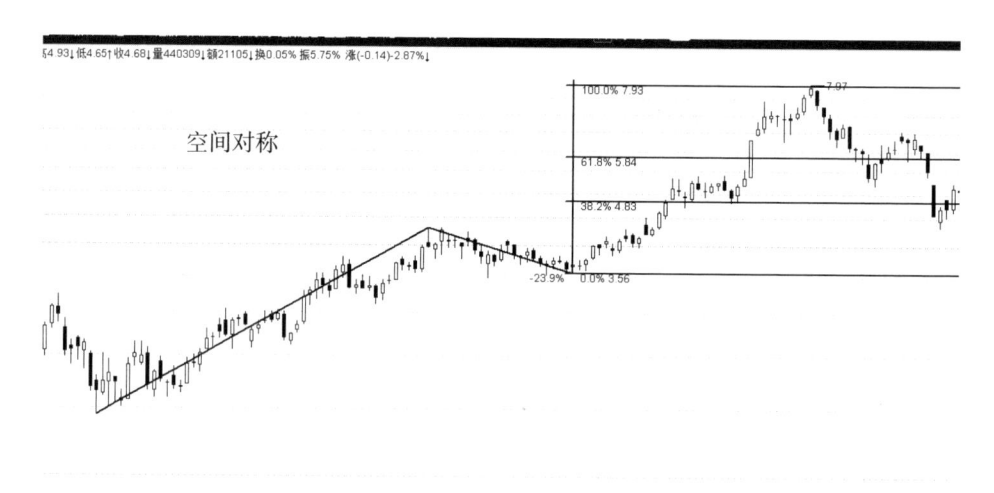

聪明的读者通过前面的内容已经大体掌握了时间和空间对称的量度方法。我们在这里也梳理如下。

①先选取一段成型的趋势，趋势越长交易价值越高。显然，按照空间对称的原理，第一段趋势假如上涨30%，调整结束后新起的趋势幅度也应该是30%。实战中我常把涨幅较大且已经大概率进入休整阶段的个股纳入股票池，等待其休整时间达到最低匹配要求。

②趋势的起点和终点以肉眼观察的拐点为主。拐点不等于最高或最低点，它可能是个最高收盘价或者最低收盘价，甚至有时距离最高点有点远。如下图。

图中 1 和 2，取哪个点当作趋势段的起始点更好？肉眼辨别，感觉 2 更像是一段趋势的拐点。当然这一条新手容易迷惑，毕竟取点又是一个主观问题，和看图经验有很大的关系。但其实取错了也没关系，毕竟我们不要求在最高或者最低点离场，往往取点中需要纠结的两个点相距不远，差几个点又有何妨？所以新手不妨一律以最高或者最低点作为取点原则，慢慢看图多了，就有经验了，自然就会找到拐点。

③当中继的时空长度与趋势比较匹配的时候开始观察中继的结束点。

这里就用上了要点五的"匹配原则"。当逆向波动长度接近趋势长度的三分之一的时候，原来闭着的一只眼睛需要睁开了。比如李四走了 3 个小时，去吃午饭顺便休息，他刚开始吃的时候我们睁一只眼闭一只眼（防止李四嫌饭菜里有"疑似鸭脖"的鼠头而提前走人），这阶段李四若走向收款台我们也不必太紧张，也许他就是去借个充电宝或者去收款台边上的卫生间。但当李四吃到接近 1 个小时的时候，他再去收款台方向我们就要睁开另一只眼睛了，他可能是要结账走人了。

聪明的读者会开始琢磨：在市场走势里，什么情况代表李四走向收款台？读书就需要这种悟性。不过太早知道答案也不利于留下深刻的印象，还是琢磨一会儿吧。

④从可能的中继结束点量度与前面趋势段相等的时空长度。

这个阶段就要开始衡量报酬风险比了。李四去结账的时候我们除了要睁开另一只眼睛，还要决定何时开始收拾东西、结账、呼叫大部队去李四对称的目标点位实施抓捕（收割利润）。过早动作的风险是李四"醒了"，掏出携带的武器反抗或者做个假动作摆脱跟踪或者不去目的地接头了，也包括浪费大部队的时间精力体力。报酬是：我们用前面趋势段的时空来衡量，李四亲力亲为快速赶路，充分休息也是为了能快速继续赶路（表现在走势图中就是趋势段上升速度快），那么可能他任务比较重要，前面是条大鱼，报酬风险比大于3，这样的话冒点风险是值得的；如果李四优哉游哉走了3个小时，才走了三公里（表现在走势图中就是趋势段比较短、速度慢），那么他的下一站可能也不是什么最终目的地，或者任务也不算重要，这时候就没必要太冒风险了，顶多分出一个人来跟一跟，也就别呼叫大部队了。取点方法见下图。

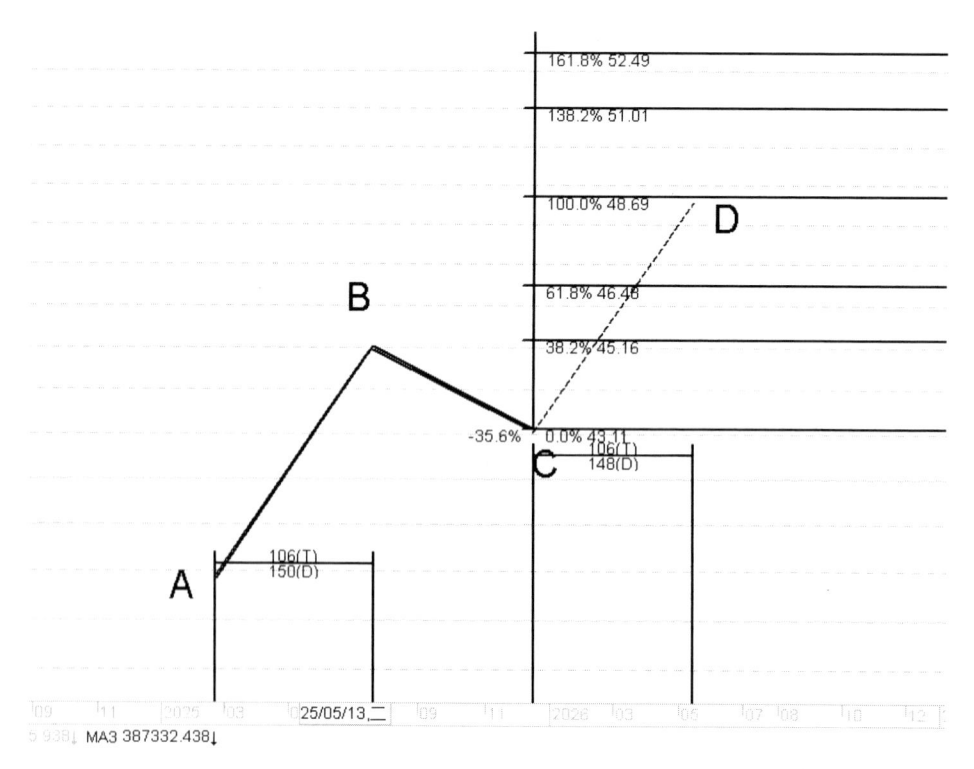

图中AB段趋势段，画图工具"波浪尺"的100%位置即AB段的长度。

C 为可能的中继结束点。我们用波浪尺，取好 ABC 三个点，即可量出李四未来可能的目的地。同时，AB 段也是李四的行走时间，未来他到达目的地的可能时间也是和这段时间对称的，用"时间尺"这个工具，量出 AB 段的时间长度，再把 C 点取为第二个时间尺的起点，向右量出同样的时间长度即为 D 点到达的可能时间。

难点是横向中继的画法。横向中继边界点往往运行得比较复杂，感觉取哪个点都有道理，如下图。

这是大族激光 2017 年 3 月的一段横向中继。量度空间对称，遇到横向中继原则上 B 点取横向中继的中间位置，但中继上下边界的取哪两个点？另外时间量度也颇费思量：哪两个点是横向中继的起止点呢？最主要的问题是，取哪个点是"正确"的，事后无法验证，因为是否走出了对称并不是验证标准（鬼知道李四的目的地是不是对称位，也不知道路上他是不是改主意了）。此时只能重"神"不重"形"，凭看图经验和道理来取点。当然取点不是非常重要的，甚至在实战中我很少画图，之前画多了，积累了丰富的经验，现在看一眼就大概知道报风比是否合适。须知，我们取点是用来算账的，不是用来算命的，所以差不多就行了。

强调几个注意事项：

①就像李四的目的地未必是对称位一样，市场也会比对称时空多走一些或少走一些。但对称仍然是基本衡量标准。否则我们依据什么决定是否呼叫大部

队去前方抓捕？呼叫大部队的时候怎么说？大体的时间地点总得说一下吧？

②切忌以对称作为预测标准。很简单，因为不见得准。后面我们还会介绍一些量度工具，都一样，不是为了预测用的。但接近对称位的时候，子弹上膛、睁大眼睛密切关注，随时准备呼叫大部队改变抓捕地点还是需要的。

③切忌在对称位附近采取进场动作。这个也简单，因为性价比很低了。什么叫追高？这才叫追高。

九、走势分类问题

先谈谈走势分类。

我从入市以来，每天要翻阅上百张走势图；到了周末更是要翻阅上千张走势图，可以说阅图无数，什么样神神鬼鬼的走势图都见识过了。至于各种有名的无名的中继、顶部形态，更是让人望而生畏。但若是化繁为简，以交易为目的，市场走势只有两类：可交易的和不可交易的。为了减少标号的层级，我们先排除一类走势，即震荡状态，属于不可交易走势。

震荡状态，指的是在我们常看的图表K线数量范围内表现出来的状态（一般二三百根K线）。这种状态在更高一级或两级时间周期里也许会演变为某个顶底形态或中继形态。但在当前周期里看着就是个震荡状态。如下图。

宁波联合这只股票在2023年一年里基本就在震荡，看着毫无头绪。也许未来它在月线里变成某种能辨识的走势的一部分，但那跟我们这些日线周期交易者的交易有关系吗？所以遇到这类走势图的处理方式很简单：置之不理。

潜在 N 字走势是另一大类，即可交易走势。生活，就是一个七日接着又一个七日；走势，就是一个 N 字接着又一个 N 字。作为日线交易者，最基本的工作其实就是寻找那些可交易的潜在 N 字走势。

N 字与 N 字的区别在于，有的 N 字属于极小或极大周期的（与我们的主交易周期相比），那么这种 N 字属于不可交易的走势类型；有的 N 字变数较大，可以成为衰竭的顶部形态（如上倾楔形中继，上图中就有一个小时级别的上倾楔形中继连接两段趋势构成的 N 字，有心的读者可以找找），那么这种 N 字即便符合交易周期也未必（注意这两个字）在关注之列；剩下的就是符合交易标准的 N 字了——无论周期级别还是走势的运动方式都符合交易标准。

先说变数较大的潜在 N 字走势。 通常是两类。

第一，上升趋势段之后走出上倾楔形（包括收敛和扩散楔形）或下跌趋势段走出下倾楔形（同样包括收敛和扩散楔形）。当一段流畅的上升趋势之后出现了上倾楔形（只举上倾楔形的例子就够了，下倾楔形也是一个道理），有三种变数：成为中继，成为顶部（一般伴随尖顶），成为更大级别中继。

图 1，上倾楔形中继：安利股份 2015 年

通常一个上倾楔形最终被证明是中继，需要一根显著脱离楔形部分的

大阳线，而在这根大阳线走出之前，从楔形底部到楔形顶部之间还要走几根阳线（楔形中继的级别越大，需要走的阳线越多）。那么连续数根阳线之后，随时面临调整，进场即有纠结的概率：走也不是（万一接着涨呢）、留也不是（万一到达顶部了呢）。古人云：君子不立纠结之下，何必找那个难受呢？

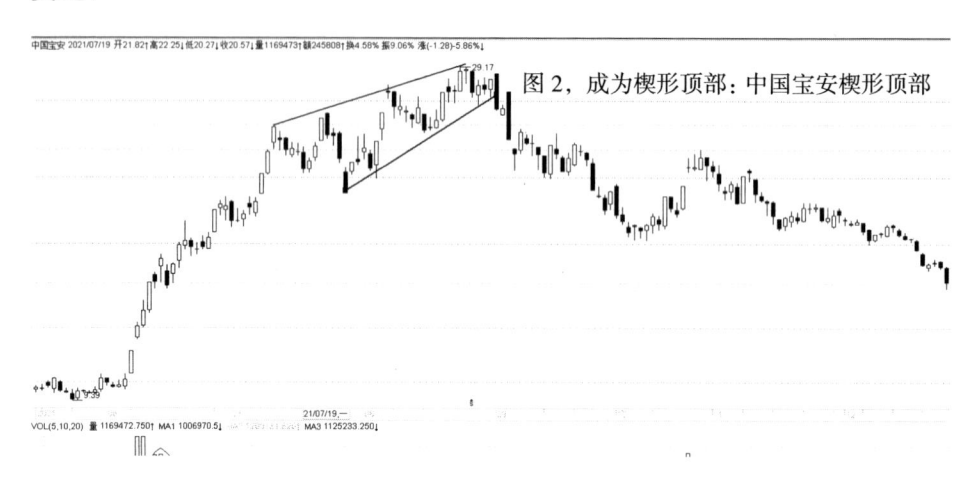

图 2，成为楔形顶部：中国宝安楔形顶部

我发现中国宝安这只股票喜欢走这种楔形顶部，类似的是 2015 年的楔形顶部，之后的跌势更加吓人。

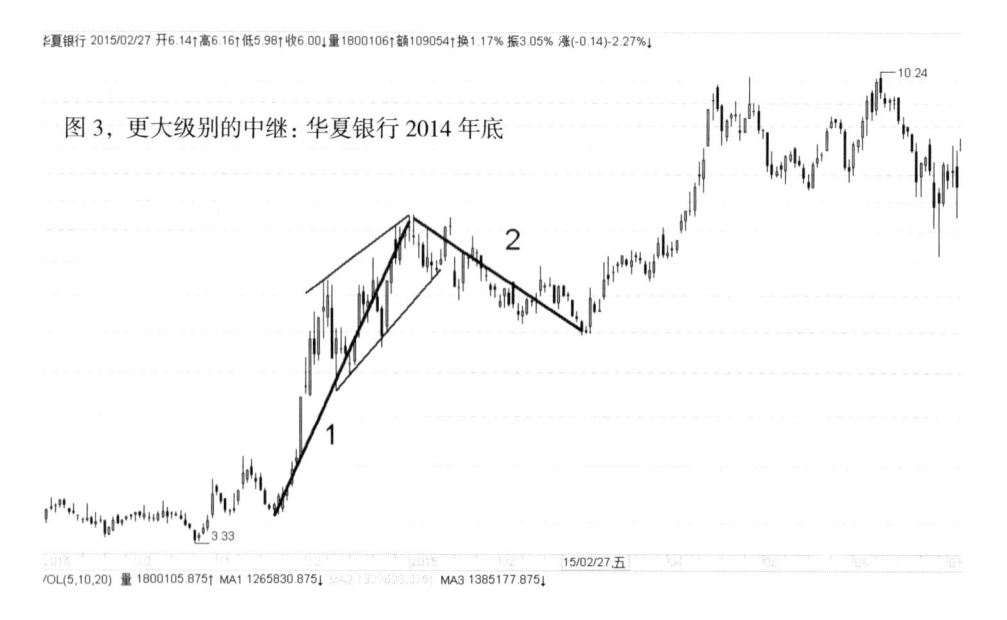

图 3，更大级别的中继：华夏银行 2014 年底

上图中线段 2 成为线段 1 的中继，在形成这个中继之前，该股走了一个上倾楔形。

其实举例几个图形并不能成为放弃交易这种图形的理由，因为无法进行概率统计。其背后的原理才是放弃这种图形的原因。这个原因就是：上升趋势之后的上倾楔形，本质上就是一种衰竭走势，也通常是技术派常用的顶背离。

顶背离，意思是走势一浪比一浪高，按理说指标数值也应该逐步抬高，但实际情况与之相背：与一个一个波峰相对应的指标数值逐步下降。如下图所示。

讲一个小插曲：早年我曾经就背离问题问过一位技术派高手，我说看背离是看 MACD 的柱线还是两根均线？他只回答了三个字。就是这三个字，如醍醐灌顶，让我摆脱了对指标的迷信式依赖。猜一猜，哪三个字？

这三个字就是：无所谓。我立刻明白，指标是走势的反映，是从走势中提取信息形成的。若走势图是衰竭走势，一般会伴随指标的背离；若走势图是衰竭走势，指标并不是完美的背离状态，那也改变不了走势的衰竭状态！就像一个病人，身体指标好了，但自身感觉仍然是病态，那他是病人呢还是健康人？

理解衰竭，需要先理解正常波浪形走势是什么样子的。下面请被抓捕归案的李四同学绕湖跑步。

李四同学的体力，一般是跑 1000 米之后缓步走 382 米，之后继续跑 1000 米。如此不断迭代。但李四后来跑了 800 米，走了 500 米，之后又跑了 600 米，走了 600 米。再之后跑了 400 米。那么我们作为观察者，会得出什么结论？大概率，是李四的体力衰竭了，不再支持他按原来的节奏跑步了。那么之后李四大概率会干嘛？①坐在原地休息一小时，继续跑步（更大级别的中继）。②收拾收拾回牢房，不跑了（顶部）。这就是图二和图三的原理。那图一是怎么回事？那就是李四被抓捕归案之前的场景了：李四为了摆脱跟踪，表现出没力气继续前进的样子，让我们放松警惕，然后突然加速奔跑。

那么，面对一个趋势段之后的上倾楔形，我们应该如何取舍？首先，成为中继的话，进场是很纠结的；其次，它本质上是一种衰竭状态，大概率会成为顶部或者更大中继，对于交易者来说就是很大的损失或回撤。所以对于这种图形，不碰为妙。

但前面还有"未必"两个字（本要点的第五段），又是怎么回事呢？这就是未来"三元一体理论"所要解释的了，简单说，就是当账户状态很积极，不怕止损带来的损失的时候；或者账户状态已经有安全垫并且大盘整体处在上升牛市状态的时候，可以尝试在大阳线突破上倾楔形上边界时介入个股。

第二，波浪形走势。这种走势通常是指在一段上升趋势之后出现了回调，这波回调较为剧烈，回调线段与波峰水平线之间的夹角通常大于 45°（这里指的是主图界面 200 根左右 K 线、主图长宽比例也正常的情况。补充这一句很重要，读者们不妨试着缩图或者把主图变扁，你会发现走势图给你带来的观感完全不同，调整角度也有很大变化）。另一种衡量方法是看上升趋势段和回调段之间的夹角，小于 90° 也是我定义的波浪形走势。波浪形走势可以是一条比较直的线段，也可以是带有小幅波动的一段回调。要害是夹角。下图两种走势都是我定义的波浪形走势：

线段型

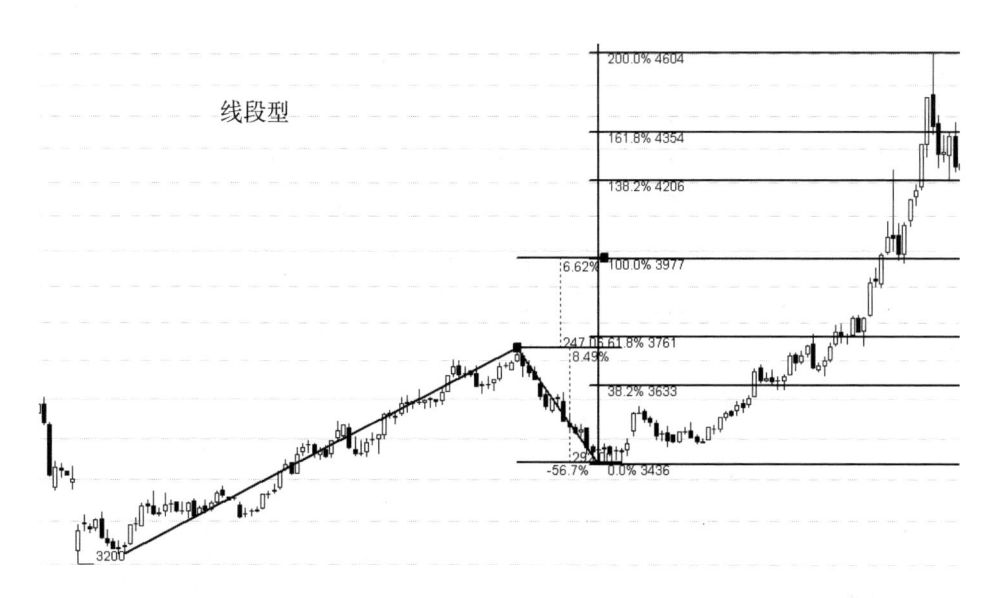

上图是螺纹 2020 年的一段走势。当出现这种线段式回调的时候,只有突破前面的高点才大概率确定其走上升趋势。彼时对称距离已经过半:按空间对称衡量,合计 15% 的幅度,从回调结束点到前高就走了 8.49% 的幅度,剩下 6.62%,很不划算。当然它后来一路走到了 200% 位,但最初决策时还是以 100% 位置即对称位为决策点。

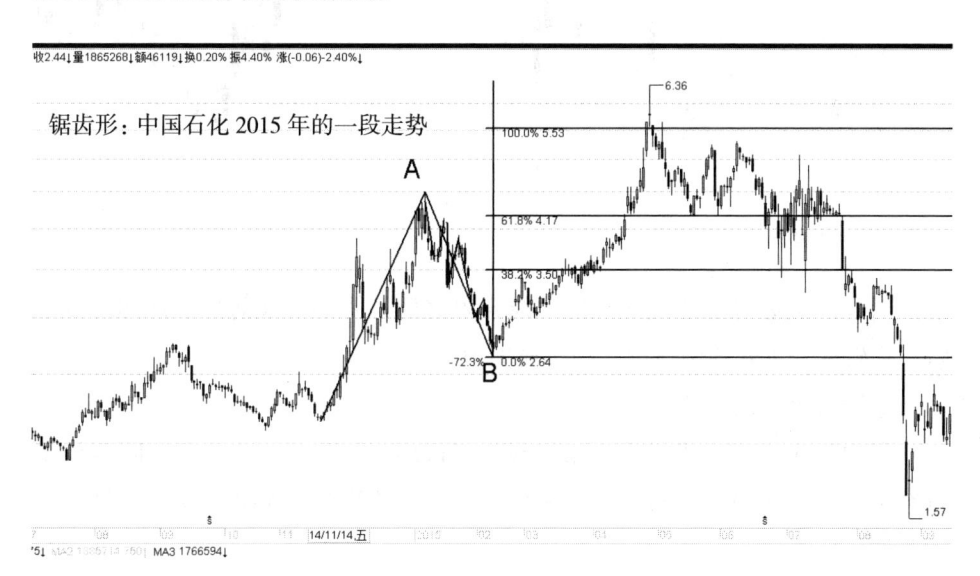

锯齿形:中国石化 2015 年的一段走势

上图注意看 AB 段之间有三次小反弹，构成一个锯齿形回调波段。其实这就是小周期的一段下跌趋势，对于周线周期而言，则属于一段上升趋势后的逆向波动。忽略那些小锯齿，它和线段式回调并无本质区别。

线段形和锯齿形回调，我统称为波浪式逆向波动。

这种波浪式逆向波动为什么大概率不操作？除了前面说的突破前高时已经耗费了一多半对称幅度外，最主要的是变数太多。下面我们数数一个波浪形回调会有多少种变数。

①尖顶。如下图。

当我们从标号 1 处找到一根阳线介入之后，假如突破前高不远即再次下跌，跌破标号 1 处的颈线位，即构成尖顶。

②锯齿形下跌。

图中的 1~4 点在收出阳线高于前一日高点后理论上皆可作为回调结束点介入。但实际上弹了几天又跌了。不止损的话还不知道要跌到哪里去，如下图。

③更大级别的横向中继，如下图。

到了标号1之后，向上拐头，接近前高再回来，最后构成一个横向中继（含三角形、矩形等）这么演化也不是不可以吧？

④头肩顶，如下图。

⑤下跌趋势后的横向中继，如下图。

在标号 1 处介入后，也可以演化为一段横向中继。由于此前是下跌趋势，横向中继之后再次下跌的概率较大。

⑥构筑小结构，如下图。

当我们在标号 1 处介入后，上行到标号 2 处即拐头向下，此时我们最担心的是走一段下跌对称走势，结果在标号 3 处止跌，构筑了一个小级别双底，结束了这波回调。

⑦其他还有：上倾楔形、下倾楔形等等，有心的读者可以自己演化一下。

总之，这种角度较陡的波浪形回调，代表了空方力量很强（以上升趋势为例），变数很多，需要不断应变。所以只有当账户策略为积极时才会考虑介入，否则尽量不做。

再说变数较小的潜在 N 字走势。

与变数较大的潜在 N 字走势相比，这类走势变数就小多了，我在交易中，尤其是每年度安全垫形成之前，都优先选择这种走势进行交易。这类走势又分为两种，但本质上都属于空方力量较弱的走势。以下皆以上升趋势为例，下跌趋势道理一样。

第一，上升加斜调。斜调，比波浪形调整角度要缓很多，与波峰水平线夹角 30° 左右较佳；同时参考上升段，与上升段夹角大于 120° 较佳。可以是线段形或锯齿形，也可以是 ABC 调整，还可以包括下倾楔形。要点在于夹角。

上图为唐山港 2014—2015 年的 3 段调整。标号 1 的调整是 ABC 调整；标号 3 为锯齿形调整；标号 2 无法归类，勉强算是斜向调整，但角度基本接近 45° 了。

下图是线段形斜向调整，三星医疗，2014 年。

这种图形很多，没什么明显锯齿。

上升加斜调，变数也有几个，但比波浪形调整要少很多。

①斜调后突然向下加速。陕西煤业 2021 年，如下图。

这种是最可恶的。但更多影响的是持仓应对，进场方面，由于要求有个小节奏点而这里并未形成，所以影响不是很大。

②头肩顶和尖顶。参考走势类型一中的波浪形。

③锯齿形、斜向调整延原角度延长等也都是其变数。

总的来说，斜向调整的变数也不少，但它的优势在于其调整角度小，形成变数的可能性较低。后面讲运动方式时再详述。

第二，上升加横调。横调指的是调整角度是水平的，或极其接近水平的，理想的情况是调整角度与波峰水平线的夹角小于 15°。分线段形横调和形态形横调两种。线段形横调很简单，就是一段横着的且几乎没有锯齿的或微有锯齿的走势。形态形横调，则把所有能辨识的形态，如三角形、矩形等，和所有不能辨识的、叫不上名堂的形态，只要整体调整角度比较接近水平，看上去是一堆横着的 K 线，就一律归为此类。

进行这种模糊归类的原因在于，我们是来交易的，不是来研究学问的。形态学的中继形态极为繁杂，什么钻石形、喇叭形、贝壳形等等，很多繁复的名堂。其实只要这种形态是有利于交易的，叫什么名字重要吗？更何况很多种样子的中继也没什么名字，这种情况还不少！如下图。

1 和 2 是中国神华 2022 年、2023 年的走势图。谁能告诉我这俩是什么中继？在我眼里，只看到标号 1 是一个月线级别的、重心几乎水平的一堆 K 线；标号 2 是一个周线级别的、重心稍微向下倾斜的一堆 K 线，这就足够了。

　　其他的就不再一一举例，总之，不用辨识具体的形态，只要是重心基本横着的一堆 K 线，直接归类为变数较小的潜在 N 字走势中的形态型中继就好了。

　　这类走势变数最小。无非是：跌破下边沿并回抽，为平顶；突破上边沿，又回来了，为中继延续。

　　变数较小的潜在 N 字走势是我最青睐的交易标的。除了变数少，更重要的原因在于：它代表了一种更容易有爆发力的运动方式。**要点十我们就来聊聊运动方式问题**。

十、运动方式问题

　　运动方式问题是以拟人的方式来理解市场规律，也被实践验证为比较有效的一种观察角度。主要指的是观察**一段 K 线**或**一个形态**或**单根 K 线**的斜率，以及观察这个斜率与之前某段相关走势的区别，以此来预估未来走势的强度，也可以用来预估中继的结束和中继级别的扩大。

　　其实质，就是某种走势类型在参与价值上是否优于其他走势类型；以及通过观察形态内部运动方式的变化来评估某个中继是否有可能结束。

　　第一个观察角度：不同走势类型的参与价值问题，也就是交易优先级的问题。

前面把潜在 N 字走势分为两类，其实从实战的角度我更喜欢分成三类，简括如下（仍以上升趋势为例）。

波浪形：

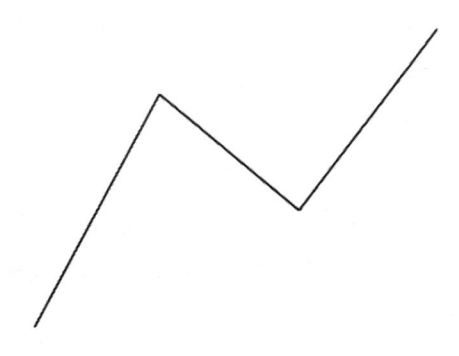

上升加斜向：

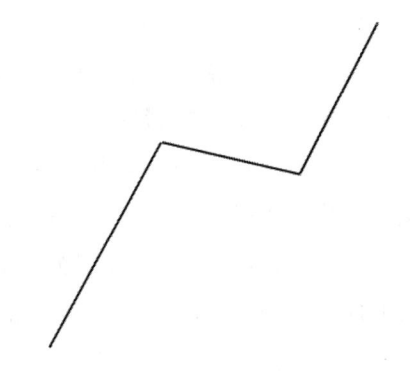

上升加横向：

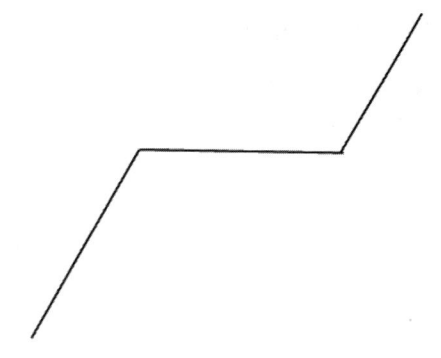

这三种走势，其交易优先级是逐步提高的。为什么？

波浪形走势，属于空方力量最强的。用李四跑步来比喻，假设上升段是李四跑步，回调段是李四在休息，那么波浪形走势相当于李四用走路的方式在休息。走路也会消耗一些体力，之后他再跑步体力肯定不如之前了。而上升加斜调的走势，相当于李四在原地站着或坐着休息，这种休息方式体力损耗就小多了。至于上升加横向走势，可以想象成李四是躺着休息，甚至用上了放松按摩工具，那么理论上来说李四再次出发是有很强的爆发力的。

从多空双方力量和意愿的对比来分析，波浪形走势的回调，属于空方阶段性占据了很大优势的状态，空方有胆量有意愿有力量在一个阶段战胜多方，应有其内在根由，起码能判断多方力量不足，意愿方面也心虚，那么一个力量不足又斗志不坚的多头，我们能寄予它多大期望？上升加斜向走势要好一些，起码多头也在抵抗、空头的力量不是很强。上升加横向走势，表明的是多空双方在某个阶段处于胶着状态，谁也赢不了谁。这就像两军交战，双方各有自身的优势，综合起来形成了相持状态。相持日久，力量在消耗，心理上也在消耗。最终总有结束的一天，此时某方一旦放弃，就是崩溃性的；而获胜的一方除了巨大的心理优势，还有很大可能获得各方观望者的助拳，甚至包括敌对一方的投诚，那么其爆发的力量将是巨大的。

在期货市场，相持局面形成之后，一旦某方获胜，爆发力会比股票市场更强。以多头取胜为例，有多头浮盈加仓的、有助拳的、有反手做多的，还有一股力量，就是"空头平仓"。空头平仓需要"买入平仓"，买入，就要向上买，这不是又给多头增加了一份力量吗？所以期货市场的上升加横向走势一旦某方取胜，其爆发力更为可怕。2010年的棉花大战，多空双方相持将近一年，最终以空头的崩溃而告结束，浓汤野人不停浮盈加仓，从600万做到20亿，成为期货界多年来津津乐道的传奇一战。如下图。

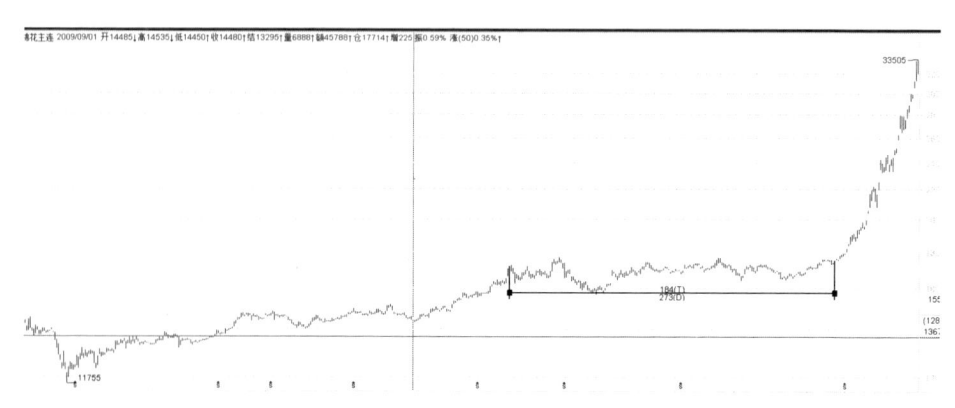

股票市场爆发力也不弱。下图是2011年的三峡水利。

下图为2023年冬季里的一把火——长白山。

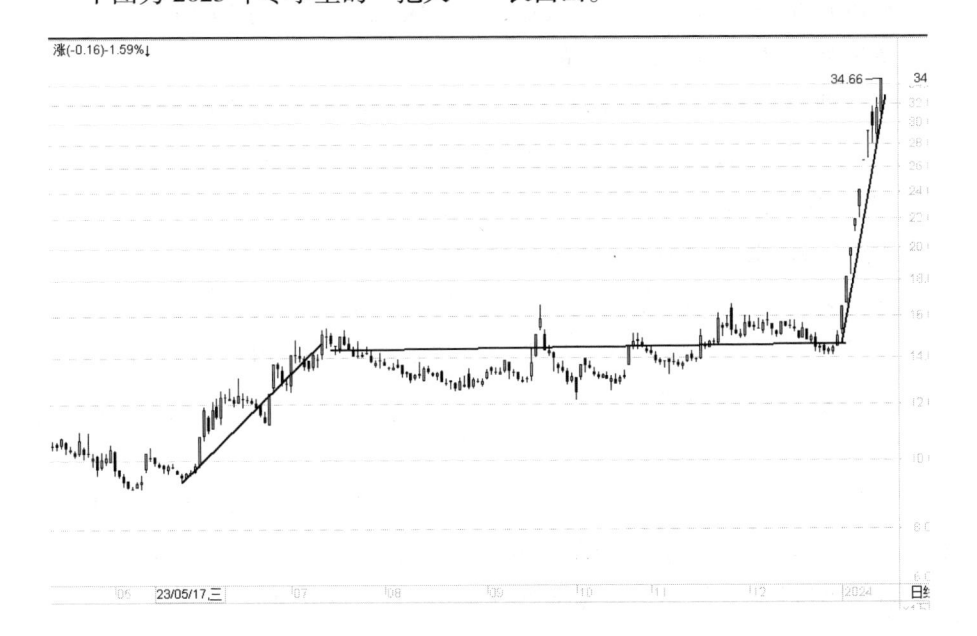

当然连板未必出自上升加横向，上升加横向也未必连板。连板，更多是由于某种题材被市场疯狂炒作。但作为市场弱势群体的我们，只能通过运动方式来推断：躺着休息的李四再次起跑爆发力可能会很强。储备好大量上升加横向走势的股票，碰上题材了，大赚一笔；碰不上题材，起码变数少、上升的概率大。

既然谈到连板，顺便说一下运动方式中的**第二个观察角度**：单根K线的运动方式。

在我没有条件大量储备上升加横向走势股票的阶段，我基本靠翻涨停板寻找连板股票。如果涨停板是刚刚突破横向中继的情况，且有同板块联动状态，加上之前的上升趋势段也有较长的长度，那么第二天只要高开幅度不是很大，那么我第二天优先交易这种股票。为什么？因为涨停是多方力量最强的一种运动方式！相当于李四休息完毕之后起步就是百米速度！我曾经用马棚（一般说马厩，马厩没有门，马棚在我的设想里是有门的，为比喻方便用马棚这个词，请读者谅解）里的马来比喻：一匹困在马棚里的马，假如是慢吞吞用脑袋和蹄子撞了很多次才撞破马棚的门跑出来，甚至撞得头破血流、马腿骨折，那么这匹马大概率不是千里马。假如有匹马直接一脚踹开马棚的大门，飞奔而出，那么这匹马大概率是匹好马。

所以，很多上升加横向的股票，突破时绵软无力，或者只是个中大阳线，那么连板的概率是比较低的。这就是单根K线在运动方式中的应用。

第三个观察角度：突破后的跟踪。

有时即便是涨停突破形态上边界，也未必能走多远；有时突破的阳线并不是很有力度，但之后突然雄起。所以突破后仍然需要防止意外发生。这就好比烈马踢破马棚的门冲出来，突然慢了下来，也许就是它的蹄子受了点伤。所以跟踪什么？跟踪之后的走势是否变得疲软。

疲软现象一：突破次日即疲软，甚至出现阴包阳。

国晟科技2023年2月15日以涨停突破上倾收敛三角形，次日即阴包阳，最终演化为上倾楔形顶部。

疲软现象二：突破后连续上升，但力度逐步疲软。

思源电气2022年8月突破平台后走势小阴小阳夹杂，与之前上升段斜率相比慢了很多，歪歪斜斜，颇似华山派在破庙遇袭之初令狐冲歪歪斜斜刺出的一剑。之后怎样了？自己对照走势图复盘一下印象更深刻。

第四个观察角度：通过观察形态内部运动方式的变化来评估某个中继是否有可能结束。

一个横向中继，动辄绵延十几天甚至数月，对于意图相机进场者来说，选择把握较大的进场时机并尽量避免假突破是个很重要的课题。我们一般用"斐波那契时间"这个工具来衡量横向运动的长度是否与上升段相匹配，并观察市场在斐波那契时间指示的节点附近的动作来做初步推断，另一个重要的观察角度就是运动方式的变化了。

观察运动方式的变化，其实主要就是观察横向中继内部各分段走势所表现出来的多空力量对比的变化。以上升加横向为例，一个横向中继内部往往有上升段（多头占优）、下跌段（空头占优），这种内部小的上升段和下跌段会有很多个。在主趋势为上升趋势的情况下，一般我们注重观察形态内部下跌段的变化；也有部分走势图内部上升段变化比较明显，那么我们就观察上升段。观察什么？其实想一想前面我们经常用的方法就知道了：观察斜率。某段下跌段比之前的下跌段明显变缓，往往意味着小波段出现了空方明显占优变为多空接近平衡的演化。下图为三安光电 2017 年的一段走势。

上图可以明显看出，最后一段下跌段的斜率明显变缓。其实上升段的斜率也在变陡，只是看着没那么明显罢了。

永辉超市 2017 年的例子更为极端，最后一段下跌段干脆接近水平，如下图。

2020年的长城汽车则以上升段的明显斜率变化预示了调整可能结束，后面还配合了完美的下跌段斜率变缓的变化，如下图。

横向中继走势千变万化，有很多不规则的走势，很难按教科书上的说法一一分辨其可能的结束点。但我们尽量把握住"多空力量对比的演化"这个要点，则遇到非典型中继也能有所把鼻。

当然，并不是所有中继形态都给出了这么显著的运动方式的变化，我们只能尽可能用这种方法来辨识中继的可能结束点。后面还会加一层滤网：节奏点。容以后论述。

其实说实话，我一直以来是用"代入"的方法来感受中继是否要结束了的。也就是把自己当成走势本身，融入到走势里，走势在动，我也在动，用心灵去体会运动方式的变化。但对于初学者或者非敏感型特质的人来说，这么做是有难度的。但慢慢也应通过不断理性分析图形运动方式的变化，逐步提高盘感，最终达到"重神不重形"的目的。

相信大部分读者看完要点九和要点十已经头昏脑胀了，好在学生刘磊读完这两条要点之后绘制了两张思维导图，头昏脑胀的读者可以借助这两张图梳理一下思路。本书其他部分也存在类似情况，我更希望读者能自己在反复阅读后绘制属于自己的思维导图。

附图一：走势分类

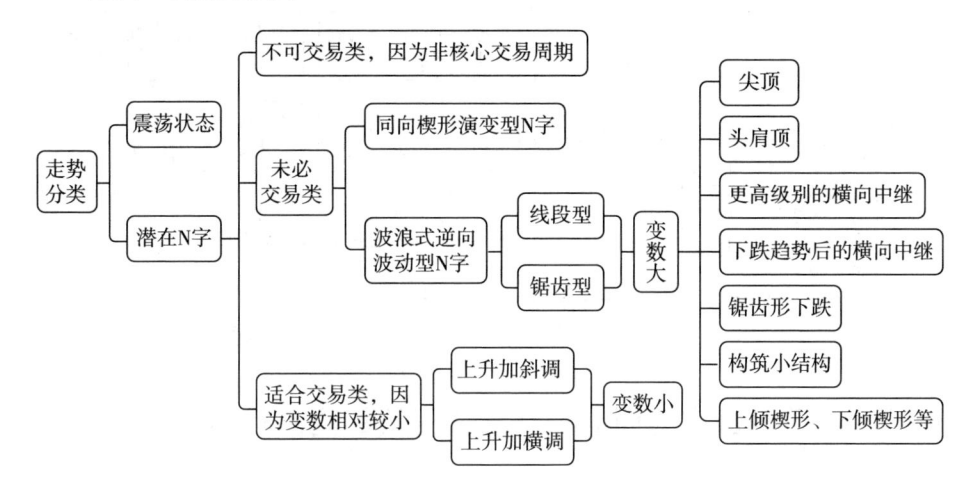

附图二：运动方式

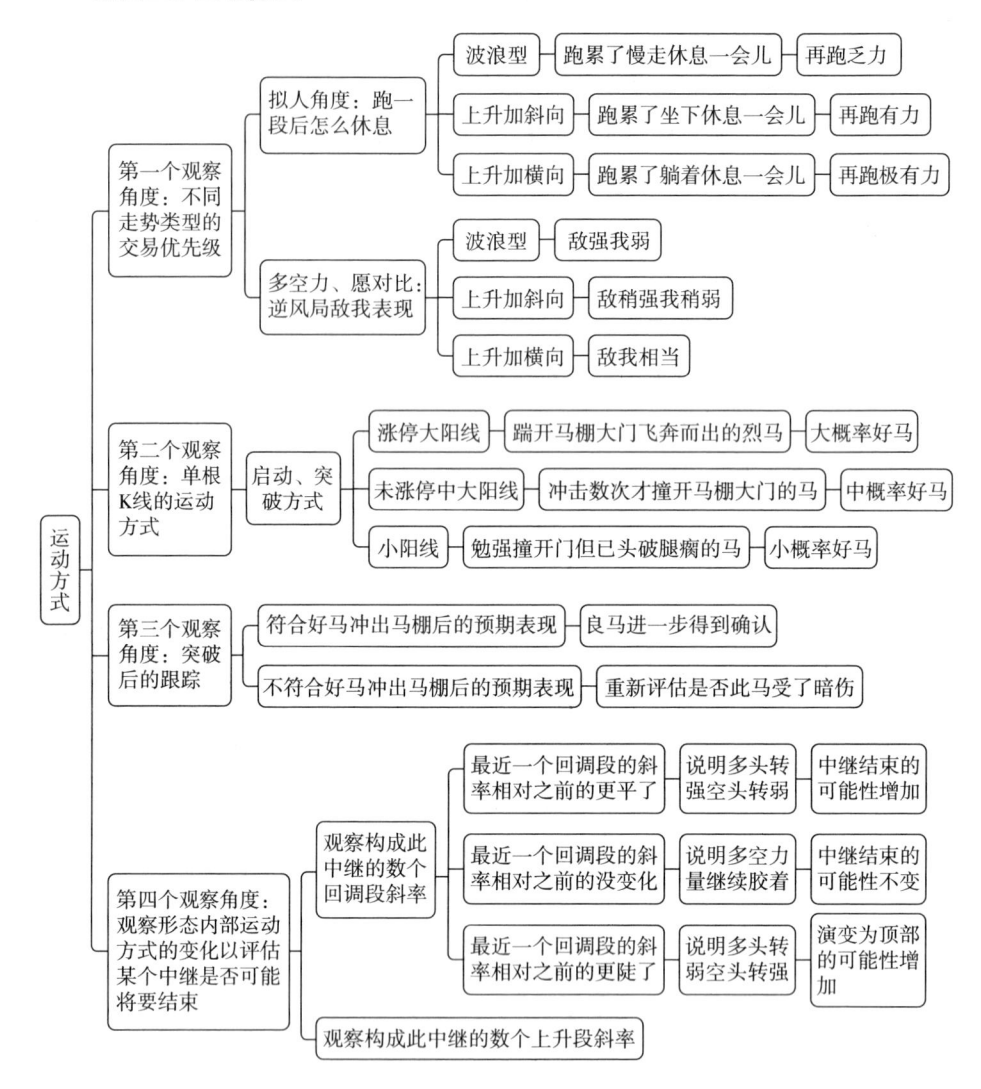

```
                                                    ┌─ 波浪型 ─── 跑累了慢走休息一会儿 ─── 再跑乏力
                               ┌─ 拟人角度：跑一段 ─┼─ 上升加斜向 ─ 跑累了坐下休息一会儿 ── 再跑有力
                               │   后怎么休息       └─ 上升加横向 ─ 跑累了躺着休息一会儿 ── 再跑极有力
           ┌─ 第一个观察角度：─┤
           │   不同走势类型的  │                    ┌─ 波浪型 ─── 敌强我弱
           │   交易优先级      └─ 多空力、愿对比：─┼─ 上升加斜向 ─ 敌稍强我稍弱
           │                       逆风局敌我表现   └─ 上升加横向 ─ 敌我相当
           │
           │                                         ┌─ 涨停大阳线 ── 踹开马棚大门飞奔而出的烈马 ──── 大概率好马
           │   第二个观察角度：  启动、突
  运动 ────┼─  单根K线的运动  ─ 破方式 ────────────┼─ 未涨停中大阳线 ─ 冲击数次才撞开马棚大门的马 ── 中概率好马
  方式     │   方式                                  └─ 小阳线 ───── 勉强撞开门但已头破腿瘸的马 ─── 小概率好马
           │
           │   第三个观察角度： ┌─ 符合好马冲出马棚后的预期表现 ──── 良马进一步得到确认
           ├─  突破后的跟踪  ──┤
           │                   └─ 不符合好马冲出马棚后的预期表现 ── 重新评估是否此马受了暗伤
           │
           │                                        ┌─ 最近一个回调段的斜率 ── 说明多头转 ── 中继结束的
           │                                        │   相对之前的更平了       强空头转弱     可能性增加
           │                   ┌─ 观察构成此中继 ──┤
           │   第四个观察角度：│   的数个回调段斜率 ├─ 最近一个回调段的斜率 ── 说明多空力 ── 中继结束的
           │   观察形态内部运  │                    │   相对之前的没变化       量继续胶着     可能性不变
           └─  动方式的变化以─┤                    │
               评估某个中继是  │                    └─ 最近一个回调段的斜率 ── 说明多头转 ── 演变为顶部
               否可能将要结束  │                        相对之前的更陡了       弱空头转强     的可能性增加
                               │
                               └─ 观察构成此中继的数个上升段斜率
```

十一、注重符合交易周期和交易优先级的交易标的

什么是符合交易周期的交易标的？比如某股的月线图极其漂亮，属于上升加横向窄幅波动的潜在 N 字结构，那这只个股是否需要引起我们的关注并纳入股票池呢？下图是皖通高速的月线图。

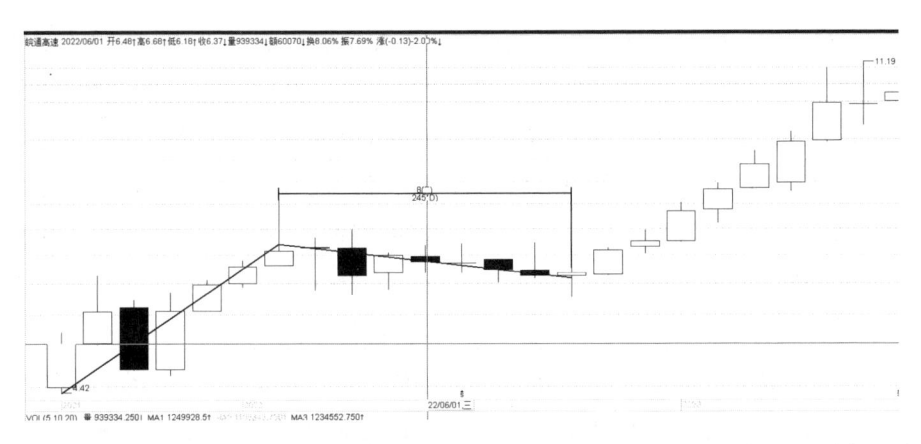

2022年2月到10月，皖通高速经历了8个月的调整，月线图很漂亮，之后的走势也很不错。但我们再看看日线图。

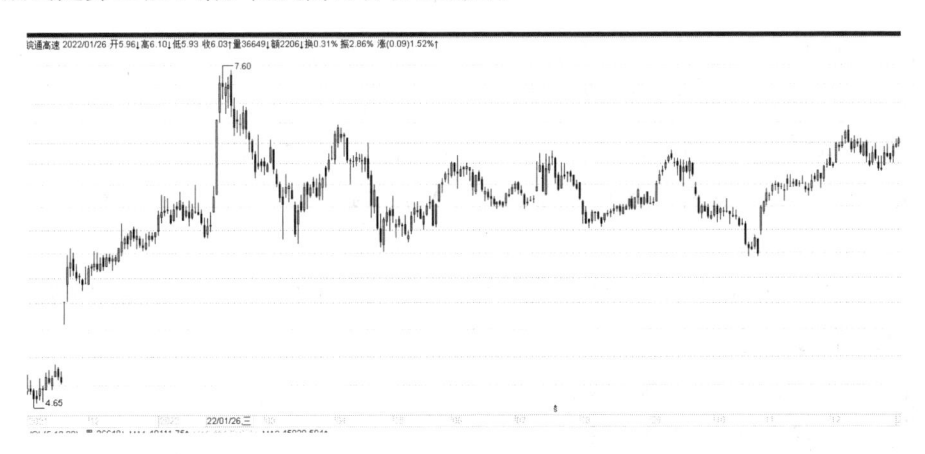

非常漂亮的月线中继在日线图里走成了车祸现场，而且是脸先着地的那种。那么它连续流畅的月线7连阳，在日线图里又是什么样子呢？如下图。

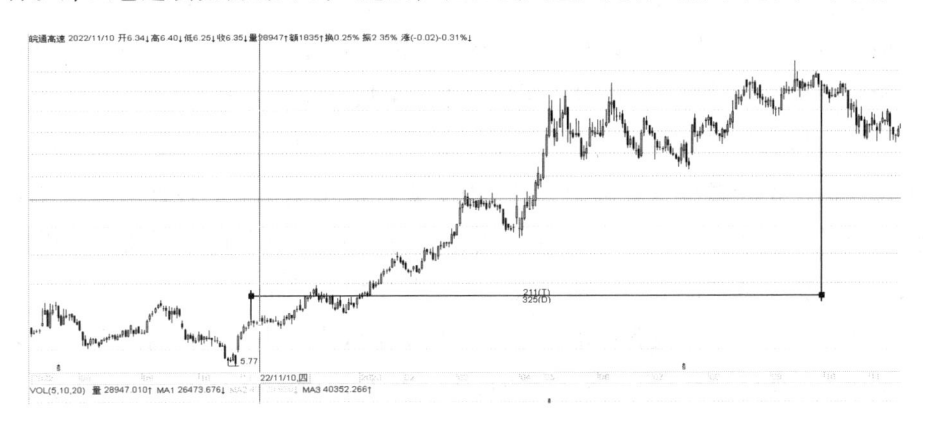

面对这样一张日线图，我不知道每天都要紧盯盘面、阅读大量耸人听闻的标题新闻、关注不同观点分析师、随时关心账户变化的交易者在如此多的噪音干扰下"汝今能持否"。能持者，要么是无知者无畏，要么他本身就是个月线级别的交易者——小号巴菲特。若是后者，根本没必要每天盯盘，学学"箱体理论"的发明者达瓦斯，一边坐船全球巡演，一边只在游轮靠岸时（他经常数月漂在海上）给经纪人拍电报发出交易指令。或者学美国某位隐居深山的交易者，只在每周五下山买份报纸看看行情，发出交易指令。

但大多数人，只要账户里有持仓，别说一个月不看盘了，一小时不看盘都怕万一错过了高点卖出的机会（很巧，修订到这里的时候，我同事跟我说遇到一个账户 500 万资金的交易者，她对于配合我同事出来办两个小时的事非常不情愿，说她资金大，得随时盯着账户，听完我觉得太熟悉了，这不就是当年的我吗）。所以大多数人并不适合月线交易。既然不适合月线交易，那就别看月线了，只看日线选股就够了。换句话说，你是个什么周期的交易者，就看什么周期的走势图，顶多参考一下上一级和下一级时间周期（思考一下，日线周期的上级周期和下级周期是什么周期，为什么）。然后把看着不错的个股纳入自己的股票池。

"看着不错的个股"，就牵涉到交易优先级问题了。在上一个要点里我们把交易优先级进行了划分。

第一优先级：上升加横向。

第二优先级：上升加斜向。

第三优先级：波浪形调整。

从更加微观的角度，还要考虑节奏点的优先级，也要考虑节奏点自身小结构的运动方式；再进一步微观，还要看突破大阳线的力度，并比较它在同板块股票中涨停的时间、封单量（假设出现了某板块大量涨停现象的话）。

结构形态学里面涉及到的技术，大部分是应用于股市大盘研判和交易品种持仓的（持仓过程中会遇到各种变化，若能对市场走势的各种形态、技术分析方法了然于胸，对于持仓还是很有帮助的），小部分用于寻找个股进场点、判断交易标的的方向。所以在具体交易中**尤其是进场时**用不到那么多分析方法，只要不断寻找各种潜在 N 字，从中选取交易优先级较高的标的去交易就行了。所以交易到了最后执行的时候真的很简单：大盘不用天天研判，只要环境安全就去找符合标准的个股去交易；商品期货品种的方向也不用天天研判，周线方向定了一时半会儿也改不了，也只需要找到那些一看就像见到失散多年的亲人那样亲切的图形去交易就好了——也就是进场尽量选亲人图形去交易。

那么什么是亲人图形呢？这是我起的名字。因为我发现在选择交易标的的时候，有的图形一看就很亲切，就像见到了失散多年的兄弟。有的图形看着就没把握，乱七八糟的，就像见到一脸横肉、手持棒球棒的光头黑衣大哥。其实这大哥也许是来跟我套近乎的，甚至还递了一根烟。但从概率上来说，是失散多年的亲人会对我好呢，还是光头黑衣大哥会对我好？当然大概率是前者了。虽然这位貌似失散多年的亲人有可能让我"猜猜我是谁"，也有可能就压根儿没有血缘关系。但毕竟还是比那位大哥看着安心一点。所以，我就把看着不错的图形称为"亲人图形"。亲人图形肯定出现在第一和第二交易优先级里，但这两个优先级的标的不一定是亲人图形。概括一下亲人图形的特点：

①历史走势里大幅跳空、骗线比较少。

②趋势段成交量活跃，形成的量堆远大于历史走势（这个条件不适用于大盘慢牛股），且趋势段长度足够诱人。

③趋势段长度和调整段长度很匹配。

④横向段或斜向段的内部比较规律，看着自然、舒缓。

⑤以上升加横向或斜向为例，节奏点形成前的小结构有上突欲望，即上升斜率明显大于之前的内部小上升段、回调斜率明显趋缓。

⑥如果是上升加斜向那种第二优先级的交易标的，斜调段与趋势高点的水平线夹角越小越好。

符合以上特点的，就是我的亲人图形。当然每个人有自己成功的交易经历，仔细回忆一下自己做得比较好的那些单子，图形都有什么特点？如果大部分单子的图形特点比较一致，那就是你的亲人图形。

本节小结

这一节可能是全书最长的一节，几乎每个要点都比较烧脑。我们把这些要点再排列在下面，稍作梳理。

要点一：以交易为目的，不追求固定的结构框架。

要点二：在某级别底部或顶部形态完成之前，所有与原趋势相反的走势一律先看作中继。

要点三：以某周期顶部或底部形态的反抽确认为判断方向的主要依据。

要点四：以中继面积的比较作为各中继是否是同级别的主要依据。

要点五：中继与趋势相匹配的原则。

要点六：研判结构和进行交易，都需要在某个时间周期下进行。

要点七：结构的相对性和演变。

要点八：N字结构和对称。

要点九：走势分类问题。

要点十：运动方式问题。

要点十一：注重符合交易周期和交易优先级的交易标的。

前三个要点主要是打好结构分析的基础，解决的是交易中最重要的方向问题；后面几个要点渐次推进，逐步向具体交易靠拢。中继面积比较（要点四）、匹配原则（要点五）、周期问题（要点六）、结构相对性和演变（要点七），都是为潜在N字结构（要点八）服务的，而潜在N字结构是交易中最常用的进场模型。但不是所有潜在N字结构都是可交易的，所以要点九和要点十解决的就是哪些潜在N字结构是可交易的。最后，在所有前面十个要点的基础上，才能准确理解要点十一。要点十一虽然短，却是最后落实到交易进场动作的精华部分。

十一个要点仅仅是要点，里面涉及到的几个关键技术，还要看后面的专门论述。

第三节　基本形态举要

其实形态学专门看约翰·墨菲写的《金融市场技术分析》就够了。之所以我还要写这一节，一是为了把常用的一些顶底形态简单归纳，便于读者查阅；也是为了写一下我对于形态学的一些用法，其中有些地方和教科书还是有区别的。添足之处，还望谅解。

先说一下我对形态的用法。

顶底形态主要用于辨识方向，以突破颈线位反抽为确认方式。墨菲的书里写了顶底形态形成后的最小量度目标，这一点我是有不同看法的。一般顶底形态形成之后不会很快结束，所以那个量度目标基本是没用的。另外我一般要求顶底形态有对应关系，比如一个周线级别的顶部形态对应一个周线级别的底部形态，那么之后形成一轮新的、级别相似的结构的概率较大。若底部形态级别小于顶部形态，要么只是一个大一些的反弹，要么其对应的新的整体结构级别要小于此前的结构（读者有兴趣可以对比一下上证2008年的顶部形态和底部形态）。总之，顶底形态主要用于辨别方向；在顶底形态颈线位被反抽确认之前，一律先当作中继看待，交易方向按原来的方向。

中继形态主要用于具体交易。如前文所述，做交易的主要任务就是寻找一个又一个潜在的N字结构。N字结构的中间一笔，就是中继。中继是对之前趋势的反向作用，同时中继面积的比较也是辨识结构、提前预防顶底形态的主要手段，某中继面积大于之前中继时，也是持仓防守的最后底线。另外我也不太同意传统形态教科书里所说的"上倾""下倾"对未来走势方向的预判作用，我的用法是：中继之前的趋势段的方向对中继结束后的方向预判起主要作用——除非最后演变为顶部形态。

一、主要顶底形态

前文提到过，所有的中继形态都可能成为顶部形态，但还是有些常见于顶底的形态，我们把它们归纳在这部分。

虽然前文不断对顶底形态进行讨论，但总的来说比较散，此处还是概括一下它的定义和使用要点吧。使用要点在后文也会有重复，我觉得多重复一下有助于加深印象和理解，希望读者不要嫌我啰唆。

顶底形态的定义。

有问题的定义：市场运行一段趋势之后构筑的形态，之后市场将向原来相反的方向运行。

交易者的定义：市场在某方向运行一段趋势之后，发生的与原趋势相反、横向或虽然方向相同但运行速率显著降低的一段走势，若其面积大于之前的所有中继，且突破颈线位后经过反抽确认，我们一般预判其为顶底形态。

顶底形态的研究和实战要点：

①顶底形态最终确认之前，先一律看成中继。

②若市场运行一段趋势之后，出现了反弹力度明显大于之前中继的一段走势，可以预判其有可能为反转形态的一部分或 V 反（下跌趋势为例）。

③衰竭型走势出现，通常是反转或大型反弹的前兆。

④对中继形态最后变成反转形态始终保持警惕。

⑤在顶底结构形成之前，只按照当前方向交易。

⑥重神不重形，着重分析多空力量的转换。

1. 双顶、双底

这是最常见的顶底形态。在本章的第一节"技术分析的原理"里已经详述双底和双顶的形成原理，请读者们移步再复习一下。典型的双顶及颈线位如下图。

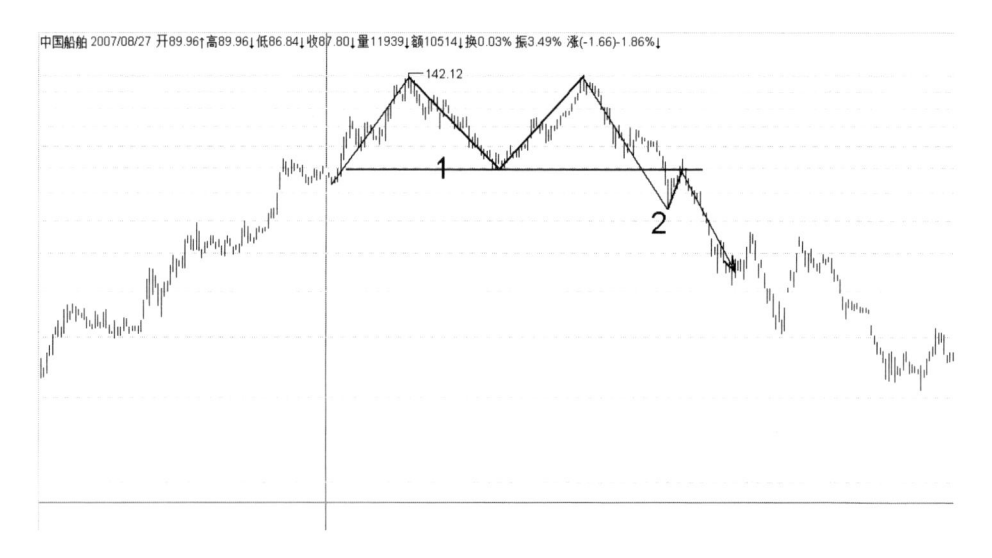

上图是中国船舶 2008 年大顶形成的 M 头，属于教科书级别的图形。一般双顶的右侧峰值价格会低于左侧峰值价格。个别情况也会略高一丢丢，比如深证综指 2008 年的双顶形态，如下图。

通过参考深成指等其他指数，以及对颈线位的反抽确认，我们是可以认定这是个双顶形态的，纠结于"茴"字有几种写法不是一个交易者的任务。另外，我们也一般要求右侧峰值与左侧峰值尽量接近，别看着像个 ABC。如上证指数 2008 年的双顶就很不合格，如下图。

这个双顶，右侧峰值刚刚突破左侧峰值到颈线位之间的 50% 位置，连 38.2% 位置都没到，一般遇到这种走势我们会以 ABC 中继为第一预判。但根据道氏理论各指数之间相互印证的规则，我们最终也认定上证指数是个双顶。

回到中国船舶的图形，如下图。

标号 1 为颈线位，它是两个峰之间的波谷，以这个波谷的最低点画水平横线，即为颈线位。标号 2 为对这个颈线位的反抽确认。跌破颈线位为第一逃命点，反抽确认拐头向下为第二逃命点或第一做空点。当然第一逃命点存在逃了个寂寞的可能性，即这个 M 头最后被证明为一个大型 ABC 结构的中继。但在实战中，我们需要经常背诵的一句交易咒语就是：市场上的钱是赚不完的，但可以亏完。这句咒语的含义就是，止损错了，还有的是机会赚钱；不止损，一旦持续下跌，钱就没了。所以跌破颈线位毫无疑问是第一逃命点。也会有人有疑问，为什么不等反抽确认再逃命？为什么跌破颈线位不立刻做空、把这个点当成第一做空点，而把反抽确认列为第二逃命点和第一做空点？之所以跌破颈线位是第一逃命点，是因为反抽未必有（见下图五粮液 2008 年的走势）；而且反抽的方式可以是横向的，未必能回到颈线位。与其贪图反抽的那点未必实现的减少损失的价格，还不如当机立断、壮士断腕。之所以它不是第一做空点，是因为方向没确认扭转，也因为跌穿颈线位之前大概率已经连续跌了一段走势了，随时会面临反弹，届时持仓在小亏小赢之间，很不好处理。也会有人有疑问，若没有反抽，一直跌，岂不是错过了很好的做空位置？这一点也很简单，咱们就等着，一直等到出现了结构形态学要点十一出现的条件（符合交易周期和交易优先级）再入场做空。怕错过一段价格的读者们，难道你不怕随时会出现的反抽让手里的持仓变得尴尬、然后被迫止损、然后搞坏心态吗？所以我们不要去计较价格，拿不到或拿不住的价

格段，对我们毫无意义。

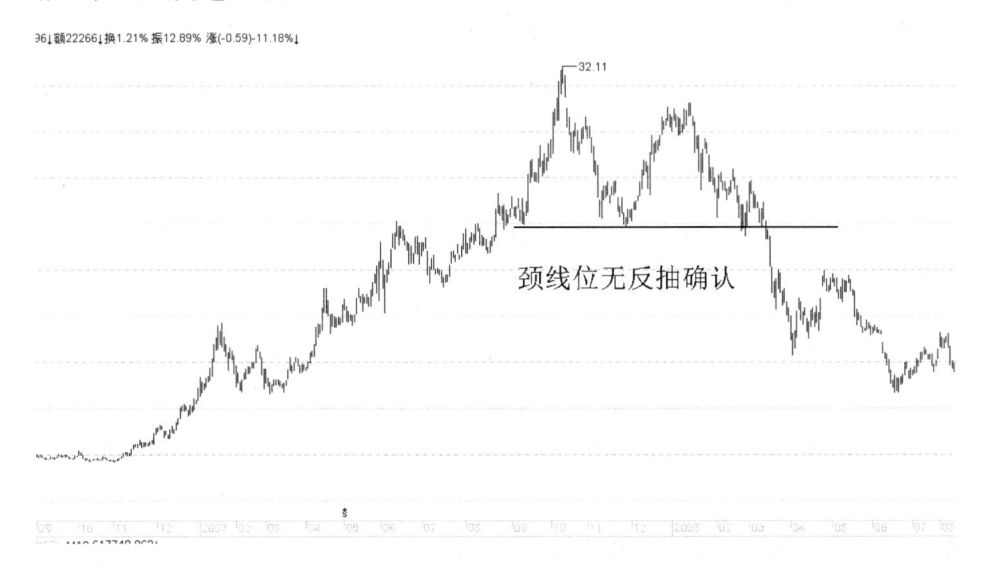

[图：颈线位无反抽确认，高点32.11]

读者们看出来了吧？我写形态学，不是简单举例几个图形就完成任务了，而是密切结合实战的。不过除了尖顶和V形反转形态之外，其他顶底形态的交易原则和双顶双底是一致的，后面不会一直这么详细地去写交易原则，有心的读者自能举一反三，在其他顶底形态里作出合理的交易动作。

再找个双底形态吧，如下图。

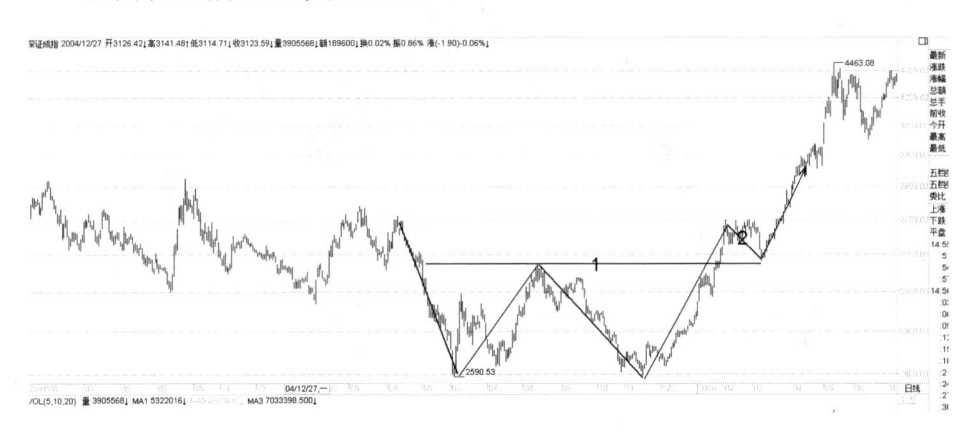

[图：深证成指双底形态]

深成指的图形总是比上证指数的图形走得标准一些。除了2008年的标准双顶，2005年还提前准备了一个双底。这个双底也是教科书级别的，右侧谷值略高于左侧谷值，标号1为颈线位，标号2为反抽确认段。图中左侧谷值

2590点对应的是上证指数著名的998点。读者们请看，抄底抄到最低点有意义吗？先坐了一次小过山车（周线双底的第二脚），又坐了一次大过山车（月线双底的第二脚，也就是图中的右侧谷值）。请问，你就是抄到了最低点，能一直拿住单子吗？要是能拿住，那前面的下跌趋势也照样能"拿住"！所以我是真不明白，明明可以舒舒服服坐高铁，为什么非得担惊受怕坐过山车呢？图的是快感吗？那还不如去游乐场，别来金融市场了。

2. 头肩顶和头肩底

约翰·墨菲说这是最常见的顶底形态。我很怀疑这和他写书的那个年代的市场特点有关。在复盘A股各大牛熊市场的顶底阶段时，我发现不同的牛熊市不同类型顶底形态出现的频次还是有区别的。比如2015年大顶，个股出现尖顶的频次极高；2005年的大底，双底出现的频次也更高。这和大指数的顶底形态是一致的；反过来说，也正是多数个股的类似的顶底形态促成了指数的顶底形态。所以我们没必要纠结于哪个形态出现的频率更高，**以大盘定方向、以个股的潜在N字参与交易是最简单的交易法则。**

头肩顶的较典型图例，如下图。

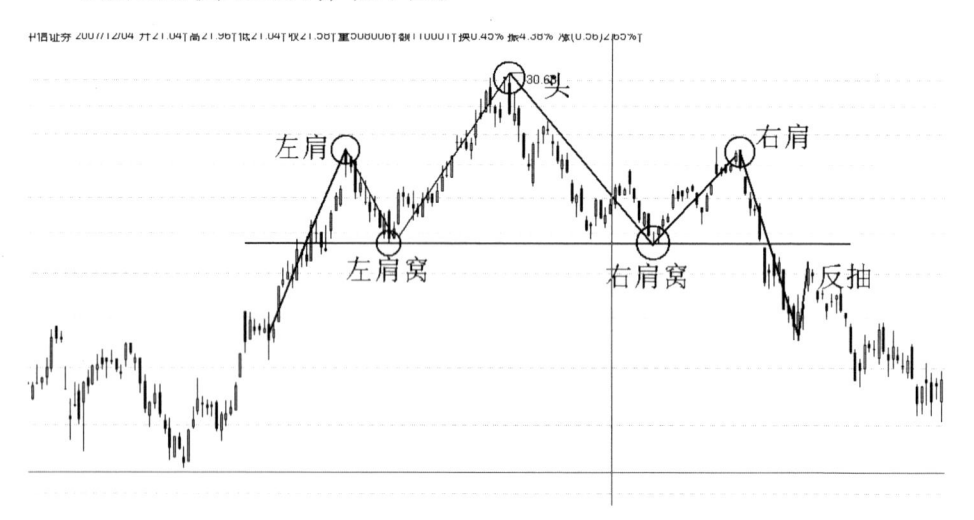

这是中信证券2008年的顶部形态。这个图几乎是按照教科书走的，接近于手工绘图——我翻了很多头肩顶，这是最标准的一个。首先左右两边的肩基本是同一个级别的，且右肩略低于左肩，其次头离肩不远，第三左右两个肩窝几乎在同一水平线上，美中不足是反抽颈线位离得稍远。这个美中不足倒无所谓，因为没有完全按教科书走的图形：有时反抽符合要求了，两个肩窝又斜了或不规则了。我们只需要知道头肩顶大概长这个样子、基本标准就是前面的四条就够了。重要的是它所反映的多空双方力量和意愿的对比。

头肩顶反映的是：①多头进攻乏力，表现为本应以左肩到左肩窝为中继，走与前面趋势段相近长度的距离，结果没走多远就掉头向下。②空头力量开始明显占优，表现为从头部开始的调整本应与左肩到左肩窝的调整段长度接近，但明显长于此长度，甚至长于之前趋势运行中发生的更大级别的中继。③多头再次从右肩窝发力，若能过头，则头部到右肩窝将成为新的大级别中继（大于左肩到左肩窝和之前的大级别中继同级别），但只是走了一小段就止步不前了。④空头再次发威，以较快的速度跌穿颈线位。⑤多头进行最后的挣扎（反抽颈线位），但再次失败，宣告头肩顶成立。

所以头肩顶长得是否标准不重要，重要的是它是否反映了空头完全占优、方向从此扭转的状态。我们再来看看其他不太标准的头肩顶。

海天味业 2021 年头肩顶，如下图。

海天味业的头肩顶，右肩窝太低了。

中国联通 2008 年头肩顶，如下图。

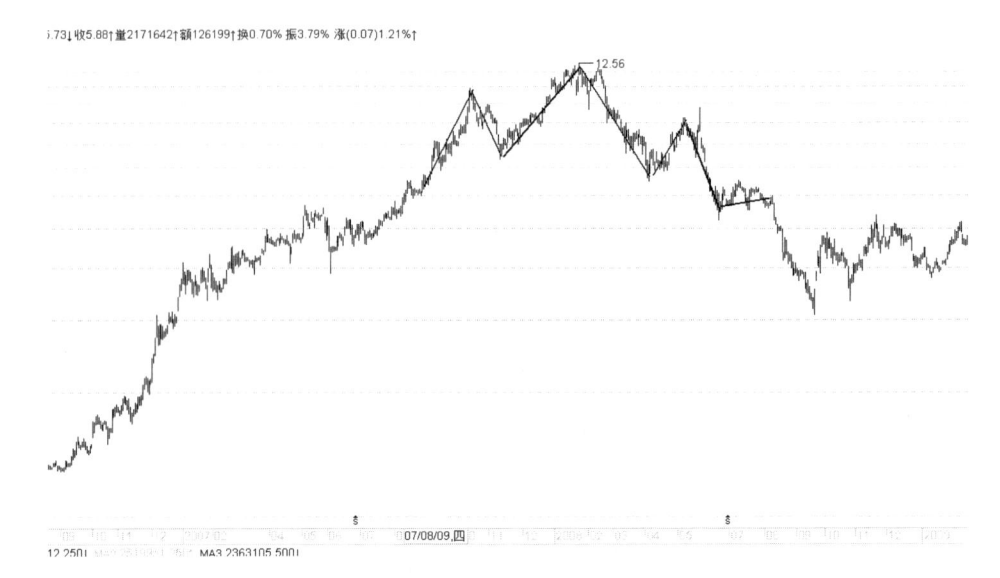

这个头肩顶，右肩和右肩窝过度向下倾斜了。反抽是横向的。

歌尔股份 2013 年，如下图。

这股的头肩顶各组成部分走势都比较复杂，但整体上仍是一个头肩顶。当然这股后来并没有走出浩浩荡荡的下跌趋势，而是整体形成巨幅震荡走势。所以头肩顶的规模和后来是否有流畅下跌并无绝对因果关系。

京东方 A2021 年头肩顶，如下图。

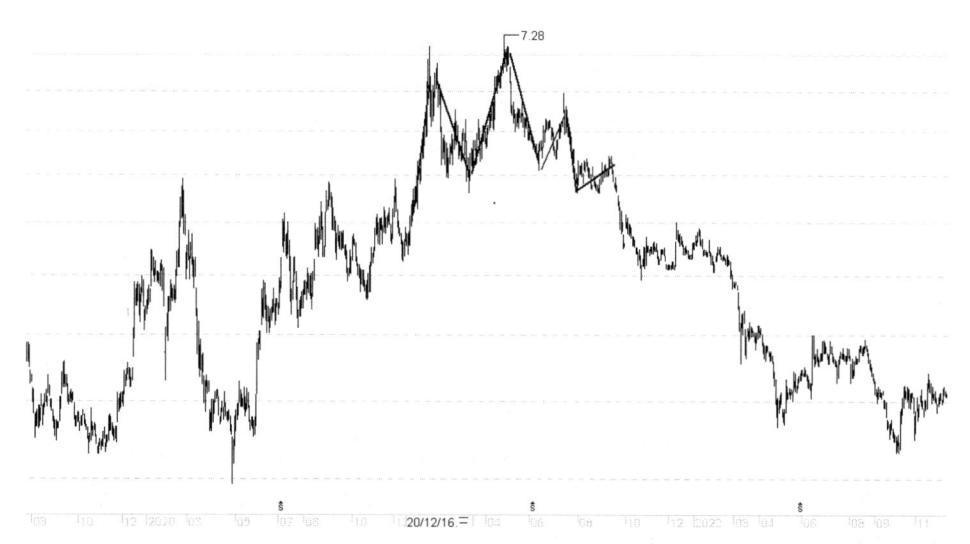

这股的右肩级别小于左肩，但不失头肩顶本意，所以也可以看作头肩顶。

招商银行 2007 年底头肩顶，如下图。

这个头肩顶，右肩规模又大于左肩。注意方框中的三根 K 线，大阳之后又迅速被吞没，跟没走一样。从"重神不重形"的角度，可以看作一根毛刺忽略掉。

头肩顶较之于双顶，比较难以辨识，所以我们多举几个例子，看多了，就能一眼认出来。

头肩顶的交易要点（以持有多头仓位为例），如下图。

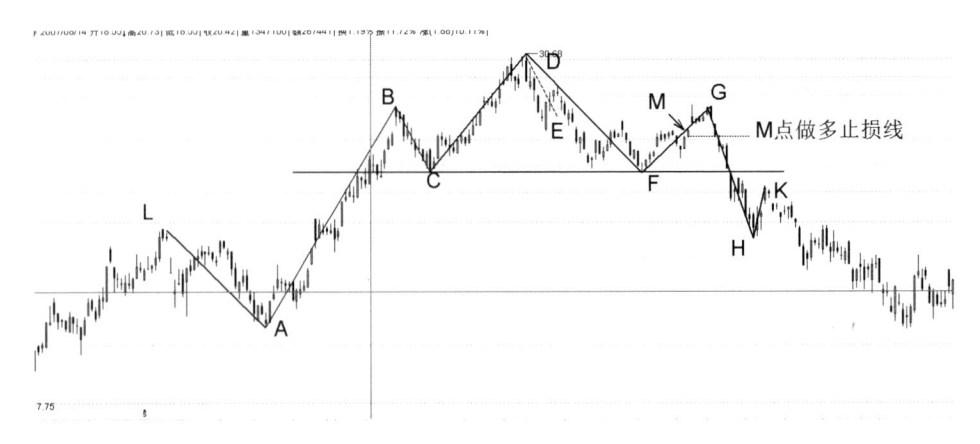

假如我们在 BC 段调整之后择机进场，持有多头仓位，那么按对称原理，CD 段的长度不应过度短于 AB 段。当股价到达 D 点后向下折返，我们的关注点应为调整段不应长于 BC 段。图中虚线 DE 段为 BC 段的镜像线段，两者长度与斜率是一致的。当调整幅度大于 DE 段时应在收盘价附近或次日低于前日低点时离场观望，此时我们已怀疑该股可能要走上倾楔形、尖顶、头肩顶、更大级别中继等几种走势中的一种。无论哪种走势，均已不符合预期，离场观望为妙。该股走到 F 点之后拐头向上，我们发现 DF 段与之前 LA 段长度接近，按照**任何顶部形态被确认之前均先看作中继，并继续沿原趋势段方向交易的原则**，我们应在出现符合交易系统规定的进场条件时进场做多。假设 M 点的走势是符合系统规定的，我们在 M 点进场做多，并按图中所示设好止损点。这个止损点设置的原理是：若 M 点突破小横盘之后运行到 B 点水平线附近即拐头向下，很有可能构筑头肩顶。后来股价触发止损，头肩顶的预期进一步加强，我们进入观望状态，直到股价以较快速度跌穿 CF 连线即颈线位。HK 段反抽颈线位，若其为亲人图形（如前面中国联通的横向反抽，京东方 A 也有横向反抽），则择机入场做空。

把头肩顶反过来，即为头肩底。我们也列举一些图形，以便读者熟悉、辨识。

头肩底需要注意成交量的变化。一般我们对顶部图形成交量的变化不太关注，但底部图形若有成交量的配合则可信度会大幅增加。下两图为中联重科 2008 年头肩底与罗牛山 2022 年头肩底的对比。

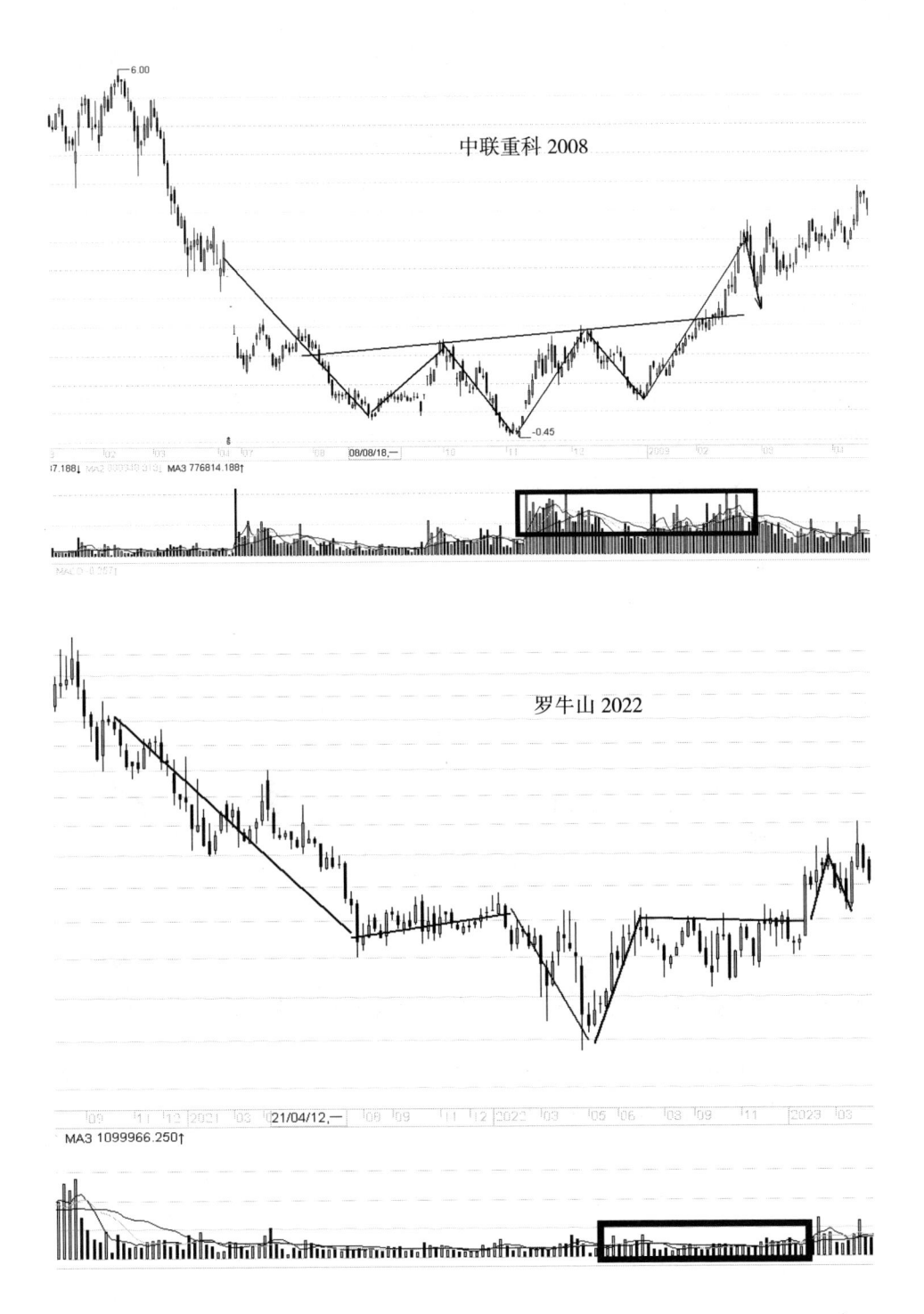

第二章 技术分析和技术规则 | 147

中联重科 2008

罗牛山 2022

罗牛山这只股票走势初成时我还是比较激动的，这么大级别的头肩底其未来的想象空间是极大的。但一看成交量便心存疑惑。到后来也没交易这只股票。为什么底部形态对成交量要求更高？以我的观察，顶部形态最后跌穿颈线位的阶段放量较为明显，在形态内部的变化并无规律。但底部形态的右侧往往比左侧成交量更为活跃，这可能是长期下跌渐渐没有筹码可以卖出导致左侧成交量极度萎缩，若右侧大量买盘进入则代表看多意愿和力量极为强烈的缘故吧。在我看来，顶部无非是获利了结，是赚钱多少的事；底部并未完全扭转下跌趋势，存在成为下跌中继的可能，是是否亏损的事。那么还要重复那句咒语：市场里的钱是赚不完的，但能亏完。所以以我的理念，对底部的确认要更谨慎一些，更要求成交量在右侧的放大。

保利发展 2008 年头肩底，如下图。

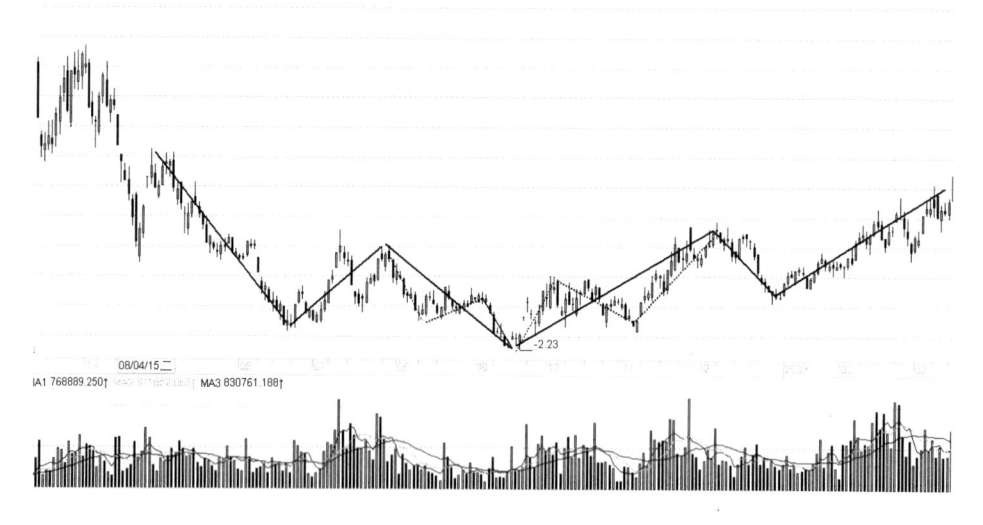

这个头肩底更有意思，由大小两个头肩底叠加构成复合头肩底。虚线部分是小头肩底，实线部分是大头肩底。

南钢股份 2005 年头肩底，如下图。

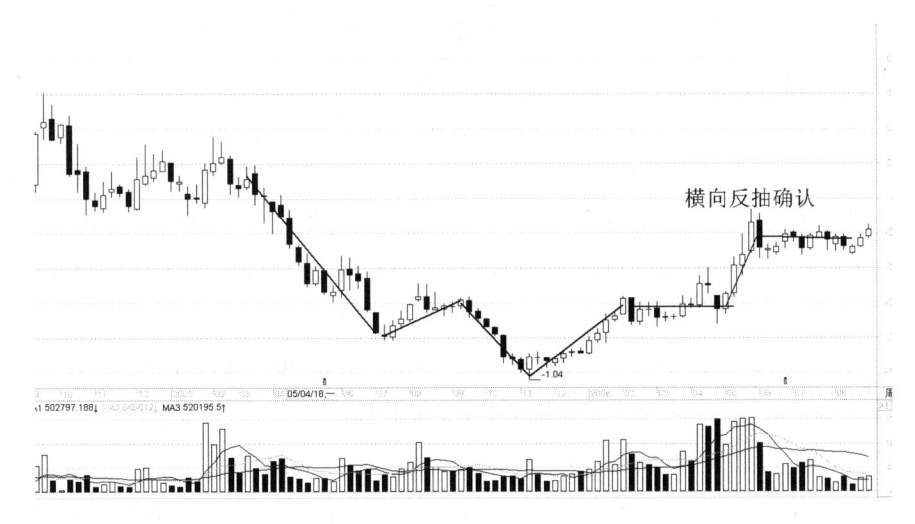

这只股票的反抽确认是横向的。这倒更有利于进场。

3. 尖顶和尖底

在交易上，这是最危险、最需要及早处理、最难以在转势后尽早进场的一种反转形态。甚至可以这样说：**我对这种形态的处理，更多注重防守而非进攻。**我们先看看三种典型的尖顶。

①左侧波谷型，如下图。

上图为恒力石化 2021 年的尖顶。以图中 B 点形成的波谷画水平线，即为颈线位，跌穿此颈线位至少应作出减仓动作。这种走势属于比较仁慈的尖顶，左侧起码给了一个明确的防守位。但难点在于，跌穿时易存侥幸心理，希望是一个扩大了的中继，即大于 AB 段级别，等于 CD 段级别。这么想也没毛病，但一般尖顶走势陡峭，大概率斜率大于 CD 段，这意味着尖顶的概率变大，所以减仓是最起码的交易动作。但假如下跌级别大于 CD 段级别了，清仓是必须的交易动作了。该股还对颈线位进行了反抽，给出了最后的逃命点，所以这是一种最为仁慈的尖顶。好消息是，以我的经验，这种尖顶出现频率高一些；坏消息是，由于短期回撤过大，看着大把利润回吐，能迅速下决心离场的人是少数。我希望我的读者们都成为少数派。

左侧波谷型尖顶还有一种更仁慈的走法，它甚至不需要我们去比较前面的中继。那就是形成尖顶时有两次背离。之前我们讲上倾楔形的时候讲过背离。一般来说，上倾楔形也伴随背离，与两次背离相比，上倾楔形的三个高点离得更近一些；反过来说两次背离的三个高点拉开得相对远一些。在我的经验里，两次背离是一种非常可靠的见顶或见底的信号。若趋势上涨过程中出现两次背离信号，多单可不必等待与前面的中继比较，或者以左侧波谷离场，而是可以选择较早离场。下图是豆油加权指数的走势图。

图中文字标注的位置即为提前离场点，如此可锁定更多利润。在我的操作中，这几乎是唯一较为提前的交易信号。同样的案例可以参考 2021 年底的宁德时代，读者可自行揣摩其较早的离场点（友情提示：周线顶背离中寻找日线头肩顶）。实际上宁德时代是个周线级别的两次背离，之后好几年都没有翻过身来。

②右侧波谷型，如下图。

上图是艾比森2015年的尖顶。2015年股灾期间，尖顶比比皆是，多为左侧波谷型，艾比森算是其中的异类。该股在股价到达36.79元后进行了一波急跌，随之有了一段弱反。虽说在顶部形态确认之前应按原方向继续进场，但急跌加弱反的走势我们是不做的。所以该股不存在尖顶右侧进场问题，更多情况是在标号1或标号2处进场的持仓如何处理的问题。其实这两处进场其处理方法是不一样的。标号1处进场，持仓时间长、利润大，更适合在标号3之后的第三根K线收盘处或次日开盘离场。看似回吐较大，但若不如此处理，该股也同样不会从标号1处持有到36.79元。若交易者在标号2处进场，则离场较简单，当股价出现急跌加弱反时，由于持仓利润小，则应在标号3处离场。读者或有疑问，若股价在标号3处结束下跌反身向上，形成ABC中继走势，岂不冤哉？这是有道理的。我们需要注意到，我们通常允许持仓的ABC是跌势较缓的，整体上形成上升加斜向的走势。此股第一段即为急跌，整体上斜率已经很陡，在标号1处进场者利润丰厚、身强力壮，倒有资格观察一下决定是否持仓；在标号2处进场者利润微薄，身体羸弱，遇之先躲为妙。所以我们的交易从不是单角度考虑的，不会仅从技术层面考虑问题，而是综合考虑账户状态、持仓利润等情况之后作出决策。随着读者基础积累日渐丰足，越到后面我们越可以在图形讲解中掺杂一些更接近交易真谛的东西。这些东西都会有专门章节论述，此处当作预习可也。

分众传媒 2016 年，如下图。

这种尖顶其实更坑人。第一离场点为跌破标号 1 处，因其调整速度过快，君子不立危墙之下。若持有利润较丰，心里怀疑其为 ABC 调整，则在标号 2 处的前一晚收盘即预想跌到何处为 ABC 不成立的位置，在该位置设好止损单可也。标号 2 所在价位是较合理的，至晚也要在标号 2 的阴线走完的次日开盘走人。

③直上直下型，如下图。

冰轮环境 2015 年这个尖顶可谓凶残至极，此时均线系统或能优于结构形态交易法稍早跑路。若用结构形态交易法，遇到此类走势是最不幸的。但交易者一生中很难保证不遇到这种凶残走势，若满仓持有甚至融资买入者，能系好安全带，可防大灾。安全带有如下三种。

一是分散持仓，单品种轻仓。这样即便遇到 2015 年那种极端下跌走势、大部分个股尖顶的情况，起码有部分持仓是前两类尖顶，回撤会小一些。更何况大多数牛市的结束还是偏温和的，单只个股的这种尖顶带来的损失并不大。

二是比较下跌段的斜率和长度，大于图中的 1 段和 2 段这种中继，斩仓离场。这是最常用的手段，其实大多数找不到合适离场点的走势都适用于这一原则。

三是以资金止损，利润回吐三分之二或至成本价或者比成本价略低，不要回顾曾有的利润，默念"钱赚不完但能亏完"八字真言，斩仓离场。

对于期货做空者而言，尖底或曰 V 形反转带来的痛苦也不亚于前面三种尖顶走势。以白银 2020 年的走势为例，如下图。

交易者若在线段 1 处择机入场做空，后观察到线段 2 反弹力度（斜率和长度）大于线段 1，则在标号为 3 的价格附近获利了结当能保住大部分利润。

这个图也让我们知道，若交易者错过了凌厉的下跌做空机会、也在凌厉的反弹中观望，其实仍有机会在标号 4 处入场做多。其他尖顶尖底，若交易者未参与其中，后面若有符合交易周期和交易优先级的走势，仍可参与。没有，就算了，市场上的机会还是很多的。

总之，尖顶和尖底，防守为主；防守，若有附近的波峰波谷，结合进场点、中继比较，可以较早离场；若没有，以中继面积比较为主要离场手段。进场则看后来有没有符合要求的走势出现。

最重要的是，若市场出现凌厉走势，时刻把尖底尖顶当成最坏的预判走势，**不要侥幸，不要侥幸，不要侥幸**。错了，无非错过利润；对了，则可保住一命。

4. 其他顶底

双顶双底较常见；头肩顶头肩底的交易也有其特殊之处，也算常见；尖顶尖底是最致命的走势。这三种顶底之外，其他顶底要么不太常见，要么就交易而言无非抱定"反抽确认""中继面积和斜率比较"两个宗旨，并无特殊之处，甚至我觉得列出图形也意义不大。其中更有三重顶和三角形顶部之辨，于交易实战而言其实叫什么名字并不重要，那是图表研究者的兴趣所在。但为了保持形态这一节的完整性，姑且简略列举如下。

①圆弧顶和圆弧底。

圆弧顶和圆弧底会有点像头肩型顶底，只是小波折较多、波折幅度较小，整体上看着比较柔和，像个浅浅的碟子。三峡水利 2001 年为圆弧顶，如下图。

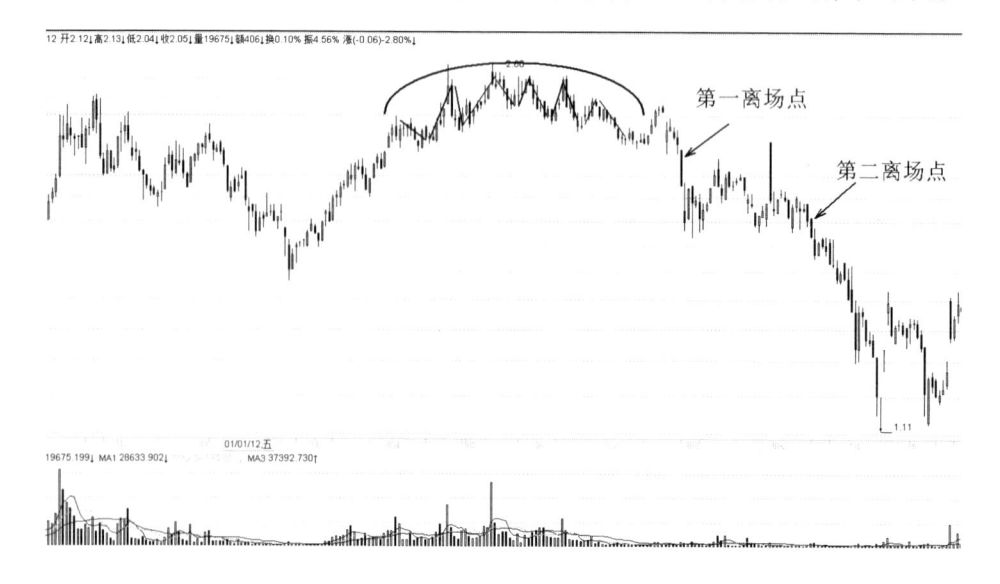

圆弧底，广晟有色 2014 年，如下图。

②三重顶（底）和三角形顶（底）。

三重顶和三角形顶部非常像，所以放到一起。以顶为例，如果硬要分辨三重顶和三角形顶部之间的区别的话，我觉得三重顶的形成过程中波动幅度要大一些，也就是每个顶点和谷底之间的距离会比较远，三个顶之间也更接近一个水平线（其实直角三角形顶部又何尝不是三个顶在一个水平线上？）。不过既然大家都是顶，对交易而言并无区别，自家兄弟何苦在名字上互相难为？

三重顶，冰轮环境，2008 年，如下图。

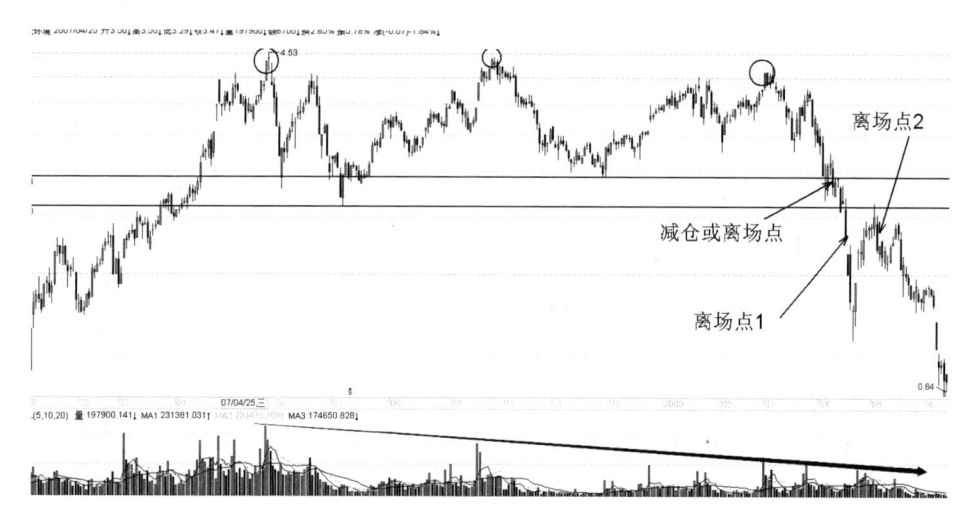

三重顶或三角形顶部，中广核技 2008 年，如下图。

此图标注的离场点 2 其实是期货的最佳开空点，离场点 1 也偏理想化，若不出现反抽，在期货而言损失则是巨大的。所以看图说话和实战交易之间区别还是很大的。至于究竟如何离场更好，读者可以参考前面双顶和头肩顶的论述，那种离场方法才是实战中的离场方法。至于图中为何如此标注，皆因股票市场大多数走势相对于期货要温和一些，且股民的离场决心由于没经过期货市场的血洗，实在是要难下一些。所以图中标注的离场点更符合股民的心理。

再看个三角形底部，工业富联 2018 年，如下图。

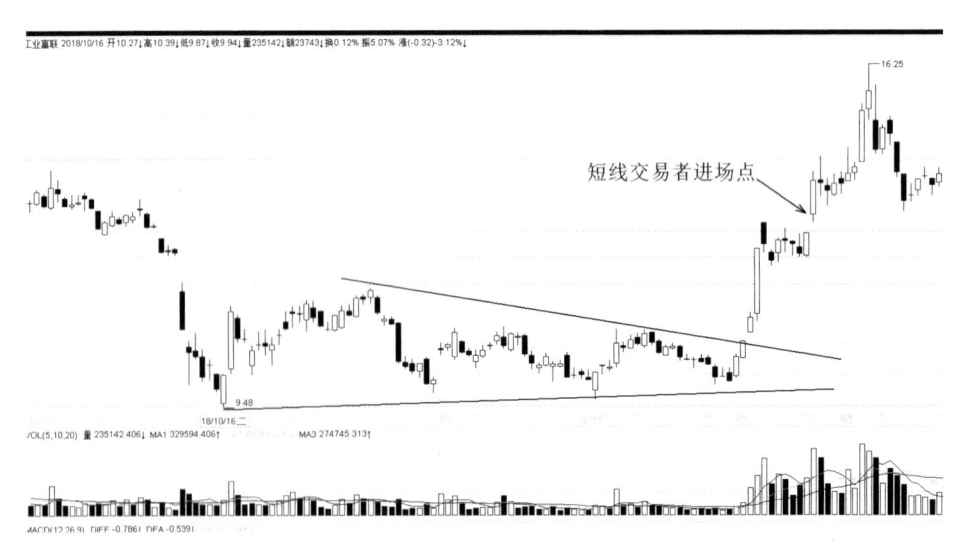

从成交量来看，这是个妥妥的三角形中继。但之后连续阳线拔起，配合成交量异常放大，所以成为三角形底部。其突破三角形底部之后的中继级别较小，仅适合短线交易者参与，中线交易者应等待更大级别中继。该股的三角形中继演变为三角形底部，也警告我们在交易中可以合理推断，但不可一口咬定。

③那些疑似中继的顶底。

很多年前，有个朋友跟我聊起交易心得，说他喜欢"埋伏"，即当判断某股进入横向震荡时买入，坐享之后股价突破的利润。而我当时正热衷于上升加横向的突破研究，心中颇不以为然，但除了耽误时间之外也找不到什么过硬的理由反驳。后来在研究形态学过程中，我发现大量的疑似横向中继同样可以演变为顶底形态，那么那位喜欢"埋伏"的朋友一旦遇到横向中继演化为顶部，岂不成了山顶的哨兵？也就是在这一发现之后，我又发现所谓的顶底形态，全部可以由被归类为中继形态的各种形态所形成；同时各种顶底形态也同样可以成为中继形态。**至此，我对形态学的指导意义由"判定"转为"应变"**，即在所有疑似中继的形态出现时，做好它演变为顶部形态的准备；同样地，也在所有疑似顶底形态出现时，做好它是更大级别中继的准备。更进一步，我在所有顶底形态最后确认之前，一律先以中继处理。这样一来，形态学的最大问题：事后清楚、事前糊涂这一缺陷方得到最后的解决。

言归正传，我们看一下那些疑似中继的顶底形态。中继形态不外乎矩形、楔形、三角形、旗形、贝壳形、钻石形、喇叭形以及它们的变体。楔形顶部在要点九里介绍过了，底部倒过来即可；三角形顶部和底部刚刚介绍完；贝壳形中继即圆弧形顶底，也介绍过了；所以剩下的是矩形、旗形、钻石形和喇叭形四种。介绍这些演变为"顶底"形态的"中继"形态，主要目的是希望读者明白两点：一是市场走势一切皆有可能，务必对各种预判做好应变准备；二是为什么结构形态学要在所有顶底确认之前先看作中继形态。

四种形态里矩形最容易骗人。矩形，也被称为平顶（底）。在其最终确认为"顶""底"之前，交易价值极高（参见要点七、八）。下图是士兰微2010年的走势图。

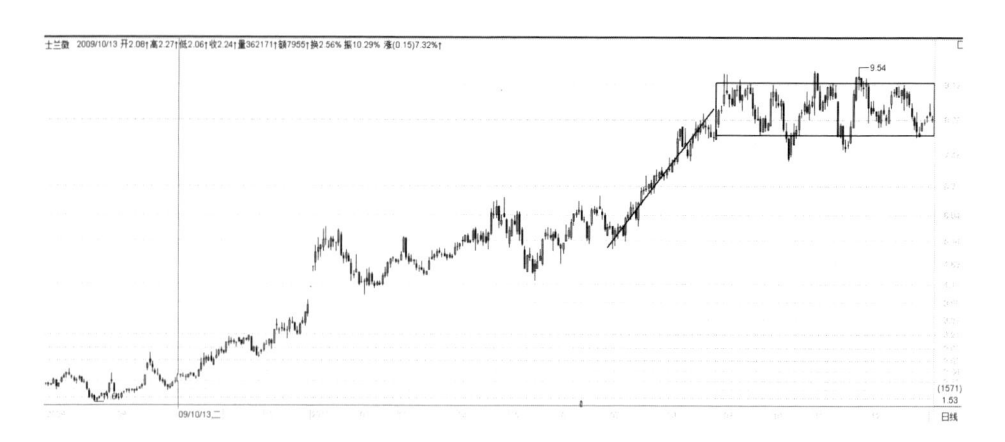

在我的评价体系里，这图就是一个"亲人图形"，见到它就像见到了失散多年的亲人。但亲人毕竟失散多年，就算暂时来不及滴血认亲，也别过于亲热（即提前埋伏买入）——万一不是呢？或者虽然是失散多年的亲人，但脾气秉性大变了，热乎半天变仇人也不是不可能的。这只股票最后就从疑似亲人变成了路人，如下图。

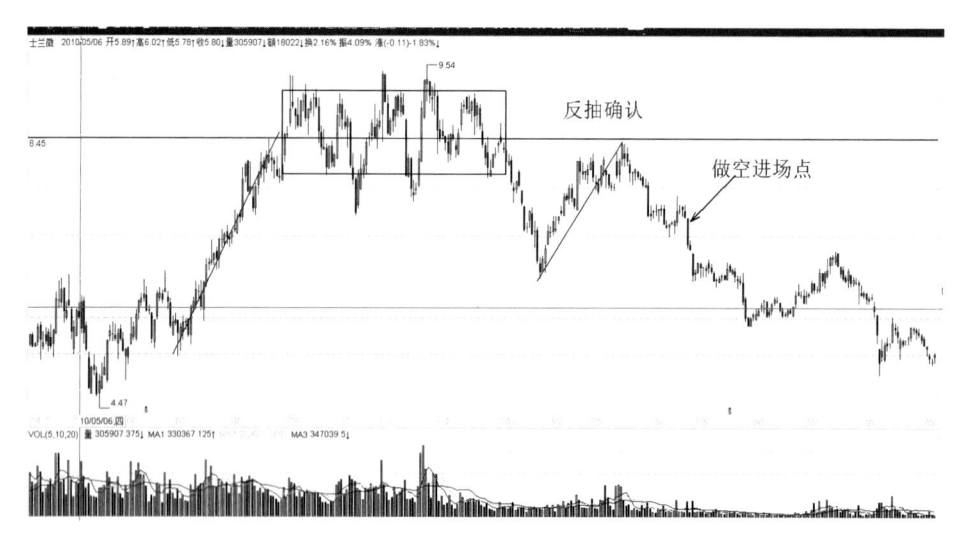

我们再来看看旗形顶部。天山股份，2011年走势图。

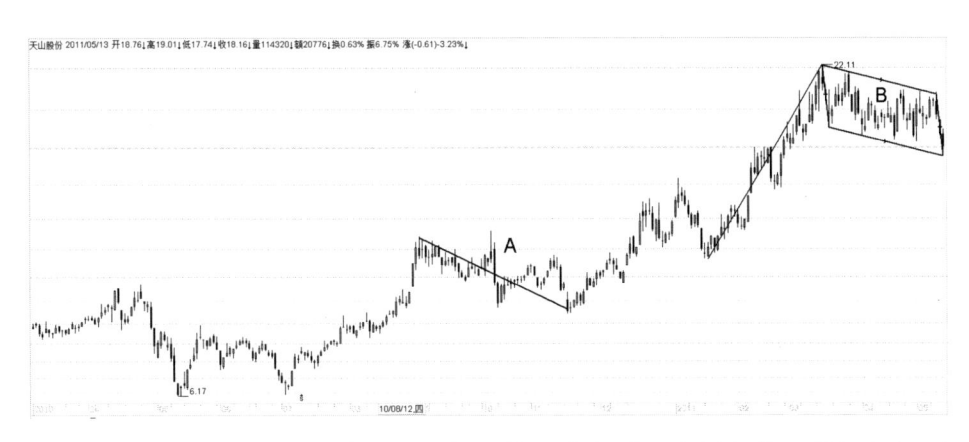

标号为 B 的旗形，在确认为顶部之前是个不错的交易标的，其调整级别与之前标号为 A 的调整中继接近，在旗形的边缘我们还是有理由保持关注的。若之后出现一个做多节奏点，则可以结合大盘情况考虑进场。之后的走势则验证其为旗形顶部，若为期货标的其实后面可以做空，如下图。

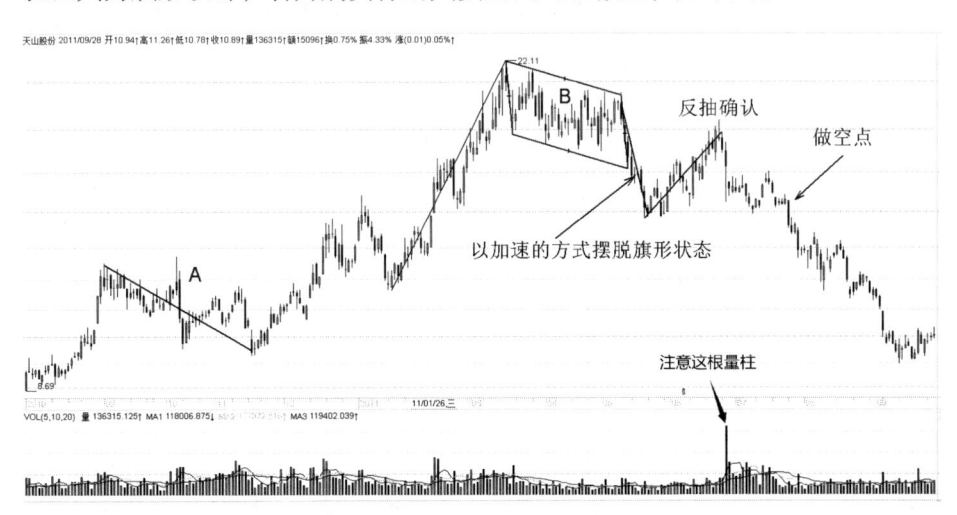

钻石形和喇叭形顶部比较少见，在它们疑似中继阶段交易价值也不大，所以我们只是认识一下图形就好了。

纳思达，2011 年，钻石顶，如下图。

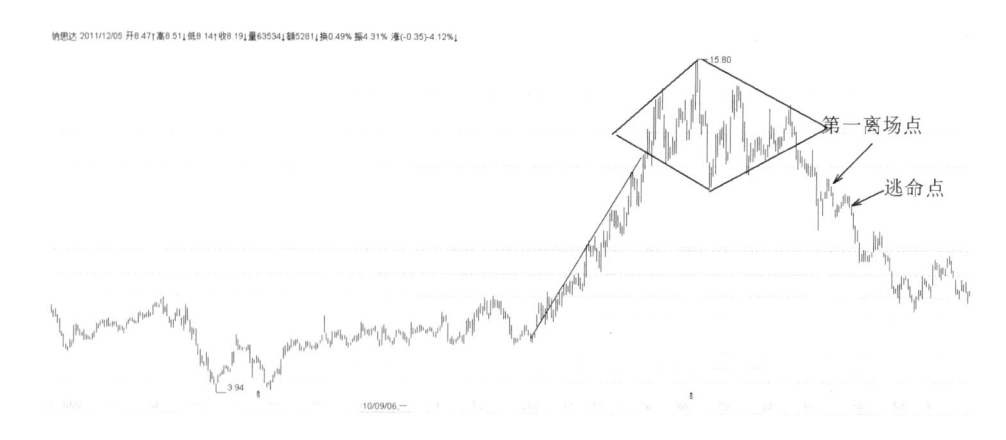

钻石之类的名堂，我很怀疑是图表研究者实在找不到可以命名的中继了才起的名字，在我看来这种形态无非是带有上下毛刺的横向中继。这股若是持有状态，其离场点即图中所示。

喇叭形更没有参与价值，所以也就是看一下长相就可以了，如下图。

上图是浦发银行 2007 年的喇叭顶。这种顶部遇到了只能自认倒霉，因其比较现实的三个离场点都已经距离高点很远了，利润回吐较大，一般人舍不得放弃。但结合大盘情况，再考虑其为较大级别的顶部形态，之后的下跌幅度一般不会小，所以遇到了不要手软，参考图示的三种离场点痛下决心离场为上。

至此，基本的顶底形态我们已经结合实战介绍完毕。部分形态只介绍了顶部形态，底部形态其实把图形倒过来看就可以了。下一部分我们介绍一下主要的中继形态。由于在介绍顶部形态过程中已经涉及到了几乎所有中继形态，所以我们在这一部分会更注重实战过程的分析。

二、主要中继形态提要

在阅读这一部分之前，我希望读者们再次回到前面复习结构形态学的要点九到要点十一，这样可以对交易价值较高的中继形态更加留心。

按顶底形态部分的先例，我们仍然先行介绍中继形态的定义、研究和实战要点。

有问题的定义：连接两段趋势的，与原有趋势方向相反、横向或虽然方向相同但运行速率显著降低的一段走势。

交易者的定义：市场在某方向运行一段趋势之后，发生的与原趋势相反、横向或虽然方向相同但运行速率显著降低的一段走势，在最终证明其为反转形态之前，定义为中继。

研究和实战要点：

①在被证明为反转形态之前，所有逆向波动先做中继看待。

②中继分为线型中继和形态中继两种，这里主要研究形态中继。

③中继面积是判断结构级别和预判反转形态的重要依据。

④几乎所有中继都能成为反转形态，但大概率是中继的形态我们通常归类为中继形态。

⑤中继意味着休整，休整与行进的比例关系，是预判休整何时结束的重要依据。

⑥重神不重形。

1. 三角形中继

三角形中继是最为常见的横向中继。在约翰.默菲书里把三角形中继分为上升、下降和对称三种，并认为上升三角形和下降三角形有明确的预测意义，即上升三角形预示市场将上涨、下降三角形预示市场将下跌。

> 上升三角形即三角形上面的线条基本是水平的，下面的线条是向上倾斜的；下降三角形即三角形下面的线条是水平的，上面的线条是向下倾斜的。对称三角形的上下两个边是反向的，向右延伸会相交于一点。

但我觉得无论从理论上还是从实践中，以三角形的上升或下降形态来预测市场涨跌都是行不通的。理论上来讲，三角形就是一个多空双方胶着的区域，假如之前是上升趋势，多方取胜则该三角形成为三角形中继，空方取胜则该三角形成为三角形顶部。反过来，假如之前是下跌趋势，空方取胜则该三角形成为三角形中继，多方取胜则该三角形成为三角形底部。所以无论三角形形状如何，本质上都是多空力量阶段性平衡的一个区域，是否成为三角形中继取决于突破方向与之前的趋势段方向是否相同。换句话说，三角形中继只要最后成为中继，那么多空的预测意义，只与三角形之前的趋势段方向相关，与三角形的形状无关。下图是学大教育2023年历时三个月形成的下降三角形，之前的上升段趋势是向上的，之后突破"下降"三角形，趋势继续向上，"下降"三角形并没有产生向下的指向性作用，如下图。

我同样可以找到上升三角形反而成为下跌中继的例子，沪锌主连2010年三月，如下图。

所以我更倾向于把上升三角形称为"上倾"三角形，把下降三角形称为"下倾"三角形。只描述其状态，不暗示其指向意义——因为没有实战意义。

对称三角形是最常见的——虽然未必完美对称。下图是沪铜主连 2020 年 7~11 月形成的对称三角形。

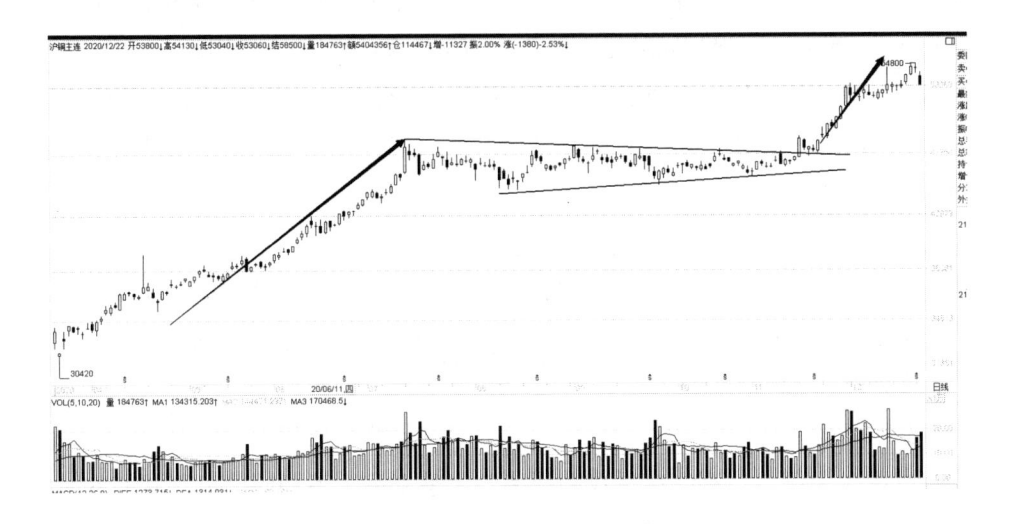

如上图，三角形代表着多空双方的胶着状态，这意味着一旦某方取胜容易形成压倒性优势，所以在交易中遇到三角形中继我们应该密切关注后面的走势，等待某方形成进攻态势之后介入。

如上图，三峡水利在 2010 年底走了一个上倾三角形。三角形内部有四次上攻，前三次的斜度比较一致，第四次斜度明显比前三次陡峭，这种情况就属于运动方式的改变。此时我们应提高关注度，密切观察后续走势。该股在陡峭上攻之后进行了一个下蹲动作，然后以涨停方式吹响进攻号角。次日开盘在 5%，衡量计算报酬风险比之后感觉还是划算的，所以开盘即可介入。之后该股走出连板走势，此处不再上图，读者可自行复盘。

我观察的三角形中继，大部分都会有数次斜率大体一致的进攻或者斜率越来越缓的退守。

> 进攻指的是三角形内部进行的和之前趋势段相同的小趋势段，之前是上升趋势，重点观察上升的小趋势段；之前是下跌趋势，重点观察下跌的小趋势段。退守则反过来。

以进攻为例，当有一次进攻的斜率与之前斜率大不相同、显著陡峭的时候，我们的神经应当兴奋起来，密切关注之后能否形成有效突破。若形成了突破，通过计算报酬风险比确认划算，则毫不犹豫地介入——记得设好止损。

> 本书前面多次提到报酬风险比的计算，有心的读者应能有所体悟，之后会有专门章节介绍报酬风险比的衡量问题。

在具体实战中，没有任何一个走势会在一开始就告诉我们它会形成一个三角形中继。对于持仓者来说，当流畅的上升趋势开始停顿并形成一段小的下跌，就需要开始警惕（当然前提是持仓者利润较为丰厚才有资格平心静气地观察），如下图。

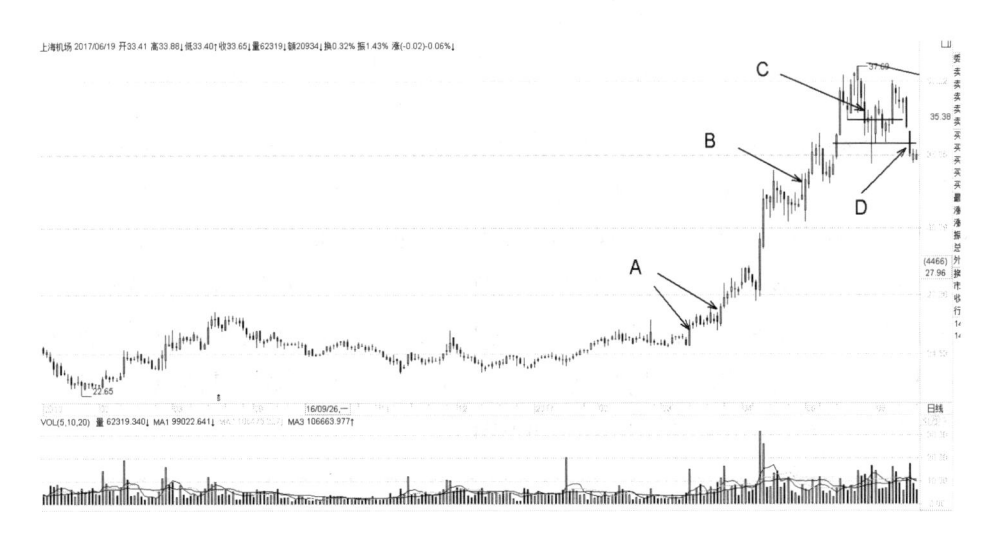

上图是上海机场2016—2017年的一段走势图。若交易者在A点进场，对于C点附近的下跌段是无需理会的。即便到了D点附近的下跌段，由于构成了N字形下跌且整体跌速较缓，也是有资格继续观察的。而B点的进场者则在C点跌穿一个小的波谷的时候即应离场，至少减仓；到了D点则应清掉该股——因其有小级别M头的嫌疑，手里的那点利润是没资格继续持仓的。所以读者应该要明白一点：看着事后的走势图说三角形中继应该继续持仓的论者大概率没有经过实战的残酷洗礼。当A点进场的持有者熬过图中的下跌段后，再行观察，发现该股有了一次上攻，如下图。

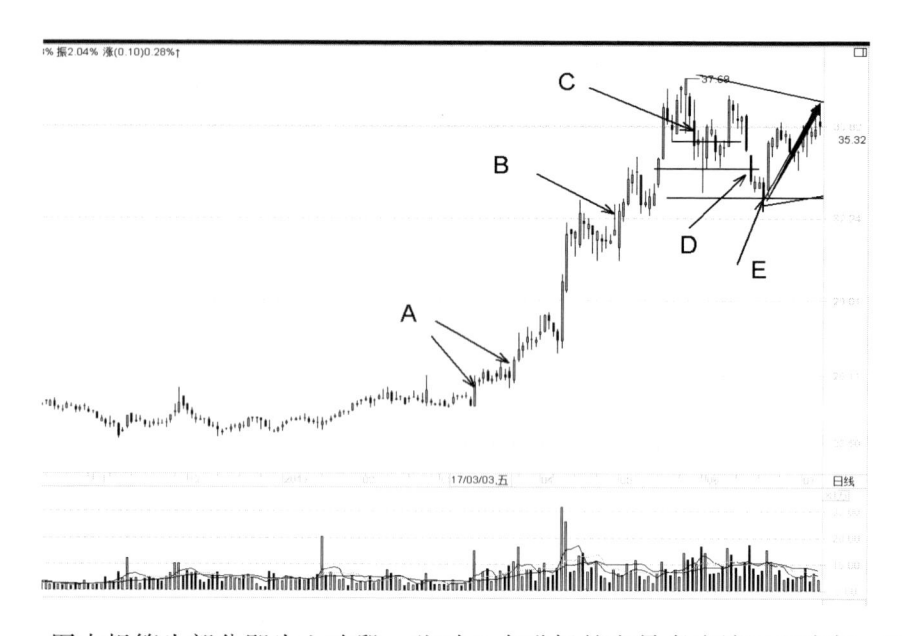

图中粗箭头部分即为上攻段。此时 B 点进场的交易者应该已经离场，对于 A 点进场的交易者来说，这个上攻是有意义的：①由于是 N 形上攻（当然在 N 字中间那一笔形成的时候还有应对，此处省略），速率较缓，要做好 M 头的准备，止损点应放在 E 点；②同时做好三角形、大 N 形中继的心理预期。三角形中继预期被破坏的离场点仍然是 E 点；大 N 形中继其实在确认之前是看作 M 头的，E 点仍然是离场点。总之，A 点进场的交易者其离场点放在 E 点是比较合理的。之后该股的演变如下图。

图中线段 2 形成的下跌，斜率缓于线段 1，长度也短于线段 1。对于 A 点进场的交易者来说，三角形预期进一步强化，止损点不用移动，继续耐心持仓。尤其在区域 3，空方力量显著减弱，持股心态会更加稳定。而对于刚刚发现该股的交易者来说，此时要考虑的是进场问题。他的观察重点也是区域 3 的情况。最终该股形成了两个进场点。

所以三角形中继对于一位持仓的交易者和一位等待入场的交易者来说意义是不一样的。持仓者重点应对的是三角形中继预期变为三角形顶部；等待入场的交易者重点观察的是三角形内部运动方式的演化，以捕捉多方的进攻号角。

总结一下三角形中继的交易要点：

①持仓者对三角形中继演变为三角形顶部保持警觉，并制定应对措施。

②准备进场者重点观察三角形内部小的上升段和下降段的斜率、长度，揣摩多空力量的变化。

2. 矩形中继

矩形中继内部的运动方式变化不如三角形有规律，大体上以突破矩形中继上边沿为主要进场方式。当然在矩形中继形成之前，我们也不会知道矩形中继将要形成，矩形中继的预期是在走势逐步演化过程中慢慢形成的，如下图。

上证指数在 2010 年 7 月初发动了一波反弹，并在 A 点形成阶段高点，走了标号为 1 的 N 形下跌结构。当标号 2 的上攻段进行时，我们需要预防的是

标号 1 的 N 形下跌段成为为 7 月上升段的 N 形中继；但当标号 3 的下跌段出现时，我们开始有三角形、矩形、小 M 头三种心理预期，B 点成为核心观察点。当标号 4 的上攻段出现时，由于 A、C 点和 B、D 点分别在同一水平线上，所以矩形中继的心理预期进一步加强，需要防止的是 E 点所在一组 K 线形成小节奏点，然后突破。之后市场形成了标号为 5 的下跌段，此时我们心里已经认为市场大概率要走矩形中继了，对于 F 点处止跌的心理预期非常强烈，只是做好小概率事件发生的心理防备罢了。标号为 6 的上攻段出现时，矩形中继就 99% 的概率确立了，需要观察的是结束的时间和结束的方式，当然也略微防备一下矩形顶部的出现。到国庆节前后，上证以两根大阳线突破矩形中继，走出了一段不错的"煤飞色舞"的行情。

当然若在矩形中继的后半程有上升加缓跌小结构出现，也是不错的进场点；突破中继不远处若能形成小节奏点，也是很好的进场点。至于这两种进场点给还是不给，则是市场先生决定的，我们能做的是根据自身的净值情况决定在何种进场点出现时进场。后面会专节介绍，这两种进场点分别被称为形态内节奏点和形态外节奏点。而上图所示的进场点，则是同级别节奏点。下图展示了形态内节奏点和形态外节奏点出现的情形。

标号 1 所在的走势为形态内节奏点，标号 2 所在的走势为形态外节奏点。这两种节奏点若能出现，则是上帝赐予的礼物。

3. 钻石形中继

钻石形中继可以看作是横向中继的变体。其特点是整个形态的中间部分分别形成假突破和假跌破，在更高一级或两级的时间周期里这种假突破和假跌破更容易成为上影线或下影线。按照"重神不重形"的原则，我们在交易过程中完全可以把这种中继按照横向中继的交易方法来交易，唯一的不同在于突破钻石上边沿或下边沿之前，我们还是需要保持较高的警惕心理的，以防止其演变为宽幅震荡中继。下图是橡胶主连 2021 年的一段走势。

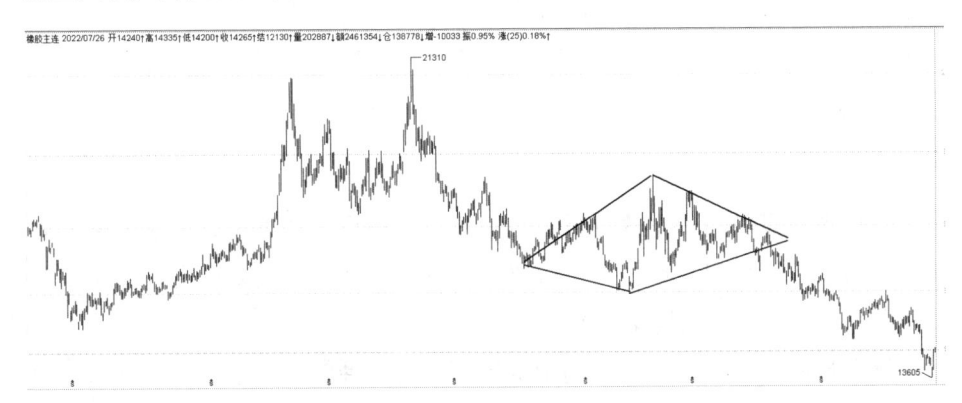

这个看似杂乱无章、上突下砸的日线图，在月线里也就是 8 根 K 线组成的横向中继；钻石的上下突出部分，在月线图里只是上影线或下影线而已，如下图。

其实当小级别周期走势看不清楚的时候，到更大级别的周期里往往一目了然。这也是我分析结构时常用的小技巧。当然并不是所有大周期结构都很清晰，实在看不清的结构不做就是了。

在日线图里，遵照"重神不重形"的原则，我们也可以发现橡胶看似杂乱无章的走势其实是围绕价格轴心在上下波动，如下图。

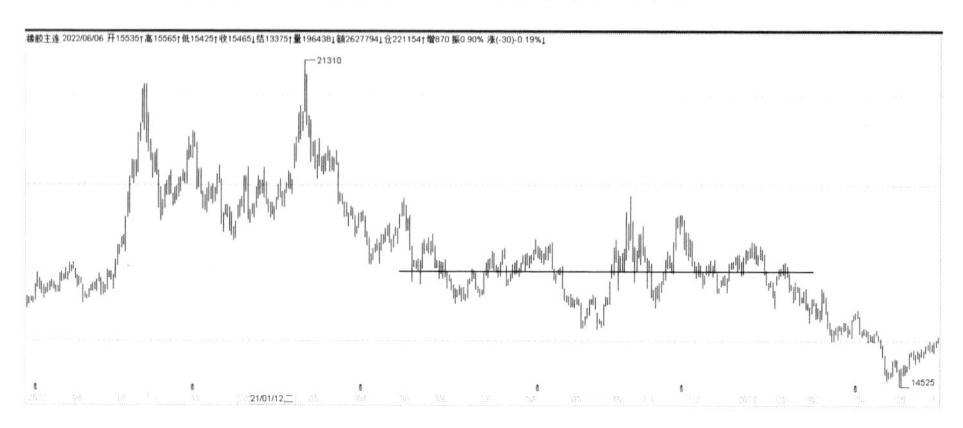

所以即便是钻石中继这种看上去很复杂的图形，如果我们理解了它走势的本质意义，就可以按照横向中继进行处理，假如中继结束点出现了我们需要的节奏点，就可以入场交易了。

钻石形中继主要出现在横向中继里，还有一种斜向中继，也具有钻石中继的特点，即价格围绕一条线有明显的上突或下突动作。遇到这种图形，我们也可以遵循"重神不重形"的原则来处理。如下图，山西汾酒，2019年5月日线图。

该股在日线上调整斜率相对于上升段是比较缓的，符合"要点九"里的第二优先级的评判标准。但图中上下两个圆圈部分让人觉得很是突兀，但若细看其价格重心（即中间的斜线），这两个突兀的部分更像是所谓"骗线"的走势。再调整到周线图，我们会发现这个判断是正确的，如下图所示。

这个周线图看着就比日线图规矩多了，也可以验证我们在日线图里的判断。假如我们不遵循"重神不重形"的原则，一个很好的交易标的就会被错过。

4. 楔形中继

楔形中继出现频率也不低。在要点九里我们较为详细地写了上升趋势+上倾楔形为什么交易优先级较低，对于上倾楔形的了解可以参考那一章节；本部分我们介绍下倾楔形与三角形的区别，以及下倾楔形的识别和交易要点。

楔形和三角形是较易搞混的两种中继形态。两者的共同点是两条边终将相交于一点；不同点是楔形的两条边是同向的；而三角形的两条边是反向的。以下倾楔形和对称三角形为例：

左边的图形，两条边是同向的，都向下，是下倾楔形。右边的图形，两条边是反向的，一条向下、一条向上，是对称三角形。

如果只是分辨图形名称，其实是没意义的。就像前面说的钻石形中继，它的价格轴心只要是横向的，叫什么名字并不耽误交易。但这两个图形还是有分别的：下倾楔形中继，其价格轴心是斜向下的，属于"要点九"里面的第二优先级的交易标的。而对称三角形的价格轴心是接近横向的，属于第一优先级的交易标的。

约翰·墨菲的书里面把楔形分为上升楔形（即本书里的上倾楔形）和下降楔形（即本书里的下倾楔形），认为上升楔形多出现于下跌趋势中，为看跌形态；下降楔形多出现在上升趋势中，为看涨形态。跟对三角形的理解一样，我认为这也是不合理的。上升楔形出现在上升趋势中途，其实代表了多头的力量和意愿更占优势，在实战案例中我看到的这种上升趋势+上升楔形的图形非常多；下倾楔形出现在下跌趋势中途，也代表了空头的力量和意愿更占优势，同样也有不少实战案例。形态学的困难在于，我们很难穷尽所有形态，然后指出哪种是大概率、哪种是小概率。所以从原理上分析明白更有意义。在本书中，我把"上升楔形"和"下降楔形"改为更为中性的"上倾楔形"和"下倾楔形"，即只客观描述其状貌，不带有预测倾向。

让我们来看一个下倾楔形的实例，长春高新，2016年8月，如下图。

长春高新这只股票的调整段，其高点逐步降低，低点虽然也逐步降低，但降低的速度低于高点降低的速度，此时连接主要高点和主要低点，会得到向下倾斜的两条边，这两条边是同向的，且终将相交于一点，这种图形我们称之为下倾楔形——它像一个楔子，故以楔形命名。这只股票楔形中继的可能结束点，是需要通过楔形内部的几个反弹段的斜率比较来辨认的。我们可以看到，在楔形内部的四条反弹线段中，前面三条线段斜率大体一致，第四个线段突然加速，斜率变得陡峭起来。此时若账户状态较为积极，可以考虑在楔形上边沿连接线被收盘价突破后，次日进场，止损点放在突破K线的低点。若账户状态一般，则需要观察股价突破楔形上边沿后是否能形成一个节奏点。该股很客气，突破后出现了数日回调，且回调很温和，这就具备了形成节奏点的前提条件。我们可以在回调的初始K线高点处设置进场条件单，触发后把止损点放在图中所示位置。

为什么我前面说下倾楔形是第二优先级的交易标的呢？我们可以看看下图长春高新的周线图。

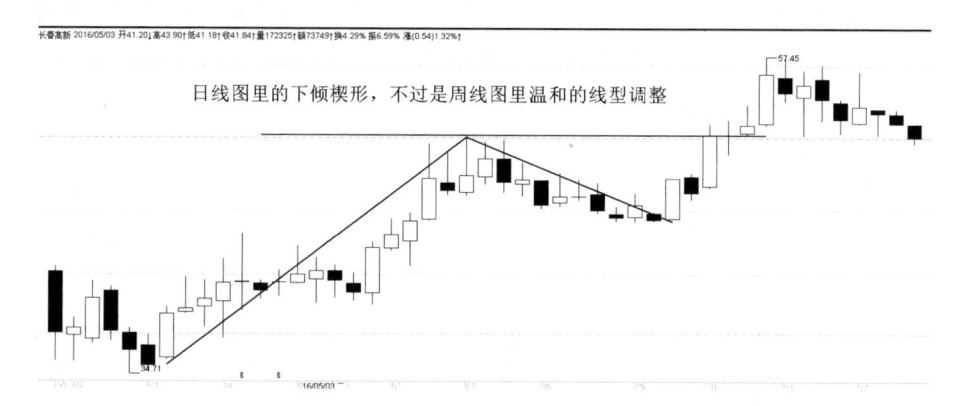

日线图里的下倾楔形，不过是周线图里温和的线型调整

在"要点九"和"要点十一"中，斜向下的线段型调整被列为第二优先级的交易标的。我们来看长春高新的周线图，是不是一个斜向下的线段型调整？对应到日线图，它是个下倾楔形。所以，下倾楔形被列为第二优先级的交易标的的原因就在这里。同样地，下倾旗形、上倾旗形也属于第二优先级的交易标的。

> 上倾旗形、下倾旗形无非是上下两条边的斜率是比较一致的，也可以称为平行四边形，与对应的楔形相比只是图形形状的区别，在交易方面都属于第二优先级的交易标的。为节约读者的阅读时间，本书就不对旗形单独举例了。约翰·墨菲认为旗形是调整时间较短的一种中继，其实长周期也能找到旗形的案例，重点在于调整的角度、多空力量对比的本质，而不在于那些表象的东西。

5. 喇叭形中继和贝壳形中继

这两种中继形态都是不太容易交易的。喇叭形中继比贝壳形中继出现频率高一点；贝壳形中继多以圆弧顶或圆弧底方式出现在顶底形态中，中继比较少见。

喇叭形中继在约翰·墨菲的分类里分别归类于三角形中继和楔形中继，即两条边反向且向左延伸必相交于一点的，属于三角形中继；两条边同向且向左延伸必相交于一点的，属于楔形中继。我们不是研究学问的，不必那么繁琐，由于这两种图形的两条边向右侧方向是扩散的，像个喇叭，所以统称为喇叭形中继。至于这个喇叭是三角形喇叭还是楔形喇叭，对交易而言没有什么实战意义，所以没必要作出细分。下图是片仔癀2009年的一段走势，从中我们也可以看出为何喇叭形中继不易参与。

片仔癀的喇叭中继，属于约翰·墨菲书中所提到的三角形中继。该股在最终形成喇叭形之前，是颇像一个下倾旗形中继的，且较适合参与。局部放大后看得更清楚一些，如下图。

按照"重神不重形"的原则和经验，把图中圆圈部分看成毛刺是没有问题的，那么在 2010 年 4 月中旬之前，片仔癀形成了一个下倾旗形中继（图中以虚线表示旗形的上边沿），且角度较缓，适合参与，标号 1 为第一进场点。进场之后一段时间该股走势还算正常。但在 5 月初形成一波下打，跌破附近小波谷，此时必须止损出来，以防形成尖顶，如下图。

在标号 2 所示 K 线止损之后，该股虽然继续上攻，但并未出现新的进场机会，所以我们就不再形成新的进场计划。

> 我知道类似图中刚打止损就马上重拾升势的走势非常令人伤心。但没办法，实战中我们必须这样处理，具体理由可参考前文关于尖顶的部分。很多交易者在受过这种伤之后会找各种指标、成交量、K 线等方面的问题，以图下次避免出现这种情况，但请相信我，这是徒劳的。所谓骗线，是我们在交易中必然会碰到的情况，每次骗线出现的情况都会有变化的，很难找到骗线出现的充分条件。需要我们做的是：不考虑骗线，先走为敬；控制仓位，减少损失，也降低由于重仓而出现不舍得离场心理的可能性。

该股重拾升势后不久，就又急转直下，打到图中下边沿止跌回升，我们开始猜测其走喇叭中继的可能性。后该股在标号 3 处突破。这里并不是好的买点，因其经历了长途奔袭（图中虚线箭头部分），随时有回调的可能性，如下图所示。

当然会有上帝视角的同学站出来说这种地方突破是可以买的，后面一路持有利润几近翻倍。那么若按这种想法，遇到下图我们又该如何处理？

上图是中煤能源 2021 年的一段走势。图中标号 2 是喇叭上边沿形态内节奏点的买点，但持有突破买入观点的同学，抛开上帝视角，标号 1 处、在盘中突破的瞬间是不是也是买点呢？所以做交易不是纸上谈兵，站在上帝的视角对着历史走势图口若悬河的一般不是久经沙场的老兵。

回到片仔癀。考虑与虚线箭头上升段的匹配问题，标号 4 是个比较勉强的买点。之所以说它勉强，是因为这个买点形成时的小形态并不好看，颇有衰竭或上倾喇叭形的嫌疑，如下图。

当然若交易者处在账户净值的积极状态，也可以尝试买入。不幸的是，这只股票吹完大喇叭接着吹小喇叭，我们刚在标号 5 处止损离场（进场理由消失即离场），该股又重拾升势，正式宣告小喇叭开始广播了。虽然该股在标号 6 和标号 7 处的买点也算是喇叭中继突破后的节奏点，但经历了两次止损打击的交易者，看着几近对称的买点出现的时候，还会有勇气进场吗？所以喇叭形中继是我们在交易中不太考虑进场的那种类型。当然也有那种张口较窄的喇叭，且在突破后形成不错的节奏点，再配合账户净值状态和大盘环境，也不是不能买入，如下图。

建行在 2017 年底形成喇叭中继，其张口处较窄，之后在标号 1 处形成不错的节奏点，若账户净值和大盘环境允许，此处买入还是可以的。

我们再来看一下圆弧形中继的案例。

上图是格力电器 2012 年的一段走势。该股在形成圆弧中继期间，并没有出现我的买点。标号 1 处有形成喇叭中继的嫌疑，也不是好的买点。标号 2 处符合进场条件，后在标号 3 处止损。标号 4 处虽然是事后看不错的买点，但当时是担心其继续震荡的，所以一般不会在那里买入。直到标号 5 处形成新的小节奏点，才是最后的买点。当然这个买点出现时，已经与中继前的趋势段接近对称，也不是很好的买点，只有账户状态和大盘环境比较配合时才考虑进场。

至此，形态学的顶底形态、中继形态我们已经全部介绍完毕。期间颇夹杂了一些我个人的交易看法，从上帝的视角看一定是不对的。从实战的角度看也许有值得商榷之处，希望实战高手能不吝赐教，并请上帝绕行。

三、关于重神不重形

医者的烦恼是病人几乎不按教科书生病，形态学交易者的烦恼是很难找到教科书式的形态。在写作本节之前，我以为会是进度最快的一节，但后来发现大量的时间消耗在寻找合适图表案例方面了，反而写得很慢。其实某一种形态的图表案例我能找到很多，但我总希望从中选取最与教科书吻合、最有实战意义的案例，所以时间反而耗费较多。那些被弃用的图表案例，一眼望去是符合形态要求的，但仔细看却各有缺陷。而更有大量走势是一眼望去只是约略符合形态要求的，它们更是被直接忽略掉。但在实战中，这两种走势都是可用的，只需要我们遵守一条：重神不重形。重神不重形说起来有种"玄学"的感觉，也很难条分缕析写得很清楚，在这里我只能大概分情况说明一下，最主要还是要靠读者在复盘和交易中用"心"体会。

1. 徒有其表的问题

主要指的是有些走势走出了某种形态的样子，但由于该形态与整个走势之间形不成匹配关系，所以只是徒有其表，并不能归类于某种形态，更谈不上对交易的指导作用。下图是中国人寿 2023 年的一段走势。

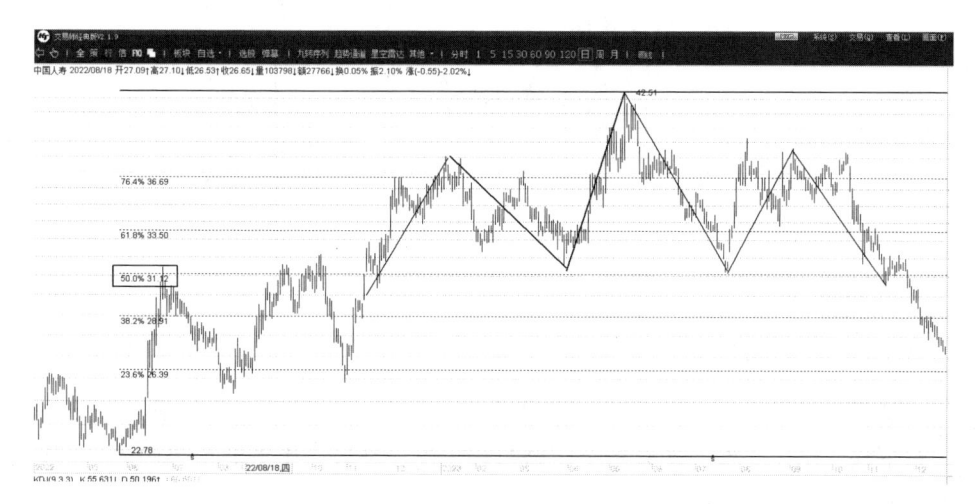

这段走势一眼望去是个硕大的复合头肩顶。但仔细看它从低点起来的整个走势，这个头肩顶的长度占了整个上升段的一半，面积更是超过了躯干部分。若是这个头肩顶出现在长达一年的上升趋势的后期，那么其大小与躯干更为匹配；出现在这种短趋势结束处，只能说是一个头肩的形状，与头肩顶毫无关系。类似的还有海天味业，如下图。

该股在 2023 年同样做了一个头肩形，还像模像样地进行了反抽。其实从头与躯干相匹配的原则看，这里也就是个头肩形。图中的头肩部分其实在结构划分中是应该分开看的，如下图。

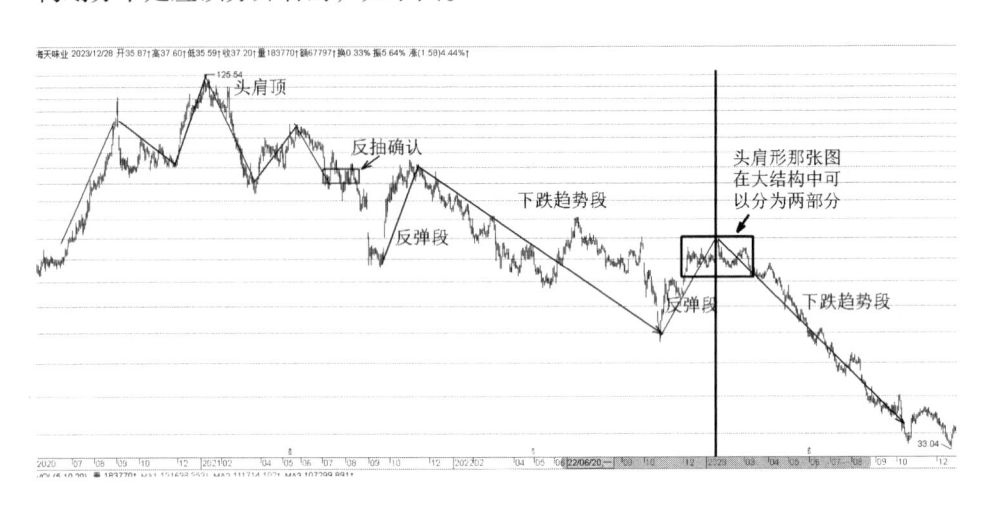

从整个结构看，海天味业在构筑大型头肩顶之后进行了反抽确认，之后一路下跌。图中竖线左边是整个下跌过程中的反弹段，由五波走势构成；竖线右边是新一段下跌趋势段。

所以运用形态学当知活学活用，注意匹配问题，也注意观察整个结构的划分，方不至于贻笑方家。

2. 取点问题。

在画图过程中，尤其是三角形、矩形等带边框的图形，我们应经常会遇到连线难题，即会有部分高低点不太合群，连线时令人颇费思量。其实这也没什么必要，只要整体上看着是某种形态，把哪几个点连起来，哪几个点突出边界都是无所谓的。若一定要画得规范一点，那就遵循两个原则，第一是连线经过的高低点越多越好，因为当大量高低点处在同一条线上时一般意味着市场参与者对这一价格的较为一致地认可；第二是以"成形"为原则，即如果直观看上去某段走势会走成一个形态，那么那些不能参与形态组成的高低点可以被看作干扰项。以浦发银行 2007 年的喇叭顶为例，这段走势远远望去就是一个大喇叭，如下图。

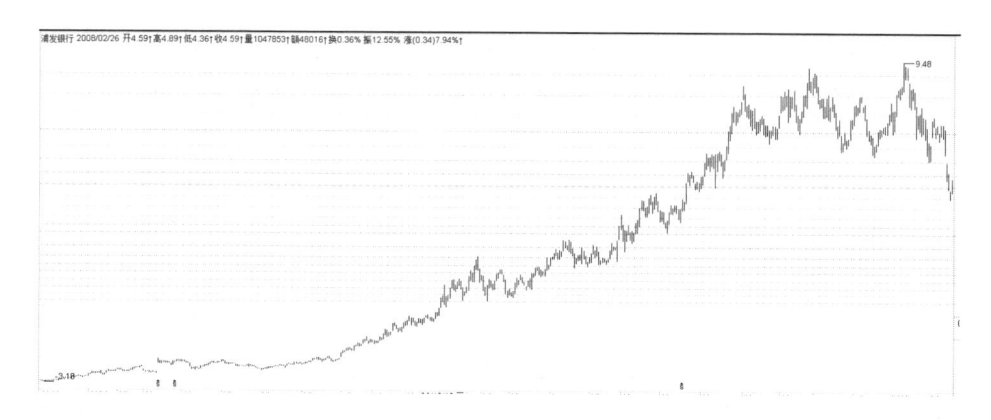

但走近一看,有的高低点并不在连线上,如下图。

若是考虑上面圆圈中的高点和下面圆圈中的低点,那么这个喇叭就变成了这个样子,如下图。

虽然也是个喇叭，但上下边经过的点只有四个，且忽视了喇叭口在一个喇叭中的重要地位（意思是喇叭口处的高低点更需要重视，更应该纳入连线），那么不如把连线途中的两个圆圈中的高低点看成干扰项，忽略不计更好。

3. 挖坑问题

在一些走势图中，我们会发现假如把某一根或几根突兀的 K 线去掉，那么其他 K 线往往能组成一个很漂亮也较完美的形态。那一根或几根突兀的 K 线经常被称为"坑"，并被当成"主力"或"庄家"有意为之的行为。且不论主力是否真的能呼风唤雨、为所欲为，也不论某个走势是否是主力有意为之，我们只考虑一点：猜度一个人或几个人的想法很容易吗？从实际行动的角度来观察一个人，要远比猜度其想法来得更直观、真实。所以我们不如只看最终形成的形态表现出的样子来决定是否参与交易——就像我们不如根据一个人的实际行动来决定是否与他交往、交往到什么程度一样。所以我一般忽略考虑主力的问题，只看某个形态的本质，也就是它的"神"。下图是易华录在 2022 年底到 2023 年初的一段走势。

上图方框中的一组 K 线非常突兀，但如果把这组 K 线去掉的话，该股形成了一个非常漂亮的上升加横向走势。这就够了：上升加横向，是我们第一优先级的交易标的，之后关注它的突破、节奏点等交易条件是否出现就行了。

曾经的左江科技（现在的 *ST 左江），也出现过这种走势，如下图。

4. 模糊的直观判断

这种情况和挖坑有点像，但挖坑更倾向于我们对一组突兀 K 线的看法，模糊的直观判断面对的则是一个完整的形态。这个形态要么存在大量瑕疵，但直观看上去就是某种形态。有时我们甚至需要从整体上忽略具体形态的判断，直接将其归类于某种走势类型（如上升加横向、上升加斜向等）。下图是潍柴动力 2018 年的一段走势。

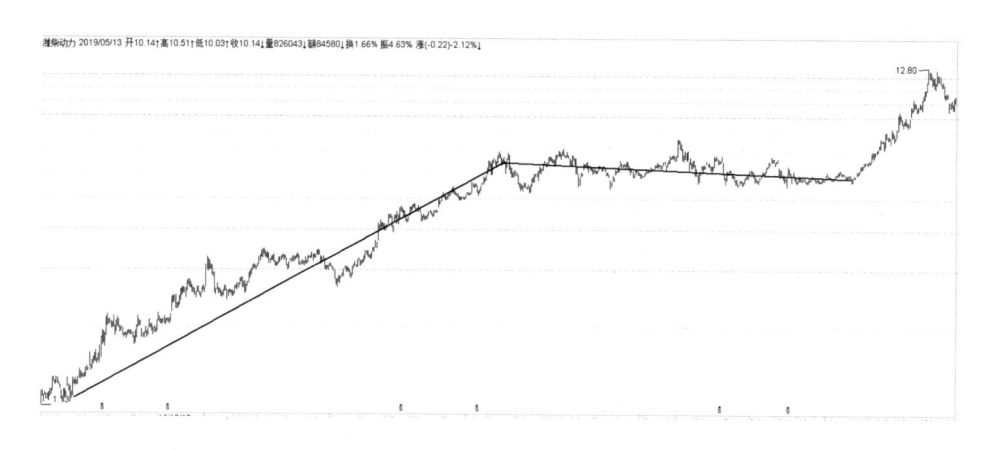

这段中继极不规整，但直观看上去就是上升加斜向（基本接近横向），介于交易优先级一、二级之间，所以没必要非要给这个中继起个名字，专心寻找进场机会就好了。这就好比家里的二婶，她叫什么名字我们往往是不知

道的，但看到她的脸，知道是我们的亲人，这就足够了。当然如果一定要研究一下二婶叫什么名字，也可以去周线、月线看看，或许能找到线索，如下图。

看着像个三角形吧？那二婶就叫三角形好了，尽管是个有缺陷的三角形。

还有家里的四舅妈，干脆在周线月线都找不到名字，那就不找了，知道她是四舅妈就行了，就像宁德时代 2020 年的一段中继，就属于四舅妈型中继，如下图。

我去周线看了，四舅妈的名字没在家谱里（意即找不到合适的形态来命名），如下图。

252056↓额2470332↑换3.21% 振12.60% 涨(20.92)11.40%↑

234.21

尽管谱上无名，但四舅妈仍然是四舅妈，是个上升加斜向的走势类型，交易优先级还是比较高的。

总结一下，重神不重形的要点在于：①以"匹配"原则防止错认亲属。②取点忽略无所谓的毛刺。③别因为挖坑错失认亲的机会。④二婶叫什么名字并不重要，知道她是亲人就行了。另外，更大级别的时间周期往往是识别形态的有力武器，有些难以决断的日线形态，有必要的话我会参考周线月线解决疑问（大部分情况周线和日线形态是比较一致的，个别情况会是两种形态，**此时以你的主交易周期的上一级周期为准确定形态，比如主交易周期是日线，那就以周线来确定形态**）。

第四节　时间架构——知道"我是谁"，才能找到领导和下属

时间架构是个极重要极重要的概念。重要到什么程度呢？可以说它是方向交易体系技术规则部分的三个核心概念之一（另外两个是亲人图形和节奏点）。让我们从几个交易者常遇到的问题来理解这冷冰冰的四个字。

一、时间架构解决了什么问题

（1）长线和短线。我记得刚入市的时候，遇到的第一个长期纠结的问题就是做长线还是做短线。当时市面上有类似"长线是金""短线是银"等名目的多种书籍和理论。基本上，长牛阶段，"长线是金"会容易被接受，书也卖得好；熊市和震荡市，"短线是银"就成了交易者的座右铭。这个问题我真的颇纠结了一段时间，后来想到的解决办法就是：遇到牛市，长线持有；遇到震荡市或者熊市，就做短线，快进快出，积小胜为大胜。为此我花费了大量的时间研究什么情况是牛市，什么情况是震荡市或熊市。再后来我发现，我并不能确知当下是这三种市况的哪一种，换句话说，这种设想更像是先射完箭再画靶子。往往是以为牛市的阶段，计划长线持有，然后被市场无情嘲讽；或者反过来，以为是震荡市，短线三五天就跑，过了几个月发现股价涨到了天上，于是就跟人家不无遗憾也略带炫耀地说：这股我买过。语气应颇似阿Q的"祖上曾经阔过"。这个问题，直到我搞出了时间架构理论才得到解决；到波士顿循环理论搞出来的时候，算是彻底解决了。

（2）分析研判的误区。技术分析爱好者，尤其是研究波浪理论和用错误方法研究缠论的交易者，常常从分钟线分析到年线；或者反推。事后常言之凿凿地说，某分钟线引发了某大顶或大底。我很怀疑分钟线和年线之间究竟有没有可推导的线性关系。别说年线了，我们可以把1分钟图和日线图放到一个界面上看：看上去风平浪静的日线图，在1分钟图上可能已经走了一个牛熊，如下图。

如上图，沪铜 2024 年 4 月 2 日的日线图，箭头所示即为 4 月 2 日当天的 K 线；下面那张图是 4 月 2 日的 1 分钟图。4 月 2 日那根日 K 线，对于日线交易者来说不代表什么，既不是突破也不是反转，做多的继续持有就是了。但对于 1 分钟图的研判来说，它先是走了一个 M 头，后面又走了个双底，经历了一轮完整的熊市，并展开了一轮尚未结束的牛市。这种分钟线的一轮又一轮的牛熊，可以说一天或者两天就会发生一次。那么我相信，当日线出现反转（事后较久证明是反转的情况），再去检讨日线反转当天的分钟线，也会出现这样那样的顶底形态。换句话说，这些分钟级别的，所谓能引发日线反转的顶底结构经常会出现，为什么就把反转日那天的分钟线结构提升到那么高的地位呢？蝴蝶理论说，南美的一只蝴蝶扇动翅膀，也许会引起飓风。我相信在数不清的蝴蝶扇动数不清次数的翅膀时，某一次某一只蝴蝶的扇动，确实引起了飓风，那么当你眼前有只蝴蝶在扇动翅膀的时候，你能否推导出来某处将发生飓风？或者，当你看到关于飓风的报道的时候，一定能推导出来是某只蝴蝶某次扇动翅膀引起的吗？也许波浪理论或者缠论另有奥秘吧，反正用我的顶底结构来研判分钟线和日线的关系，是没有那么直接的逻辑关系的。重要的是，当你持仓或者打算进场时，分钟线、小时线、日线、周线、季线、年线分别给出了不同的信号，那么究竟应该如何制定交易策略呢？

（3）解决分歧。还记得上一节潍柴动力的二姨吗？日线形态无法命名、周线是个三角形。这种案例还有很多，顶底形态、中继形态都有大小周期不同的情况。中继还好说一些，做模糊处理即可。顶底形态则事关方向，若日线双底、周线横向，该听谁的呢？会有人说那肯定听周线的啊！但对于日内交易者，尤其以分钟线来交易的交易者来说，周线的顶底形态没有任何意义，反倒不如听小时图的。所以，当各时间周期的方向、形态出现分歧时，时间架构理论就能起到很好的一锤定音的作用。还有趋势线、均线，在不同时间周期都会发生矛盾冲突。以技术爱好者常画的趋势线为例，如下图。

图中标号 1 的下降趋势线已经被突破，而标号 2 的下降趋势线还没到达。那么，当前（2024 年 4 月初）的趋势，究竟是向上的还是向下的？类似的问题几乎处处可见。其实，说趋势向上的和趋势向下的都对，观察的时间周期级别不同而已。

我在光大期货的直播间直播时（每到直播时我就感觉自己戴上了墨镜、后方挂着"铁口直断"的条幅。其实交易就是衡量利弊，处理各种问题的过程，谁能预测准确呢）经常会遇到两种问题。一种是占卜趋势的：某品种未来会怎么走？是否适合持有？这类问题我每次掐指算完都会先加上前提条件：日线周期来看，该品种如何如何。其实问者可能只是个分钟级别的交易者，我说的日线趋势如何、日线应在哪里止损，对于用了十倍杠杆的分钟交易者而言，那种止损、那种波动幅度，是交易中不能承受之重。另一种问题是我看着进场点不对的品种，也许换个周期就是好的进场点；我看着没机会的品种，在小时级别也许出现了一个很好的进场机会。有一次我根据某位提问者的仓位给他找出了对应的时间周期，在那个周期，进场时 K 线已经运行了 5 根了，彼时进场做空显然属于追空了，在该周期进场，随时可能遇到反弹，不易持仓。后来我调到日线，发现该交易者的入场点位，在日线恰是很好的进场点，于是我明白了，这位交易者是看着日线进的场，只是他仓位太重了，在日线里不易持仓，合理的止损位一旦触发也会损失较大。所以不同交易周期的交易者，眼里的方向、趋势、交易机会都是不一样的。一位日线交易者和一位日内交易者谈论趋势，恰是"夏虫不可以语冰"，彼此是很难理解对方的。同样的，我之蜜糖、彼之砒霜，我看着很好的止损点，日内交易者用来止损会损失巨大。我看着很好的交易机会，日内交易者做了可能会吃大亏。

（4）错失良机和做飞单子的问题。在从事交易的初始阶段，我经常复盘那些十倍、几十倍的大牛股，研究如何把它们从头吃到尾；后来做期货知道了克罗做空白糖五年，我也希望自己能做到像克罗一样长情。在交易实践中，我也发现，有些单子离场之后越走越牛；有些没有做的期货品种或者股票走出了良好的趋势。如何能把所有好的交易标的一网打尽并且持有到趋势结束，成为我很长时间一直思考的问题。解决这个问题，时间架构起到了部分作用：不符合自己时间架构的交易标的，涨到天上也跟自己没关系；超出自己时间架构承受范围的单子，该走就走，哪怕它之后再次大涨。也就是说，**涨或者跌的结果，不再是评判交易对错的唯一标准**。还记得之前举例的皖通高速日线图和月线图吗？皖通高速在 2022 年 2~10 月，经历了 175 个交易日的调整，期间最大跌幅达到 24%。如下图。

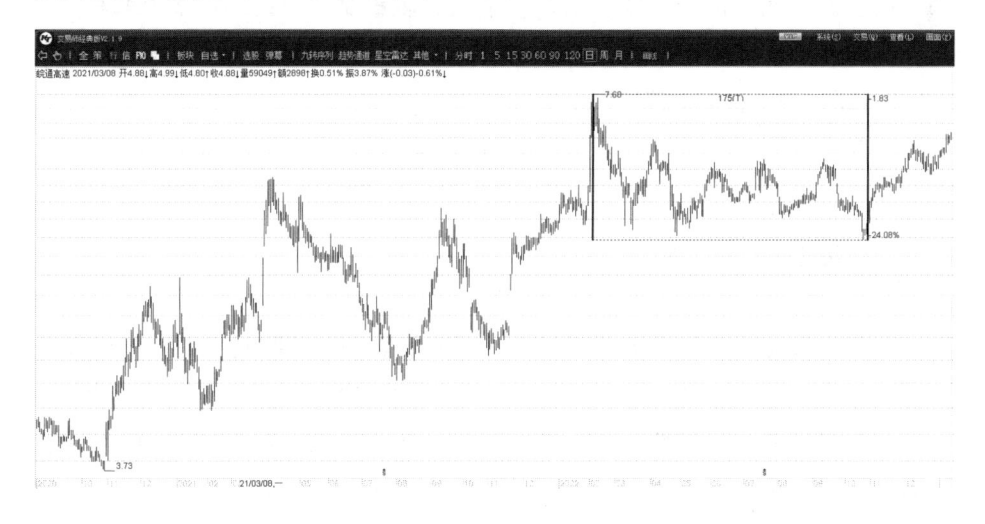

对于一名曾经拥有这只股票的交易者来说，看到如下这张月线图无疑是痛苦的。

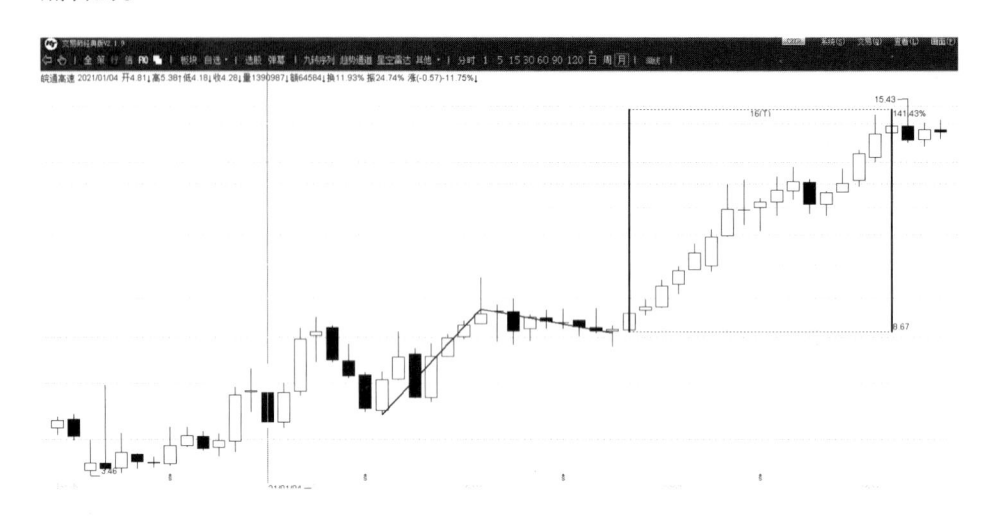

调整结束之后，长达 16 个月的上涨，高达 140% 的涨幅，如何让人不想它？但实际上，对于以日线为核心周期的交易者来说，175 个交易日的调整，24% 的跌幅，是无论如何不能也不应该承受的。若能承受，则此交易者必是月线为核心交易周期的交易者。所以一旦确立了自己的时间架构，只做时间架构规则范围之内的交易，那么遇到这种所谓错失良机，所谓做飞单子的问题，也就淡然处之了。

由前面的几个例子可以看出时间架构有多重要了吧？总括来说就是：不定义好时间周期，则无以谈方向，无以谈趋势，无以作出一致性的交易动作（意即忽而长线、忽而短线）。

下面我们掰开了揉碎了谈谈时间架构理论。

二、时间架构的定义

由核心交易周期和上下两层呈 3~4 倍的倍数关系的时间周期共同组成一个时间架构，用于辨别方向、选取进场点、设置初始止损点和最终离场点。

什么是核心交易周期？ 核心交易周期，就是交易者的主交易周期。有的期货交易者只做日内，如果他主要看 5 分钟图交易，且主要希望吃到 5 分钟图里的一段趋势，那么他的核心交易周期就是 5 分钟线。如果一位股票交易者主要看日线交易，希望吃到的是日线趋势带来的利润，那么他就是一位日线交易者，核心交易周期就是日线。

不是每一位交易者都有自己的核心交易周期。大部分情况下，在看哪个周期的图表进行交易方面，交易者会有自己的交易习惯。这么看来，交易者似乎是有核心交易周期的。但问题会出在两种情况下（也许会有更多的我没想到的情况）：

（1）因**自认为**的行情的变化而调整交易周期。以均线交易为例。比如交易者一般看日线图表，以 5 日线和 20 日线的交叉为进出场点。这种进出场方法基本就是日线交易者。但在长期下跌趋势下，交易者可能会在 5 日线和 20 日线并未交叉的时候因为大盘的单日大阳线而入场交易，此时交易者眼睛看的是日线图表，但其实从进场方法的角度，已经变成了小时级别甚至 15 分钟级别的交易者，因为此时 5 均线和 20 均线的交叉很可能发生在小时图表或者 15 分钟图表里。再以形态交易为例，日线交易者应在周线双底确认、方向扭转之后再进场，但假如受大盘日线或者利好影响，在单针探底、底部红三兵等 K 线状态下进场，则相当于在小时级别甚至 15 分钟级别出现头肩底等形态之后进场，那么日线交易者就变成了 15 分钟或 5 分钟交易者。同样的，在长期上涨趋势下，因一根大阴线甚至一根带上影线的 K 线而离场的例子比比皆是。从这种角度看，虽然交易者的看图习惯是比较固定的，但并没有确立它的核心地位，交易周期容易游移不定。

（2）虽然有较为固定的看盘周期图表，但进行分析时则在周期级别方面游移不定。这一条和第一种情况的区别在于，这种交易者并非因突发情况而变换分析周期，而是一直试图通过对各个周期的分析寻找交易机会。如前面所举的趋势线的例子，周线交易者可能会因为日线趋势线被突破而入场。或者希望做日线趋势，却在 1 分钟图表、分时线里寻找进场机会；或者分析了一下月线，认为是个大底、大顶之类的。此时交易者也是变化了交易周期，只是他并没有意识到罢了。

我认识的一些技术派交易者，对于做何种周期干脆是没有概念的，估计也没思考过。**很多人研究技术的目的，就是找到一轮牛市的最低点，然后一路持有，直到牛市最高点离场**。所以他们看盘的过程，就是大小周期到处游走、寻找高低点的过程。也有一些"即兴"交易者，觉得要涨了就做多，直到认为要跌了为止；或者觉得要跌了就做空，直到认为见底了为止。以上两种，就是干脆没有核心交易周期的情况。

在交易实战中，我觉得**确立一个核心交易周期是非常重要的**。确立核心交易周期，就是解决定位问题，就是解决"我是谁"的问题。这个问题解决了，如何画趋势线、如何看方向看趋势、如何进场、离场，就都有了固定的标准，就不会出现处置失当的问题。相信每个交易者都遇到过这样的问题：出大利好了，单日大阳了、大盘连涨好几天了；或者出大利空了、单日大阴线了、大盘连跌好几天了；或者出现了一根墓碑线、锤子线；或者跌破某根趋势线、突破某根趋势线……。此时交易者可能就会发出灵魂拷问：要不要进场？要不要离场？这次进了、吃亏了，下次同样情况不进了，结果错失行情了；这次离场对了，心中庆幸多亏跑得快，下次同样的手法离场错了，单子做飞了，心中懊恼不已。这些都属于交易处置不当的问题。问题的根源，实际上就在于没有定位好"我是谁"，我的上级是谁，我的下级是谁。在一个单位中，最惶惑的恐怕就是不知道将来分配到哪个部门，甚至不知道能不能留下来的试用期员工或实习生，见了扫地阿姨都要赔着三分笑（微笑、陪笑和赔笑不一样哦），遇到问题也不知道该向谁报告；某个级别的会议该不该参加也不知道，去了没准还遭到白眼；明明该赶紧报告的事情，觉得反正我也不见得留下来，就没有及时报告，出了问题被批评或辞退；到了酒桌上不知道该第几个举杯、坐在哪、说什么。这就是没有搞清楚定位，没弄明白"我是谁"，必然遇事心无定见和处置失当。反过来，一旦知道了自己的定位，请哪位领导指示工作方向、遇到舆情问题该让哪位下级临时转为临时工背锅（虽然比较流行，但这是错误的，我们应该持批评态度，但交易中是需要找小级别周期止损背锅的），那就清清楚楚、明明白白。更不至于越级报告被上级领导穿小鞋（分钟交易者看年线交易），也不至于越级指挥并因不了解基层情况而造成混乱（日线交易者看分钟线交易）。至于交易中谁是上级，谁是下级，那就是时间架构的搭建问题了，后文再说。

那么**如何确定自己的核心交易周期**？从根本上说，核心交易周期是由交易者的交易思想（每位交易者潜意识里都是有自己的交易思想的，只是有些交易者的交易思想经常飘忽不定罢了）决定的。比如在大熊市里吃过大亏的交易者，容易倾向于在"安全"的、止损时尽量不打到成本的位置进场，也容易一有风吹草动就赶紧离场。这种交易者其实属于小时乃至分钟级别的交易者，他们信奉"市场是坑人的，要见好就收"的交易思想。信奉长线是金，希望拥有时间的玫瑰的交易者，核心交易周期起码应该是周线的。除了交易思想，交易者的核心交易周期也和性格、人生阅历、交易方法密切相关（当然这些因素也是形成交易思想的部分来源）。比如一个"心大"的交易者，账户回撤20%仍然能吃得香睡得着，甚至单日波动20%也视为平常事，那么他的核心交易周期是可以放大的，比如期货高杠杆日线交易、股票周线月线交易等。而一个谨小慎微的交易者，选择日线以下交易周期的可能性偏大。所以我搭建时间架构，只是给出原理，并不觉得一定要用某个时间周期作为核心交易周期，最终还是要交易者根据自身的情况作出选择。

好了，核心交易周期有了，它的上一级周期和下一级周期如何确定呢？就是选择和核心交易周期有3~4倍倍数关系的周期来做上下级。比如核心交易周期是小时图，那么它的上级周期就是1小时的4倍，就是日线（有夜盘的品种就是4小时线）；它的下级周期就是60分钟除以4，就是15分钟图。3~4倍倍数关系只是个约略的数字，比如日线的上级只能是周线，而周线正常情况下包含了5个交易日，是日线的5倍。季线是由3根月线组成的，是月线的3倍，那么季线就是月线的上级周期。这种设置也是偷懒，因为交易软件上快捷方式就是这种5分钟、15分钟、30分钟、日线、周线、月线、季线、年线，为了便于操作，就有时用3倍，有时用4倍，甚至有时用5倍。对于用结构形态学交易的交易者而言，形态是由不固定的多根K线组成的，所以究竟使用3倍还是5倍作为倍数关系，其实差别不大。

为什么要用3~4倍倍数关系，而不是2倍、10倍倍数关系？一方面，这种倍数关系和我们人类使用的时间概念有关。我们一直设定的就是一个月大约4个周、一个季度有3个月、一年有四个季度。这种安排对人的交易心理和行为有很大影响，对资金的运动也产生了巨大影响，所以我们运用了这种倍数关系。另一方面，在实战观察中，我发现这种倍数关系的时间周期之间，关系比较密切，比10倍的关系密切，但又不像2倍那样几乎没有区别。有点像辈分关系：我们的祖宗对我们几乎没有影响，但我们的父母对我们有直接影响，我们的祖父祖母对我们的影响小于我们的父辈、大于更高的祖辈；同时，我们的子女对我们的影响，又大于我们的孙辈对我们的影响。在一个公司中，大部分时间对我们影响最大的是我们的直接上级，而不是遥远的董事局主席。我们的直接下属的工作成果对我们的影响，也大于更下级下属的影响。以我的观察，周线图形成的顶部形态，之后日线图一般会走很长的下跌，并在下跌过程中形成几个下跌中继，在日线图中看上去就是下降趋势；而日线图表形成顶部形态之后，小时图表也会在大部分情况下走出一轮熊市的状态。但日线图表的顶部形态，对于分钟级别的走势几乎没有影响，我们会发现几根下跌日线走出来，1分钟图表已经走了很多轮的牛熊——注意，这里面包括了"牛"，即日线连续下跌，不影响1分钟图表走出一轮牛市。这就有点像董事长在办公室大怒，毫不影响保洁阿姨忙忙碌碌地该干嘛干嘛。

为什么要用核心交易周期加上下两层时间周期构成一个时间架构？换句话说，为什么是三个周期构成时间架构，而不是4个、8个？因为这三层之间，关系最为密切，最容易从某层时间周期的动向中观察到邻近时间周期的可能动向。这就像三代同堂的一家人，三代人在命运、日常活动方面，彼此影响是最大的。我们既然要以核心交易周期为主进行交易，自然要观察对它影响最大的两个周期，而不是那些距离更远的周期——它们就像我们那些只在逢年过节走动一下的亲戚，有联系、有影响，但几乎可以忽略不计。既然是八竿子打不着的亲戚，我们为什么花费很大精力去维护关系、把他们纳入我们的核心圈子呢？

那么这三层时间架构，彼此之间是什么关系？为方便表述，我们在后文以日线为核心交易周期，以周线为上一级周期、小时线为下一级周期，即以周~日~小时构建一个时间架构。在这个时间架构中，假设日线是我们自己，那么周线相当于我们的上级领导，他会指导我们的日常工作、指明工作方向。那么在时间架构中，周线也就是日线的领导，它所指示的方向，就是日线交易应该遵循的方向。这一点至关重要。方向交易体系的原则是：在方向扭转之前，只沿着一个方向去做。那么方向扭转的标准是什么？以下跌为例：在一大段日线下跌趋势运行后，出现了周线底部形态，最好有反抽确认，那么我们认为，下跌的方向扭转了。之后的交易，只做多、不做空，直到方向再次扭转为下跌趋势，其标准，仍然是出现了周线级别的顶部形态，最好也有反抽确认。所以，**什么是逆势**？在这里就有了它的标准，那就是违背周线指示的方向做交易，就是逆势。逆势，相当于我们在工作中经常违背上级领导的意愿，那么小鞋、降薪、低年终奖、裁员都是可以预期的。所以，周线，对日线方向起指导作用。小时线在这个时间架构中相当于我们的手下、象棋中的卒子。它有时承担侦察兵的角色，我们在日线有了某种迹象的时候，用小时线的表现（比如小时线是否出现了一种顶部或底部形态）来观察这种迹象变为现实的可能性。大部分时候，小时线就像那个为了顾全所谓大局，被临时任命为临时工的背锅侠。以进场为例，当我们在节奏点进场做多、持仓在盈亏线附近晃悠时，小时线的波谷就是一个重要的止损点位，一旦被打穿，果断向社会发布通告，说这是临时工干的，已经被开除云云。既然谈到小时线这个低级别的时间周期，很多技术爱好者喜欢谈论"小周期的变化引发大周期的变化"。我曾经也是这种观点：你看，由于小时图头肩顶确认，引发日线见顶，进而引发周线见顶。这种观点相当于说：你看，由于保洁阿姨的失误，引起部门被解散，进而引起公司倒闭。这种情况有没有呢？有，但极罕见。从另一个角度说，就算真的是由于保洁阿姨的失误最终让公司倒闭了，那么这位保洁阿姨的失误，不也是公司管理出现了问题？所以我们看到的现象是保洁阿姨工作出了问题导致公司倒闭，但首先，这种失误在各个部门的底层甚至中层员工中每天都有可能产生，并没有每天让公司倒闭一次；其次，保洁阿姨的失误**也许**代表了公司管理出现了问题，但并不意味着这种管理出现了问题一定会导致公司倒闭。也就是说，小时线出现了某种迹象时，我们可以警惕大周期会不会出现问题，但不应以此为据，断言大周期已经见顶见底云云。所以，小时线充其量只是冰山的一角，它并不能确凿告诉我们这座冰山究竟有多大。小时线的运行，更受到日线的影响，而不是反过来。**总括来说，小级别周期并不能引发大级别周期的变化；如果大周期变化了，那一定是大周期自身或者它的上级出现了问题；小周期的表现充其量只能起到观察、警示作用。**

至此，我们大约用了4500字来解释这个定义中的34个字，好消息是剩下的那24个字（用于辨别方向，选取进场点，设置初始止损点和最终离场点）我们并不需要写太多东西。

读者一看就明白，这个定义的剩下24个字，是说时间架构的作用。约略解释如下。

辨别方向，是上一级时间周期的作用，以上一级时间周期的顶、底形态来辨认当前的市场方向。做股票的交易者绝大多数时间只能做多，熊市来临不太需要关心赚钱的问题，不赔钱已是万幸，所以空头方向虽也需要辨识，但无法作出做空动作，也就无法在熊市赚钱/赔钱，更何况，股票赔了之后很多人的做法就是拔电源止损，除了持仓股票退市之外，账户罕有动态清零的风险。期货则不同，由于做空也是可以赚钱的，所以很多交易者就多了一个方向选择的问题。对于期货交易者来说，假如在空头趋势下做多，面临的就不是拔电源的问题了，而是摸电门的问题。**所以对于期货交易者来说，辨别方向这件事情，事关生死**。友情提示：辨别方向是以上一级周期的顶、底形态被确认来辨别。

选取进场点：在没有时间架构的情况下，交易者可能会在各种周期级别选取进场点，且比较游移不定。在时间架构指导下，我们只在核心交易周期和它的下一级选取进场点。这么做的好处是：本级别或下一级别进场点不出现，市场再怎么表演我们都可以保持淡定，从而保证了客观看待市场走势、避免无谓消耗。友情提示：进场点我们一般用核心交易周期图表来选取，少部分情况用下一级交易周期的图表选取。**这是因为进场应力求确定性高一些**，尽量避免踩坑，不怕牺牲部分点位。比如我们以日线为核心交易周期，我经常会在日线节奏点收盘附近，或次日高于日线节奏点时进场。当小时图表现出极明显的进场信号或净值状态为"积极"时方考虑小时图进场（此时有资格牺牲一点确定性）。

设置初始止损点和最终离场点：止损和止盈，都属于离场，区别仅在于前者是亏损的、后者是盈利的。我一般喜欢用"初始止损"和"最终离场"来划分两种离场情况。初始止损点，指的是进场之后立刻设置的止损点，它往往在进场之前的交易计划表里已经设计好了。在K线脱离进场成本较远之前，虽然这个初始止损点会有所调整，但都属于危险期的止损点，无论离场时是赚是亏，我都称之为初始止损点。初始止损点大部分情况都是下一级时间周期的波峰（做空时）或波谷（做多时），这些下级时间周期波峰或波谷在大多数情况下都是核心交易周期的进场K线的上一根K线的高点或低点，有时会有所不同。当K线如愿良性运行，脱离成本区较远，离场点可以提高级别到核心交易周期。极少数情况，市场走出极长的趋势，我们的利润足以让我们从容观察上一周期的方向是否扭转，此时离场点级别提高到上一级时间周期。所以有了时间架构之后，离场的级别随着利润慢慢提高，保证的是"小亏大赚"的核心交易思想。

三、顶底和中继级别的定义

读者应该会注意到，我经常会使用"周线级别顶部""日线级别中继"等说法。在这里有必要解释一下所谓"某线级别"是什么意思。

一种情况是顶底级别，比如月线级别顶部，它在月线图中需要看着是个形态。当月线顶部形态形成时，日线顶部形态一定也是存在的，日K线数量极多、有时会由多个形态合并构成一个大的顶部形态；周线顶部也一定是存在的，K线数量相对少一些，看上去也比日线顶部形态简洁。非常抱歉的是，我无法对顶部形态进行K线数量的规定，比如几根月线组成双顶才算月线顶部形态。更多的，我是遵循"重神不重形"的原则来划分某形态是否属于月线级别顶部形态。我们来看一个月线、周线、日线均为M头的例子，如下图。

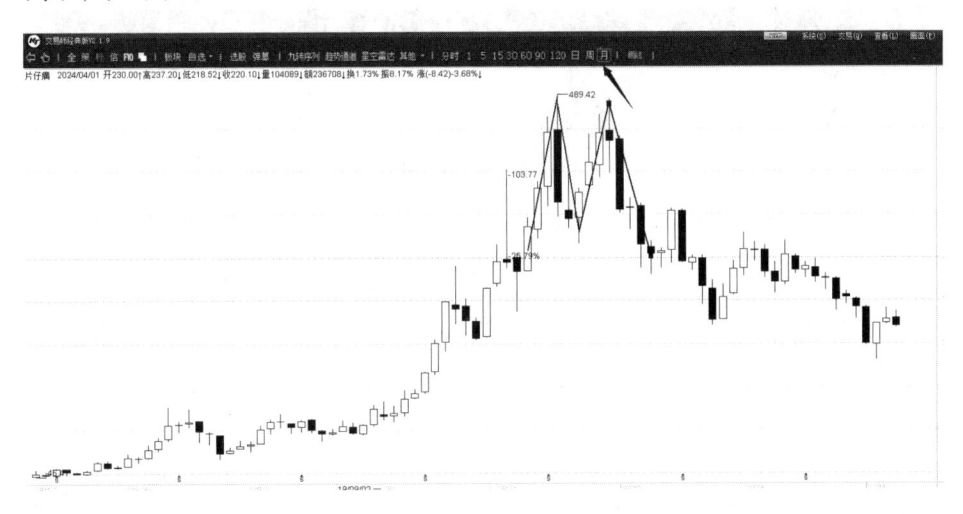

片仔癀2021年月线走出了一个非常典型的M头，我们定义其为月线级别顶部。其周线的顶部形态则形似M头，神似尖顶，如下图。

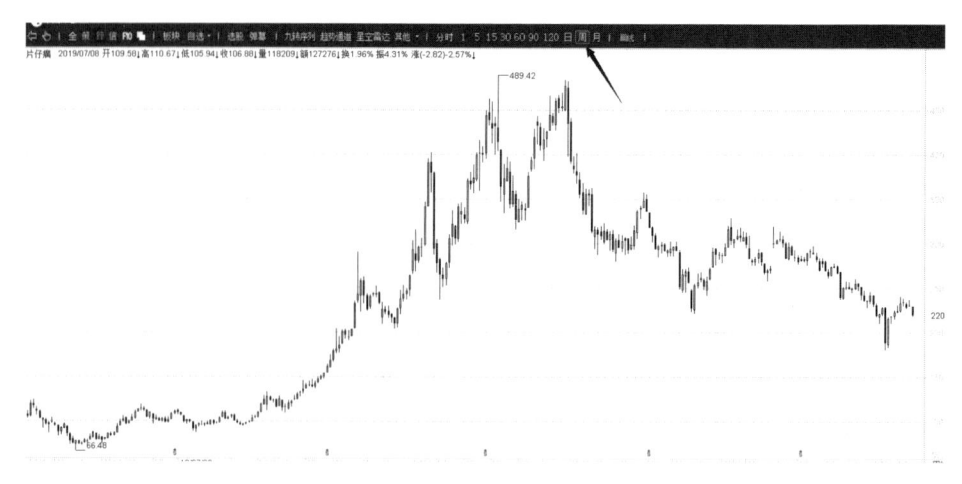

7月12日那周，489.42元的价格高点出现在周线下跌途中，它的下跌起点更像是发生在6月28日那周。若以6月28日所在周线为下跌起点，则周线不是M头；若只看M的形状，那么它的周线也是个M头。好在我们不是做学问的，周线究竟是个什么头对持仓交易者而言意义都是一样的：是个头就行，跌破颈线位最起码要减仓，若有反抽确认清仓就是了。一定要认真的话，那么我更倾向于参考月线和日线形态，给周线定义为M头。至于片仔癀的日线，则十分复杂，如下图。

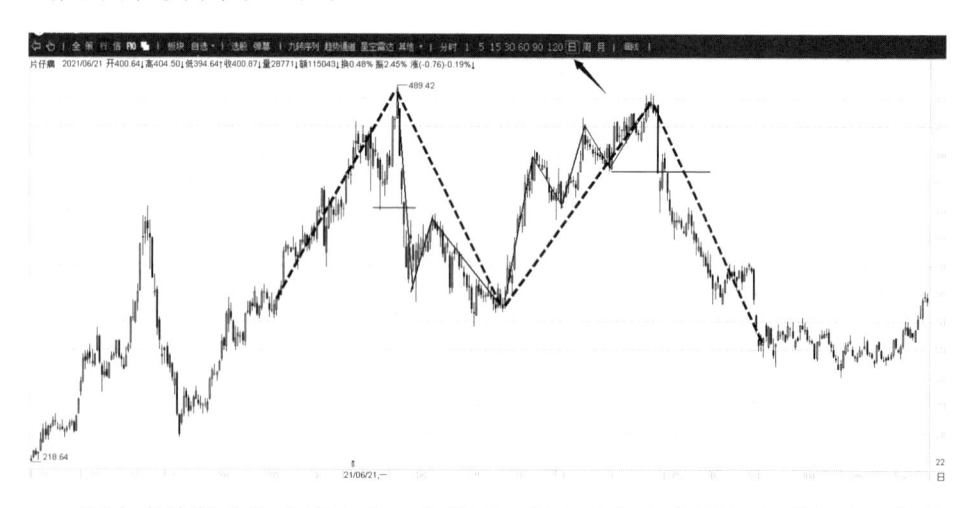

图中虚线部分为主流走势，它的下一级走势由左右两个尖顶组成。所以它日线的顶部形态的构成是很复杂的。

也有日线、周线M形状很大，月线按说应该可以组成M头的，但却没

有。比如中国船舶 2008 年的顶部就是这样，如下图。

中国船舶 2008 年月线走了一个很典型的尖顶，所以它就是月线级别的尖顶。而周线和日线则是 M 头。为省篇幅就不上图了，读者有兴趣可以自行翻看。

所以我对某级别顶部（底部）的定义就是：在某级别周期形成顶（底）形态，即为该级别顶（底）；若时间架构各层的顶底形态不同，则以最高级别的为主要形态级别。简单说就是，片仔癀月、周、日均构成 M 头，我们定义为月线级别 M 头，其周线方向为空头方向。底部形态的情况反过来看就可以了。

另一种情况是中继级别。中继级别比较好量化，季线这种大级别中继也能见到。具体见下表。

级别	标准
季线级别中继	3 季 <x<11 季
月线级别中继	3 月 <x<8 月
周线级别中继	3 周 <x<11 周
日线级别中继	3 日 <x<14 天

为什么用这些数字量化？首先是为什么大于 3？没有特殊理由，一是我从图表直观看，一段趋势之后，3 根 K 线的逆向波动更像是 一种停顿，2

根 K 线的逆向波动更像是趋势的一部分；另外就是勉强套用老子的哲学：道生一，一生二，二生三，三生万物。三就好比蟑螂，见到了一只就相当于见到了很多只。其次是为什么小于 11、14 等数字？理由很简单，以日线为例，当日线中继大于等于 15 根 K 线时，已经是三根周 K 线了（当然遇到大小长假又会更少一些 K 线），已经晋级为周线级别中继了。其他数字也是相同的道理。

在股票交易中，中继级别的意义要大于顶底级别的意义，因为我们大部分情况下都是在寻找一个又一个的潜在 N 字，然后参与完成 N 字的最后一笔。假如我们是日线级别交易者（即以日线为核心交易周期的交易者），那么只需要寻找周线级别的中继即可；其他以此类推。一般来说，季线级别中继结束后，开启的是月线趋势；月线级别中继结束后开启的是周线趋势；周线级别中继结束后开启的是日线趋势。当然也不能一概而论，还要参考中继形成前的那一笔趋势的长度以推测开启的是哪一级别的趋势。

四、时间架构常见分层

股票交易和期货交易的时间架构是有区别的。商品期货大部分合约几个月转换一次主力合约，所以单论主力合约的话，是很难见到月线级别的中继、顶部等形态的（主力连续合约有时可以看到）；而在股票交易中，无论是大盘还是个股，季线、月线级别的中继还是比较常见的，月线级别的顶底相对少见，但也比商品期货多。另外，股票交易受 T+1 交易制度影响，无法做日内交易，所以小到小时、分钟级别的时间架构对于股票来说也是没有意义的。

我在这里提到的时间架构分层，有两个作用，一个作用是为交易者提供一种参考，交易者可以从中选择与自身情况比较匹配的时间架构来应用；另一个作用是研判行情和选择交易标的，即不同层次的时间架构**可能**会形成大小不同的行情。所以时间架构是有双重身份的，既是交易者的自身定位，也是行情研判的工具。

我们先看看股票交易的时间架构的三种分层，如下表。

分层	行情性质
季~月~周	超级大行情
月~周~日	大行情
周~日~2/1小时	吃饭行情

季~月~周这种分层，意味着交易者以季线顶底结构确定方向或在季线级别中继结束时，进场做月线趋势，并以周线节奏点为进场点，以周线为初始止损点。在实际交易中，季线级别的顶底形态比较少，但季线级别的中继要多一些，之后开启的也是月线级别趋势。如下图。

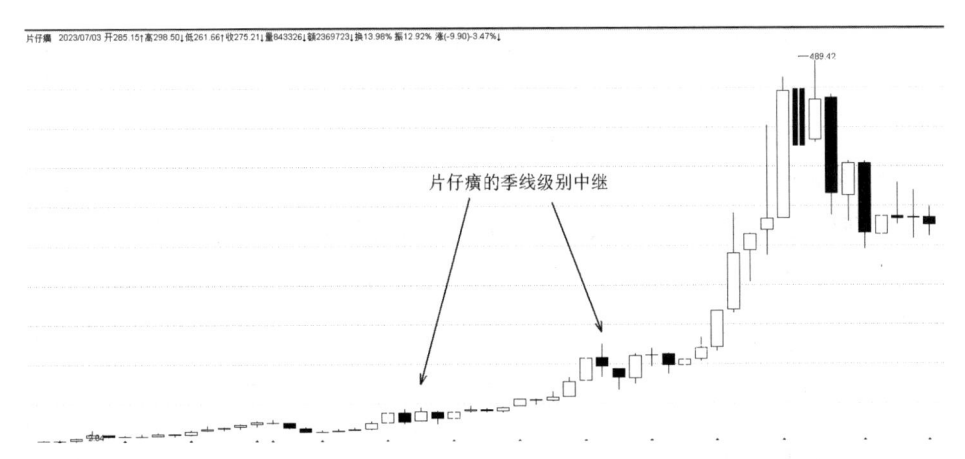

片仔癀的季线级别中继

像片仔癀这样的季~月~周层次的股票还有一些，但看图说话容易，联系到实际交易，这个层面的时间架构，是极难交易的。上图中的两个季线级别的中继，第一，历时极长，一年或一年以上的横盘震荡，对于我们这些一天一天过日子的人来说，实际上是非常难熬的；第二，更难的是，这两个中继的振幅极大，看着平平淡淡的几根K线，动辄47%~61%的振幅，一般人的心脏也是受不了的。还有非常重要的一点：假如交易者能在季线中继的时间空间双重折磨下初心不改，那么片仔癀在季线周期，后来是走了个尖顶，而且是非常不友好的直上直下型的尖顶。这种尖顶防守的唯一办法就是比较中继面积。片仔癀之前的两个季线中继面积，分别是5×61.1=305.5和7×47.15=330.05，那么只有当片仔癀的调整面积大于330的时候才能认为片仔癀有可能发生了季线级别的尖顶。彼时片仔癀的价格已经从高点回落了50%多，从400多元的个股变成了200多元的个股。所以片仔癀这种季~月~

周层次的时间架构，在实践中基本是无法应用的。只有一种情况可以用得上，即我们在 2010 年的 5 元左右入场，之后随着利润的大幅增长，不断把离场级别从日线提高到周线、月线、季线，才能一路持有到它出现了季线级别的尖顶。届时哪怕 200 元离场，也是从 5 元拿到 200 元的。14 年，40 倍的利润，也值。但很难。所以我研究了很久涨幅十几倍、几十倍的大牛股，结论就是：这些大牛股只是一列一列开往不同方向的、行程长短不一的火车，我们不要希望坐上所有的火车并坐完整个行程，而是根据自己的实际需要，坐该坐的车，在需要并且可以上车的站点上车，在必须下车的站点结束旅途。简单说，就是按自己的时间架构交易，不去患得患失。

月 ~ 周 ~ 日层次的行情相对多一些，指数和个股都有不少。月线级别的顶底，个股多一些，指数少见；月线级别的中继，指数和个股都有不少。这种级别的行情，若是出现在指数，意味着一次大牛市来临了，买什么都赚钱，股神遍地走；不断有人高喊一万点不是梦，也不断有人顿足捶胸提示高点已经到了风险很大。著名的 2007 年大牛市是 2005 年月线双底之后走出来的，如下图。

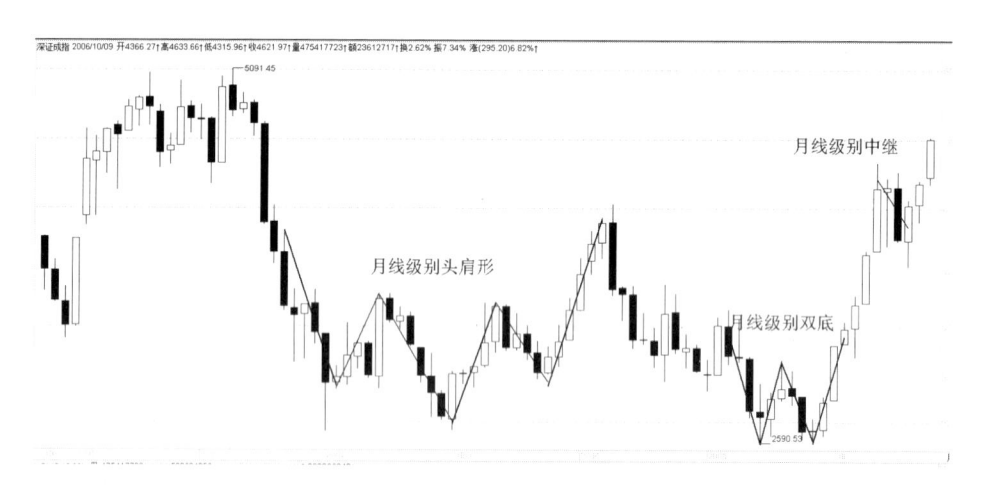

上图是深成指 2005 年形成的月线级别双底，之后还走了一个月线级别的中继。双底的左边还有个很完美的头肩形，移步季线也可以称为季线级别的头肩形。但可惜这个头肩形相对于之前的下跌趋势而言，显得太大了，彼此之间不匹配，所以只是一个头肩形而已。

2014—2015年上半年的大牛市，之前是个什么底部形态，我也研究过。从上证指数的角度，有点像个三角形底部，但感觉也有些大了，与之前的下跌段不太匹配，如下图。

这脚感觉比马皇后的要大十码左右。再加上深成指等其他指数不支持这个三角形底部的推断，所以就被否定了。综合各指数的情况，这个底部应该是个月线级别的平底，如下图。

当然中国股市轰轰烈烈的大牛市一共就这么两次，以此证明月线级别底部和中继的威力显得苍白无力。那么道琼斯工业指数那么多的月线中继总能说明问题了吧？其实说到底，在金融市场，即便有一千个证据证明某个理论都是不够的，第一千零一次的突变就能给重仓者带来灭顶之灾。所以我向来是用原理、规律推断，而不是列举证据——《证券混沌操作法》的作者比尔·威廉姆曾经说过，任何一项技术、指标，他都能找到 5 个以上的反例。所以我对技术，尤其是形态学的态度一向遵循十六字箴言：**探究原理，直指交易；多方假设，小心跟随。**

具体到交易实战，我们更应该关注的是个股的月线级别中继，之后开启的往往是周线级别趋势。这种行情一般是慢牛，日线、周线运行中会有波折。难点在于：①进场时往往距离合理止损点稍远，比较考验交易者的耐受力。道理在于月线级别中继往往选取的是周线进场点，合理止损点在周线低点。而周线进场点出现时很可能日线已经运行了两三根以上连续上涨的 K 线，对于一些日常波动幅度较小的股票来说，合理止损幅度动辄 5% 以上，而日常波幅较大的股票则有可能超过 10%。②若进场后行情立刻出现调整（这是很有可能的，因日线运行一段之后进行一下调整很正常），对于持仓的心态是个很大的考验。我们先来看看紫金矿业的案例：

上图是紫金矿业 2023 年的一段中继，这个中继历时 10 个月。由于这个中继的价格重心在图中的横线部分，所以方框中的价格视为挖坑，忽略不计。这只股票进入视野很久，但一直没出买点，所以一直闲置在潜力股中，也一度进入备选股、重点关注股（我们的股票池设了四层，详见第五章第一节），但随着进场点消失又回到潜力股。一直到了 2024 年 2 月 8 日那周的周末复盘，该股再次进入交易计划。

2024年元旦后的第一次复盘，这只股票就进入视野了，计划在下半周、日线横向盘整比较充分之后，突破盘整时进场。可惜它不争气，只好退货，回到潜力股股票池。到了2月8日那周的周末复盘，发现该股又可以重新进入视野了，就又把它请回了备选股股票池。当然日线上看，这只股票偏丑，不过在当时的市场环境下，它已经算是能看的了。

而当这只股票通过复盘日线图表进入交易准备时，由于其横盘时间很长，预计应为周线以上级别的中继，此时可以进入周线图看看，如下图。

周线图看着不像日线图那么有种箭在弦上的感觉，同时我们发现，这只股票很可能在月线上形成了月线级别中继。如此一步步倒推，才有了前面紫金矿业的月线图。日线和周线看着有点丑的紫金矿业，到了月线图看着很美，也符合月线级别中继的量化要求。这时再回来看周线图，三根周K线的上升（虽然夹杂着一根周阴线，但总体是上升的）是有些让人望而生畏的。幸运的是，该股的日线图有了一个节奏点，且止损距离还能接受，如下图。

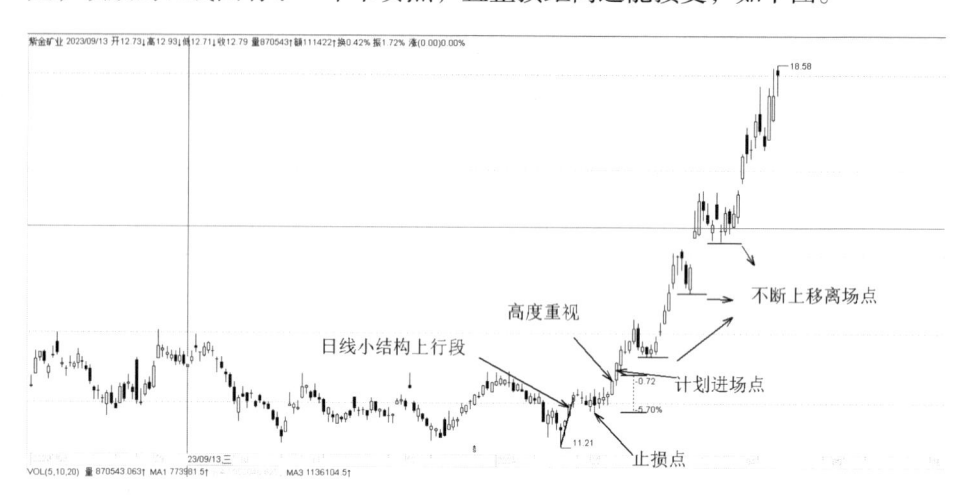

图中的计划进场点之前，已经连续走了3根日K线阳线，图中所示日线小结构的上行段也只不过运行了4根K线，无论时间还是空间，日线小N字结构都面临着对称。所以如果只是一个日线级别的标的，这种进场点是不太好的。但月线级别中继之后出现日线进场点不太好的情况还是可以忍受的。经计算，计划进场点和初始止损点之间的止损幅度为5.7%，相对于月线级别的进场，这种止损还是比较低的。所以这只股票经过反复分析，还是可以进场交易的。到2024年4月13日为止，该股已经上行了8周，最大涨幅接近50%，属于周线级别的趋势，符合之前的推断。读者可以想一下，同样是走8根K线，若是走了8根正常波动的日线趋势呢？一般也就10%、20%的样子（除非连续涨停），比8根周K线的50%幅度差远了。所以这种月线中继之后的周线趋势，能成功的话，都属于大行情。当然月线中继之后也有的股票走得并不远，所以读者勿把月线中继当成走大行情的充分条件，最好的态度就是小心翼翼进场，一步一步跟随。

比较常见也比较易于操作的，其实是**周~日~小时**行情。对于指数而言，周线级别的顶底远比月线级别的常见；周线级别的中继更是每年都有。可惜个股做空不易，否则这种周线级别中继、日线级别趋势的行情，每年都会提供吃饭的机会。所以这种级别的行情我称之为吃饭行情。

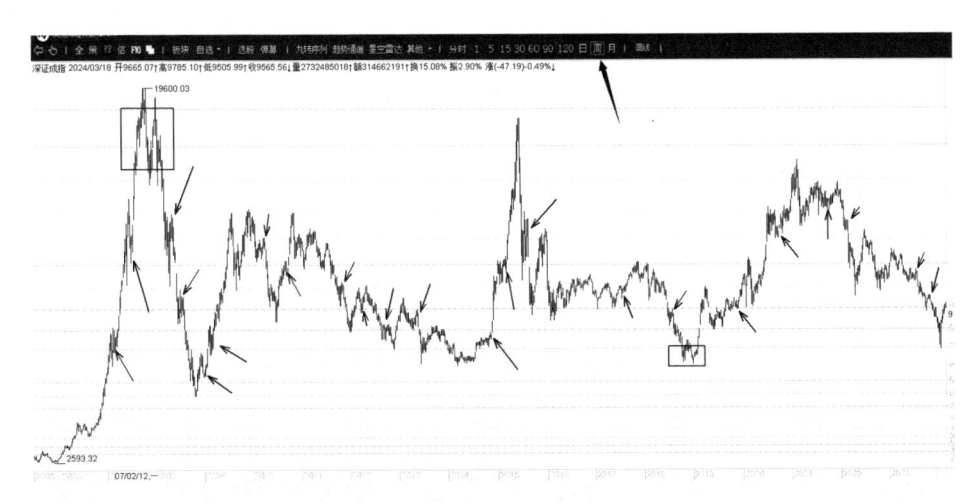

上图为深成指 2005—2024 年的周线图。图中出现了两个明确的周线顶底形态（图中方框部分）。而周线级别的中继则每年都出现，其中向上箭头为做多机会，向下箭头为做空机会。只不过有些机会夭折了罢了，但每年都会出现。我们的任务仍然是做个股，所以重点还是看看个股怎么交易，如下图。

还记得上一节的"四舅妈"宁德时代吗？这是它的周线图。这个周线级别中继已经接近月线级别了，但月线图里它不够 3 根 K 线，所以算作周线级别中继。著名的宁王，其实并不好做。首先是进场点。除了 2019 年 11 月中旬有个季线级别进场点之外，再就是这个 2020 年 9 月底的进场点了。其次是不易持有。宁王一路上涨期间最大振幅接近 40%，调整周期动辄以月计，除非在 2019 年 11 月和 2020 年 9 月这两个进场点进场，否则很难吃到最后。这也就体现了基本面派的优势：他们也许可以依据业绩、成长等信仰一路持有。但在离场方面，技术派优势要大一些，2019 年 11 月中旬的进场，大概率能熬过中间两次接近 40% 幅度的调整，之后在月线两次背离处离场，距离最高点也不过 12% 的幅度，已经是很完美的离场了。但在 2020 年 9 月底的进场，之后遇到 2021 年初的 34% 幅度的调整，将吃掉大部分利润，是没有理由持有的。书归正传，四舅妈的周线图看完了，是个周线级别调整，图形属于我们的亲人图形，然后我们再回顾一下四舅妈的日线图，看看如何进场，设止损，如下图。

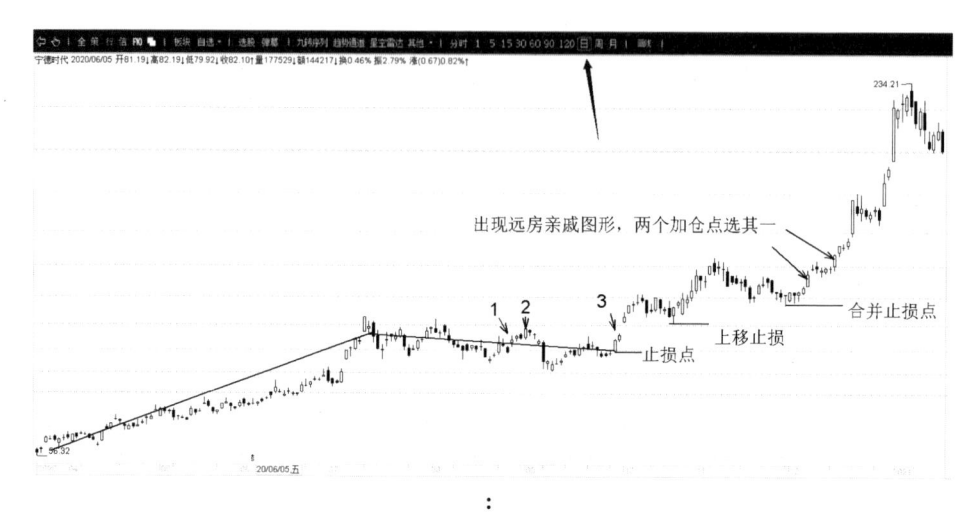

再看细节，如下图。

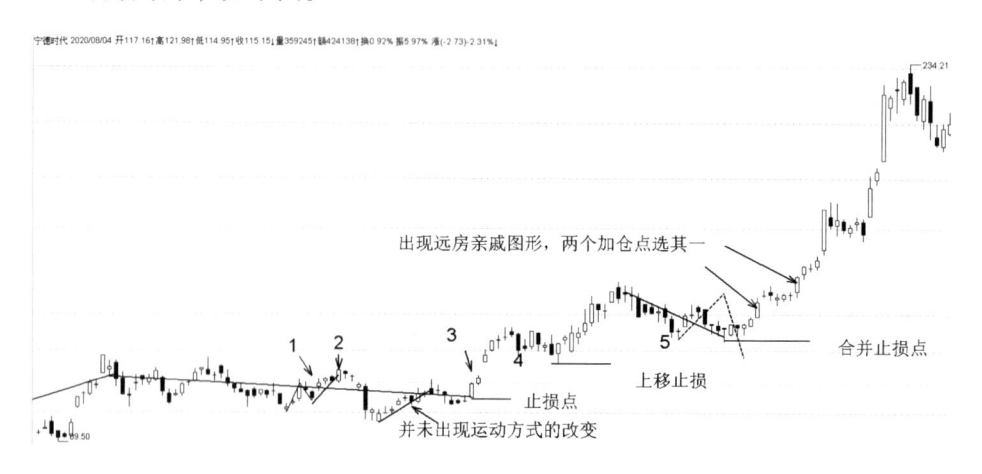

其实写一只股票如何交易，远不似诸多视频、书籍、文章中所说的那么简单：出现某种信号入场，然后大涨。每一只股票的运行过程里都里面充满了细节，此处能进场，彼处也能进场，为什么在此处进场而不是在彼处进场？止损位事后看一目了然，当时呢？好了，我们仔细看看这位桀骜不驯、前程远大的四舅妈是如何折磨我们的。在标号 1 的 K 线出现前几天，该股已经可以进入潜力股票池了——虽然有点丑，也不太清楚她叫什么名字。标号 1 处是可以考虑的，从整体形态看，它还处在一个平缓的调整中，之前的上升段也有点力度。标号 2 处是不太考虑的，因为已经处在图中小 N 字的末端。若净值状态很好，标号 2 处也可以考虑，防止出现同级别节奏点（同级别节奏点定义详见下一节）。若标号 1、2 处进场了，之后跌破小 N 字谷底会被打止损。后面该股跌幅有点大、跌速也快，但仍然还在忍受范围内，所以不用把它从潜力股股票池剔除。又经过了漫长的两周，这只股票在标号 3 之前的那根中阳线出现之前，是不会进入视野的，图中已经说明了，那段回升比较缓慢，与之前的小 N 字相比，斜率接近，并未出现运动方式的改变。标号 3 之前的那根中阳线是需要注意的，因其突然改变了运行速率，但说实话由于之前的上升段运行速度慢的问题，这里并不是眼前一亮、非做不可的那种状态。所以做交易有时是需要一点运气的，这一点我很同意青泽老师的说法。若恰好手中有闲钱，担心国庆后大盘或个股大幅高开高走，净值状态也还行，标号 3 处是有较大概率进场的，但有经验的交易者一般会比平时进场的仓位低一些。之后标号 4 处那段调整，在持股过程中也是颇费思量的，毕竟小时图里是有 M 头概率的。如果持仓利润较小，或者整体持仓状态（指的是有其他股票或期货的情况）、净值状态较差，当股价到达标号 4 然后再次上升，再次下穿标号 4 的低点时，作出离场动作也是合理的。幸运的是，如果在标号 3 处进场，持仓利润还可以，不算大也不算小，加上标号 4 之后的那根阳线也算有力度，之后的下跌阴阳夹杂，整体比较缓慢，形成一种小时级别 ABC 调整，所以大概率不用在标号 4 处离场。当股价突破这次小时级别调整的高点，新的离场点出现了，即图中标注的"上移止损"处。后面该股又出现了一段调整，这段调整级别是周线级别的，面积小于进场前的那段周线调整，所以若非之前的仓位不足，这里是不用考虑加仓的。当然，在确认这段调整是远房亲戚图形之前，我们先要考虑的是离场问题。图中标号 5 处之前的调整面积大于标号 4 处所在的那段调整，所以这里要高度重视。由于持仓利润较为丰厚，所以可以从容观察一下。若出现图中虚线所示走法，会是一个潜在的日线级别 M 头，标号 5 处是需要离场的。好在最后走成了日线 ABC 形，虽然不是那种很亲近的亲戚，也算是逢年过节会走动一下的远房亲戚了，所以如果仓位不足，后面是可以考虑加仓的。图中的两个加仓点，一个是形态内节奏点，一个是形态外节奏点，选哪个都差不多。加仓之后，两次进场的离场位合并到图中标注的"合并止损点"。之后宁王还有新的交易故事，现在写这么多已经超出这一案例的主旨了，先打住吧。

前文介绍了股票交易的时间架构，现在我们谈一谈期货交易的时间架构。期权就不谈了，跟期货的差不多。

大部分商品期货每个合约的生命大概三四个月，所以大部分合约熬不到月线中继结束就已经换月了，换月后这些合约又会在价格上与上一个主力合约出现断层，所以大部分商品期货的月线级别中继是没用的。金银和部分有色品种会遇到月线中继，我们只需要按股市介绍的时间架构去处理交易就可以了。商品期货时间架构分层如下表。

分层	行情性质
周 ~ 日 ~ 2/1 小时	大行情
日 ~ 2/1 小时 ~ 30/15 分钟	吃饭行情
2/1 小时 ~ 30/15 分钟 ~ 10/5 分钟	隔夜或日内行情
45 分钟 ~ 15 分钟 ~ 5 分钟	日内行情
15 分钟 ~ 5 分钟 ~ 1 分钟	日内行情

在股票交易中，我们多数情况是寻找一个又一个的且符合核心交易周期的潜在 N 字，更多关注中继级别问题。而在商品期货交易中，绝大多数情况下我们都需要关注顶底形态，也就是关注方向。个别情况，当没有明确的顶底形态时，遇到亲人图形那种潜在 N 字，也是可以交易的。具体交易方法，无论哪一层时间架构，其实都是一样的：上级周期定方向，找中继；本级核心交易周期找中继，找节奏点，设止损点；下级周期找节奏点，找初始止损点。各级周期有功能重复的情况，比如核心交易周期和下一级周期都有设置初始止损的功能，这需要具体问题具体分析。

五、时间架构应用

我们用一个案例来把时间架构的作用串一下，既是商品期货时间架构的案例，也作为本节的总结。

假如交易者是一位 5 分钟级别的交易者，他应该怎么做呢？以做多为例：第一步，在它的上级，即 15 分钟或 20 分钟图里看方向，选取有被确认的底部形态的品种；第二步，寻找 15 分钟级别中继的亲人图形；第三步，等待 5 分钟或 1 分钟级别的节奏点出现；第四步，在 5 分钟级别或 1 分钟级别设置进场条件单、初始止损单；第五步，随着利润扩大，提高止损级别到 5 分钟图；第六步，假如利润不足以扩大到 15 分钟级别图表（这个概念会在波士顿循环里讲到），在 5 分钟图里逐步抬高离场位，直到 15 分钟或 5 分钟级别出现顶部形态、反向节奏点（即做空节奏点）等离场信号。至此，一笔完整的交易宣告结束。一笔完整的交易，体现的就是时间架构的作用：定方向，选交易目标，等进场点出现，设初始止损位和最终离场点。我们以 5 分钟级别交易者交易黄金 2406 合约为例。2024 年 4 月 12 日上午开盘，习惯于看 5 分钟图表交易的交易者小伍，打开软件切换到 5 分钟图看到的是这样一幅图。

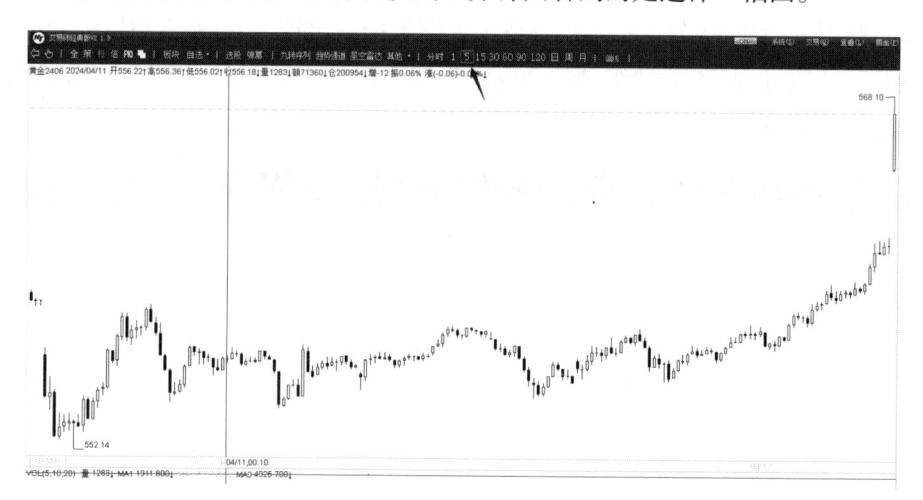

经常看光大期货网络直播的小伍，当然知道不能逆势交易，所以他看了一眼 5 分钟图表的上级——15 分钟图，看看上司今天指示了什么方向，如下图。

虽然上司没有明确的指示（即没有明显的底部或顶部形态），但小伍用头发都能想出来，最起码上司没有指示往南走（做空），而且根据上司最近一系列的行为特征，上司北上的想法很强烈（做交易并非每时每刻都能看到明显的顶部或底部结构，但一眼望去，上级周期直观的趋势方向若是明确的，那么不用非得很教条地找个底部或顶部形态），所以小伍的主要想法就是跟随上司指明的方向，找个机会进场做多。最佳机会当然是上司心情好也准备行动的时候了（即在15分钟图表里等待亲人图形中继出现）。只有3根以上15分钟K线出现才是15分钟级别的中继，所以小伍先去忙别的，定了45分钟的倒计时，等到9点45再看，如下图。

小伍发现大阳线之后并没有形成 3 根并列的、亲人的 15 分钟中继，所以小伍既担心上司单独行动，又担心现在跟着上司走，万一他只是去上个厕所呢？思来想去，小伍觉得还是再等几根 15 分钟 K 线吧，没出现 15 分钟级别的横向中继就算了。上午的 10∶15~10∶30，是商品期货休市时间，也是兴奋、沮丧、纠结、焦虑了一个多小时的交易者的休息时间，一般用于上厕所。这个时间段若交易者有持仓且重仓的话，一旦 10∶30 行情出现突变，交易者就会面临很大的风险，所以这种情况被戏称为冒着"撒尿风险"持仓。小伍在 10∶30 看了一眼黄金的 15 分钟图，如下图。

小伍发现，领导虽然之前往北走了几步，现在又在往回走，看来领导大概率只是去上厕所。"幸亏没跟着走"小伍暗自庆幸。于是小伍决定继续观察领导动向，没有十足把握就不动了，免得拍了领导的马蹄。之后小伍发现领导确实走回了办公室，小伍再次觉得自己很聪明。下午 13∶30，小伍发现领导往北走了一大步，他有点警觉了，如下图。

小伍觉得，领导平时走路四平八稳，怎么突然迈开大步急匆匆往北走？尿急？董事长召唤？领导要有行动？都有可能。同时虽然 15 分钟图形不算很亲，但也算个远亲了，他决定在 5 分钟图、1 分钟图里观察有没有必要跟上领导的步伐，如下图。

最后，小伍在1分钟图表里找到了节奏点，他决定尝试一下，同时把1分钟图（也就是小伍的下级）节奏点失败当成初始止损位。后来，很不幸，领导并没有一路北上，而是去董事长那里转了一圈又回到了自己的办公室。而小伍提前打印了领导的北上誓师讲稿，领导大为光火。幸亏小伍已经提前想好了对策：实习生（或临时工）领会错了小伍的意思，错误打印了这份文件，必须开除，如下图。

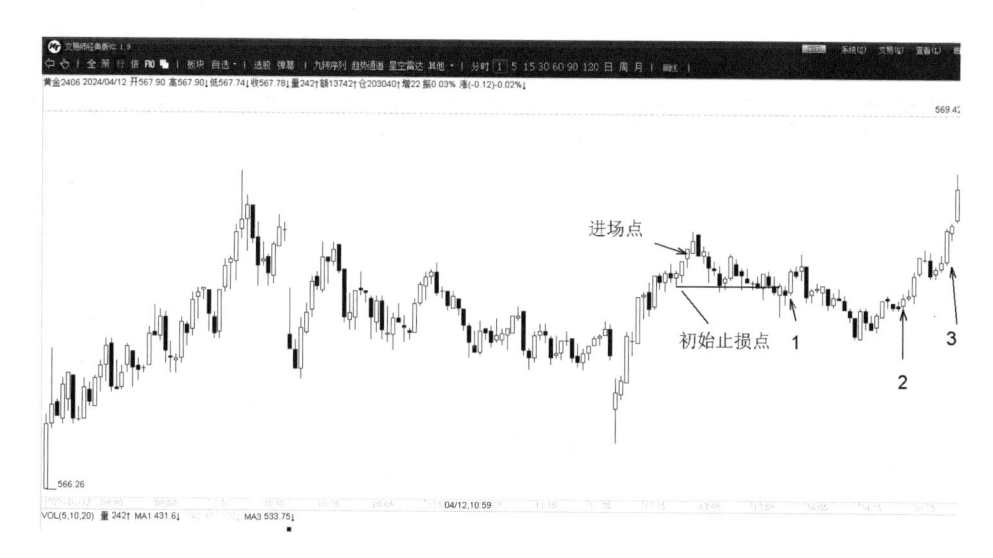

当然领导为了显示自己的大度，只是交代小伍务必约束好自己的下属，并没有开除那位倒霉的实习生。不过经过这件事，小伍发现：①揣摩领导意图时尽量稳妥一点，别太着急；②实习生（临时工）颇具背锅侠气质，必要的时候还是要请他们背上那口黑锅。之后，上图标号1处由于小伍刚刚挨过批评，还没回过神来，所以没有进场，倒是躲过一劫。标号2处小伍觉得领导行为方式变化不大，不像是要行动的样子（其实这次他错了，领导已经开始穿外套了，不过小心驶得万年船，小伍再等等也是对的）。标号3处，领导已经走到公司门口了，问题不大了，于是小伍再回头确认了一下如下的15分钟图。

妥妥的亲人图形，于是小伍在1分钟节奏点下单，并找好背锅侠，如下图。

后来领导一路北上，小伍由于紧跟领导步伐，颇受领导赏识，于是小伍就把自己的下属打发回单位了，自己担任了可能的背锅侠（由于小伍已经颇受领导赏识，所以小伍当背锅侠的代价就不是那么大了，说不定还因为勇于承担责任而进一步受到赏识）。小伍亲自当背锅侠也就相当于提高离场位的时间周期级别，如下图。

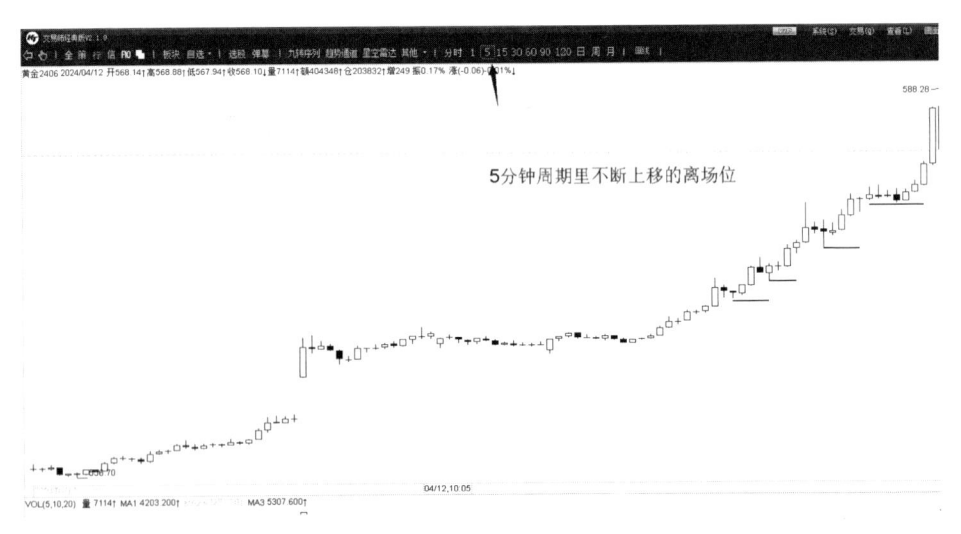

最后一个离场点小伍其实是不怎么在意的，尤其是那根大阳线出现之后。但 23：20，小伍被领导从被窝里拽出来，面对一群记者承认自己只是个临时工，如下图。

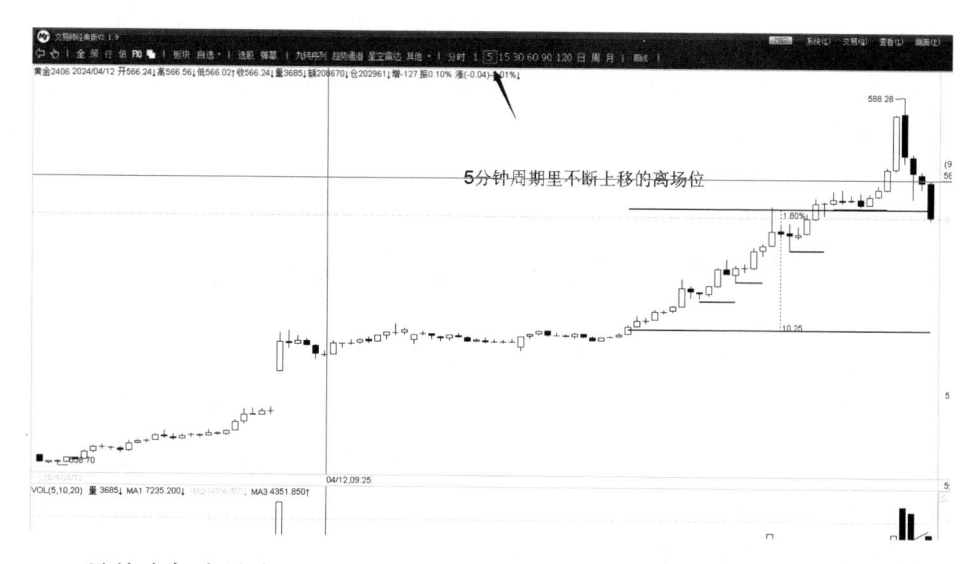

虽然小伍在社会层面成为了临时工，但由于背锅有功，且在跟随领导的步伐中获利颇丰（1.5% 在日内交易中也算是不错的收获了），所以小伍心里明白，这个锅背得，值！

从这次跟随领导北上的行动中，小伍有了以下几点心得：

①跟随领导的话吃肉的概率比挨打的概率大。

②尽量别急着跟随领导，多观察且耐心一点。

③出了问题优先让自己的下属当背锅侠。

④如果一直让下属当背锅侠，有点风吹草动就甩锅，第一是容易提前下车，吃不到那么多肉。第二是多个人分享胜利成果也会减少收入。第三领导也会对自己有看法。所以一旦受到领导赏识，就赶紧让下属回家（提高离场级别的重要性）。

⑤任何时候都得系着安全带，再顺利的境遇也别得意忘形。

小伍的故事，既可以在 15~5~1 分钟层次的时间架构讲，也可以在其他层级的时间架构讲；既可以在黄金交易里讲，也可以在其他商品品种和个股里讲。技术分析的好处就是一通百通，希望读者多多揣摩小伍在黄金交易里的思路、方法，在其他交易标的和时间架构里讲出相似的故事。

本节最后再友情提示一下：时间架构理论可以应用于主图指标和副图指标的参数调整。比如均线，我们可不可以在一张图表里设置好自己、领导、下级三条均线？再比如 MACD 参数，我们可不可以根据自己的核心交易周期调整一下这 12、26、9 这三个参数？指标发明者当初为什么用 12？现在可不可以改成 10？我是看裸 K 线交易的，所以没兴趣仔细研究这些参数问题，有心的读者可以根据时间架构的原理自行研究。

第五节　节奏点——聆听市场的号角

技术规则这一部分，一共七节，但主要内容是如下四个。

①结构形态学，包括基本理论要点、顶底形态、中继形态。这部分借鉴了波浪理论的结构分析再结合形态学，根据自己的实践和思考，对这两种技术分析方法进行了结合、优化、简化，理论创新占比不高。这部分内容属于基础部分，与实战有交集，但更偏重于理论。

②时间架构理论。"时间架构"是我在某本外国人写的书里看到的一个名词，感觉很符合我的三层时间周期理论，于是借用过来。时间架构理论的具体内容、应用，是我自己创立的。这部分内容直接与市场接轨，完全是应用于实战的，属于整个方向交易体系中非常核心的一个部分。

③就是本节的节奏点了。节奏点交易，受利弗莫尔"关键点"、铸剑先生"崩溃点"启发，结合我的结构形态学，形成了节奏点交易理论。这个理论，有借鉴的部分，大部分是自己的东西。节奏点和时间架构一样，也是直接和市场接战，关乎到具体的进场、离场方法，可以说和时间架构理论不相上下，同属于方向交易体系中的核心部分。

④是时空研判，是下一节的内容。这部分主要是测量方面的内容，更偏重于分析、策略，属于工具包的性质，熟练了也可以扔掉。这些测量技术来源不一，我的作用主要在于通过长期实践，选取其中比较贴近实战的测量和研判方法，去掉我觉得跟实战关系不大的一些方法。所以这部分内容原创的几乎没有，在整个体系中的地位也不高。

我想先讲讲节奏点理论的来源。

最早我是受一款 IPAD 游戏的启发。大概 2010 或 2011 年左右，我在 IPAD 上玩一款李小龙的格斗游戏，有点像拳皇，但比拳皇更有真实感。我发现最佳出击时机是对方一次攻击结束后，下一次攻击前的间隙；或者是在对方连续出击过程中两个动作的间隙。一旦把握住这种节奏，后面会打得很顺利。有了这个发现之后我就想，交易的节奏是什么？首先交易一定是有节奏的，不是连续出击，而是按照行情来了做一段，然后休息一段，等待下一次机会这种节奏来进行；再就是第一次出击尽量谨慎，争取踏准节奏，后面就会顺利很多，而踏准节奏需要耐心等待、仔细观察，在不易被对方攻击的瞬间出击。

后来我看了一本讲利弗莫尔的书，书里有他做伯利恒钢铁的进场点，那是一个小的折返点之后的一根阳线，书中称之为关键点。我突然觉得自己的发现得到了高手印证。再后来是看了铸剑先生（网名）的《崩溃点战术》，他重点讲的是在调整周期的末端出击，以及如何计算调整周期的时间长度，虽然我不太认可书里的计算方法，但我觉得他的思想是很有价值的，即估算调整时长，然后观察、应变。

之后综合了我的亲人图形、运动方式、时间架构三方面的理论，我搞出了这个节奏点理论。下面我们就介绍一下这个理论。

一、世间万事皆有节律，交易应有节奏意识

我们仔细想想就会知道，世间的万事都是有节律的。

一年有春夏秋冬，月有阴晴圆缺。佛说宇宙、地球、事物有成住坏空。朝代兴替有穷变通久。八字理论讲"胎、养、长生、沐浴、冠带、临官、帝旺、衰、病、死、墓、绝"十二宫，和一个人一生的过程基本一致。我们的时代也有它的节奏，改革开放以来，包产到户——乡镇企业崛起——个体户——国企改革——互联网大潮——房地产——信息技术革命，等等。各个阶段皆有其弄潮儿，也都有过气的和被新时代甩下车的老一辈富豪。我们看影视剧也经常遇到这样的桥段：上不了好幼儿园，就上不了好小学；上不了好小学，就上不了好中学；上不了好中学，就上不了好高中；上不了好高中，就上不了好大学；上不了好大学，就找不到好工作；找不到好工作，就找不到好的婚姻伴侣。结论就是悲催的人生从上错幼儿园开始，开挂的人生也从上了

好幼儿园开始。当然现实人生并没有那么夸张，但这个桥段也反映了虎妈们"一步顺步步顺，一步错步步错"的尽量踏好人生节奏的想法。

所以踏好节奏就是：在春天播种，秋天收获，冬天休息；在少年时学习，青年时努力工作，中年时稳健布局，老年时安心养老；在行业初兴时进入，行业兴旺时扩张，行业衰退时找到新的出路。反过来，少年时谈恋爱、迷宗教，青年时佛系躺平，整个就乱了，后面就会活成笑话。我也见过总是能赶上行业末班车的，个人能力很强，收获却平平。

有时踏错节奏是被迫的。比如入市时恰好赶上牛市的尾声，甚至直接赶上了熊市；比如大学毕业分配到一个夕阳行业；比如巴菲特在1970年代才开始搞自己的投资事业（那个阶段美国股市比较低迷）。我觉得，一旦被迫踏错了节奏，应该尽力调整，不要被沉没成本拖了后腿。比如大学毕业进了夕阳行业，别去想进这个央企有多难和花了多大代价，尽快学习新的技能，转行。在交易中被迫踏错节奏的事情也有，比如2015年6月中旬，有的基金成立了，进场就是暴跌，怎么办？没别的办法，蛰伏并等待新的节奏。

所以节奏一要踏、二要等。踏的是自己能力圈范围的节奏；等的是，当交易者处在不擅长的节奏里时，等自己能力圈范围的节奏到来。我想，总不能一个人又擅长农业又擅长办乡镇企业，还擅长互联网还能在房地产市场里面长袖善舞，把时代的红利全都吃到吧？这就跟交易者希望把牛市、熊市、震荡市的所有利润都吃到一样，是一件极难做到的事情。

不去踏节奏、不去等节奏，是交易者在交易中容易出现的问题。

下跌趋势里总是去抄底，既属于踏错节奏，也属于不知道等待节奏。我这里说的"不去等节奏"，更多的是指如下两种交易现象。

①追。交易中看对了方向，做对了趋势，最后却亏钱了，基本就是追了——追高做多或者追低做空。趋势在运行，这本身就是一种状态，它不会一直处在这种状态里，迟早会转换为另一种状态：中继。当我们发现趋势已经运行了一段了，此时**可以确定的**是它一定会在某处停下脚步，**不能确定的是它在何处停下脚步**。所以，当我们在趋势运行中进场，就是在做不能确定的事——趋势随时有可能停下脚步，让我们的利润变为亏损或大幅回吐。这里我用的是"趋势运行中"，而不是"趋势运行中段"，因为后者是上帝的视角——既然是中段，那么进场还能走半段，为何不能进场？而"趋势运行

中"，既可能是中段，也可能是末段，这才是交易者当下的视角。

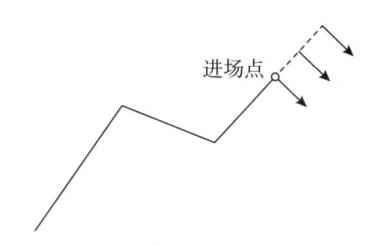

图中这个进场点，尊重了趋势，但把这单交易置于巨大的不确定位置：走势随时会在图中三个箭头处进行停顿。而这三个停顿，也许就是终结，也许就是停顿。终结，必须离场；停顿，可以持仓等待。届时怎么处理这个单子？止损过于敏感，若遇到停顿，会做飞单子；止损过宽，遇到终结，势必产生较大亏损。此时，要么转而交易其他处在节奏初起的标的，要么等待它形成新的节奏。

②急。大部分情况下，"急"表现在股票交易中。我们要知道，大盘的运行是有节奏的，当大盘处在调整周期，也会有上涨的个股，但大部分个股都会走调整或者涨一天跌一天，持仓非常不易。我常见到交易者上一分钟出掉一只股票，下一分钟又换了一只股票进场。其实他出掉那只股票无非有两种情况：上升途中的获利了结，回调过程中的右侧离场（或初始止损）。假如因股票处在上升途中获利了结的话，大部分情况下大盘也在上升途中，无论大盘还是大部分个股随时会出现上一条"追"遇到的问题。假如因股票开始调整而卖出，或者觉得大盘要调整了才卖出，那么一旦调整开始，就不是一两天的事，小级别调整也要三天，中级调整持续数周，大级别调整持续数月，不待调整结束就进场，无疑就踏乱了节奏。**我们可以无法确知调整节奏何时结束，但我们可以在调整大概率已经开启后耐心等待一段时间；我们无法确知趋势节奏何时结束，但我们可以控制自己不在趋势离开起点较远的运行中进场交易。**

二、节奏点的定义

为什么节奏点没有叫"关键点""崩溃点"呢？不是因为要标新立异，而是这里面有如下含义：市场是有节奏的，我们要有意识地去踏这个节奏，并且学习在一个重要的"点"去踩这个节奏。前面讲了"踏节奏"的问题，这里开始讲"点"。

节奏点，是**假想**节奏点的简称，是某级别逆向波动的**可能**结束点，是市场结束逆向波动继续沿原有趋势方向运动的**可能**启动点。

解释定义向来是很无趣的事，我在这里尝试一下用一个生活中的场景来解释什么是节奏点。

我家的狗叫点点，很聪明，也很喜欢下楼玩，我每次到一楼客厅，它的大眼珠子都转来转去，观察我的动向，研判我是否进入了遛它的节奏。假如我只是卧室、餐厅、厕所、沙发等区域正常活动，看都不看它一眼，点点就知道我没打算出门，更不可能遛它，于是它就继续安静地趴着，绝不来烦我。但当我在遛狗的时间出现在客厅，它就会很警惕，站起来，更仔细地对我的行动进行研判。如果我仍然在各个生活区域正常活动，它就继续趴下；如果我冲着大门走去，然后在门口开始穿外套、鞋子，它就会走到门边看看，但很节制，仍然是一副观察的表情，因为我很可能只是出门，而不是遛它。直到我拿起了狗绳，点点就确认我要遛它了，立刻开始摇头摆尾地撒欢，嘴里发出呼哧呼哧的声音。门一开，它会毫不犹豫地冲出去。反过来，如果我没有拿狗绳，它是不会冲出去的，也不会表现得很欢快。

我拿狗绳的动作，就是点点的节奏点。

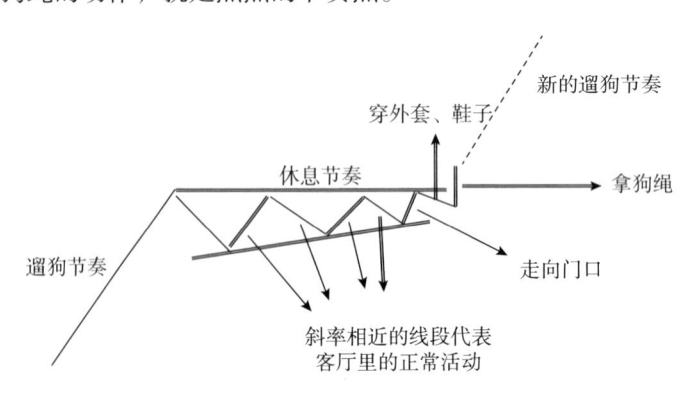

对于点点来说，我之前的遛狗行为，是它的户外活动节奏；回到家里它当然知道大概率不会立刻又出门，所以它就安心趴在客厅里，看我的行动。我在家里的正常活动（图中斜率接近的线段）它是不关心的，只是看着，等待着遛狗时间的到来，研判我的异常行为。对点点来说，凡是和遛狗相关的行为，都是异常行为，比如目不斜视走向门口，比如穿外套、穿鞋子。但根据以往的经验，我穿外套和鞋子的行为，也许是外出，并不带它出去，所以点点发现我穿外套和鞋子的时候，就只是提高了警惕，走到门边继续等待最后的信号——拿狗绳。狗绳一拿，节奏点生效。下面再提炼一下。

大的节奏：户外活动——休息——可能的新的户外活动。对应市场的趋势段、休息段（逆向波动）和可能的新的趋势段。

我的正常行为：在客厅里走来走去，期间也数次接近门口，但脸、身体不是冲着门的，所以都属于正常的行为。对应市场在中继内部的小的N字运动，这些运动的斜率大致相同。

我的异常行为：①身体冲着门走过去，对应中继内部斜率突然出现变化的一段小走势。②穿外套、穿鞋子，对应另一段斜率变化的小走势。两段小走势构成节奏点形成前的N字结构的前两笔。

我发出的信号：拿狗绳，对应市场的假想节奏点。

我代朋友养过一段时间别的品种的狗，那条狗显然就比点点笨很多：我每次到了客厅，它都会跑到门边等着；我每次接近门口，它就开始撒欢。它的对照组点点，则趴在那里稳如泰山。

整个过程，我不说一句话，但点点看懂了；市场也不会说话，我们也需要看懂（我希望读者们不要产生不适感，我一直觉得遛狗这种例子特别适合讲解节奏点，若有读者有不适感，我在这里先行鞠躬道歉了）。

好了，节奏点的定义差不多解释清楚了，现在需要重点解释一下定义中涂黑的"假想""可能"。仍以遛狗为例。

我拿起狗绳，突然想起来没拿手机，又折返回楼上拿手机，拿起手机发现有个需要回的电话，打电话打了很久——节奏点失败。

我拿起狗绳，打开门，突然想起来需要拿手机——节奏点大阳线后又走了一根K线，然后失败。

我拿起狗绳，打开门，下楼了，突然想起来要赶紧处理一单合同——节奏点大阳线之后走了一小段，然后失败。

起初，我给学生们讲节奏点的时候，学生经常拿图形来问我，这是不是节奏点，隐含的意思就是后面会不会一直走趋势。但我当然知道，后面可以有上述三种情形，不能让学生误以为我确认的节奏点就是一定会成立的、开启一大段趋势的节奏点，所以我每次都要解释一下后面可能还是会失败。解释次数多了，烦了，我就干脆把节奏点起名为"假想节奏点"。我觉得加上这两个字很好，让我们随时警醒着，知道市场上最确定的事情就是市场的不确定性。

简单概括一下，节奏点，对于点点来说，就是遛它的信号；对于交易者来说，就是市场多头或者空头在对峙中取得胜利后吹响的进攻号角。**这个号角，也有可能会失败。但没有这个号角，我们连参与的必要性都没有。**

三、节奏点分类和交易优先级问题

1. 形态内节奏点

形态内节奏点，就是节奏点形成时，它所在的小结构的主体还处在整个大形态之内，或者虽然有部分主体超过了大形态范围，但运动方式的变化发生在大形态之内，这种节奏点，我称之为形态内节奏点。

什么是节奏点所在的小结构？一般来说，节奏点形成时都会有异常变化，这种异常变化往往以小的潜在 N 字的方式表现出来，我称之为小结构。这个结构与整个形态相比，时间周期的级别要低一、两级，所以我有时也称之为次级别节奏点。在论述同级别节奏点时我们会用到"次级别"这个概念。下图展示了一个不太完美的节奏点。

绿地控股在 2014 年底—2015 年初，先是走了一段比较波折的上升趋势，之后走了一个横向中继，总体上构成亲人图形。注意看形态内部的分段走势，在圆圈之前的小上升段和下跌段，斜率比较一致。圆圈之内的部分，正常运动方式应为虚线走势，但该股走了实线走法，上升斜率比之前的上升段高、回调斜率比之前的下跌段低，直观看几乎是平的，那么这就相当于我走到门边，并且开始穿外套和鞋子。这时候点点等待的就是我拿狗绳的动作。图中标注的节奏点，就是我拿狗绳的动作。这个节奏点，小结构（图中圆圈内的实线部分）主体部分没有脱离大的横向形态，且其看上去仍然属于形态的一部分，只是运动方式发生了改变，那么这种节奏点被我命名为形态内节奏点。那个横向中继是周线级别的，这个小结构是日线级别的，所以它是次级别形态内节奏点。

需要注意的是，并不是所有形态内节奏点都有形态内部前面升、降段斜率接近，最后出现小结构斜率变化的情况。绿地控股这种走势属于相对标准的，它的缺陷仅在于小结构第二笔的三根 K 线看着不完美。遇到不太标准的形态内节奏点，该做还是要做的，只是相对来讲警惕性要高一些、交易优先级要降一降。

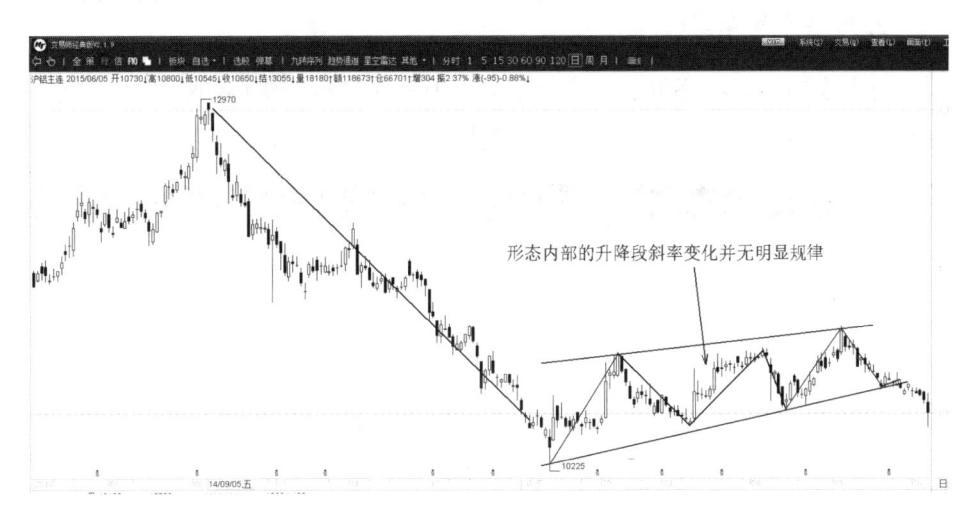

上图为沪铝 2015 年初的一段上倾楔形中继。楔形内部的三段上升段、三段下降段并无明显斜率变化的规律，但仍然在形态下边沿形成了小折返，这种情况也是形态内节奏点，是需要注意其交易机会的。下图为局部放大图。

这个节奏点并不是很好。第一个问题：此处折返由 5 根 K 线组成，与之前的小结构下跌段 11 根 K 线相比虽然接近一半，但直观看这段折返的面积与下跌段面积比不太成比例（大约占下跌段的 13%，我们一般要求占 33% 以上），第二个问题：节奏点那根 K 线并不大，信号不强烈。所以这个节奏点只在账户净值处在积极状态时用作交易信号，其交易优先级是较低的。

2. 形态外节奏点

与形态内节奏点不同，形态外节奏点所在小结构的主体明显脱离了整个形态，此时不论节奏点是否突破中继高点，皆以形态外节奏点论。

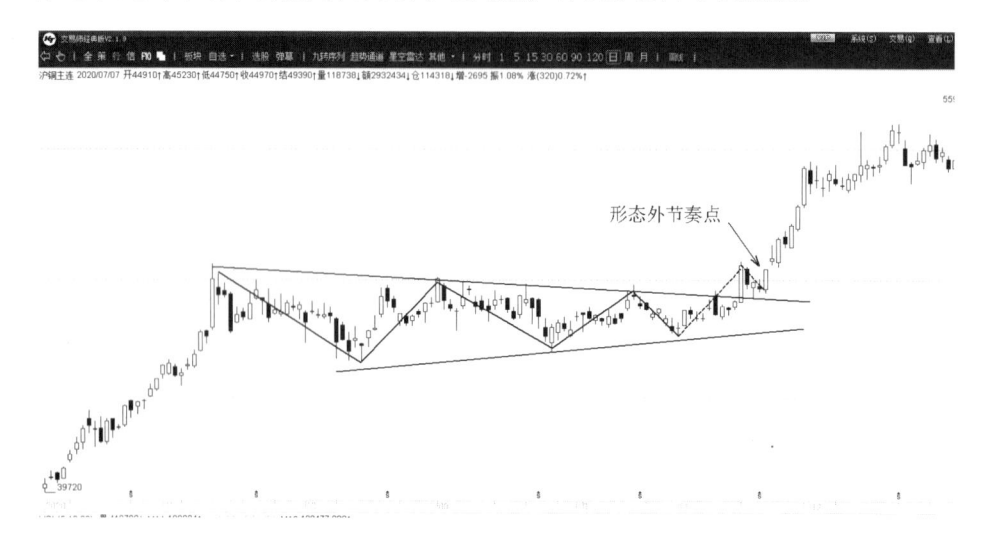

上图是沪铜 2020 年形成的三角形中继，虚线部分构成节奏点所在的小 N 字结构，这个小结构的主体明显脱离了三角形范围，虽然后来形成的节奏点并未超越三角形的高点，仍然属于形态外节奏点。

2009 年的纽元美元的形态外节奏点则完全超出了形态之外，如下图。

这个中继我虽然画了个矩形，但其实它只是个无法命名的横向中继，这种中继并不少见，之前在讲中继的时候特意谈到过，以重神不重形为原则，只要目测它是横向的一个中继就可以了，至于叫什么名字并不重要。图中粗虚线部分构成形态外节奏点的小结构主体，这个主体完全脱离了横向中继，最后形成了一个形态外节奏点。细心的读者也会注意到，在这个形态外节奏点形成之前，纽元美元还在形态内构筑了主体在形态内的小 N 字结构（图中细虚线部分），并以一根阳线形成了形态内节奏点。这个节奏点也是要做的，若是恰好错过了，做做形态外节奏点也是不错的选择。

还有一种斜率较低的线形中继，它也会形成自己的节奏点。这种节奏点不属于线形中继的组成部分，也叫作形态外节奏点。换句话说，所有线形中继形成之后，再走小 N 字结构，所形成的节奏点皆为形态外节奏点。福耀玻璃 2020 年的形态外节奏点，如下图。

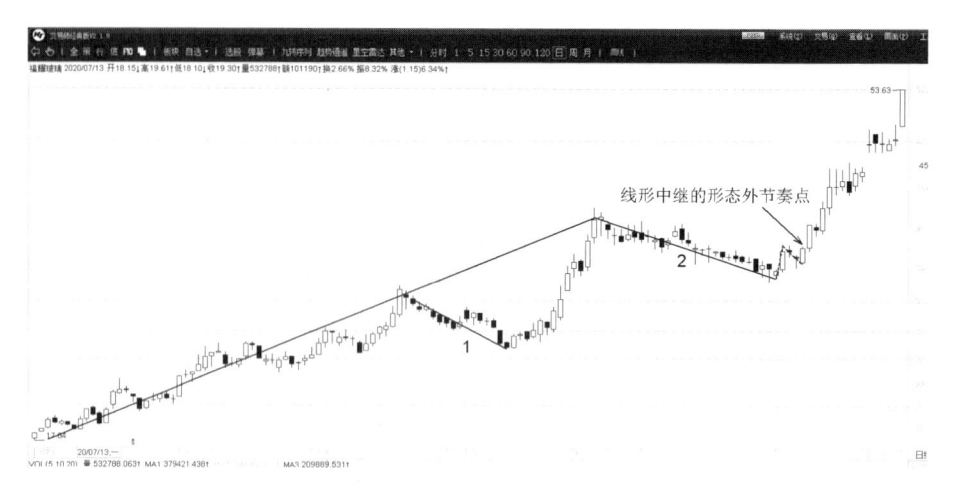

图中标号为 2 的中继就是一根斜向下的线条，且斜率较低，也属于可交易的中继类型。这种中继的变数要比横向中继的变数多一些，所以一般我们要等待其形成一个小 N 字结构后进场交易。图中虚线部分即为我们等待的小 N 字结构，箭头所示 K 线即为形态外节奏点。读者会注意到我把标号为 1 的线形中继也划分到上升趋势段里面，这是因为 1 号中继长度远小于 2 号中继，所以它和其他的上升趋势段共同构成了更大级别的上升趋势段。进行这种结构划分的意义在于量度未来的潜在涨幅。量度方法我们会在下一节介绍。

3. 同级别节奏点

前面两种节奏点都是带有小 N 字结构的，这个 N 字结构的时间周期级别小于它所在的中继形态的级别，同属于次级别节奏点。但还有一种情况，就是突破中继时并无小 N 字结构，而是由一根或数根 K 线连续上升来完成对形态的突破。若中继是日线级别的，通常一两根 K 线即可完成对形态的突破（注意不是对形态高点的突破，而是对形态边沿的突破）；若中继是周线级别的，那么这种突破很可能由一两根周 K 线完成（在日线图上看是连续数根的日 K 线），所以突破 K 线的级别往往和中继的级别一致，这就是"同级别"这个命名的由来。

同级别节奏点通常以下面这种情况为佳。

中继为横向或斜率较低的线形中继。周线的线形中继通常意味着日线的窄幅波动，如矩形；日线的线形中继则意味着日线没有形成明显的形态，中继各 K 线价格重心如同一条直线（见图 1）。这样一来，突破形态的 K 线也就一两根，止损较小。宽幅震荡的中继也有同级别节奏点，也能交易，但交易优先级要下调，同时最好等待一个形态外节奏点，若没出现形态外节奏点，一般情况下这种交易标的是要放弃的（见图 2）。

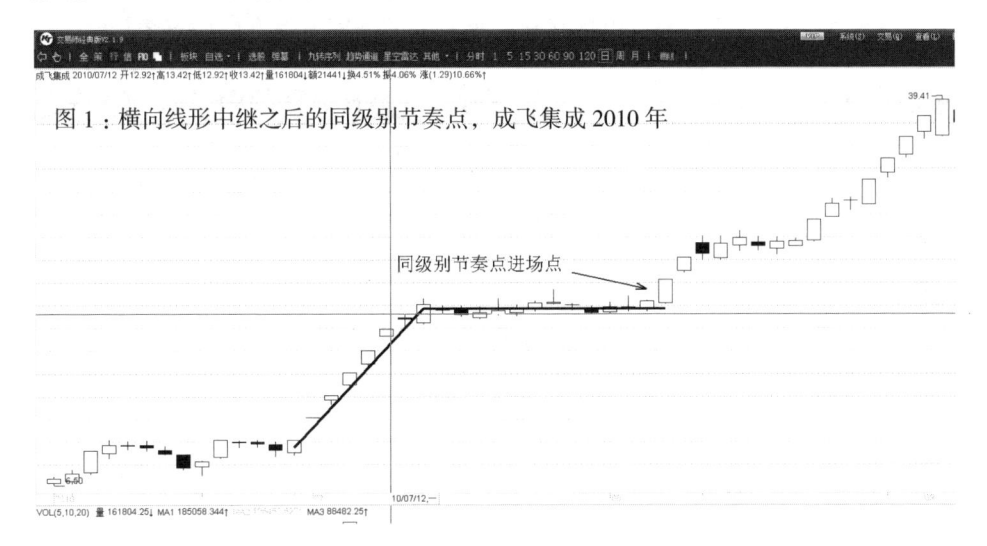

图 1：横向线形中继之后的同级别节奏点，成飞集成 2010 年

成飞集成是 2010 年的妖股，在一波连板之后形成了横向中继，这个中继波幅非常窄，各 K 线的价格重心几乎在一条直线上。这种中继是很难得的，遇到了应予密切关注。图中所示节奏点那天，突破横向中继高点时即可进场，止损点设在横向中继的低点。最低目标涨幅是 90%，止损幅度约 13%，从性价比的角度这笔生意是很划算的。当然横向中继高点所在的那根长上影的 K 线也是可以进场的，只不过之后没打到止损（那一段中继的低点）。

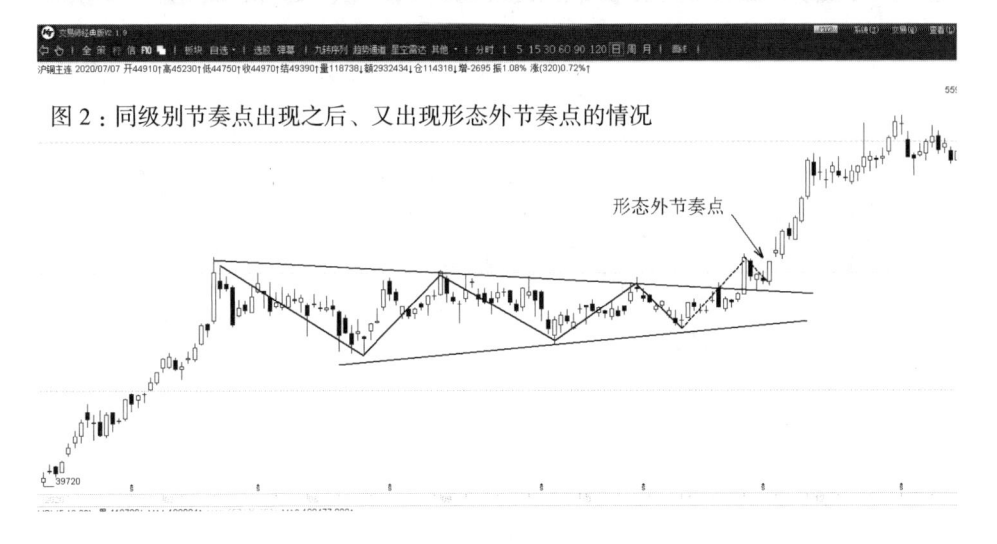

图 2：同级别节奏点出现之后、又出现形态外节奏点的情况

还记得前面讲形态外节奏点时，举的沪铜的例子吗？方便起见，我们再把它的日线图复制一下：

其实这个形态外节奏点出现之前，先有的同级别节奏点，如下图。

这个周线图几乎是线形中继，也出现了同级别节奏点。但它的振幅相对大一些，在形成这个节奏点之前已经走了两根周线小阳线。而这个周线同级别节奏点的买点，在日线图上是这样的，如下图。

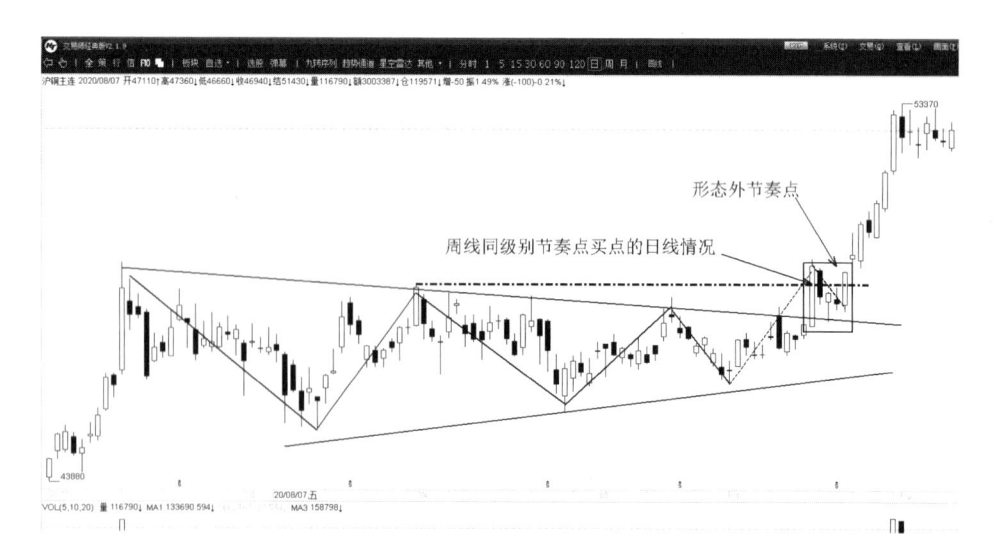

图中方框内的五根 K 线组成了周线同级别节奏点 K 线，周线买点是图中的水平粗虚线。这个买点出现时，沪铜已经上升了 10 根 K 线、约 5% 的幅度（对于商品期货来说，5% 已是较大幅度了），此时进场大概率会遇到回调。但若不进场，之后如果连续上涨，则失去最佳进场点。对于这种情况的处理主要考虑账户状态。若账户状态正常或积极，由于报酬风险比比较高，可以尝试在周线同级别节奏点进场，忍受可能到来的回调，同时也享受可能到来的连续上涨。若账户状态为保守，那么最好等待一个形态外节奏点，若没有出现形态外节奏点，只好放弃。幸运的是沪铜在周线同级别节奏点形成过程中也打造了一个形态外节奏点，这就属于老天爷追着喂饭吃了。像沪铜这种先出现同级别节奏点、后出现形态外节奏点的情况比较多。但反过来，同级别节奏点出现之后并不一定伴随着形态外节奏点的出现，如前面举例的成飞集成。

4. 三种节奏点的交易优先级问题

聪明的读者肯定已经发现了，三种节奏点囊括了所有的中继突破情况：要么在形态内蓄势突破；要么在形态外蓄势突破；要么不蓄势直接突破。还有其他的情况吗？显然没有。那么这么分类的意义何在？

首先一定要注意的是，寻找节奏点和对节奏点的分类只是对进场进行了细化、具体化。**这种具体化的前提是：交易标的走出了亲人图形**。读者应该会注意到，在节奏点举例中，我并没有举任何一个波浪形走势，因为它的交易优先级极低，甚至可以说我基本不做那种走势。那么，如果一个交易标的走出了亲人图形，我们为什么不去想方设法进场交易它呢？为什么不去穷尽所有的情况并仔细研究它呢？所以我的节奏点分类囊括了所有中继突破的情形，就是为了好好交易这些亲人图形。

那么，进行三种分类的终极目的是什么？ 聪明的读者肯定猜到了，分类的目的就是进行交易优先级的划分。交易优先级解决的是什么问题呢？那就是①在面临多个交易标的时优先选择哪个的问题；②仓位在标准化的基础上进行加减的问题；③何种账户状态下可以交易的问题。

我们前面的三类节奏点，进一步细分可以得到 6 种节奏点。6 种节奏点 + 高中低三层交易优先级 + 不同优先级的处置方法，一张表格呼之欲出。但我很不喜欢表格的表达方式，所以还是运用分段文字来叙述吧。爱好表格的读者可以自行制表，也有助于加深记忆。

①高交易优先级的节奏点包括：

A：标准的形态内节奏点（其运动方式易于理解）。典型图例：绿地控股。

B：横向中继的形态外节奏点。典型图例：沪铜、纽元美元。

C：线形横向中继及线形接近横向中继的同级别节奏点。典型图例：成飞集成。

高交易优先级节奏点的处置：所有账户状态均可交易；仓位设置为标准化仓位或稍高的仓位；面临多个交易标的时优先选择。

②中交易优先级的节奏点包括：

D：不太标准的横向中继产生的形态内节奏点。典型图例：沪铝。

E：角度较小的、斜向下的线形中继的形态外节奏点。典型图例：福耀玻璃。

中交易优先级节奏点的处置：中性和积极的账户状态可以交易，仓位设置为标准化仓位，交易标的选择方面不用说了。

③低交易优先级的节奏点只有一种：

F：宽幅震荡的同级别节奏点。典型图例：沪铜的同级别节奏点图例。

低交易优先级节奏点的处置：只有积极的账户状态可以交易；仓位设置比标准化仓位稍低；交易标的选择方面也不用说了，自然是最后选的那种类型。

最后专门强调一点，注意本节的题目：节奏点——聆听市场的号角。既然是号角，声音自然越大越好。小声音的号角不是不能试，但交易优先级低于大声音的号角。**小声音的号角：节奏点为中小K线；大声音的号角：节奏点为大K线。**

四、节奏点交易的优势

前面对节奏点进行了分类，其实除了同级别节奏点，另外两种节奏点的共同点就是：寻找或等待一个次级别折返，然后等待出现节奏点K线。同级别节奏点在实战中较少用到，大部分时间，当遇到亲人图形的时候，我都在等一个次级别折返出现。换句话说，大部分的节奏点交易，都遵循着发现亲人图形——等待次级别折返出现——等待节奏点号角吹响这个程序。

为什么？为什么大多数交易都要等一个折返出现？先让我们看看其他选择吧。先看下图。

中国东航这张图不是很好看，但它有一段不错的趋势，之后的回调虽然模样难看了点，但仍然有一个价格重心，且这个重心所在的线段角度比较小，所以还算是亲人图形——虽然不知道二婶叫什么，总归是个二婶就好了。读者朋友们，当你面对这样一张走势图的时候，你会不会选择在 A 点进场？我有个学生，就倾向于在这种位置进场，他的理由是：如果价格起来了，这里是最低点所在 K 线，最有价格优势；如果走势没有起来，那么这根 K 线低点止损，损失也不大。但更多的交易者选择这个位置进场时，恐怕想的不是止损问题，他想的是趋势立刻起来，这里应该"逢低吸纳"（骗你们是点点，我写下"逢低吸纳"这四个字的时候，起了一些鸡皮疙瘩）。好吧，让我们看看在这里进场有可能会面临什么，如下图。

喜欢逢低吸纳的交易者买入前臆想的走势图应该是虚线 888，但这只股票并不一定会按照我们脑电波的指挥去运行，而是可能会有更多的选择。

选择 1：按图中粗线条相仿的走法，走标号为 1 的走势。这是很可能的，我们在很多中继中都发现过这种相似形。这种选择给交易者带来的是短暂的欢愉和 7 天起步（为什么是 7 天？因为前面的相似形下跌段走了 9 天，一般越走越短）的纠结：卖了吧，觉得也许就是最后一波下跌了，毕竟是亲人图形，跌完了起来的概率大；不卖吧，万一呢？

选择 2：继续阴跌几天。纠结是和选择 1 相似的。这种走法还有一种很恶心的分支走法，就是标号 3 的走势，缓跌之后来个急跌。不要觉得这是小概率，它落到交易者身上就是百分百；更不要觉得不会这么走，这种阴跌后急跌的走势我举出来 10 个以上的例子毫无压力。

选择 3：走标号 4 的走势，即横几天后急跌下挫。按我的技术规则来处理的话，这种走法倒比较省心：下跌加横向，破位即走。但一来，横着的一组 K 线若其中有某根 K 线有较长下影线，又多一种纠结、多一点损失（破位的标准可宽可窄，有的交易者因心存不甘，可能会把止损设到下影线低点）；二来又多一次几乎注定的失败经历。虽说止损是日常成本的一部分，但不惧止损不等于主动找打。

所以"**逢低吸纳**"这种入场方法最大的缺陷就是：变数多。

我们再来看看另一种"突破即买"的情况，著名的长牛股长江电力，如下图。

当你某天复盘翻到这样一只股票，你会怎么决策？次日突破最后一根K线高点进场还是等一个折返？

类似的图形，我遇到过两个人来问我，我都是先问账户情况。张三家底厚实，盈利颇丰。我就告诉他，直接买入，止损点放在上一根K线低点。李四今年以来只是微利，我告诉他，再等几天，给个折返、节奏点就进，不给就算了，找下一棵树等兔子来撞。

为什么我建议李四等几天？我们一起看看这只股票可能的走势，如下图。

这只股票是上升趋势加标准的对称收敛三角形，亲人图形无疑。但当时的对称三角形不等于过后看到的对称三角形，所以它可以再回来、再上去，搞成一个矩形，那就是图中标号为1、2的走法。当然它也可以直接上去，走标号4的走势；还可以有个折返再上去，走标号3的走势。所以像张三那样直接做进去（一般遇到对称三角形，我不会在突破三角形最高点时入场，而是在三角形上边沿中间找次高点设置条件单，因次高点兼顾确定性和位置优势，如图中B点），可以防止其一路直接上行，甚至连板。但这种做法可能会遇到标号1、2、3的变数，所以只有张三那样家底厚实且不怕止损大的情况，可以在B点突破处进场，或者收盘次日进场，也就是做同级别节奏点交易。但若是像李四那样账户状态一般，这么做是存在问题的。主要问题在于，B点所在K线出现时，该股已经连涨4根K线，且涨幅较大，多头面临消耗力量较大、需要休息的状态。如此一来，在B点入场，假如遇到标号1、2两种走势时，止损比较大，本来就交易不顺，又多了一次止损，心水再次被消耗了一部分；尤其标号2的走势，止损会觉得可惜，也许只是个深蹲起。但不止损呢，万一是个假突破，直接搞个三角形顶部，本来状态就不好的账户无疑又雪上加霜。别觉得假突破不会来，如下图。

舍得酒业，2021年一个很漂亮的突破，后面的缓跌类似于长江电力标号2的走法，最后等来等去等来个假突破。对于盈利颇丰、家底厚实的张三来

说，这种假突破即便有损失还是能承受的；对于李四来说则是雪上加霜。所以对于李四来说，遇到长江电力的突破不用心急，等待一个标号 3 的折返，止损就放在节奏点失败且入场理由消失的位置，止损小，而且明确、唯一。如果不给折返，那么以李四的家底，是没有资格进行这种投资的，直接放弃好了。市场上 5000 多只股票，还有期货、期权，总会有适合自己状态的走势出现的。之后长江电力还真给了折返。这个折返，既没触及张三的止损位，也让李四等来了机会，如下图。

中国东航也和长江电力一样，王子和公主过上了幸福的生活，如下图。

图中进场点 1 对应止损点 1，进场点 2 对应止损点 2。进场点 1 是在一个小折返出现之后出现的（图中细虚线部分），进场点 2 是在一个更大一级的折返出现之后出现的（图中粗虚线部分）。这两个进场点所对应的止损位一旦触发止损损失不大，重点是：避免了之前东航 A 点进场面临的多种可能走势，只需要面对两种走势：成，或者败。成了不用管，败了止损点是唯一的。

通过东航和长江电力的图例，我们概括一下**等待折返**之后的节奏点交易的优势。

①变数少。

②成了有可能迅速上行，立刻获得利润保护，持仓心态好。

③败了，止损点是唯一的，止损也近，既不需要纠结损失大的问题，也不需要纠结止损错了的问题（当然也有节奏点在失败之后又重拾升势的情况，若重拾升势时符合入场规则，重新入场就是了）。

④一个折返，有点像踢球前收回小腿的动作，也有点像出拳前往回缩的那个动作，有了这两个动作，大概率是要采取出击行动了，这就从原理上对胜率提供了一层保障。

⑤既然是大概率要采取出击行动了，那么我们及时参与即可吃肉，虽然成本高了点（相对于东航 A 点介入），但节约了时间成本，更重要的是，减少了"心水"的消耗。

五、节奏点交易实战要点

在前面的举例过程中，大体上已经把节奏点交易的实战要点提到了，这里主要是归纳总结一下。

1. 次级别折返出现之后，等待号角吹响

即前文特意提到的："既然是号角，声音自然越大越好。小声音的号角不是不能试，但交易优先级低于大声音的号角。小声音的号角——节奏点为中小 K 线；大声音的号角：节奏点为大 K 线。"如果是做多，等待一根中大阳线；如果是做空，等待一根中大阴线。何为中大？不是说涨停或接近涨停，而是与交易标的自身日常所走 K 线相比，节奏点 K 线明显大于日常 K 线。比如工商银行一根 5% 的 K 线已经看上去像是中小盘股票的涨停 K 线了。但不等待节奏点 K 线出现、直接在折返的那一"横"里做进去岂不是更省成本？确实是更省价格成本，但前提是它后来得走出节奏点来，若是不走节奏点呢？或者它在你进场之后又搞了个急跌下探假动作呢？所以点点都知道等我拿了狗绳再撒欢，我们就别贪图那点蝇头小利了——耗时间、耗心水，如果走不出节奏点的话还耗金钱。让我们看看中铁工业 2023 年的一段走势，如下图。

标号 1 处也走了个小折返，只是折返之前不属于亲人图形，所以这种情况我们一般不参与。假设有交易者见了小折返就参与了的话，盘中是形成节奏的突破的，只是后来收盘下来了。下来之后就要次日赶紧止损，否则后面的走势读者们也都看到了。标号 2、3、4 处也走了小折返，但当时更像是头肩顶雏形，所以不是遇到小折返就要做啊！节奏点交易的大前提千万别忘了：亲人图形。直到标号 4 之后出现了两根快速上升的阳线之后，这个不亲的图形变了：我们会发现，如果把方框中的一小段走势去掉的话，中铁工业算是个不太好看的上升 + 收敛三角形的亲人图形，也就是二婶那种有缺陷的三角形。既然是二婶，有缺陷我们也会纳入关注，等待二婶出现小折返。果然，标号

5处走出了小折返，那一横很平。假如交易者在标号5处进场，岂不是领先一步、取得成本优势？那就看看后果吧，如下图。

或有读者认为，孤证不能说明问题。还是那个观点：证据永无穷尽，原理才是根本。节奏点的原理在于它是进攻的号角，号角吹响了也未必成功，更何况没吹响？也有读者可能认为，在标号5处埋伏，失败了就止损，止损幅度岂不是比大阳线后止损幅度要小？问题是，号角吹响了成功概率大，还是号角没吹响的成功概率大？再说，我们来市场的目的是为了赚钱呢还是为了止损小？

2. 注意形态外节奏点和上升途中中继的区别

形态外节奏点和上升途中中继的主要区别在于：形态外节奏点脱离形态不远，上升途中中继已经离开大中继较远了。当然所谓远近也是相对的，中继之前若有一段100%的上升趋势，形态外节奏点脱离中继15%也不算远，但中继之前的上升趋势若只有30%，那么15%的距离就已经算是途中节奏点了。下图是宇通客车近两年的周线图。

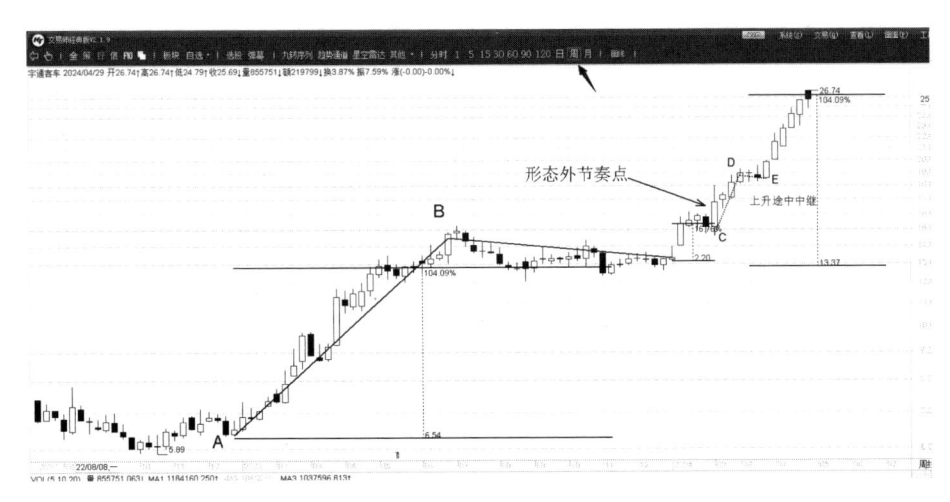

图中分别标出了形态外节奏点和上升途中中继。宇通客车的这个中继形态也不知道叫什么名字，总之是二婶或四舅妈就是了。该股先是给了同级别节奏点（这个周线同级别节奏点是用日线小折返之后的形态内节奏点实现的，有心的读者可以翻看日线图，在周期、级别问题上或有启发），然后在 C 点处出现形态外节奏点。这个节奏点出现时脱离中继已有约 16% 的幅度，但相对于 AB 趋势段 104% 的涨幅来说的话，离得是比较近的，所以仍判为形态外节奏点。之后该股又走了 C–D–E 折返，DE 段则是上升途中中继了，因 E 点已位于中继到目标位的半程位置了。

区分形态外节奏点和上升途中中继，不是为了研究学问，而是它俩考量的结构、时间架构是不同的，那么进场时计算性价比的方法也是不同的。

C 点进场，做的是月线级别中继，时间架构为月~周~日，要的是周线级别的趋势利润，考量的是 AB 段的上升幅度，未来的目标涨幅是 104%，进场前计算报酬风险比，用的是 C 点到目标位之间的幅度除以 C 点到止损位之间的幅度。

E 点进场，做的是周线级别中继，时间架构为周~日~小时，要的是日线级别的趋势利润，考量的是 CD 段的上升幅度，未来的目标涨幅是 27.4%，进场前计算报酬风险比，用的是 E 点进场点到目标位之间的幅度除以 E 点进场点到止损位之间的幅度。

别小看这个区别，目标不同、时间架构不同、报酬风险比不同，交易动作也会不同。下图是宇通客车上升途中中继的日线图。

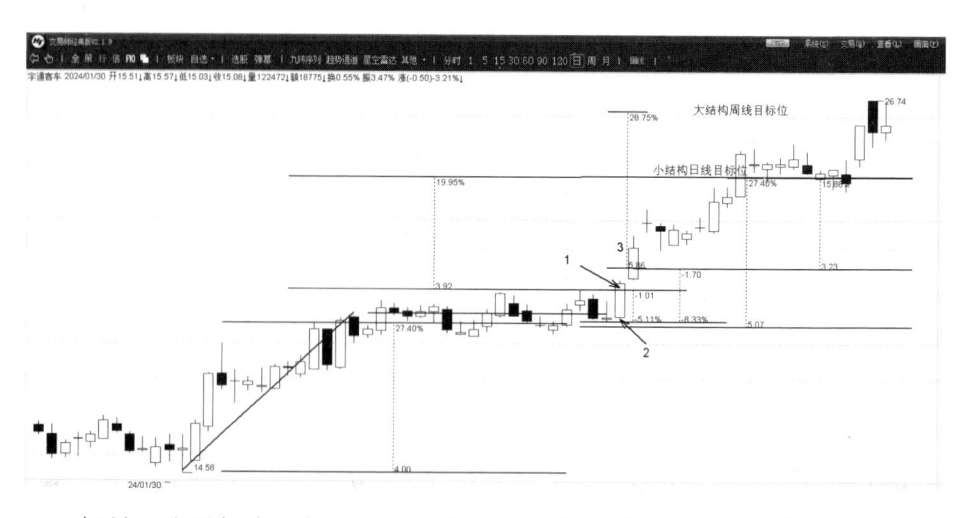

标号 1 为进场点，标号 2 为止损点，止损幅度 5%。目标涨幅 27%，进场点到目标位之间的幅度为 19.95%，报酬风险比为 4∶1，属于较高水平，是个不错的交易标的。但假如交易者在标号 3 处才看到这只股票，他要进场的话，止损幅度为 8.33%，距离目标位涨幅为 15.88%，报酬风险比约 2∶1，一般来讲低于 3∶1 就不是一笔很划算的生意了。如果该交易者误把这里当成形态外节奏点，衡量的是标号 3 到大结构周线目标位的涨幅，那么报酬风险比变为 28.75%∶8.33%，也就是 3.45∶1，成为一笔划算的买卖。当然有读者会觉得，周线目标位难道不准吗？为什么不能用这个目标位来衡量报酬风险比？先不说准的问题，这个问题前面已经反反复复强调过了。单说为什么途中中继不能用这个目标位的原理。一个周线级别的趋势，里面有一些日线级别的波折。对于周线级别时间架构的交易者来说，只要持仓利润允许、日线波折所呈现的形态没有触发离场条件，这些波折是可以忍受的。但对于上面案例的途中中继来说，交易者做的是日线级别的趋势，没有非常充足的利润，是不能忍受日线波折的。这个案例在日线目标位处也确实出现了波折，只不过这个波折是接近横向的，读者试想，若是这个波折是剧烈调整，尤其是形成了日线 M 头雏形，日线交易者还能忍受吗？还会坚信那个大结构周线目标位吗？这就跟一个北京去美国旅游的旅者可以忍受东京 3 小时的转机，另一个去北京去上海的旅者则无法忍受途中 3 小时的转机是一样的道理。

3.关于节奏点失败和止损问题

我们先复习一下一心想出门撒欢的点点为什么会失望。

> 我拿起狗绳,突然想起来没拿手机,又折返回楼上拿手机,拿起手机发现有个需要回的电话,打电话打了很久——节奏点失败。
>
> 我拿起狗绳,打开门,突然想起来需要拿手机——节奏点大阳线后又走了一根K线,然后失败。
>
> 我拿起狗绳,打开门,下楼了,突然想起来要赶紧处理一单合同——节奏点大阳线之后走了一小段,然后失败。

节奏点为什么会失败我们无需追究,就跟市场为什么会涨跌我们也无需追究一样,我们要做的就是作出合理的交易动作。节奏点失败的后果有三:这里不是真正的节奏点,真正的节奏点还没来(上楼拿手机);这里的中继失败了,发生了新的下跌,形成新的中继结构(拿手机时接了个漫长的电话,过了一个小时才去遛狗);甚至这里成为一个某级别顶部(需要处理一单合同,干脆不去遛狗了)。至于市场会出现哪种后果,我们是不知道的,**我们能做的就是,按最坏的情况设想、处理**。我们看一个节奏点失败的案例,下图是中颖电子2021年日线图。

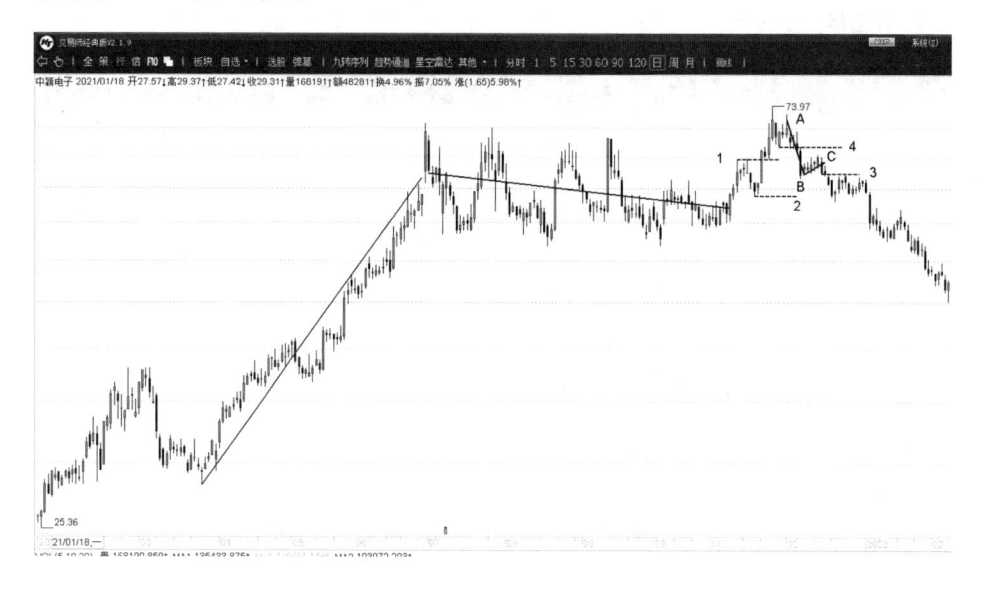

这只股票也属于二婶型亲人图形，标号 1 处给了个比较漂亮的节奏点，交易者进场的话初始止损点设在标号 2 处。之后该股上升了几天，出现了新的变化。一是在标号 4 处出现了小时级别 M 头的颈线位被跌穿的情况，像李四那种账户状态欠佳的交易者是可以离场的，此时小有盈利（当然离场的风险在于刚离场该股收个长下影，最后又大涨一段）。还有一个变化就是，该股出现了 AB 段的急跌，以及 BC 段的缓涨。急跌对应缓涨，后面大概率是要继续下跌的，所以无论账户状态不好的李四还是富得流油的张三，由于目前在该股出现了亏损，所以当确认 BC 段为弱反时（即标号 3 的 K 线出现时），及时止损为妙。有心的读者可以复盘看一下，该股后来跌幅接近 80%。标号 3 处，是最佳离场点，此处交易者亏损幅度很小，很容易下决心止损。再拖下去，不仅决心不易下，还相当于割肉、断臂，是很疼的。这个案例，初始止损点放在节奏点失败的位置，即 N 字小折返中间那一笔的低点。后来走势发生了新的变化，止损点也相应调整为标号 3 的位置，那个位置也算个反向节奏点。无疑，这种失败的节奏点案例，并不能让人觉得学会节奏点交易等于掌握财富密码。但我更喜欢讲这种案例，就跟我小时候师父教拳一样，先教怎么挨打：如何躲避对手击打，如何减轻对手击打带来的伤害，如何避免致命的伤害。

还有一种情况就是市场走势没有出现如中颖电子后来那种演化，而是节奏点直接失败，那就没什么说的，直接在初始止损位止损就是了。如下图璞泰来 2020 年日线图。

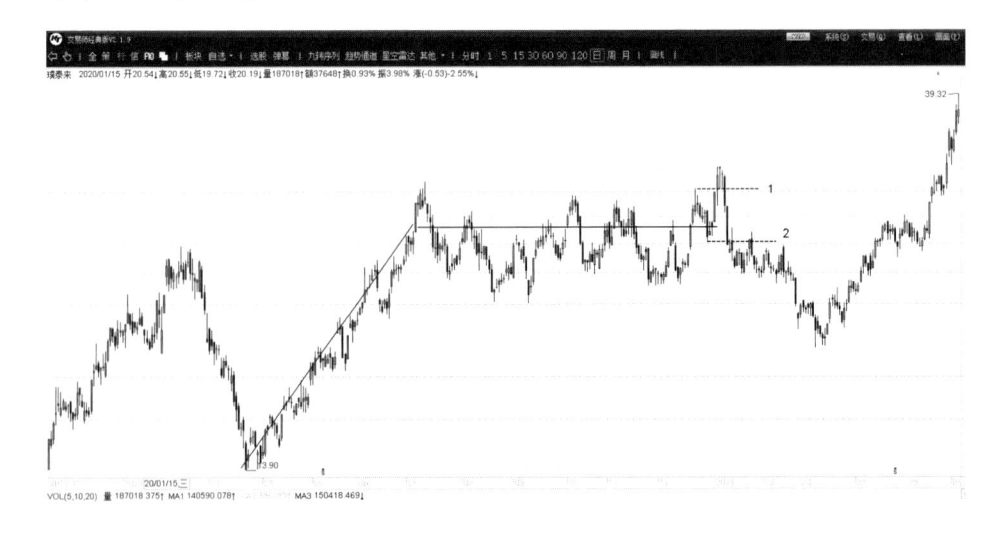

该股进场位一目了然，就是标号 1 处。之后它走了两根 K 线然后一头栽下来，也没经过结构演化，直接触发标号 2 处的初始止损位。当然这股令人恼火的是后来上去了，也就是我前面说的后果二："这里的中继失败了，发生了新的下跌，形成新的中继结构"。但如果不止损的话，后面还有约 25% 的跌幅在等着我们，真的能忍吗？再说，它要是跟中颖电子一样中继变顶部、下跌 80% 呢？

总结一下节奏点交易的止损原则：

①节奏点失败即止损。失败的标志是跌破 N 字小折返的第二笔低点。

②出现了新的走势演化，按新的演化设置止损。

还有一条我没在前面提到，就是如果账户状态积极，则以"次级别折返消失"为止损原则。就是有一种走势，当日盘中触发了节奏点入场条件单，收盘又下来了，节奏点就算失败了。一般情况下，节奏点失败就要走人的。但如果账户状态处在赢冲状态下，只要这个小折返还存在，就可以看几天再说，直到这个小折返也消失了再离场。

4. 节奏点进场细节

①条件单进场。

我一般是主张条件单进场的，一是容易形成按条件触发而不是按预测分析来观察市场的习惯；二是可以克服盯盘时容易出现的一些心理波动。期货品种的条件单久已有之，现在很多证券公司的手机 APP 也可以设置条件单了，而且是云条件单，不用担心断网断电死机等问题。当然有人担心触发条件单之后市场万一走了长上影（做多时）或长下影（做空时）怎么办？很简单，若是账户状态良好或正常，这点小风险还是要承担的。

条件单设置的基本原则就是中大阳线原则，因为号角越嘹亮士气越高涨。如果节奏点出现前的小 N 字折返的中间一笔是波浪形回调的，如前面的中颖电子和璞泰来，到 N 字第一笔高点时恰好也就形成了中大阳线，那么进场条件单直接设在 N 字第一笔的高点就可以了。如果 N 字的中间一笔调整比较和缓，基本是个横向走势，那么就需要衡量一下该股的日常 K 线波动幅度，把触发点放在一个能形成中大阳线的位置，之前的中国东航进场点 1，如下图。

有的股票股性欠佳，很喜欢留长上影、长下影，我们遇到这种股票尽量把条件单设得更远一些，这样确定性更高一点。或者，我们采取：

②临近收盘时入场。

当股性欠佳时，临近收盘时它再折腾也很难留下长上影了，所以这也是一种进场选择。另外，若交易者账户状态欠佳，对于入场确定性要求较高时，也可以选择在收盘附近几分钟入场。风险就是一旦封死涨停了，就失去第一进场点了。

③收盘次日入场。

若节奏点 K 线在收盘后确实形成一根不错的中大阳线，次日在该阳线高点处设置条件单也是一种选择。当然有的个股若是涨停了，次日会高开不少，此时要提前计算高开到多少就不符合报酬风险比要求了，若高开幅度高于这个计算结果，那就直接放弃入场。选择收盘次日入场一般适用于以下三种情况。

——股性欠佳，喜欢留长上影或反复折腾。

——交易者账户状态不太好，或者是交易者开年第一单，或者是交易者休息了一段时间后的第一单，需要更高的确定性。

——大盘走势存在不确定性，需要观察领头羊板块、同板块的更强者。期货交易也有板块联动的情况，有时也需要等收盘后看看哪个品种更强一些。

有的交易者会觉得收盘中大阳线也不可靠，也不认为收盘后 K 线的确定性更高。是的，收盘中大阳线、次日中大阴线吞没的情况也不鲜见，但理论上来讲，不确定性才是最确定的，这个市场就没有百分百确定的事情。另外，收盘价是众多交易者对当天股票价格的认可，在诸多不确定性当中它是相对确定的，一点风险不想冒，干脆放弃交易算了。

第六节　时空研判——寻找最具性价比的战机

这一节写的是如何画线。

画线，是我最初研究技术时的最爱。波浪尺、黄金分割、斐波那契时间、解消点等等，凡是软件里的工具，都忍不住试一试并研究一番。打开一张走势图，不画些线便觉得难受；每天不画几十张图也觉得虚度光阴。如今，我已经很少画线了。

再就是画线的地位。十几年前我想写这本书的时候，画线是我设想中的重头戏，也是我觉得能吸引读者的部分。如今，一方面这一节放在了比较不重要的地位；另一方面，我写之前一直在犹豫要不要写这一节，因为我怕读者成为巴菲特口中的"线仙"，用这些画线工具来预测、交易。

后来我想通了。画线虽说易入歧途，但对于以道驭术者来说，何尝不是利器？再者，画线分析的过程，也是结构分析的过程，在画线中需要取点，取点时自然会去思考整体结构、大小周期、大小结构、中继级别、顶底形态、结构演化等问题，慢慢地就学会了结构分析。这有点像庖丁解牛。

原文：始臣之解牛之时，所见无非牛者。三年之后，未尝见全牛也。方今之时，臣以神遇而不以目视，官知止而神欲行。

译文：开始我宰牛的时候，眼里所看到的就是牛而已；三年以后，见到的就不是整头的牛了；现在，我凭神识来觉知，而不是用眼睛去看，视觉功能减少了，而神识起了主要作用。

庖丁若去做交易，必也是高手。因为他说："臣之所好者道也，进乎技矣。"意思是庖丁所喜好的是"道"这个层面的东西，他不过是用"道"解决了技术问题而已，也让技术更为精进。他宰牛，经历了三个阶段：第一阶段，看到的是一头整牛，费劲巴拉去宰牛，不知道窍门在哪里；第二阶段，他深入分析牛身体的各个部位、关节，对各部分了如指掌；第三阶段，他已经不用去分析在牛的各个关节如何用力、调整刀的角度，也不用在宰牛前琢磨半天，直接用自己的神识感知如何解牛，根据当下的变化和感知来调整用刀的力度和角度。

无独有偶，禅宗悟道也有三个阶段：见山是山，见水是水；见山不是山，见水不是水；见山还是山，见水还是水。

禅宗最初的见山是山，是视觉器官的感知，此山好、彼山恶，喜怒哀乐易为外相所缚；见山不是山，是因修空、修定，觉得山河大地无非是空，山也不是山，水也不是水，都不是永恒的，都是空幻的，此时心如死水，巴不得不起心不动念才是功夫到家，殊不知已堕死空；到了悟道以后，山河大地无非佛性显现，棒喝屎尿皆是佛法，眼中有相而不住于相，感知诸相而不被诸相所牵绊、束缚。

看走势图又何尝不是如此呢？初学阶段，看到一张走势图茫然无措，不知哪里应该画趋势线、哪里可以入手交易；学了画线、结构分析，就到处找交易机会，不断分析各个小结构、大结构，找高点低点、找中继、找节奏点；等到这一套功夫纯熟的时候，也就不再费劲巴拉分析来分析去了，不再纠结取点应该取哪个和某形态到底是个什么形态，一眼望去即知道是否适合交易，或者等到什么情况可以交易。后面涨跌到哪里也不用太操心，随着走势演化该止盈止盈、该止损止损。

所以读者阅读这一节的时候，第一不要轻忽，多画图、多思考，尤其要注意从交易的角度来思考；第二不要沉迷，不要觉得掌握了如何测量目标位、压力位、支撑位就掌握了预测秘诀；第三不要用于预测，这些工具只是用来衡量交易是否划算和分析未来走势有可能如何演变的，要把这些工具用在交易上；第四也不要以"准"来评判这些工具，因为它们是衡量交易机会用的，其"根"是原理，其"果"是交易获利，大差不差达到目标位已经算是可以衡量这些工具的效用了，不准也是正常的。

一、时空研判的原理、作用、原则和注意事项

1. 时空研判的原理

建议读者再复习一下本书第一章的第四、第五节。这里简单概括一下。

自然界是有规律的。

人有自然属性，其心理和行为也必受自然规律影响，并符合一定的自然规律。

市场走势是由诸多交易行为形成的，这些交易行为是由众多具有自然属性的人来完成的，所以市场走势也会符合一定的自然规律。

既然市场走势符合一定的自然规律，那么诸如波浪尺、黄金分割等取之于自然规律的工具也就能派上用场。

2. 时空研判的地位和作用

时空研判在方向交易体系里属于评估、衡量、分析的部分，小部分可以直接用于交易，大部分起到参谋作用。

①它是制定策略的依据。

市场处于牛市还是熊市？处于何种级别的牛市或熊市？市场可能运行到了牛熊的哪个阶段？市场是否接近结束调整？在不同的研判结果下，我们的交易策略也是不一样的。比如 2024 年 4 月 23 日收盘后，我们运用斐波那契时间工具，预判市场处在调整末期，此时的策略应为适当参与期权交易；同时鉴于板块领头羊尚未明确，只以符合交易标准的个股进场交易，待领涨板块和个股明确之后再行加仓（注意，虽然我没在大盘的突破确认处交易而是在趋势起点处交易，但不意味着这是抄底或预测交易，而是根据研判大形势去交易符合趋势条件的个股，仓位也有所控制）。虽然这次被市场虚晃一枪，但也是我们运用工具的一个案例，后面无非根据市场变化调整策略罢了。下图是我在聊天时发的深成指的图。

当天的聊天记录就不发截图了，因为不信的人照样可以说是P的，仅把有用的文字发一下，目的是说明这个判断是提前的，也做好了判断错误的准备。

我：明后天差不多了。

同事：哈哈哈。万一向下突破⋯⋯

我：算时间，调整时间明后天到位。破位就算了。

②它主要用于预估利润空间、报酬风险比，衡量是否有交易价值。

这一条在之前的案例中多次用到了，就是运用空间测量工具预估交易标的的未来空间，然后计算止损幅度，评估一下具体的交易目标是否值得参与。一般来说，报酬风险比低于3：1的交易标的我是不参与的。尽管也有的交易标的似乎因此而错过，但不符合自己标准的机会就不是机会，何谈错过？

③它也可以作为进出场的参考。

这里主要指的是：如果交易标的达到了或者即将达到预估的时间或空间，

我们的警惕性需要提高，进出场的敏感度也相应提高。当然也不至于有点风吹草动就作出交易动作，只是平时懒散的看盘、复盘的状态要改一下了，对于比较明显的 K 线或 K 线组合信号要比平时更为警觉。这一条与第一条"制定策略的依据"似乎有点像，但这条属于微观交易层面的，针对的是具体交易标的，第一条属于宏观策略层面的，针对的是整个交易布局。

但这一条要慎用，且必须结合其他技术因素综合判断。主要原因在于，取点本身就有可斟酌的地方，测量目标也不是 100% 准确，即便交易标的的价格恰好到了测量目标，我们也不可过于敏感，以单根 K 线的语言来决定进出场。所以测量只是个参考，交易主要是个综合考虑判断、衡量利弊的过程，与日常做事、做生意时要综合考虑是一样的。

④它还可以用于衡量逆向波动与趋势之间的时空比例，作为进场的重要依据。

这一条是唯一可以写进交易规则的测量方法。逆向波动的定义见第二章第三节的"要点二"。逆向波动与趋势之间的时空比例，也就是第二章第三节的"要点五"。具体如何测量，我们在这一节会详细介绍。

在正式开启后面的空间、时间、时空测量之前，我建议读者们复习一下本章前三节的内容，因为这些测量都会牵涉到取点问题，而取点的主要依据是结构分析，所以重读前三节，尤其第二节的内容是必要的。另外时空测量所依据的主要规律是斐波那契数字和对称、平衡规律，这些规律在前面也多有涉及，我觉得先重新浏览一下前面内容还是有用处的。

二、画线工具的设置问题

工欲善其事，必先利其器。先介绍一下画图软件。软件我使用的是交易师经典版，这个软件可以在交易师官网（https://www.ktkt.com）下载，免费使用。交易师软件的前身是飞狐软件，是我这种画线爱好者的最爱。后来几经易主、易名，前几年似是被徐小明先生收购，已经有几年处在稳定状态了。在此也感谢徐小明先生为技术派作出的努力，希望这个软件能继续稳定使用。其他软件也有画线工具，但有的软件缺东少西，有的软件在设置参数方面不是很方便，再加上个人使用习惯，所以我需要画图时只使用交易师软件。下载软件之后，在"查看"里把"显示画线工具"选上,这样以后画图就方便了。

另外画线工具使用时还有两个设置问题必然会碰到。一是使用对数坐标还是普通坐标问题;二是斐波那契工具的参数设置问题。

先说对数坐标和普通坐标。

我估计很多交易者不太清楚这两者的区别。普通坐标,就是大部分行情软件 K 线图打开时默认的坐标设置,它是用绝对值来计量刻度,1 元一格刻度,或者 0.05 元一格刻度是固定的;对数坐标不一样,它的刻度会变化,简单说,1 元到 10 元的距离,和 10 元到 100 元的距离是一样的。也就是说,普通坐标反映的是价格绝对值的变化,对数坐标反映的是价格幅度的变化。

我平时用的都是对数坐标。

为什么?因为赚钱其实靠的是幅度。有时我跟朋友聊天就很无奈,他们会说某股今天涨了 5 分钱,我只好追问一句,涨幅是多大?对于一只 1 元钱的股票来说,5 分钱就是 5% 的涨幅,对于一只 100 元的股票来说,5 分钱跟没涨几乎没区别。所以手里拿着 1 元的股票,价格涨 5 分钱意义重大,必定心情愉悦,关灯吃面改为开灯吃肉;手里是 100 元的股票,这 5 分钱涨不涨无所谓,会觉得又是无聊的一天。

所以,一只股票涨了多少钱不重要,涨了多大幅度更重要;一只股票回调多少钱也不重要,重要的是它对比整个上涨趋势的回调状态是强是弱。下图是舍得酒业普通坐标系下的视觉效果。

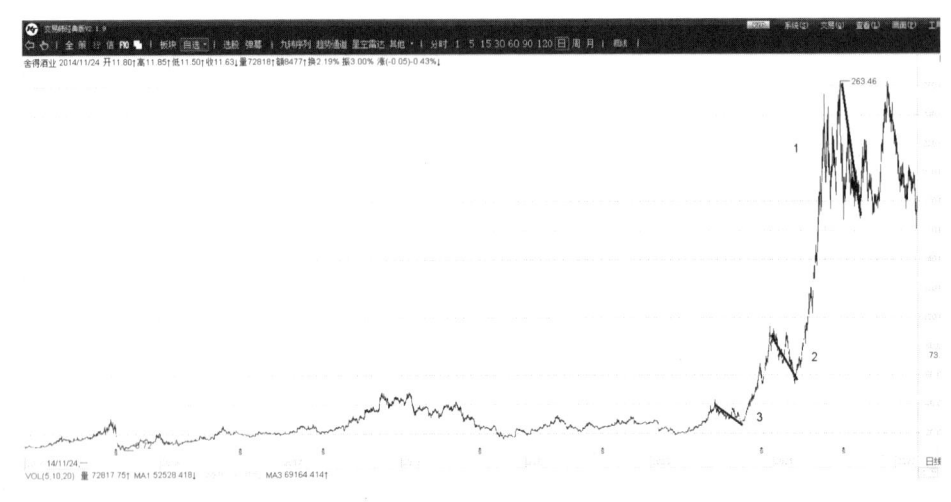

上图中标号 1、2、3 的三段回调,是不是感觉差距巨大?但其实这三段

回调的幅度是比较接近的，如下图。

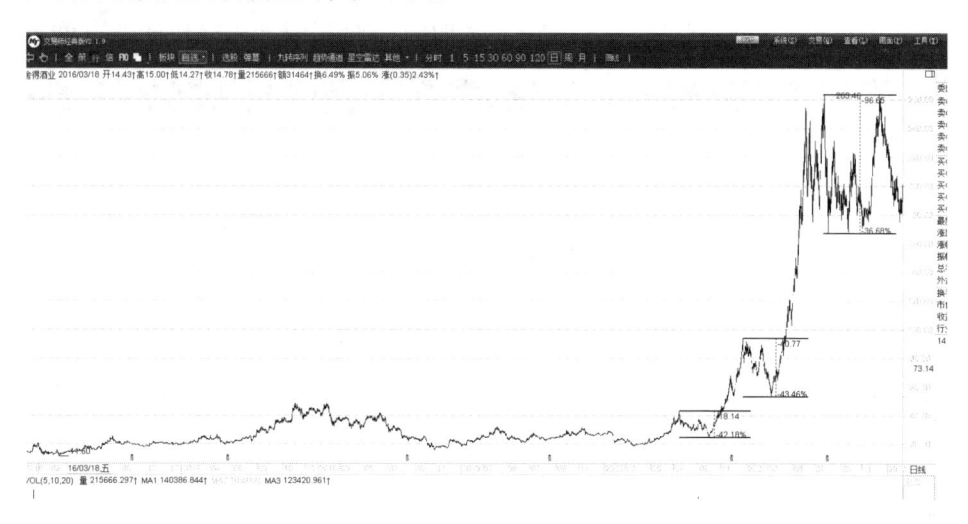

所以虽然视觉效果差距很大，但这三段回调对于交易者的意义是接近的。也就是说，从交易者钱包的角度，普通坐标在长周期里是失真的。而对数坐标下这只股票的视图效果更真实，如下图。

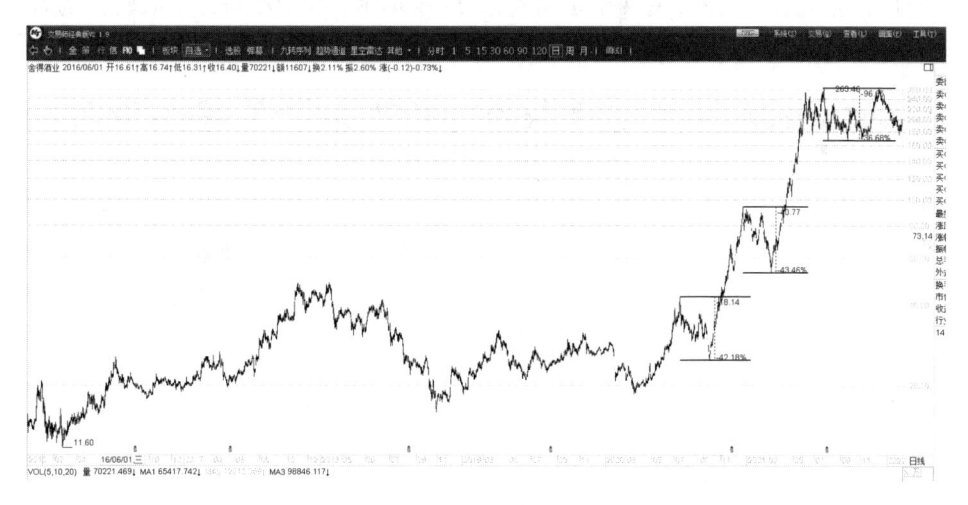

在对数坐标体系下，有没有觉得舍得酒业在最上面的那段调整，是可以考虑当成亲人的？但在普通坐标下，那段调整就是剧烈的，不应纳入股票池。虽然舍得酒业最后证明是假扮亲人，骗吃骗喝之后走了，但我们也不能因为这事把所有亲人都叫一起去检测DNA吧？再说了，检测了是真亲人又如何？亲人反目的事还少吗？检测DNA不如检测刹车片和安全气囊！

但在实测黄金分割和波浪尺的时候我发现，有时用对数坐标"准"，有时用普通坐标"准"，这就让我很是纠结了一段时间：到底用哪个坐标来研判空间？

上图是对数坐标体系下的创业板指，我们会发现 2018 年底到 2019 年初创业板指的一个大低点精准地落在了创业板指历史高低点之间 38.2% 的位置。同时请同学们留意图中的两个价格签条 2304.76 和 1482.99 点，当我转换为普通坐标时会有惊喜，如下图。

请看，原本精准的大底，变得八竿子打不着；原本八竿子打不着的两个价格，分别精准地落在了黄金分割 50% 的位置和波浪尺 100% 的位置。类似的例子不胜枚举。

又有说法说，在跨数年的、价格波动大的走势图里用对数坐标好，在正常的二三百根 K 线的走势图里用普通坐标好。那么问题来了。

一是"好"的标准是什么？是"准"吗？"准"能作为评判标准吗？不用说 A 股的 5000 只股票，单说某一只年龄长达 30 年的股票，你把它所有历史走势中的黄金分割和波浪尺画一遍，都准？大部分准？小部分准？偶尔准？谁能说得清楚？如果不能保证评判标准的权威性，如何用它当作评判标准？

二是究竟是 2000 根 K 线算是长周期图，还是 1500 根 K 线算是长周期图？正常的二三百根 K 线，到底是二百根还是三百根？50 根怎么样？

说到底，如果不能严谨回答上述两个问题，就别忽悠大家用这个方法赚钱！我看了很多人画个黄金分割，就说在某某位置买入你看多好，正好抄底。你再问问他，怎么换了个股票这办法不灵了？他会告诉你，除了到了某位置，还要有某种 K 线组合才行；下次，位置也到了，K 线组合也符合要求了，还是不灵，他又会告诉你某指标没配合。如此下去，没完没了，总能找到缘由。就像卖假蟑螂药的，最后被你投诉得没办法了，只好告诉你你得抓住那只蟑螂喂它吃药。

所以问题的根源不在于这个工具的使用方法，而是这个工具的使用目的。用它精准抄底逃顶，你会非常失望的。而我用黄金分割的目的是什么？一是看看调整的强弱；二是看看当前价格（或指数）在历史某结构中的位置。只有在分析大盘的时候，我会较为精细地画黄金分割。但实际上，当我精细地画黄金分割的时候，都是在一两百根 K 线的画面里，普通坐标和对数坐标的数值相差无几。下图是创业板近期的黄金分割线，普通坐标。

图里有 204 根 K 线，和我们平时看图的 K 线数量差不多。黄金分割 38.2% 位置取值为 1757.02 点。当我转换到对数坐标，这个数值变化不大，如下图。

黄金分割 38.2% 位置取值为 1743.2 点，比普通坐标与阶段低点 1735.28 点更接近一点。对数坐标和普通坐标 38.2% 位置差值为 13.82 点，对于一个 1750 点位的标的来说，0.8% 左右的差值是无所谓的。更何况对数坐标和阶段低点还差着 8 个点。若以此孤例来证明对数坐标更有效，那又没必要了，我立刻能找到普通坐标比对数坐标准确的例子。归根结蒂，我们在这里量出 38.2% 的目的是什么？是为了在这个瞬间进场吗？显然这么进场的话，会有 3 根 K 线触发进场，而且还存在继续下杀到 50%、61.8% 等位置的可能性；那是为了验证这里会不会获得有效支撑吗？那么究竟差值多少算是准确，然后你认为就算是验证支撑有效了呢？负责任地说，几乎找不到完全吻合的阶段低点或者高点，所以在这里求验证的话，怎么验证？所以结论就是，小图里纠结对数坐标和普通坐标也是没有意义的。

好了，大图里对数坐标占优势，小图里普通坐标也没有明显优势，那么结论自然就出来了，直接用对数坐标，不纠结。

再说斐波那契参数取值的问题。这个问题涉及黄金分割、黄金分割 B、波浪尺、斐波那契时间四个工具。之前看过很多书籍，我发现大家对这个参数的取值不太一样。共识是 0.618 和 0.382，其他的就有变化了。比如 0.809 以及它对应的 0.191；0.236 和对应的 0.764，还有用 0.786 的；扩展的斐波那契参数，1.618、2.618 和 4.236 基本是共识，其他的又有差别，比如有的书里会用到 1.272。这些参数怎么来的呢？随便举个例子吧：1.272 是根号下 1.618

的得数。总之，除了公认的几个数值，其他大部分都是各种奇奇怪怪的来源。至于为什么大家的设置会不一样，我猜是因为某次测量之后发现不准，然后算来算去，咦，根号下某数字与实际走势的阶段低点吻合，就它了。当然这只是猜测。所以我根据对数坐标和普通坐标取舍的经验，从"目的"入手，把这些参数设置成了自己习惯的一些参数，仍然主打一个不纠结。

好了，下面进入正题。

三、空间研判

空间研判我主要运用三个工具：黄金分割、波浪尺、幅度尺（结合黄金分割 B 使用）。

1. 黄金分割

我习惯使用的黄金分割参数设置如下图。

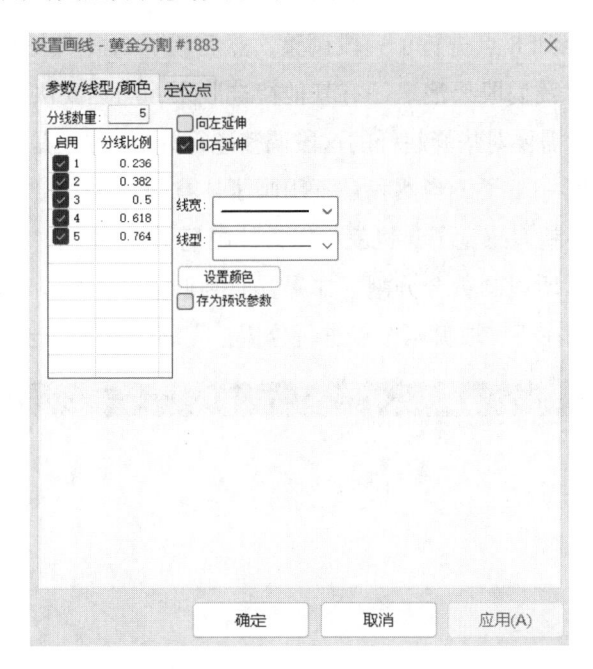

应用场景一：观察调整的强弱。

什么是调整？是假设某段逆向波动并非见顶（以上升趋势为例），而是与主趋势逆向运行一段之后重拾升势（建议复习一下要点二）。

为什么要观察调整的强弱？我的假设前提是，调整越强势，冲劲越大（建议复习一下要点九和要点十）。那么如何判别调整的强弱？在这里我就运用了黄金分割这个工具。假设 2015 年 1 月 15 日，我们因某种机缘遇到了华峰超纤这只股票，如下图。

该股从 A 点到 B 点进行了一段调整，然后起了一根中大阳线，有调整结束的意思。此时我们股票池里还有其他待选股票，当然要汰弱留强，买最强势的股票，这就需要对华峰超纤的这段调整进行分析：强还是弱。那就需要画黄金分割来判断一下了（当然我是不用画了，拿眼一看直接淘汰，但新手还是要画画，慢慢就有感觉了，也就可以丢掉画笔了）。强弱，当然是相对于前面的趋势段了，所以画黄金分割，如果要研判调整的强弱，就要在左边的趋势段取点。问题在于，取哪两个点进行分析？先缩图看看可选项，如下图。

显然标号 1~5 与 A 点相连，均构成了一段趋势。所以 AB 线段究竟是针对哪段趋势的调整呢？明白了这个，就容易取点了。读者们先别往下看，自己思考一下。

首先，我们要不要取 1~A 段？从图中我们可以直观地看出，1~A 段是该股走 V 形反转扭转趋势之后最长的一段趋势。如果以 1~A 段为画黄金分割的参考趋势段，必须满足的条件是：AB 段是 1~A 段中最大的一个中继，大于所有之前的中继；并且，AB 段的面积与 1~A 段相匹配（建议复习一下要点三和要点四）。所以下一个任务就是看看 AB 段与之前的各个中继相比，是不是最大的中继。图中直观可以看出，标号 2 所在中继略大于 AB 段。所以 1 点可以排除了。那么就取 2~A？那要看看 2 和 A 之间是否还有比 AB 段大或者相当的中继。图中也可以直观看出，3、4 点所在位置，虽然很难划分是个什么形状，但颇像一个中继，且面积与 AB 段接近。所以，2 点也可以排除了。下一个任务，取 3、4 点还是 5 点？直观也能看出，5 点所在调整波段也是一个中继，但长度明显小于 AB 段，也就是说它俩根本不是一个数量级的，那么 5 点也可以排除（不要小看 5 点的排除，很多人会在这里犯迷糊）。好了，现在问题很简单了，3、4 取谁？取点原则是，以中继的结束点作为新趋势的起点。所以只要判断 3、4 点是在一个中继里，就可以直接取 4 为起点（这一条规则是我觉得合理的，很多人估计喜欢找个最低点或最高点当作起止点，但我一般以某种走势的"结束"的 K 线或者更像"拐点"的那根 K 线为起点，其实大差不差，我这也属于轻微的强迫症）。其实熟读我们前面形态学的读者会直接认为 3、4 点处在同一个中继。如果有疑问，就切换到周线看看，如下图。

周线比日线要简洁一些，虽然这个中继上冲下突有毛刺，但整体看更接近喇叭形中继。既然如此，直接取 4~A 段为参考趋势段，在画图中选择黄金分割，左手按住 Ctrl 可以轻松取到最高最低价或收盘价，右手点 4，上拉到 A，一个黄金分割算是画出来了，如下图。

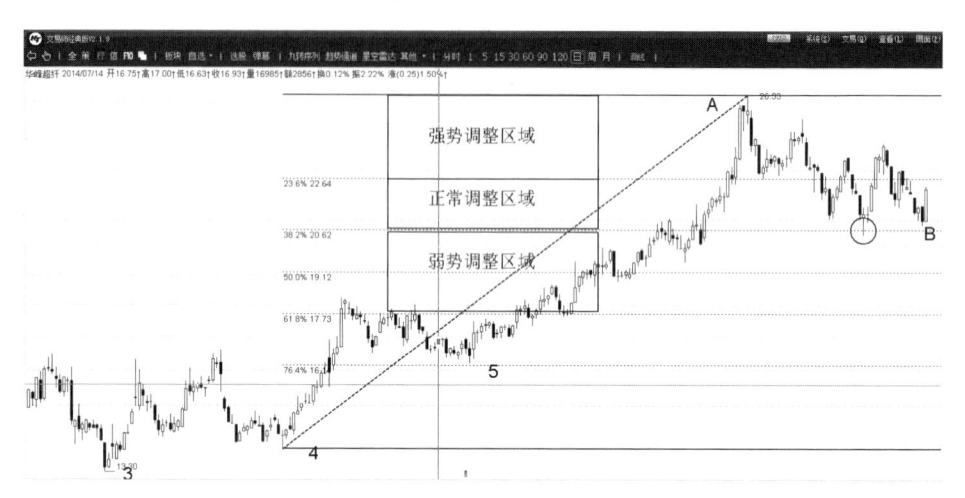

这个调整比较给面子，阶段性低点与 38.2% 的黄金分割线极为接近。我在图中标出了三个区域。那为什么是 23.6% 而不是 20% 是强势调整区域，以及为什么是 38.2%~23.6% 以内是正常调整区域？这就是康德所谓"人为自然立法"了，我就是通过大量观察，觉得用这三个数值来划分三个区域正合适。其实对我的体系来说，若股价调整到强势调整区域以下的部分了，这只股票也就被枪毙了，不予考虑。需要注意的是，如果一只股票的调整段用了很长时间其低点才到达 38.2% 的位置，那么它调整段也有可能属于强势调整。如何判定？主要看调整段与水平线的夹角，小于 15° 就算是很强势的夹角了，小于 30° 也算强势。为了严谨一点，我再加一个限定条件：软件副图只有两个正常宽度的副图指标。我记得有个学生，选股总不合我意。我说你就连横向的股票都选不出来吗？他也委屈，在他眼里，他选的股调整幅度很小、调整段很扁平；在我眼里简直丑死了，我说你该报个美术班提高一下审美水平了。直到有一天，他分享了自己软件的屏幕，我看他选的股看着也不错啊！再仔细一看，他软件主图下面起码 6 个副图指标，把主图压得很扁，即便是比较剧烈的调整，在他的主图里看着也比较扁平。于是我恍然大悟：问题出在画面设置里。同样的，如果交易者的电脑屏幕很方，视觉效果和其他比较扁的屏幕也是不一样的。江恩角度线为什么不好画？因为江恩是在纸上画的，那纸是正方形的。所以我说30°夹角、15°夹角，更依赖于我用自己的电脑、自己的软件看图的盘感，如何准确把这种盘感传达给读者，说实话我是束手无策的。我只能把这些问题列一下，大家尽量按我的交易软件设置主图副图，或许我们的直观感觉会接近一些。如果再细究30°是如何画的，那么又是一大堆啰里吧嗦的文字，重点是，啰里吧嗦之后还是说不明白。所以只好委屈诸位别太抠细节，说实话对实战而言用处不大。

比这种15°、30°之类问题更有用的是取点。取点看似我用排除法一步一步挺简单，其实背后是结构分析的功底。刚才这个案例之所以一步一步说得那么详细，是因为我表面上是在画黄金分割，实际上是在讲"**要点七：结构的相对性和演变**"。华峰超纤这个案例，前面主要讲的是结构的相对性，即一段走势是相对于哪一段走势的？判断的主要依据就是中继比较。

判断某段走势是相对于哪一段走势的，以及它的判断方法——中继比较，是结构分析的基本功之一，也是我们画线取点的基本依据，今后在波浪尺、斐波那契时间、安德鲁音叉线等工具中，我们的画线取点方法都是一样的。而要点七的另一部分——结构的演变，也同样注重研究中继之间的比较。我们假设华峰超纤后来发生了如下变化。如下图。

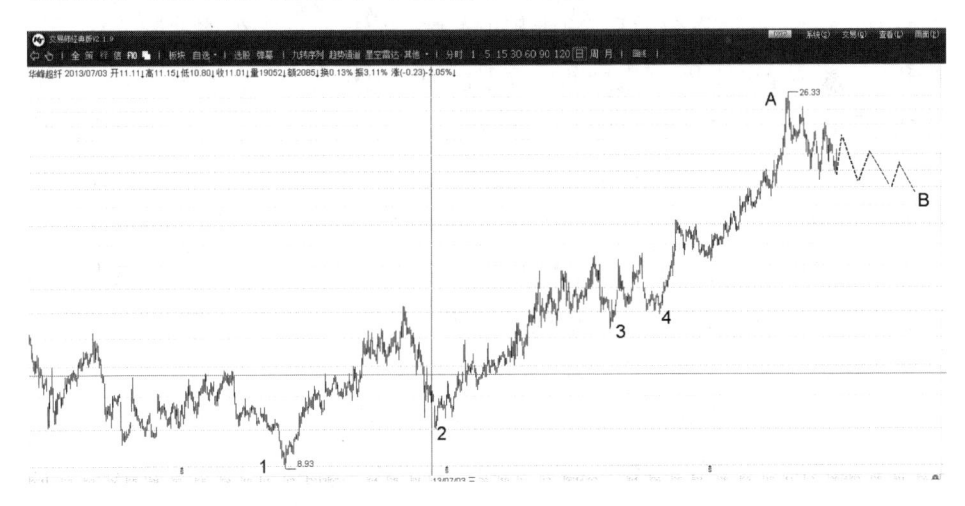

那么我们衡量AB段调整的强弱，应该连接哪两个点呢？显然，AB段的调整面积已经远大于标号2和标号3、4所在中继了，再画黄金分割就要连接1点和A点了。

应用场景二：动态跟踪结构的变化。

一般来说，当市场处在趋势运行中的时候，我们不需要关注市场。但没有只涨不跌或者只跌不涨的市场，市场总会发生一些逆向波动，这时候我们需要根据逆向波动的进展跟踪一下市场是否有可能重拾升势或跌势。下图我们以上证指数2008年的大顶为例看看黄金分割在动态跟踪市场变化方面的应用。

站在上帝的视角无疑会知道6124点是大顶。但身在其中时则未必。为什么？因为市场在之前经历过几次大幅度调整，之后毫无例外突破调整高点重拾升势。交易者在这种屡次判断大顶屡次失败的过程中已经被教育为"买入并持有"的心理模式，认为每次调整都是买入的机会。所以6124点出现的时候，大多数人认为一万点不是梦——因为还有奥运的加持。事实上，当6124点开始调整了，调整到B点时AB段的调整面积和标号1所在的中继相比，并没有明显扩大。此时我们关心的恐怕是B点是否可能是调整的结束点，而不是这里有反弹了要不要逃命的问题。那么用黄金分割怎么衡量呢？就看B点是否跌破50%，尤其是38.2%的位置。跌破了，大概率是要继续下跌，是否要入场或持股，要慎重考虑了。那么AB段的调整是相对于哪段趋势呢？通过应用场景一的学习，我们已经掌握了，应该是相对于1~A段的调整。然后我们画1~A段的黄金分割，发现B点略超50%但很快就回来了，所以此时判断大盘大概率会重拾升势，甚至有可能突破6124点。那么我们就继续跟踪后面的演化，如下图。

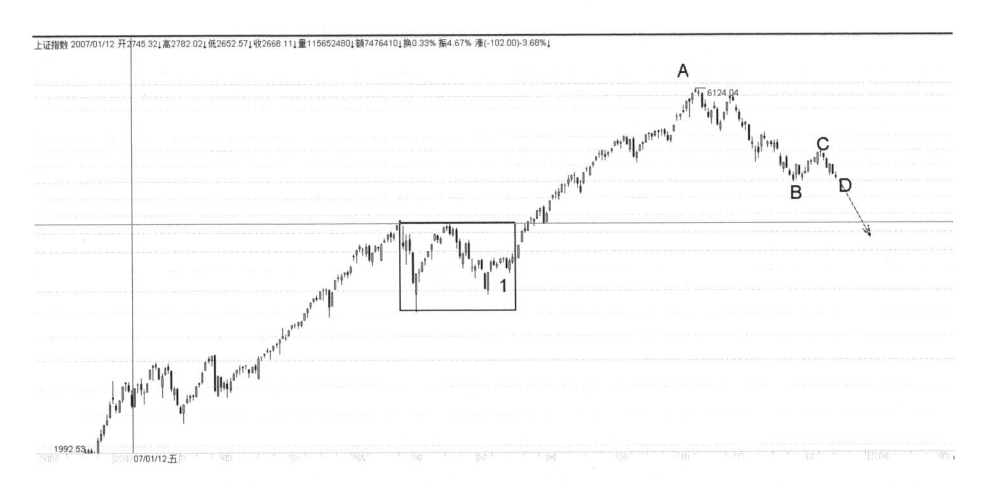

BC段的上升无疑是令人兴奋的，但之后C点的下跌中，我们会画出BC的黄金分割（此处略）以分析会不会跌破B点。当指数运行到D点时，虚线箭头是大概率会出现的。实际上，D点的出现已经让A点开始的下跌面积明显超过了标号1的中继，悲观情绪是必须有的。那么作为结构形态交易者，此时想的应该是：这里可能是顶部（因调整面积大于之前的所有中继）或998以来的最大级别中继。既然有中继可能，那么减仓而非清仓才是正常选择。但市场总是喜欢开玩笑，我们认为的大概率事件并未发生，而是从D点又起了一波上升，如下图。

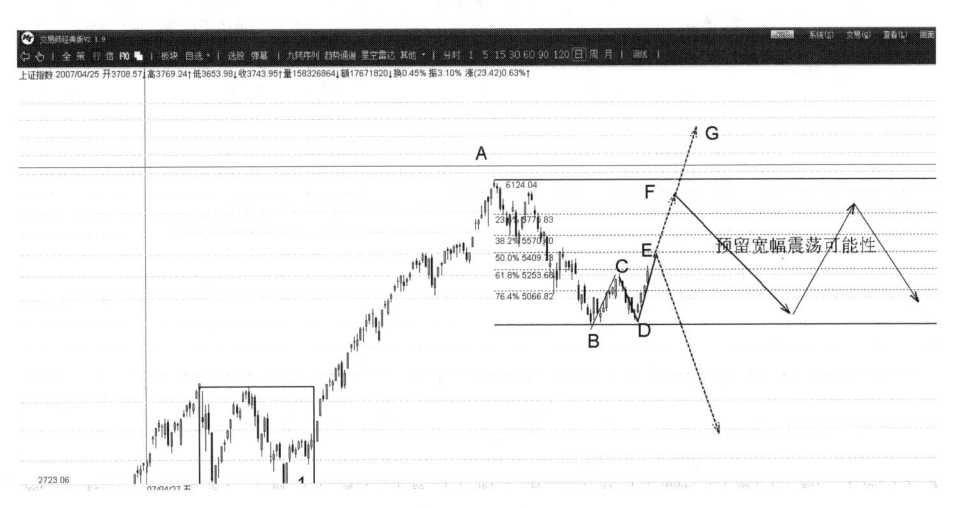

当市场运行到E点、突破了C点的时候（此前先有CD段的黄金分割关键位置被突破，为避免行文繁琐，也略过），我们可以有三种预期：①再往上

走一两根 K 线，与 BC 段形成对称，总体构成三段式反弹，然后下跌（图中向下的虚线箭头），衡量标准是 D 点到未来高点（即 E 点后的一两根 K 线）的黄金分割关键位置（50% 和 38.2%）；② B、D 点构成小结构双底，结束调整，使 AD 段成为 998~6124 的最大级别中继，衡量标准是 AB 段的黄金分割关键位置；③若能实现"②"的走法，到达 6124 点附近的 F 点，观察其突破 6124 点与否，进一步推演一下是否构成双顶或宽幅、长时间的横向震荡。"③"是下一步的事，但其实当时的情况，AD 段成为最大级别中继的可能性偏小，因这段调整规模与 998~6124 点的整个上升段相比显得太不匹配了。但鉴于市场一切皆有可能，我们还是应做好这一预期，这一预期的最终判断标准为指数运行到 G 点。实际上如果走最大规模中继的话，到达 6124 点附近下跌并走图中的"预留宽幅震荡可能性"是比较合理的"最大规模中继"。总之，当时的情况，双顶、大中继、继续下跌皆有可能，心理是非常煎熬的——没有明确预期是最熬人的。让我们继续跟踪市场的演化（小的变化就略去了，只看大的变化），如下图。

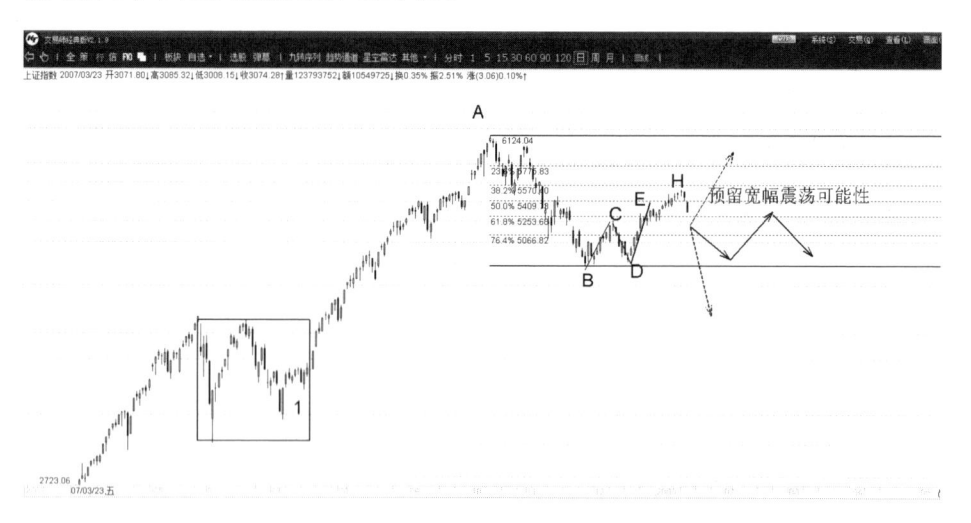

市场到达 H 点的时候，已经突破了 AB 段的 50% 位置且尚未到达 38.2% 的位置，就在这个时候出现了跌速很快的两根阴线，此时自应以 DH 段的黄金分割关键位置来预判未来的可能走势（为画面简洁，就不画了）。图中的三种箭头走向即为未来的预判。需要说明的是，个股早于 2007 年的 6 月份开始了分化，大量中小盘个股已经见顶。我们在实际操作中不会完全依据指数的变化来全仓进出，而是结合个股的信号该离场的离场、该减仓的减仓、该持有的持有。此处为了展示结构演化，只描述指数的变化，不代表当时具体的股票策略。

这两根阴线出现后，我们有了新的预期，那么后来怎样了？又需要如何分析结构演化？如下图。

"一根大阳（阴）线改变预期"在这里是可以的。图中大阴线的出现，直接跌破BH段的所有位置，直奔B点，使图中的向下箭头成为主预期。当然也不意味着彻底见顶，也可以是ABHK整体构成998~6124点的最大级别中继。此时必须参考深成指等其他主要指数的状态，以推断是否出现了大级别双顶。后来随着急速下跌、反抽深成指双顶颈线位等走势的出现，6124点大顶的地位彻底确立，清仓等待新的大底成为主要任务。这些后来的变化与本章无关，就不再继续上图了。

本例特意选取了较难判断的6124点大顶而不是较易判断的深成指双顶，就是因为市场中大量的结构演化都是比较难以得出唯一结论的。十六字箴言当中的"多方假设、小心跟随"在处理结构演化中是最应该采用的宗旨。

同样的，在使用波浪尺、斐波那契时间等工具时我们也会用到上面的结构推演方法。有了前面案例的详细推演，后面的案例我们可能会简化一些。

尽管我在画黄金分割的过程中常会遇到某K线低点（高点）触碰到黄金分割关键位置的情况，但我不提倡在那种位置"设伏"。其一，不敢保证该位置不会被打穿；其二，不是每次都会触碰黄金分割某位置。以上图为例，上证曾经"准确"触碰 BH 段的 61.8% 位置，若交易者敢于在那个位置进场，顶多快乐一天半。

总结一下黄金分割的使用要点：

①主要用于判断调整强弱。

②也可用于推断结构的演化，38.2%（倒过来就是 61.8%）和 50% 是两个重要观察位置。

③取点的关键是当下走势是相对于之前哪段走势的。

2. 波浪尺

我习惯使用的波浪尺参数设置如下图。

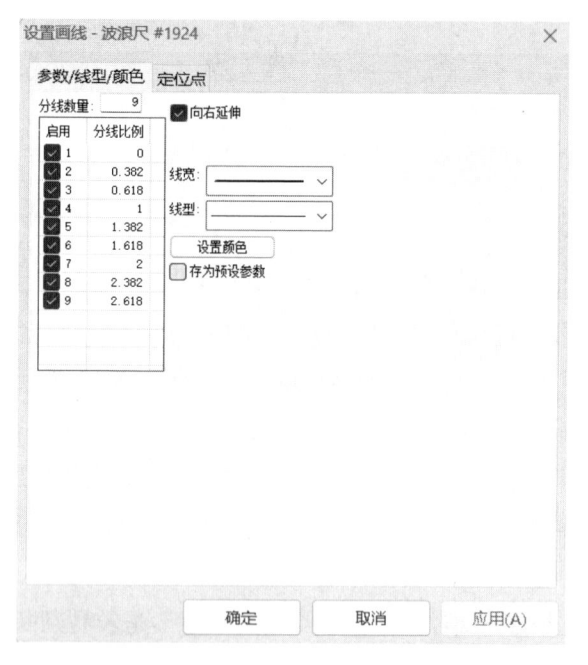

波浪尺的应用场景大多是遇到波浪形走势交易标的，需要评估报酬风险比时使用。所以波浪尺最有用的其实是 100% 位置，那么 1.236、1.764 等过于细致的参数就可以省去了。而 3 和 4.236 等过高的参数我觉得也没什么用，因为除了个别疯狂走势，绝大部分走势在到达 3 和 4.236 等位置之前，一般会出现新的中继，我们已经可以用新的取点来预期未来高度了。从这个意义上来说，2 和 2.618 也是多余的，好处是留着它们也不会有人跟我要钱，偶尔遇到疯一点的走势触碰到 2.618 时，看着也是一乐。

应用场景。

波浪尺的本质是运用对称和斐波那契原理对波浪形调整的潜在 N 字走势第三笔的长度进行量度。

波浪形调整在我的体系里指的是斜向下的调整（以上升趋势为例），既包括线形调整，也包括下倾楔形等日线稍复杂、周线或月线为线形调整的走势。

下图为线形调整例子。

片仔癀 2016 年的月线调整就是线形走势，也是个波浪形走势，**我们要量度的就是 N 字第三笔（图中虚线部分）的长度**。而片仔癀的这段中继在日线里是个 ABC 走势，如下图。

做结构分析有经验了之后，日线看到这种情况，自然就知道月线或周线里必是个线形调整。就像我在小时图看到一个头肩顶，自然就推知日线图里相应的三根 K 线是什么样子；反过来也差不多。

所以波浪尺的应用场景就这一个。那么量这个第三笔的长度是为了预测吗？书读到这里了自然知道不是为了预测，是为了衡量报酬风险比。假如某波浪形走势出现了入场条件，止损幅度也算出来了，就需要运用对称原理量度一下未来可能的目标位，然后计算报酬风险比，3∶1 以上再考虑入场。

下面就轮到波浪尺的取点问题了。波浪尺的取点是 3 个：潜在 N 字的第一笔和第二笔，共 3 个点。有了前面画黄金分割的经验和取点原则，潜在 N 字应不会找错，找到第一笔的起点和终点，再找到第二笔的终点，三个点就找好了。注意，我找点的原则仍然是起点、拐点，而非最高最低点。以片仔癀月线为例，第三个点并非最低点，但我仍取为第三个点，如下图。

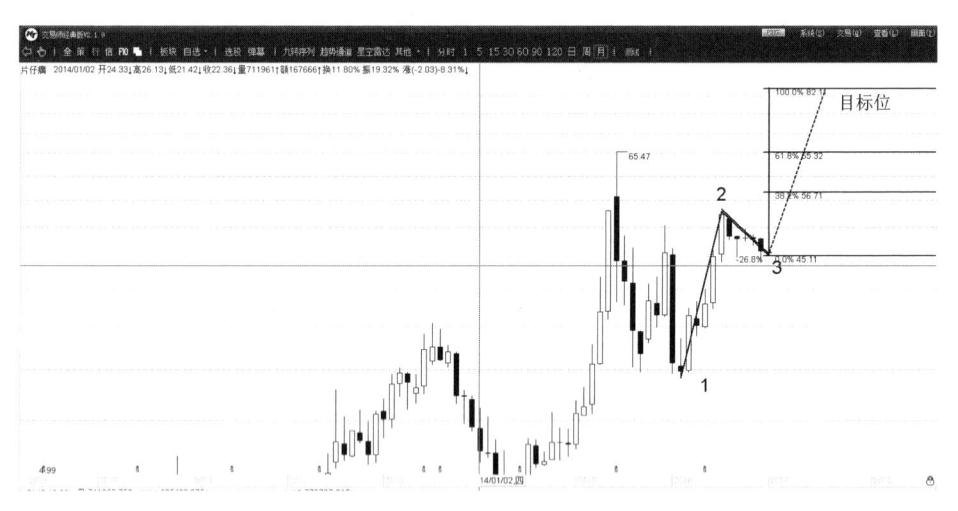

那么什么时候画这个波浪尺？总不能向下调整一根 K 线就画一次吧？当然不是。画波浪尺有两个条件：

①出现了入场条件、需要衡量报酬风险比的时候。

②在突破 2~3 连线的黄金分割 50% 或 38.2%（由上向下画）位置的时候，尤其是突破图中 2 点的时候。

这两个条件，使用目的是不同的：①用于交易衡量，②用于走势研判。如用于进场前衡量交易价值，可以在不满足条件②时画波浪尺。下图是片仔癀第一次出现日线交易机会的时候，我们的动作就是画波浪尺，计算止损幅度，计算入场点到量度目标的涨幅，然后计算报酬风险比。

注意图中 2 点的取点并非最高点，甚至并不是附近几根 K 线的最高点。但直观上它像是调整的起点，我就选它为 2 点。片仔癀在图中所示节奏点 A 处出现了交易机会，假设以 A 点收盘价为进场点，以该节奏点失败为止损点，算得止损幅度为 3.74%。然后取点 1、2、3 画出波浪尺，得出量度目标 100% 位置，并从 A 点画幅度尺到量度目标 100% 位置处，得出潜在报酬幅度，如下图。

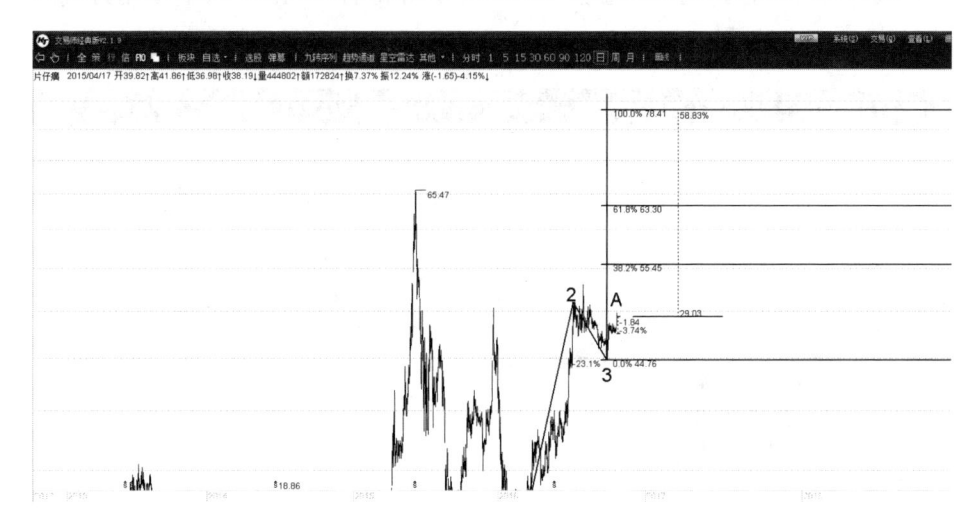

其实都不用计算，以这么小的止损换取这么大幅度的利润，必是一笔很划算的生意。可惜片仔癀不争气，止损点被打了。然后该股继续演化，直到出现节奏点 B，如下图。

当然在 B 点出现之前，C 点也是不错的入场点，可惜也被打了。所以交易是个不断试错的过程，只不过我们尽量少尝试，减少心水消耗，并且尽量选择节奏点交易，止损幅度相对小，且唯一。当 B 点出现的时候我们就可以取点 1、2、3 画出新的波浪尺。注意 3 点的取点仍不是最低点。不过读者若非要取最低点我也不拦着，毕竟相差无几。至于如何计算报酬风险比，参考 A 点处的计算方法即可，不赘述。读者应会好奇后事如何，我们就用月线图展示一下后市吧，如下图。

该股其实最后到达了 1.764 位置 129.76 元，与最高点 131.93 元相差无几。

不过我不会因为这只股票到达 1.764 就调整参数，因为持股能持到哪里与这个参数无关。读者会发现片仔癀运行到目标位置之前出现过几根月线阴线，有经验的交易者都会知道，这种月线阴线是多么难熬。所以如何把片仔癀持有到尽可能高的位置是另一个话题，以后有机会再说。

另外片仔癀出现节奏点 B 的时候已经接近阶段高点，所以不需要画黄金分割来衡量是否可以画波浪尺。对于这种调整角度较小的股票来说，一般出现进场点的时候都会超过 50% 位置，甚至接近前高。画波浪尺的第二个条件比较容易理解和执行，这里就不举例了。

3. 幅度尺或幅度尺+黄金分割B

当我们在交易中遇到横向调整的走势，如矩形中继、对称三角形中继等，会遇到量度难题：波浪尺看上去不知道如何取 2、3 点，怎么办？这时候幅度尺和黄金分割 B 就派上了用场。幅度尺没有参数设置问题，黄金分割 B 的参数设置如下图。

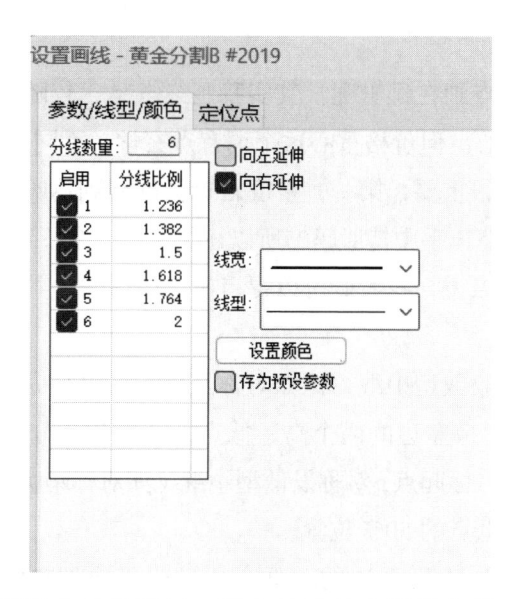

读者也可以根据自己的喜好、研究的目的来调整参数，图中的设置纯属我个人的习惯。

应用场景。

如前所述，幅度尺的主要用处是横向中继出现后，当进场条件（如节奏点）出现时衡量报酬风险比。方法是画出趋势段的幅度，然后在中继里面取起点，画出和趋势段相同的幅度作为量度目标。之后和波浪尺一样，根据止损幅度和进场点到量度目标的幅度计算报酬风险比。幅度尺的取点难点在于取中继的哪个点作为趋势段的终点和量度目标的起点，如下图。

起点好找，终点画在哪里呢？其实我画终点是比较随意的，基本原则是画在中继的价格重心。但价格重心这个词有点玄学，不同的人有不同的观点。但我觉得这事并不很重要，第一，量度目标会准确到达吗？第二，你会在到达量度目标的瞬间清掉手中持股吗？所以还是主打一个不纠结。

不过对于新手来说，我大概可以提点参考的做法，熟练了，就可以不用那么繁琐了。

①如果是对称收敛型中继，比如对称三角形（不会完美对称的，大体对称就行），取三角形最左边的两个高、低点，画出黄金分割，以50%位置为趋势段终点和量度目标起点；对称发散型中继（如对称喇叭形）则反过来，取最右边的两个高、低点的50%位置。

②如果是矩形，上下两边的高低点比较明显地处在同一水平线上，取两个边界即可，即以矩形下边沿为趋势段终点并以矩形上边沿为量度目标起点。

③不太好判别的横向中继，取最宽处高低点的50%位置。其实这种情况以直观的价格重心为取点原则更好，不过实在把握不好重心的话，就这么取

吧，结果是差不太多的。

后面的图例，我就不会很严谨了，以我个人的盘感来取点。下图是上证2010年10月份国庆节刚过时的走势取点。

下图我随手一画，得出趋势幅度为13.23%。下一步，以2点为起点，画出同样的幅度。

如何计算报酬风险比就不说了。之后上证到达量度目标，又向上运行了一段，会到哪里呢？这时就用上了黄金分割B，方法是把黄金分割B的两个点和矩形中继上面的幅度尺重合（一定要很严谨的话就在画线设置里把两个工具的定位点调成一样的，反正我是懒得调），如下图。

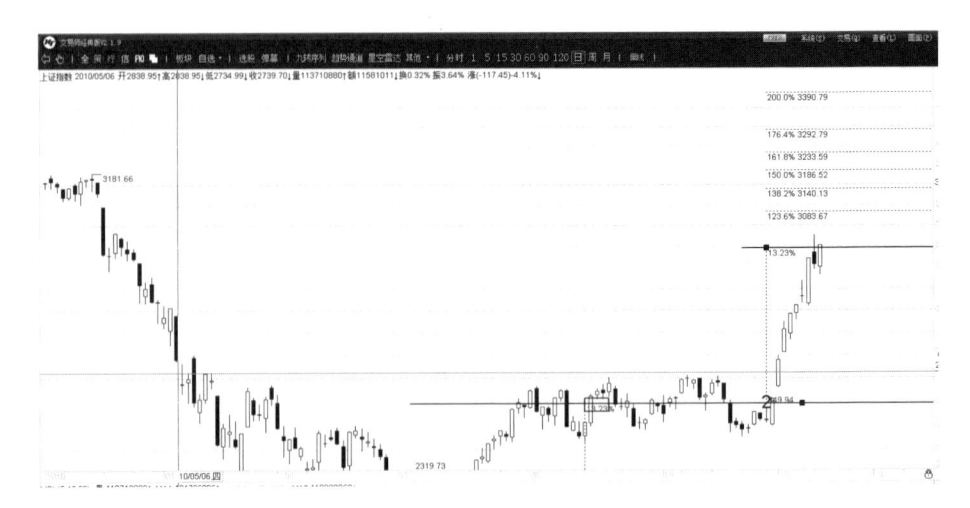

黄金分割 B 后面 6 个量度目标，总会给个面子碰上一个吧（我见过那种线仙，密密麻麻画很多线，总会碰上的，所以想吹牛或出名的话，你就多设置一些参数，总会碰上其中一条的，只是如果你用于交易的话就只能祝你好运了）。

如上图和黄金分割 B150% 量度目标只差了 0.2 个点。天地良心，我画的时候用的训练模式，没想到触碰这么准确。我只希望读者们不要因此对这些画线工具抱有过高期望就好，更不要用于预测（也别用于吹牛，吹着吹着自己就信了）。

好了，空间量度工具就介绍到这里。还有很多空间工具，但跟实战比较贴近，也是我常用的就这三个。

四、时间研判

世上的道理很多是相通的。时间研判和空间研判貌似用途不同、所用工具不同，其实原理是一样的。都是用的对称和斐波那契规律，也都需要衡量调整段和趋势段的匹配问题以取点，目的也大多是为了衡量交易价值。甚至，它俩的工具都是一样的：

——黄金分割B对应斐波那契时间的内部部分（当斐波那契时间和时间尺结合使用时）。

——波浪尺和黄金分割B对应斐波那契时间的扩展部分。

——幅度尺对应时间尺。

所以有心的读者不妨先默想一下我这部分会写什么、时间尺和斐波那契时间如何使用，斐波那契时间如何设置参数，然后再一一对照。如此读书，事半功倍。

1. 时间对称：时间尺的使用

和空间对称的原理一样，市场也存在时间对称的现象。但如此一来，空间也对称、时间也对称，市场岂不是走得很标准？问题恰在于，市场走得并不标准，有时实现时间对称，有时实现空间对称，有时又符合斐波那契规律，我们才说这个市场是不可预测的，我也才只是把衡量交易价值当成这些工具的主要目的，而不是预测。换句话说，如果市场走得很标准，何必趋势跟踪？进场，关软件，手机设置提醒，等时间和空间到位了再打开软件离场岂不省事？我们用这些工具，就是先预估一下最大可能性，再根据这种最大可能性评估一下这笔生意值不值得做，这才是目的。就像张三去开店，他总得知道大概的人工、物料、房租成本，大概的平均的利润率，然后算算多久收回成本、多久能赚到一个奥迪车的车轱辘，然后再决定开不开店吧？张三了解到的平均利润率，跟他实际开店的利润率肯定不一样，也许会低一些，也许会高一些，但那个利润率是必须要有的衡量标准。我们的这些工具，也主要起衡量标准的作用。

参数设置：时间尺也可以设置成内部有黄金分割比率参数的工具，也能用于衡量时间没有到达对称时的走势。但我嫌不美观，就把这个任务一并交给斐波那契时间了，所以时间尺不存在参数设置的问题，它的唯一功用就是衡量对称时间。

应用场景：对于具体交易标的而言，衡量对称时间的作用不像衡量对称空间那么大。但在预估股市大盘趋势的结束时间方面有重要作用，比衡量股市大盘的空间有用。因为股市获利主要靠个股，大盘能涨多高不是很重要，毕竟大盘的空间不直接带来利润。大盘能涨多久牵涉到个股能做多久，大盘上涨途中遇到个股机会要不要进场等问题是和钱包直接相关的问题。所以说白了时间对称主要用于股市大指数的趋势时间长度预估。

取点原则前面说了，和空间取点原则一样。画法就是先找出潜在N字的第一笔起止点，画出时间尺；然后在N字的第二笔的结束点画出同样时间长度的时间尺，预估第三笔的结束时间。时间尺长度可以以交易日衡量，也可以以自然日衡量，一般时间跨度较长、中间有节假日的情况，我都先用自然日长度为对称长度，之后再慢慢调整。其实无所谓，大盘和个股并不会在同一天到达高点，我们主要衡量在大盘上升途中要不要上车的问题；再说就算你画好了对称时间，你会在那一天直接清仓吗？所以不用太纠结几天的差别。以上证指数2007年大牛市为例，如下图。

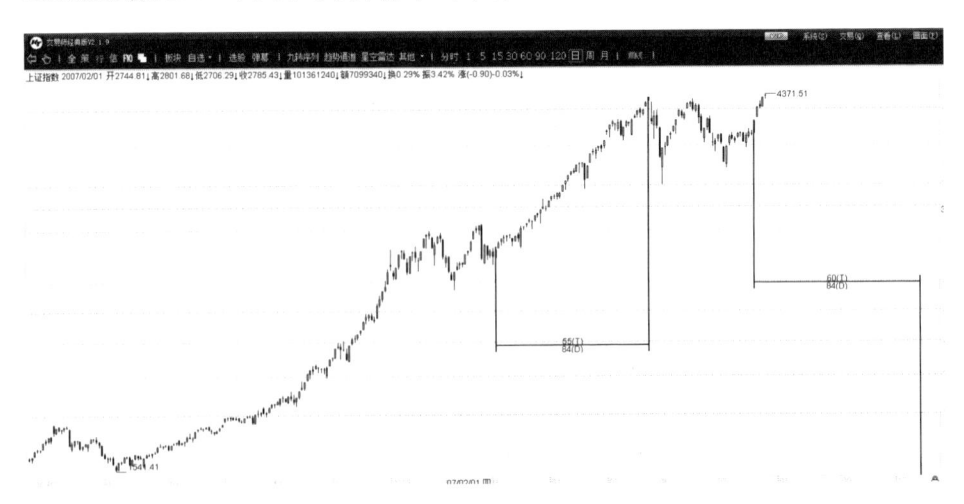

当上证2007年7月份到达4371点时，基本可以确定530半夜鸡叫的调整段结束了，双顶风险和继续宽幅震荡的风险基本解除（其实之前的两根中大阳线已经可以预判调整结束了，只不过稳妥起见还以创新高为准），既然系

统性风险解除，遇到符合交易条件的个股就要考虑值不值得进场的问题。此时按照空间量度取点的方法（空间研判那一节值得反复阅读），得出潜在 N 字第一笔的时间跨度为 55 个交易日、84 个自然日，然后从潜在 N 字第二笔的结束点画时间尺，拉到 84（D）的位置，预估大盘的对称结束时间为 10 月 12 日。那么这么一算，还有俩月才到达时间对称位，做个股还是有较大获利可能的，于是就可以作出个股进场的决策了。最后上证在 10 月 16 日见历史高点，仅比对称时间多了两个交易日，如下图。

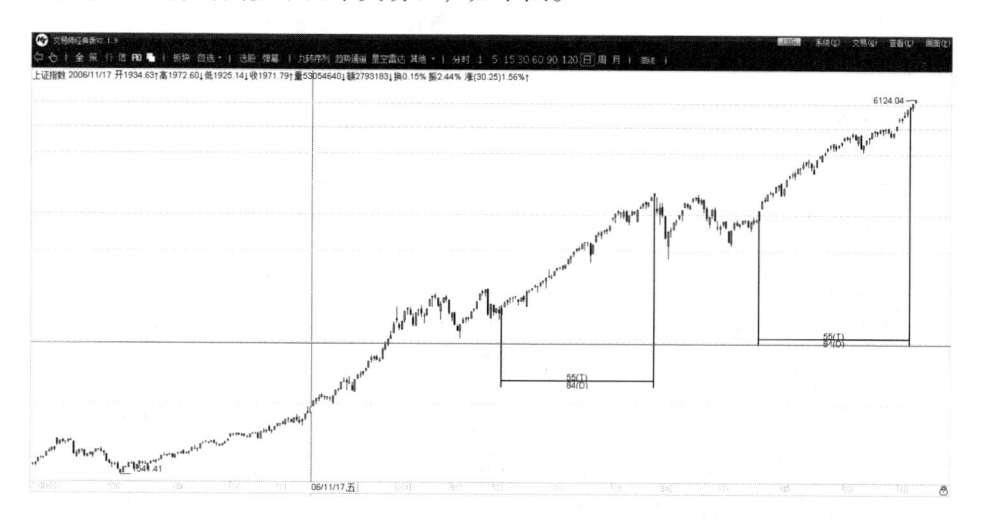

无聊的读者也可以质疑我的取点不对导致对称时间没搞对，那不妨自己调整一下取点，反正我是用训练模式取点的，看着哪里顺眼就在哪里取点、画到哪算哪，对具体交易而言我这种做法并没有实质性影响。

当然市场不会总能实现时间对称，有时会短于对称时间，有时又会长一些，这就用到了斐波那契时间这个工具。

2. 斐波那契时间工具的使用

参数设置。

由于斐波那契时间这个工具承担了本应时间尺承担的部分任务，所以斐波那契时间的参数设置显得很繁琐。读者也可以自己简化一下，我是觉得用不到那么多参数，但又懒得精简，如下图。

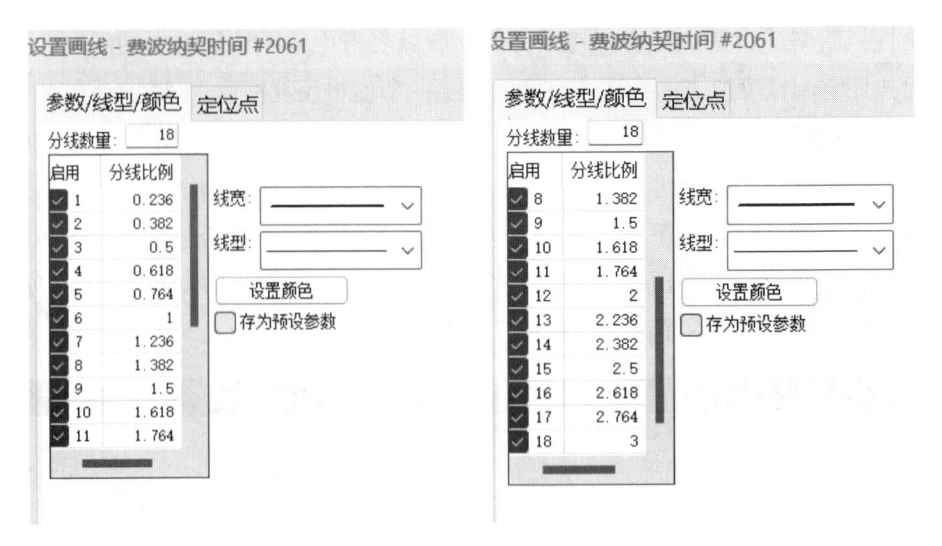

设置画线 - 费波纳契时间 #2061			设置画线 - 费波纳契时间 #2061		
参数/线型/颜色 定位点			参数/线型/颜色 定位点		
分线数量: 18			分线数量: 18		
启用	分线比例	线宽	启用	分线比例	线宽
✓ 1	0.236		✓ 8	1.382	
✓ 2	0.382	线型	✓ 9	1.5	线型
✓ 3	0.5		✓ 10	1.618	
✓ 4	0.618	设置颜色	✓ 11	1.764	设置颜色
✓ 5	0.764		✓ 12	2	
✓ 6	1	存为预设参数	✓ 13	2.236	存为预设参数
✓ 7	1.236		✓ 14	2.382	
✓ 8	1.382		✓ 15	2.5	
✓ 9	1.5		✓ 16	2.618	
✓ 10	1.618		✓ 17	2.764	
✓ 11	1.764		✓ 18	3	

18 个参数，有没有觉得很崩溃？作为信奉大道至简的我来说，没觉得崩溃，只觉得惭愧。好在 4.236 之类的参数我没设置，因为我觉得到了 4.236 了，除了短期涨幅巨大的，大多数交易标的已经可以考虑新的潜在 N 字问题了。

另外斐波那契时间使用时需要注意，时间太短的取点——比如三五天的上升段，用斐波那契时间测量毫无意义，你会发现后面的很多参数挤到了一起。道理用小学算数就能想明白，不赘述。

斐波那契时间的应用场景有两个。

应用场景一：衡量交易标的调整时间是否到位，预期市场调整结束时间。

这是斐波那契时间最重要的一个应用。分两种情况。

一种情况是比较正常的趋势波段，时间较长，斜率也不是很陡峭。这种情况以 1.382 参数为界，1.382 以后若继续调整，视为与上升段相匹配的调整段。1.382 之前结束调整重拾升势视为与上升段不匹配的调整段，不参与交易。从走势分析的角度，将来这段调整大概率会与上升段合并为更长的、更大级别的上升段。这段话有点绕，让我们用上证指数的例子来解析一下：

假如上证指数是个交易标的，我们在 D 点面临进场决策问题，就需要衡量调整的 BC 段与 AB 趋势段是否匹配的问题。

匹配，则未来预估的空间以 AB 趋势段对称，时间也以 AB 段衡量。

不匹配，则一种可能性是 BC 段只是整个调整的一部分，将来很有可能再走到 F，由 BCDF 共同构成中继 2（当然还有三角形等其他走法，这里简单用

BCDF 代指所有中继 2 的类型），那么进场就面临调整问题。还有一种可能性就是将来运行到 E 点，AE 段才是最后的上升趋势段，BC 段只是 AE 段中间的一个小波折。那么如果是这种情况，E 点的结束点有极大的不确定性，E 点到 D 点的距离可长可短，在 D 点进场或者 C 点进场需要应对的变数很多，如下图。

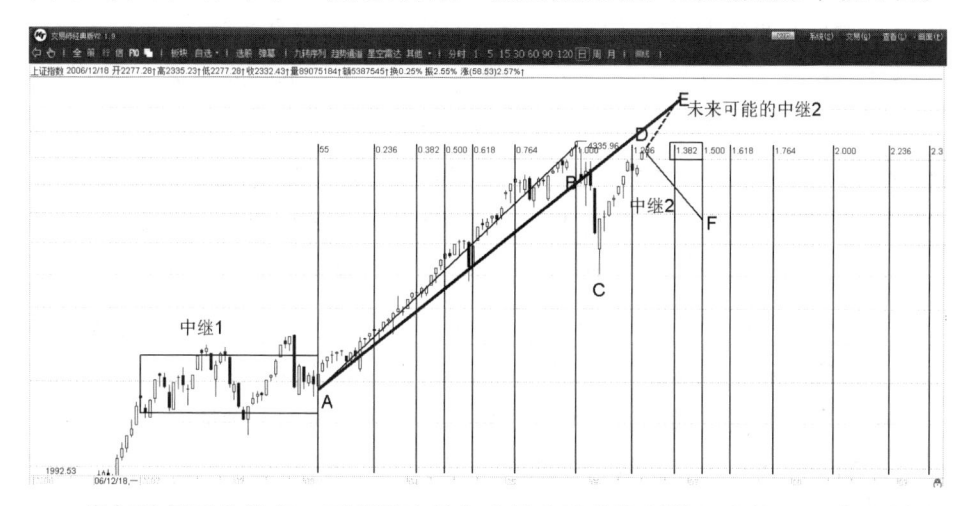

类似的例子非常多，可以说这种方法是我的避坑利器。比如 2024 年 5 月 10 日下午六点左右我复盘，美铜突破了前高。本来我预判美铜和伦铜会调整数周（5 月 8 日下午在光大直播间我说过这个观点），结果居然变成了突破，如下图。

我们图中看到的 4.7455 美元这个价格，就是我在复盘时看到的，当时是一根大阳线。我图中画的斐波那契时间，最低要求是 1.382，我比较心仪的时间是 1.5、1.618 和 2 三个时间。也就是说，CD 段的调整并没有达到最低要求，

与整个上升段并不匹配。当然存在着 CD 段和 AB 段同等级的可能性，那就由 BC 段趋势来衡量 CD 段调整是否到位。但伦铜当时并没有突破前高、加上价格密集区压力、长途奔袭等因素，我觉得不确定性太高，不是我的菜，不如等出现了我需要的走势再做。5 月 11 日早上又看了一眼，美铜收了个长上影，仍然处在我预期的数周调整的范围内，于是这个坑暂时就算是躲过去了。读者会想假如周一开盘美铜又收复长上影继续突破怎么办？没什么，不是自己的菜就别吃，吃了会闹肚子的。**老手和新手的区别就在于，老手习惯于像鳄鱼一样趴在水里等合适的猎物经过，新手敢于跑到老虎洞里找老虎决斗。**

当然我也因为斐波那契时间匹配问题错过了 2014 年的原油下跌行情（详见要点四）。但与更大量的避坑相比，我宁可接受这种偶尔的错过（此时应默念"钱赚不完但能亏完"八字真言）。当然有的交易者会觉得宁可做错也不可错过，与我这种宁可错过也不可做错的理念相比，说到底是交易价值观的不同。

刚才说的是斐波那契时间衡量调整时间是否到位的一种情况。还有一种情况是趋势段运行速度很快、短期涨跌幅度巨大，这样就形成了一段虽然耗时不长，但长度看着很长的趋势，直观看这段趋势和第一种情况的趋势级别是一样的。遇到这种趋势，用斐波那契时间的 1.382 刻度来衡量，直观看就会觉得调整不到位，与趋势段没有形成匹配关系。一般来说，遇到这种类型的趋势段我都取斐波那契时间的参数 2 及 2 以后的参数，最起码也是 1.618 这个参数。2013 年 3 月 1 日，我就遇到了这个问题，如下图。

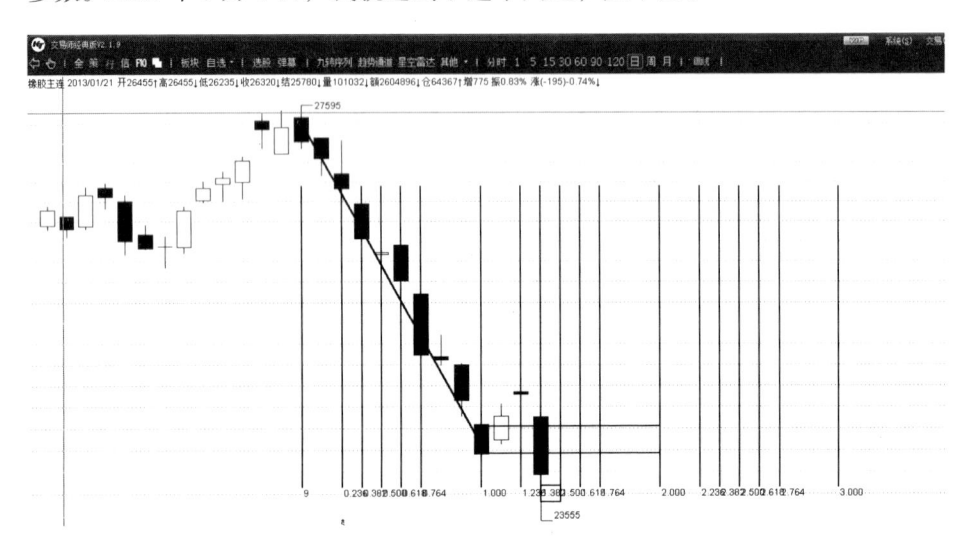

当时橡胶一段速度很快的下跌，然后反弹两天，在 3 月 1 日这天出了一根大阴线跌破反弹低点。用斐波那契时间来测算，大阴线那根 K 线是符合要求的。但我直观上感觉这段小反弹与下跌段并不匹配，很像一条大长腿配了只三寸金莲。若是反弹能持续到斐波那契时间的参数 2 处，感觉像是调整到位了。于是我就没急于入场。直到我看着舒服了，如下图。

这么看是不是舒服了很多？若是在 3 月 1 日那天入场，以该 K 线的开盘价为止损，也不会打掉止损，但之后的几天会很难受，我喜欢入场快速获利的状态，容易持仓。读者们可以自行画一下橡胶这段走势的斐波那契时间，看看之后发生了什么。

橡胶这个案例和美铜有点像，但不是一个意思。美铜也是快速上涨，但不像橡胶这样直线下跌，所以它适合情况一，用小一些的斐波那契参数就可以衡量调整是否到位；橡胶跌速太快了，尽量取大一些的参数较好。

至于预期市场调整结束时间的应用场景，其实画法并无二致，只不过更偏重于大盘、商品风向标品种（比如外盘铜是内盘有色金属的风向标；外盘原油是内盘化工品的风向标）的分析。当市场出现较大级别调整概率的时候，就可以应用这个工具来判断要放松多久才开始盯盘。如上证今年出现大幅反弹的过程中我是比较安逸的，因为我在等一个符合我交易要求的市场环境出现：上升加横向或者大级别双底。出现之前，就一直等（我用这种"等"，在股市连续三根年线阴线里几乎毫发无损）。下图是我不止一次跟别人提到的应对方案，在光大直播中也提到过，如下图。

图中粗线条箭头走法是大级别双底走法，这种走法是我最希望出现的，往往意味着级别巨大的、不亚于 2007 和 2014 年级别的大牛市。走法 3 则会创出新低，那么就继续等下一个大反弹，再重新预期。走法 1 是横盘然后突破，就像 2010 年 8、9 月份的横盘突破。后来实现了一部分，但也是我不太希望出现的，因为行情级别太小了。当然若之后又演化出新的大 N 字又当别论。那么上证走到什么时候我觉得这个横向震荡预期偏大并开始用斐波那契时间来预估横向结束时间呢？4 月 8 日那天，如下图。

上证指数这么一上一下地折腾，我就感觉大概率是要横盘了，要等到 4 月 22 日以后再密切关注市场了。在 22 日之前，交易偏佛系，哪只兔子撞到桩子上就收着；22 日之后，开始对期权、期指、股票进行资金调拨，严密制定交易计划。所以可以想见，4 月 8 日到 4 月 22 日之间 10 个交易日的市场波动在我这里看着是云淡风轻的。

说到这里我想起了 4 月 17 日那天，正好是每周三下午例行在光大期货直播间直播的时间，有位朋友问到次日进场做多股指期货应如何制订交易策略，如下图。

当时因未到 4 月 22 日，所以虽然也警觉，但远没到"必须进场"的程度。所以我在直播中详细分析了一下大盘的走法，基本意思就是现在不用太担心大盘结束调整。其实对于上证 50 期权，我心里的入场点就是图中画的那个小折返。之后市场也确实给了那个小折返，只不过最佳进场点比 4 月 22 日迟了两三天。这是正常现象，本来我也没打算在 4 月 22 日当天采取什么行动。4 月 22 日到了，之后再观察走势，细调斐波那契时间的取点并综合比较各指数的状态，最后综合研判差不多符合预期了，再采取交易动作。

所以诸位读者若是熟练掌握了方向交易体系，做交易是比较轻松的，经常会处于休息中，非常适合上班族。

应用场景二：补充时间尺的不足。

时间尺是衡量时间对称的。显然市场不会总是完美对称，要么不足、要么有余，此时斐波那契时间工具就能派上用场。不足的部分，用斐波那契时间的内部参数，如 0.382、0.618 来测量；有余的部分，用斐波那契时间的扩展参数，如 1.618 等来测量。方法和黄金分割 B 配合幅度尺的方法是一样的，只不过黄金分割 B 是上下取点，斐波那契时间是左右取点。

有余例子：深成指 2015 年，如下图。

2015 年 5 月 17 日是时间尺的对称时间，但市场没有见顶信号出现。那么我们就根据和 1~2 相应的时间尺，拉出 AB 时间尺，然后再用斐波那契时间工具，也从 A 点拉到 B 点，得出扩展斐波那契时间标尺。市场的实际情况是在斐波那契时间的 1.382 位置出现了 2015 年的最高收盘价，次日见最高点。当然我们不可能在 1.382 时间清仓，只是之后会更加敏感地处理个股，并且必要的话配上一定额度的期指空单以对冲风险（我们当时就是这么处理的，处理过程经过了详细计算，以能承受的最大回撤为基准来计算期指空单的配比及减仓份额，只是市场的发展远出乎我们的预料，净值比预计的回撤要大了一些）。

这次股灾给众多股民上了生动一课，有的股民在股灾前还在琢磨换车买房的事，股灾出现后所有的梦想破灭。有人一夜白头，这是真事，就是我的邻居。我们当时由于措置还算妥当，保留了大部分利润。

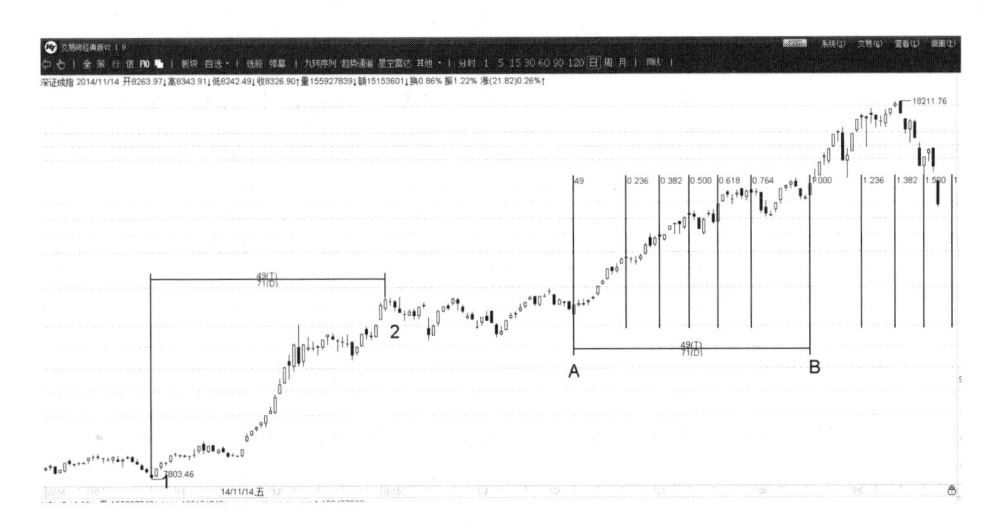

如上图，补充说明一下，1、2点的取点参考了沪深300指数。在取点犹豫不决时，参考上一级周期或其他指数是个不错的决疑方案。

不足例子，如下图。

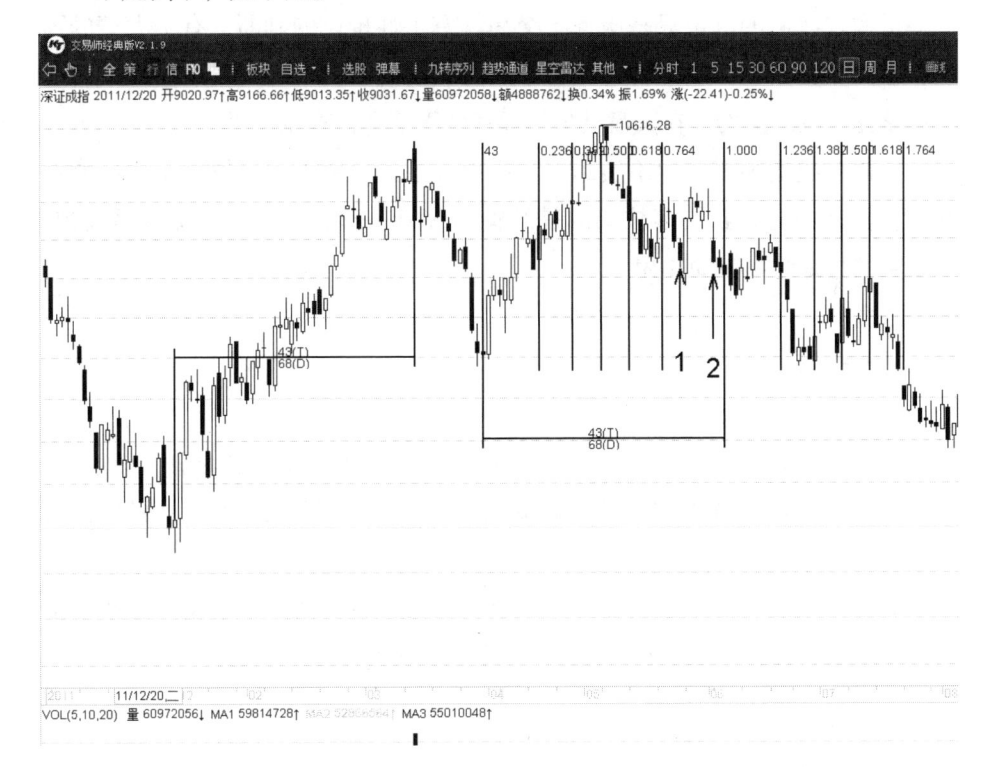

发生在 2011 年底到 2012 年上半年的这段走势是很坑人的。当时按照对称时间、黄金分割、波浪尺等工具，市场走势绝不会在 10616 点戛然而止。但市场就是那么走了，跟它争辩是没有意义的。按照上一个图例的方法，我们可以拉出斐波那契时间来看这个高点发生在哪里，正好落在 0.5 的位置。其实当时我们对市场失去信心是从标号 1 开始的，到标号 2 彻底清仓。主要依靠的不是斐波那契时间工具，而是安德鲁音叉线＋形态演化。

我们在时间研判和空间研判中列举的都是测量有效的案例。但我可以负责任地告诉大家，有的走势是无论用何种工具——不管是时间的还是空间的，都是无法测量准确的。其实回溯历史走势的话，我们完全可以不断调整参数、调整取点，甚至采用其他派别的方法，争取测量准确。但我知道这是徒劳的。

首先，我们不可能在市场到达某种测量结果的瞬间作出交易决断。

其次，用的工具、参数越多，越有可能得到一个准确的结果，但工具越多，错的概率越大，反而是简单的测量更有利于决策。

最后，我们的测量只是服务于交易。有了性价比的判断、有了大概的预期就够用了。就以大盘见顶为例，个股有提前见顶的，也有错后见顶的，还有调整完了继续上的，在大盘见顶的那一两天清仓，有意义吗？

所以，我把很多华而不实的工具都放弃了，只留下了足够用于交易的这几样工具。同时，**我更多依赖的是结构的分析、形态的演化来做交易决策，测量真的只是起到辅助作用。**

五、时空研判

前面介绍的时间和空间研判，都是能得出绝对数值的，也是分开使用的。像 2012 年上半年深成指的案例，时间研判和空间研判其实都是失效的，此时时空研判就可以起到辅助作用。

时空研判的两个工具很简单，一个是安德鲁音叉线，一个是趋势线。由于两者均为斜线，兼顾了时间和空间，所以称为时空研判工具。

1. 安德鲁音叉线

安德鲁音叉线无需设置参数。直接看它怎么应用即可。

安德鲁音叉线主要用于波浪形走势，以上升趋势为例，在逆向波动结束重拾升势后观察趋势的运行速度：如果一直围绕中轨波动，则是和上一个趋势段相似的运行速度；如果一直在中轨之上波动，则走势偏强，趋势的时间或空间大概率会比对称空间或时间延长；如果一直在下轨波动，则走势偏弱，趋势可能提前结束；如果一直在中轨以下波动，当价格跌破下轨，则需要结合形态演化来考虑离场问题。

所以简单说，安德鲁音叉线第一适合波浪形走势，遇到横向中继就不要使用了；第二主要以中轨为界观察趋势强弱；第三跌破下轨是重要离场参考。

另外，安德鲁音叉线的取点和波浪尺的取点方法完全一致。也就是说，波浪尺如何分析结构，如何取高低点，安德鲁音叉线也执行同样的操作。有趣的是，用时间尺画出对称时间后对应的安德鲁音叉线中轨点位，和波浪尺的 100% 位置重合。如下图，美铜的一段趋势。

图中圆圈位置就是波浪尺 100% 位置和时间尺对称位置对应的安德鲁音

叉线中轨点位重合处。所以安德鲁音叉线反映的是：调整结束后重拾升势，时间和空间同时完美对称的状态。这种对称如果实现了的话，反映了两段趋势的运行速度是一致的。运行速度一致，则表示市场的运行是正常状态。反之，则反映了市场更强或更弱一些的状态。这三种不同的状态对我们的持仓预期是有影响的。

从上图我们也可以看到，美铜的第二个趋势段很早就开始在中轨以上运行，后来甚至突破上轨，所以这种走势是非常强的。相应的，我们的时间预期和空间预期也可以调高一些，如下图。

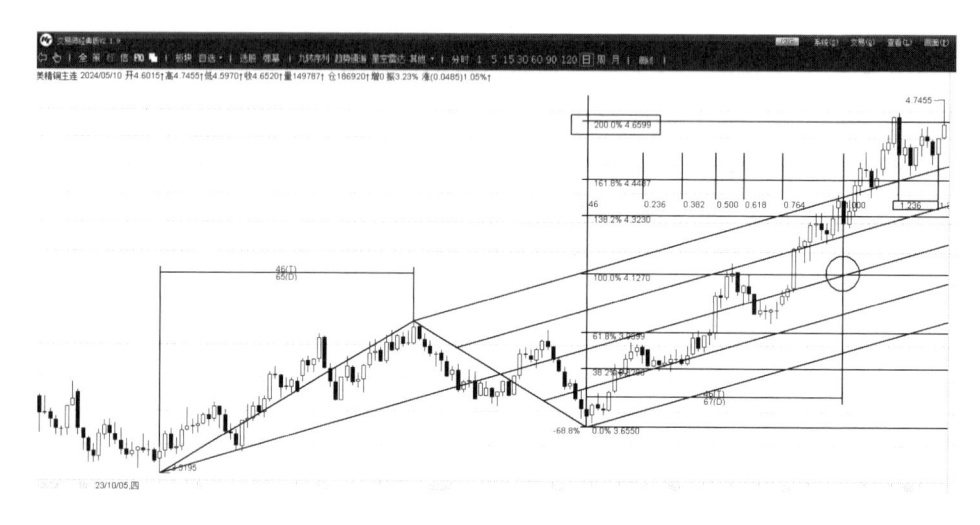

我们按照波浪尺量度方法，看到美铜的阶段高点和200%位置相差无几；按照时间研判的斐波那契时间+时间尺的方法，看到美铜的阶段高点时间落在了斐波那契时间的1.236位置。虽然美铜还有概率继续上攻，但结合伦铜的情况和左侧价格密集区的情况，再考虑时间和空间到位的情况，这个概率已经偏低了。只不过对于持仓而言，获利巨大，若美铜继续横向震荡，是可以继续持仓的；若美铜继续上攻，更是毫不影响持仓；若美铜向下跌破前面的小波谷，则宽幅震荡概率加大，持仓的话利润回吐可能会很大，可以考虑获利了结。所以即便分析错误，对于持仓交易的影响是不大的。至于对进场的影响，之前已经说过了，继续上攻则放弃；继续震荡则等待斐波那契时间的1.618以后的位置。

第二个趋势段偏弱的情况就是深成指 2012 年的例子。

深成指当时比上证缺德的一点是，调整波段结束后突破了调整波段的起点，让图中圆圈位置成为时间和空间的主要预期位置。但深成指一直在安德鲁音叉线中轨与下轨之间运行，并且跌破下轨。当然跌破下轨并不意味着需要立刻清仓，因为它还有重拾升势，回到安德鲁音叉线内部继续沿着下轨运行的可能性。所以直到后面出现弱反，然后再行下跌才是最终放弃当初预期的时候。具体的时间量度前文已经举例，不再赘述。

2. 趋势线

趋势线是一种看似入门级，实际上并不好掌握的技术工具。我最早学画趋势线的方法是：取途经最多的点画出的趋势线是最有效的。理由无非是途经的点都是市场认可的点。但这么画趋势线有几个问题：

①什么时候画的这根趋势线？如果是观察趋势是否有可能反转，那么当你画趋势线的时候，你的持有价格是在哪里？还是说当时还没进场？在不同的交易状态下、在不同的入场位置，趋势线怎么取点其实是不同的，跟经过多少个点是无关的。

②交易者的时间架构。一个 5 分钟级别的交易者，会去看日线趋势是否完好，这不是笑话，而是现实。一般情况下，当交易者在 5 分钟级别里遇到浮亏，都会寻求心理安慰，比如画画日线趋势线，一看仍然完好，于是安心持仓。可惜，有可能日线趋势继续完好，但 5 分钟的持仓爆仓了。所以趋势线的取点跟交易者的时间架构密切相关，与途经的点的多少关系不大。

③关于有效。我遇到过很多图，先有比较明显的波浪形趋势，按途经最多的方法画趋势线很好画，但走着走着，这根趋势线被跌穿了，之后走出一个横向中继，横向中继调整结束后继续前行。那么前面那根经过很多点的趋势线还有效吗？说它有效，明明被跌穿了而趋势保持完好，说白了跌穿的时候卖了白卖；说它无效，也确实规避了一段调整。所以究竟从哪个角度定义这个有效还是无效？

所以归根结蒂，我们要用趋势线解决什么问题？不同的人有不同的需求。

交易技巧传授者：站在上帝的视角，在已经完成的一轮牛市或者熊市里寻找一根或几根趋势线，这根趋势线，第一要"有效"，跌穿后趋势确实反转了；第二要"尽早"，越接近历史高低点越好。所以他们画趋势线时看的图是历史走势图，关心的是趋势线怎么画才让别人信服，才让别人觉得这位传授者必是明师。

分析师：分析师一方面要分析市场是否反转，一方面要解答交易者关于市场是否反转的疑问，所以分析师看的图虽然是当下的图，但如何取点取决于画出的趋势线对不对，事后能否合理解释，容易有取点级别偏大的倾向（因不易短期跌穿且容错空间大）。事关交易者的钱包会不会像脸一样变得很干净的周期级别问题，进场位置问题恐怕并不是很重要。

交易者：交易者才是趋势线的直接受益者或者受害者，交易者画的趋势线必须务实。什么是务实？那就是立足当下：当下的进场位置、当下的核心交易周期、当下的净值状态。

我是交易者，本书也是为交易而写的，所以，我画趋势线的角度，就是交易者的角度。

从交易者的角度画趋势线的要点：

①根据交易需要来选取趋势线的时间架构。

②按同级别逆向波动取点。

③在长期持仓情况下，根据趋势运动的速度快慢和新的中继（与原有较大级别中继同级别的中继出现时）调整趋势线。

④较为适用于波浪形逆向波动，遇到较大规模的横向震荡考虑选取其他工具。

我们还是用实际案例来说明前面这些要点比较好。下图是伦铝2009年的一段走势。

假如交易者张三在图中箭头处进场,他应该遵从图中的哪根趋势线?我们先看看张三进场的时间架构。伦铝在经历了2008年的暴跌之后,走了周线头肩底,日线方向得以扭转(建议复习时间架构),如下图。

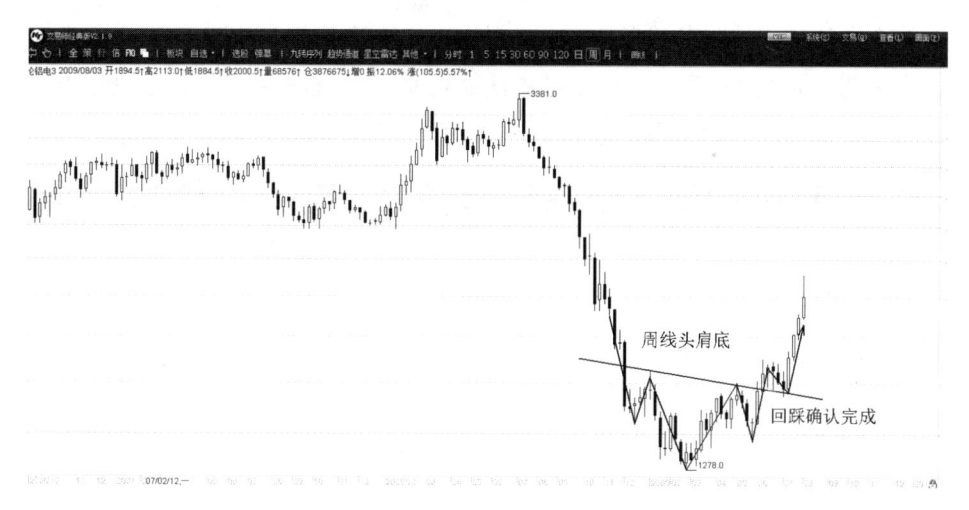

当然之前也有日线双底、日线头肩底,按这种底进场,就是做的小时级别趋势。现在张三在周线头肩底回踩确认之后进场,他就是做的日线级别趋势。而射线1是原始趋势线;射线2是周线级别趋势线(连接两个周线谷底);射线3是日线级别趋势线。所以张三在做日线趋势,他就应该采用射线3作为自己的趋势线。如果张三以趋势线被跌穿为离场规则,那么他会在这里离场,如下图。

图中张三离场处才是日线趋势交易者应该离场的位置。后来伦铝打到射线 2，且并未收盘跌穿，视为没破周线趋势线，然后又拉起。从事后完美的角度看，张三的离场是错误的，射线 2 的趋势线是"有效"的、"重要"的、"对"的，但这只是交易技巧传授者或者分析师的视角，从张三的交易时间架构的角度，他就是在做日线趋势，破日线趋势就走是他的职责所在；破周线趋势再走是他上司的职责。张三去干上司的活，他是不想活到下一集了吗？

需要补充说明一下，射线 2 的画法就是要点②：按同级别逆向波动取点。

后来伦铝再次跌穿周线趋势线，形成月线级别中继，如下图。

周线趋势线（射线 2）被跌穿后横向震荡，形成了新的进场点，即图中的周线级别进场点（月线级别中继结束后容易出现周线级别趋势行情），所以

后面张三假如进场了，他的趋势线是要调整的，如下图。

图中矩形部分在周线图里形成两个周线级别调整，是张三新的防守线。需要注意的是，第二个矩形需要等突破后才可以取点连线，否则不知道这个周线调整是否结束。后来这个周线级别趋势线被跌穿，形成新的月线级别调整，如下图。

从上帝的视角，月线调整之后再创新高，张三还是不应该走，后面那么大一段利润没吃到太可惜了。只有在市场里真刀真枪打了十几年的厮杀汉才明白，全用上帝的视角做交易的话，地球都跟着你姓了。当然从画趋势线的角度，新的月线级别谷底形成后，观察伦铝是否结束上升趋势就有了新的趋势线，不过这条趋势线归分析师使用。从更长的周期来看，最后还形成了一条看上去最为"有效""正确"的趋势线，如下图。

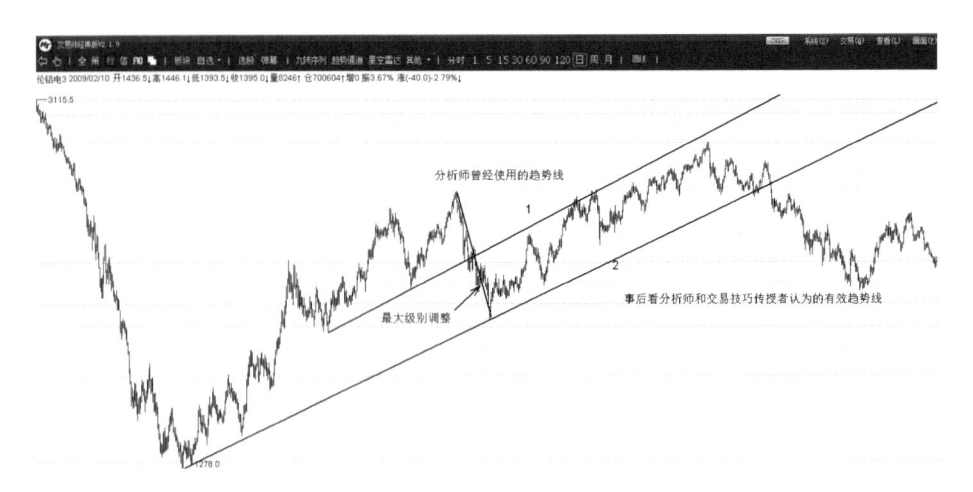

射线 1 以月线谷底连接，形成当时看着"有效"的趋势线，并且这根趋势线在伦铝后来的上升中被认为是有效反压的趋势线（趋势线反压也是一种技术观点，即走势跌破趋势线之后，原趋势线对未来的走势有"反压"作用，成为未来走势的压力）。不幸的是，又过了很久很久，伦铝再创新高、最后形成跌势，于是最最最"有效"的趋势线，即射线 2 出现了。但请读者对着这张图仔细思考，这两条趋势线，在实际交易过程中，究竟能起到什么作用？其实也不能说一点用没有，在后面伦铝出现做空信号的时候，射线 2 可以辅助研判伦铝是否转向。

当然张三也许在第一次进场时就奔着"趋势不反转就不离场"的目标在交易，如克罗一样。那么我们的要点四就能派上用场，最后张三在上图的射线 2 被跌穿后离场。但我好奇的是，张三既然能忍过这波大趋势当中最长的一波下跌，后面他凭什么就不忍了？难道他不去等和之前大调整级别一致的新的大谷底形成吗？那就是他的交易秘籍了，咱学不来。我只知道，打能打的鱼，收能收的网。

第七节　简易技术规则及综合运用

总算把我想写的技术都写完了。十一万字，占了前半部分的 70% 以上，预计占全书的一半以上。这么多的技术，咋用？其实用起来没那么复杂，我完全可以用半页 A4 纸把它们简化一下。下面我们就把方向交易体系的技术规则进行提要：

①确定时间架构，最多两个，如周～日～小时、月～周～日。

②以核心交易周期的上级周期定方向，方向扭转前只做一个方向的交易。

③在方向指引下寻找亲人图形，即上升加横向、上升加角度较小的斜向。当账户状态积极时可以考虑波浪形走势。

④当亲人图形的第二笔调整段与趋势段相匹配时，以节奏点进场，并以节奏点失败为初始止损。

⑤节奏点进场时用技术分析工具衡量报酬风险比，高于3∶1才列入交易计划。

⑥以日线核心交易周期、上升趋势为例，节奏点进场后如果趋势运行良好，不断以日线形成的波谷作为新的离场位，直到最后一个日线波谷被跌穿或形成日线级别顶部形态。假如调整段没有触及最后一个日线波谷，但长于之前的日线调整段，也离场。假如利润足够丰厚，就可以忍受不超过最大利润50%回撤的横向周线级别调整了，若市场确实调整不算剧烈，可以提高持仓的核心周期级别为周线。周线的离场方式同日线，即以周线的波峰波谷为离场位。

⑦在走势出现两次背离等明显衰竭状态时，可以适当提高离场敏感度。

对吧？也就半页A4纸，把11万字提炼出来了。但这几条简单的规则，却需要把11万字融会贯通才能在交易中轻松使用。为了最后的轻松交易，我觉得花时间反复读前面的文字，最后内化为自己的东西，是值得的。

下图我们用豆油2013年的交易案例来综合运用一下这些交易规则。

一位以日线为核心交易周期，遇到周线行情也以周线为核心交易周期的交易者张三，在 2013 年 2 月 22 日周五复盘，看到的就是这张豆油日线图。张三盯了豆油很久了，但一直没有下手的机会，如下图。

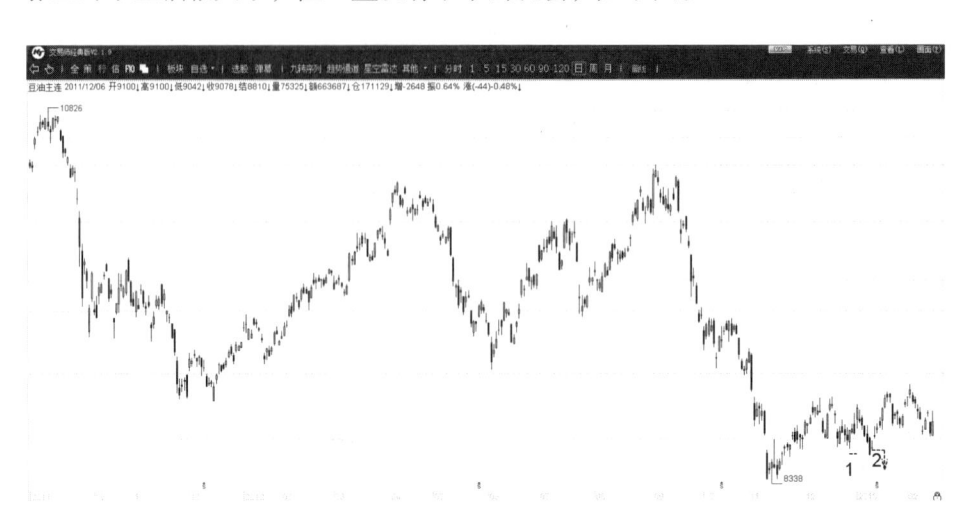

在图中的 1 点处，张三在横虚线位置等着豆油，它上去了；在 2 点处，张三等着豆油出一个小折返，然后节奏点入场，它又上去了。张三就继续等，等到了 2 月 22 日周五收盘。话说张三为什么在等做空的机会呢？他等的又是一个什么级别的机会？如下图，豆油月线。

由于豆油此处的反弹持续了三个月，已经属于月线级别的反弹，张三要参与的很有可能是周线级别的趋势，核心交易周期是周线，那么上级方向要看月线。所以张三切换到月线图来看交易方向。大方向上，图中颈线位被跌穿后，豆油属于月线级别尖顶（建议复习形态里的"尖顶"部分）。月线图里，经历了1~2段的大幅下跌后，2~3段构成一段大反弹，问题在于3~4段的下跌用的是ABC方式，与2~3段反弹速度相比，是比较缓慢的。这样的话，始于3点的下跌，到了4点之后，究竟是南下、与1~2段形成对称，还是北上、与2~3段形成对称？其实在实际走势中，这两种情况张三都见过，所以他把任务交给了周线图，看看当前更大概率是南下还是北上，如下图。

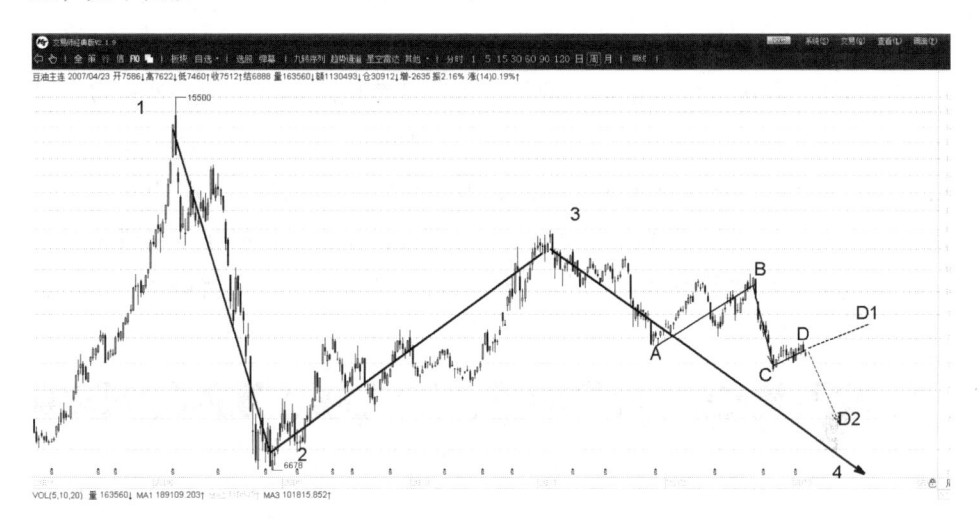

豆油周线图里，BC段的下跌很急，CD段的反弹很弱，那么南下概率更大。但存在着CD1（图中斜向上的虚线部分）形成与AB段同级别的反弹的可能性，所以尽管张三认为从D点运行到D2的概率更大，但他也做好了走DD1的准备。

经过月线和周线的分析，张三的结论是：①做周线级别的下跌趋势；②由于存在运行DD1的可能性，所以要求节奏点K线力度要大一些。

于是张三切换到日线图，进行更具体的交易分析并制订更具体的交易计划，如下图。

张三运用了波浪尺预估目标点位；运用入场点与目标点位的距离算出预计利润幅度；入场点位与止损点的相距幅度计算风险幅度。然后计算报酬风险比。并用时间尺预估了一下持仓时间，以便确定用 05 合约还是 09 合约来交易。当然张三也画了斐波那契时间，进场点恰好在斐波那契时间的参数 2.5 处，且整个反弹超过了斐波那契时间的参数 2，那么反弹段和下跌段是匹配的。不过加上斐波那契时间后，整个图很乱，所以张三画完就删了。下图是细节图。

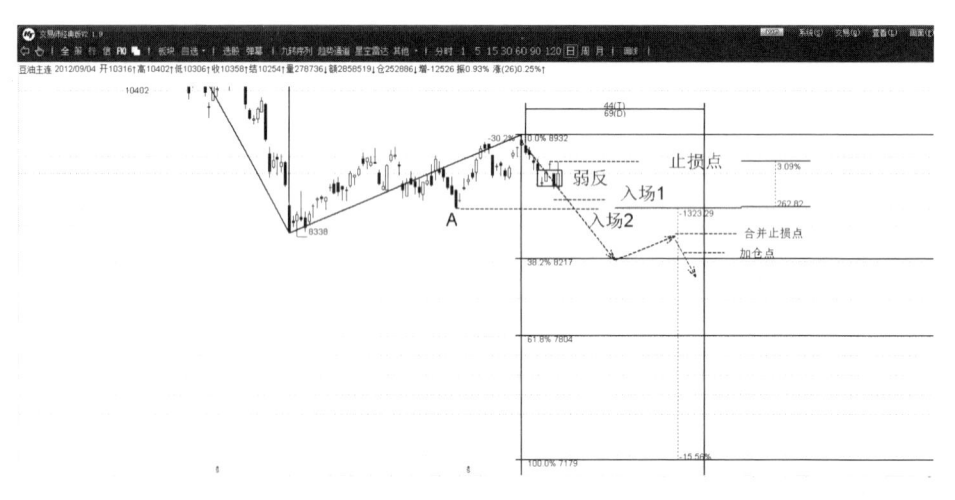

图中小矩形形成弱反，跌破会形成一个节奏点，是个较好的入场机会。那么具体选择在哪里设置入场条件单呢？张三觉得，只有收盘跌破 A 点才大概率结束这波弱反，也就大概率不会走 DD1 的走势。所以张三决定在 A 点入场。但 A 点距离当前这根阳线太远了，有点吃亏，不如把一个入场单位分成两次入场，即入场 1 和入场 2（分别对应图中的横虚线）。止损位好找，就是弱反走势的高点，那里也是节奏点彻底宣告失败的位置。张三算了一下，从入场点 2 到止损点大概 3% 的距离，止损幅度有点大，会不会不划算？不过张三看了一下预估的目标点位，算出预估利润大概 15%，报酬风险比高达 5∶1，显然这个风险值得冒。同时张三觉得，既然是周线级别的下跌，那么期间也许会发生日线级别反弹，如果这个反弹发生的位置距离入场点位不太远且距离目标点位比较远，不妨加一次仓；并且可以把这个反弹高点设为合并止损点位。不过也未必有这个反弹，管它呢，到时候再说。

读者们请看，张三在制订这个交易计划的过程中，把简易交易规则的前五条全部过了一遍。

①核心交易周期为周线，做周线趋势。

②用月线评判了方向；并回到周线用运动方式得出大概率的方向。

③找到了亲人图形（豆油的反弹整体角度较小，属于亲人图形）。

④研判了反弹段与下跌段的匹配问题。

⑤找到节奏点出现之前的小折返；设好进场点和初始止损点；进行了报酬风险预估。

其实张三就是当时的我们。真正进场时我们没有一步一步考虑、计算，因为这些简易的规则已经在脑子里变成更简易的决策过程了。但读者们还是按照步骤一步步来操作较好，等这些步骤都熟练了，几乎所有工具就都可以抛开了（比如计算报酬风险比，拿眼一看就知道很划算，何必量半天呢？但一开始新手是缺少这种直观感觉的，还是算一下为好，算多了，就不用算了）。

后面就是进场之后的事情了，包括初始止损、加仓、合并止损、止损下移、最终离场。也就是第六条和第七条。

其实张三真没想到周一会触发条件单，毕竟太远了，但真的触发了。这也提示我们，市场有时真的是出人意料的，必须做好下面所有准备。

入场很意外，也比较顺利，没有形成长下影。读者们请思考：此时有没有必要移动初始止损点呢？如下图。

有必要。因为这根 K 线的实体很大，代表了空方的一次非常响亮的号角。越是响亮的号角，若是被吞没了，就越是响亮的耳光。所以止损点适当下移是必要的。一般我会移到大阴线的缺口上方。考虑篇幅问题就不上图了。后面豆油连跌数日，迎来了反弹，如下图。

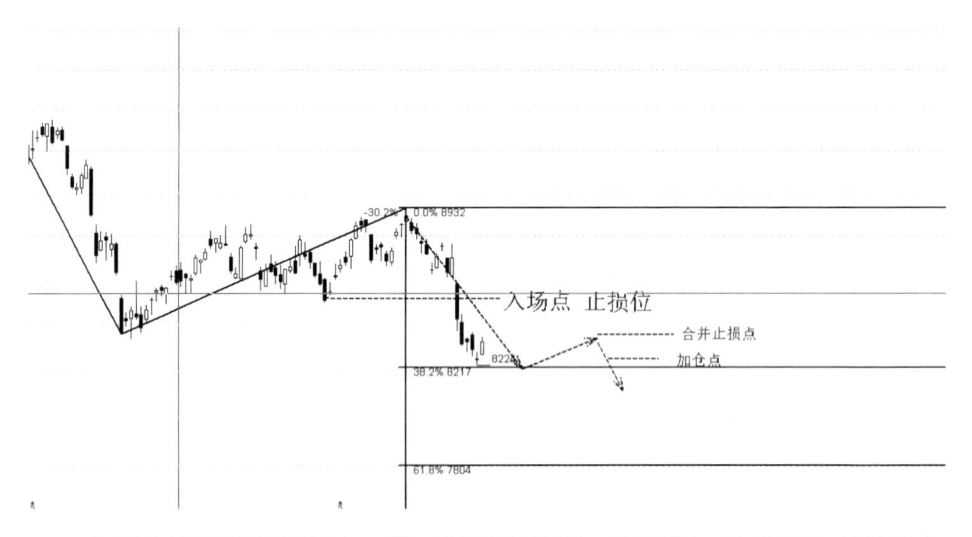

在豆油连续下跌过程中，张三已经积累了一定利润，他觉得如果价格在一两天之内回到成本处就是非常快速而剧烈的反弹了，会导致走势变数增加。所以张三把止损位下移到了成本价那里。至于当前出现的反弹，张三是持欢迎态度的。一是阳线实体较小，二是早有心理准备（周线下跌中难免有日线反弹）；三是若反弹较弱，正好加一次仓。于是张三除了下移止损位，别的什么都没干，静观其变，如下图。

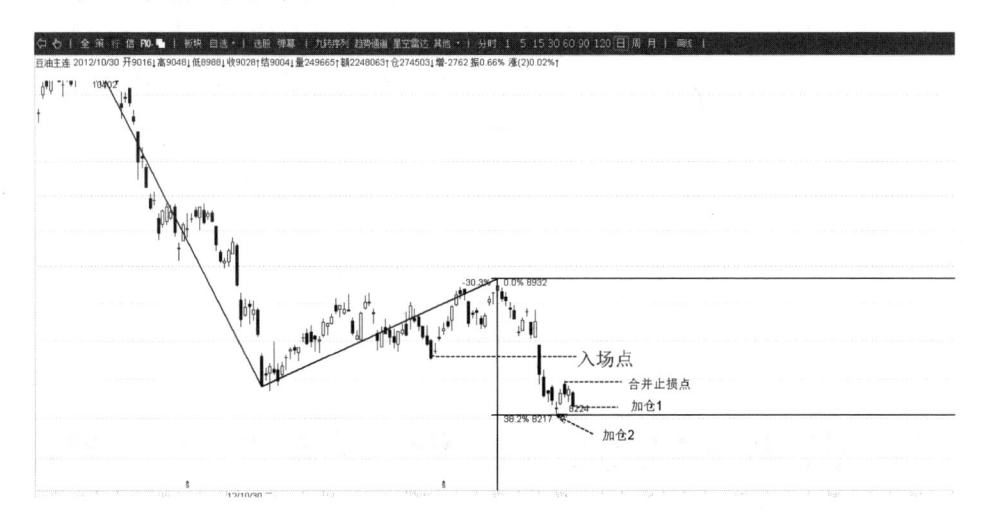

豆油果然只是个反弹，并拐头向下。这里的问题在于反弹的时间太短，加仓有点心里没底。所以张三决定：分两笔加仓，一笔是加仓1，破阴线低点即加仓；一笔是加仓2，放在反弹起点处。加仓1的止损点设在加仓那根阴线的高点（因为太挤，没标在图上）。如果加仓1的止损没打掉，价格顺利下行触发加仓2，那么整体止损点下移到反弹高点，即图中合并止损点处。注意，张三最初入场的单子，此时止损位还在入场成本处。后来发生了什么？如下图。

所以凡事预则立，不预则废。张三的加仓1被打掉了。这说明：张三加仓前的犹豫是有道理的；也说明张三分两笔加仓是比较稳健的做法。当然事后看这笔止损费用完全可以不交，但如果所有的事都能事后看的话我们早就富可敌国了。

别小看这根很小的阳线，它意味着反弹多了一天，反弹段和下跌段已经比较匹配了，而且综合起来构成弱反结构。所以多了这一天，加仓的把握就更大了一些。所以张三虽然被打了止损，他仍然按照之前的计划重新设置了加仓条件单，位置和之前一样，止损、合并止损等也和之前一样，如下图。

走势再次说明了"凡事预则立、不预则废"的道理。就在张三加仓1止损被打掉的第二天，张三重新设置的两笔加仓都触发了。于是张三的综合成本移动到了图中综合成本区的位置。张三也按计划把合并止损点下移到了反弹高点。至此，张三的进场全部完成。后面考虑的就是按照简易规则第六条不断下移止损位的问题了。

注意，张三的止损位下移发生在反弹低点被跌穿之后。跌穿之前，止损位不变，如下图。

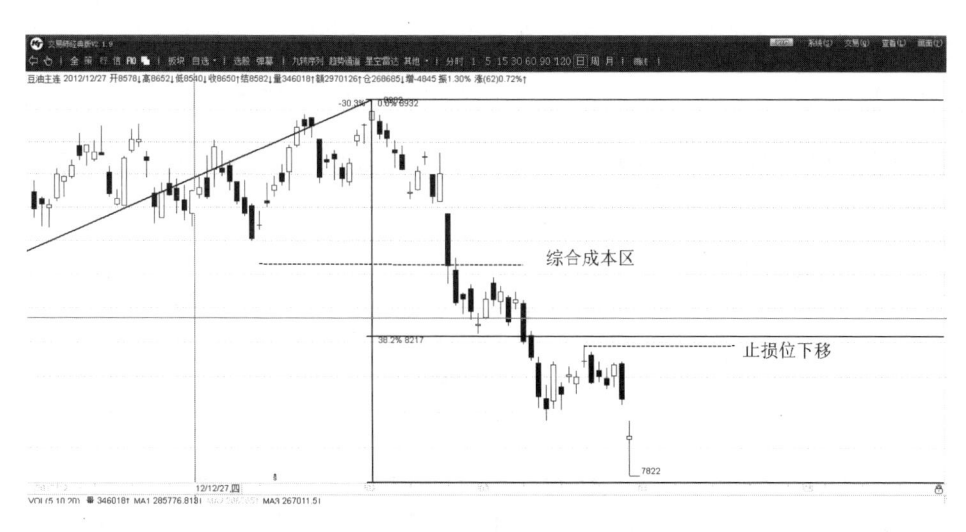

如上图，市场很给力，再次给了张三下移止损位的机会。这次反弹虽然时间短于上次，但反弹角度偏陡，所以和上次的反弹是一个级别的。但需要注意的是，这次反弹的低点，发生在距离上次反弹低点不远的位置，大约2%的幅度；而上次反弹距离上上个低点的幅度，是3%。不用看，MACD必定发生了背离，同时也意味着一次大级别的反弹即将到来。到时候怎么处理？到时候再说！有简易规则六和七里面的规定呢，急啥。

下图矩形框里的反弹，比之前的反弹规模要小，可以忽略，合并到它所在的下跌段里。这段快速下跌的另一个意义在于，背离预警暂时解除了。读者注意看，三次日线反弹低点对应三个MACD柱线波峰，随着日线波谷的下移，MACD 的柱线波峰是逐步上移的，这就是背离。如今出现了新的且长于上一个波峰的 MACD 波峰，那么之前的背离就解除了，如下图。

至于止损位，先虚设着，大概率触发不了，也不用动。离目标位很近了？管它呢，也许会到更远的远方，跟着就是了。此时利润很丰厚了，张三盯盘和复盘的心情很是放松，如下图。

终于到了目标位，张三其实后来已经不关注这个目标位了，利润丰厚，

张三完全可以根据走势的演化决定何时离场。为了新手们，张三还是画了一个从综合成本区到当前 K 线低点的黄金分割，并把止损位下移到黄金分割 50% 的位置。如果来了剧烈的周线级别反弹，这个止损位就是底线，如下图。

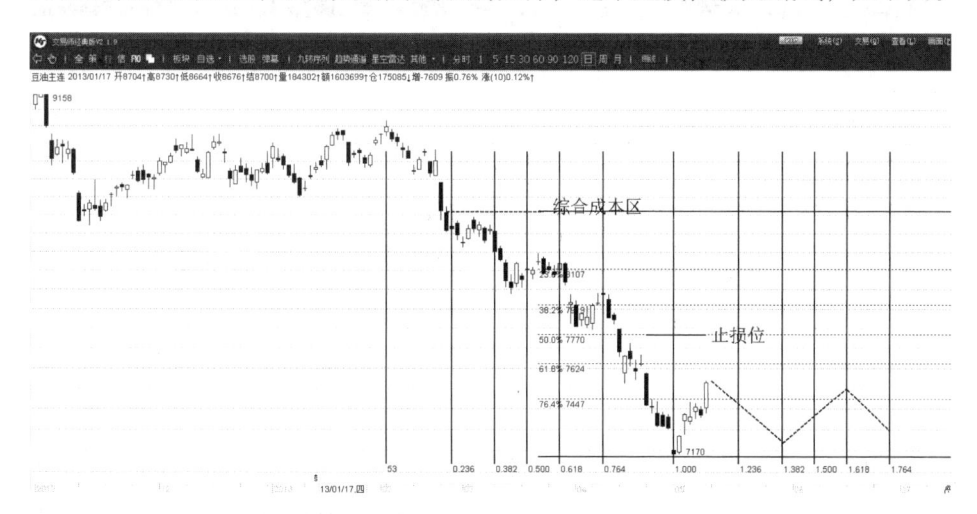

在这根中大阳线出现之前，张三的心情还是轻松的，但这根中大阳线出现之后，张三开始了紧张的思考。目前的反弹是比较剧烈的，且超过了之前的日线反弹，很可能开启一个周线级别的反弹。周线级别的反弹，如果是利润小、进场晚，张三是铁定不扛的。但张三的进场时机还算不错，利润也丰厚，仓位也并不重（张三是分散持仓，豆油经过加仓大约 0.25 倍杠杆），如果出现了横向震荡的周线反弹，张三打算扛住，前提是利润回吐不超过 50%。于是张三对当前走势做了预案，上图是预案一，即宽幅震荡的周线反弹，预计当年 6 月底 7 月初结束，张三持有的是 09 合约（之前的时间尺起到了作用，张三根据时间尺的量度结果选择了 09 这个远月次主力合约），所以张三可以在结束震荡时手里持有一个主力合约，不用换月（其实豆油的连续性还是不错的，即便张三持有 05 合约，换月也不会面临太大跳空，只不过每次换月相当于开新仓，面对换月后持仓表绿色的字体还是会给人以心理压力的）。第二个预案是最坏的预案，即豆油见底，走 V 形反转，张三就以现在的止损位硬止损了。第三个预案相对中性，即豆油走的是月线反弹，那么如果是横向震荡的，张三也就扛住了，只是震荡结束前需要换月，止损位仍然是当前的止损位。第四种预案则是剧烈的周线反弹，那么这种走法大概是什么样的呢？一种情况是，当前高点或稍高的位置即为反弹高点，从前面低点到当前高点大概 5.13% 的反弹幅度，之后若以当前高点为起点回调、再起，那么如果回调较深和回调较浅会是两种结果，如下图。

图中 A1 为假设的反弹高点，如果回调到 B 点，也就是回调较深，那么再起也就是到达 C 点位置，触及不到止损位即会结束反弹；但如果回调较浅，到达 B1 位置即向上，那么未来会到 C1 位置，打掉止损后再结束反弹。当然 A1 若不是反弹高点，再上到哪里是不好预估的，那么当前止损位也是硬止损。

所以综合分析了四种走法，张三的结论就是，以当前止损位为硬止损，看看后市怎么走再跟踪调整离场策略，如下图。

四天过去了，张三觉得反弹到 C 点的概率正在变大，张三决定继续跟踪应变，如下图。

走到这根阴线张三松了口气，觉得 C1 的走法已经可以废除了，大概率要走周线横向震荡了，即预案一。但张三是个凡事都要把最坏的事情想到前面的人，所以对当前走势张三也做了个最坏打算，如下图。

这个打算就是当前做个矩形，然后突破向上，这样也会打到止损位。这个最坏打算可以让张三在突破矩形的时候先平掉一半仓位，剩下的交给硬止损。诸位不要小看这个最坏打算，这其实是做了一次预期管理，一旦发生了这种走法，届时张三不至于恼恨运气、市场等没用的东西，而是会冷静处理当前持仓。做完这个预期管理之后，张三就按照主预期（周线横向震荡）和最坏打算的次级预期来看盘了，如下图。

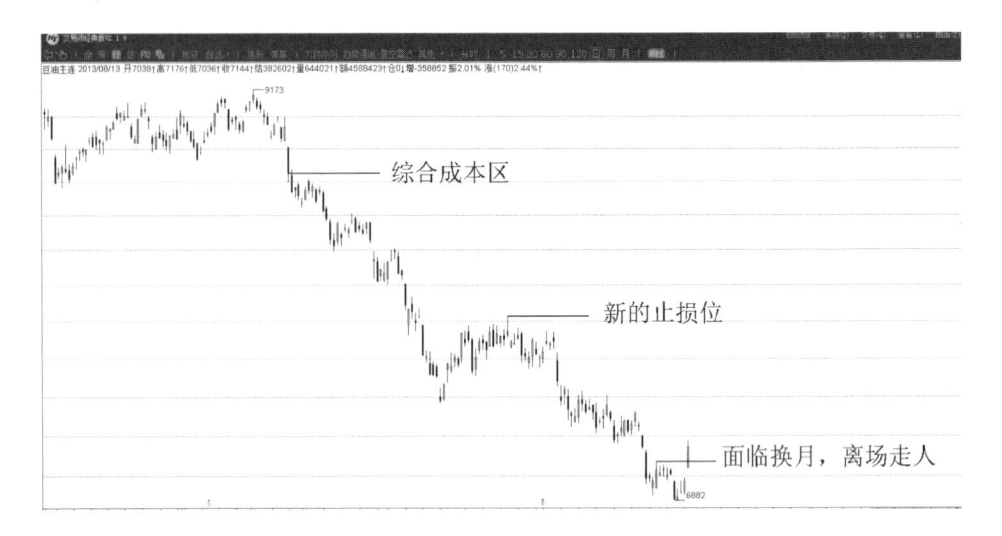

后来的故事平淡无奇，豆油在斐波那契时间的1.618处结束周线反弹，并在次日跳空低开，跌破周线反弹低点。可惜这次破位不是很符合张三的进场要求，所以张三就没加仓。这样张三就把止损位移动到周线反弹高点，并放飞自我，几乎忘记了豆油的持仓。一直到8月中旬，豆油面临换月，张三把离场位放在一个小级别日线反弹高点，离场走人。

其实期货交易最难办的问题就是换月。换月时假如发生剧烈反弹，我是很难克服看着账户上绿色数字的难受心理的。不知道读者们有什么好的办法。如果豆油是股票，在提高持仓级别之后，张三可以持仓到哪里呢？让我们一步一步按照规则六、七来跟踪，看看后面会怎样，如下图。

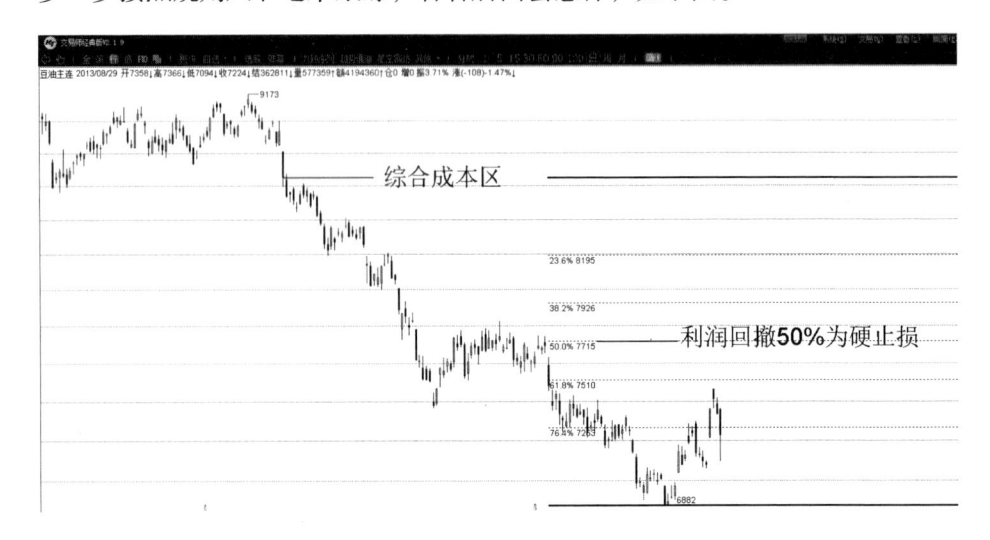

这次反弹很剧烈，但没有触发硬止损，貌似也不会触发的，如下图。

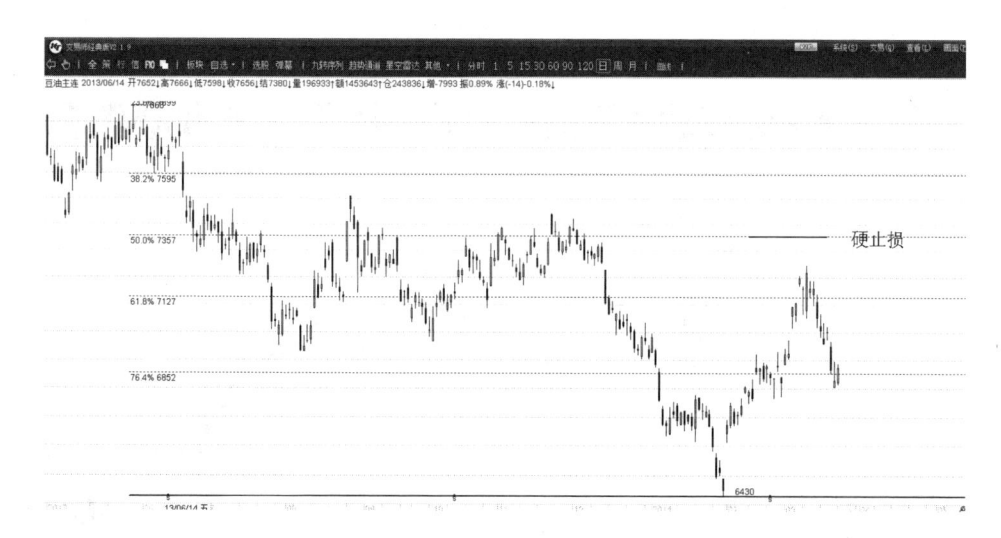

随着价格创新低，硬止损也在下移，扛剧烈反弹的能力进一步强化。这次很悬，我也在想，需要多么强大的心理才能扛过去这次的剧烈反弹，如下图。

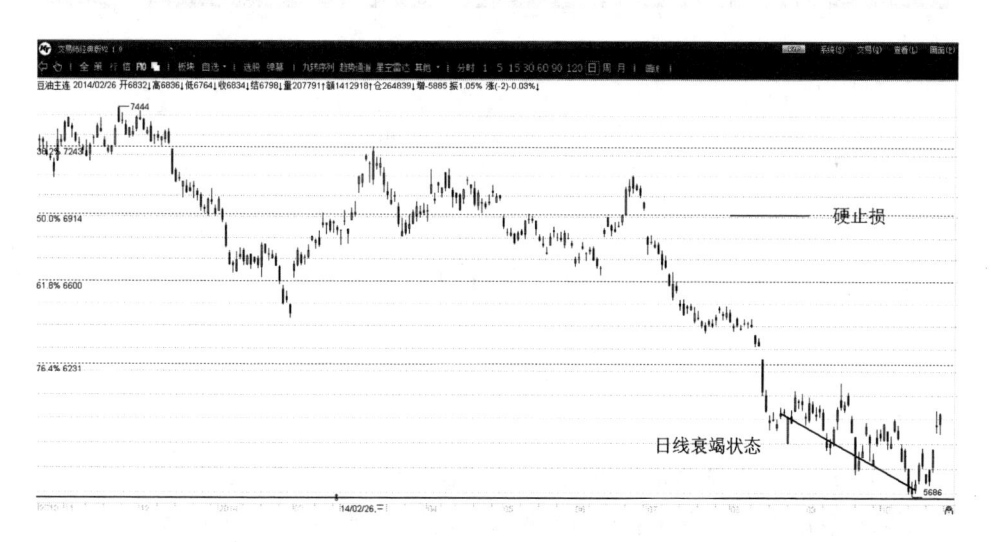

上一张图其实后面演变为月线级别的反弹。好在用硬止损扛过去了，硬止损也下移到了新的位置。这里我为什么要停下来呢？因为出现了日线级别的衰竭信号，张三需要去月线图看看状态，如下图。

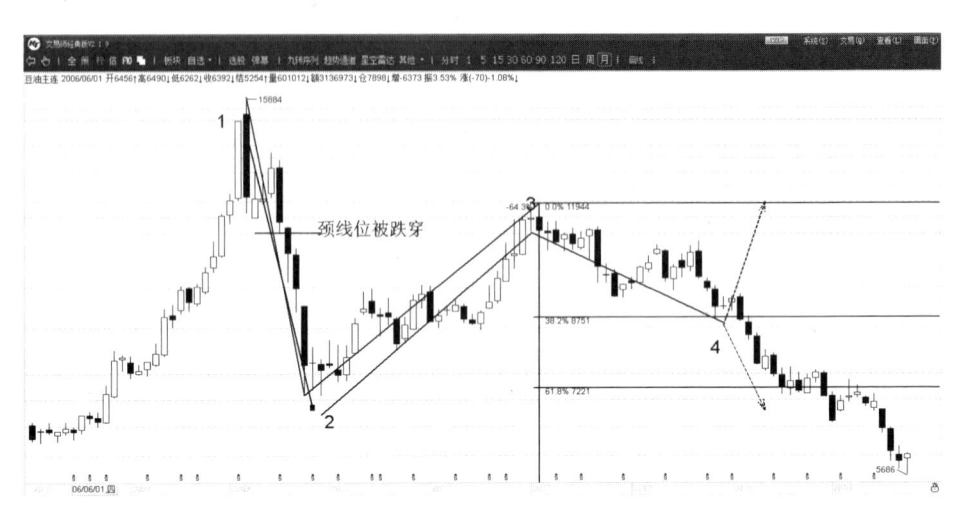

当初的分析还在，月线并未到达对称位，再看看。

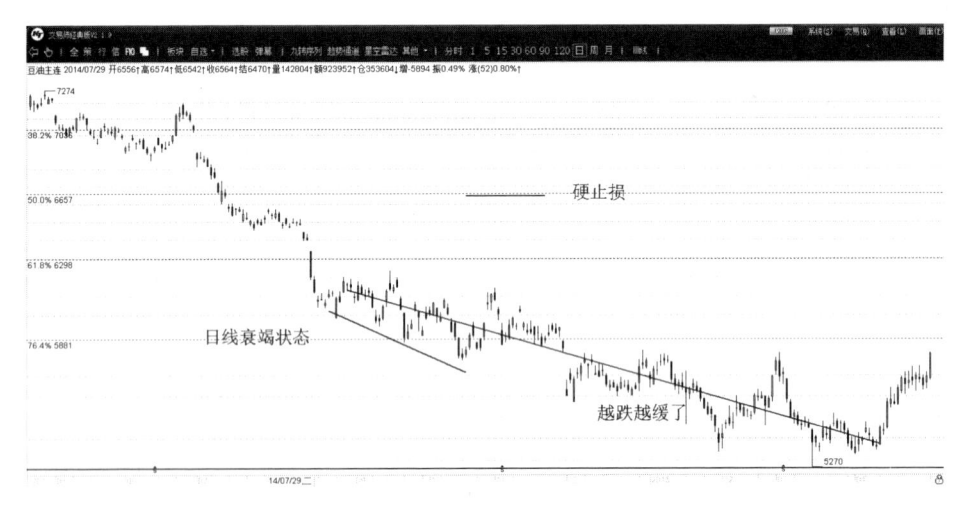

如上图，后来豆油越跌越缓了。虽然硬止损还在，但就像开车一样，点刹不断出现的时候，意味着有可能掉头，所以豆油大级别转向的概率在增大。那就切换到周线和月线分别看看吧。

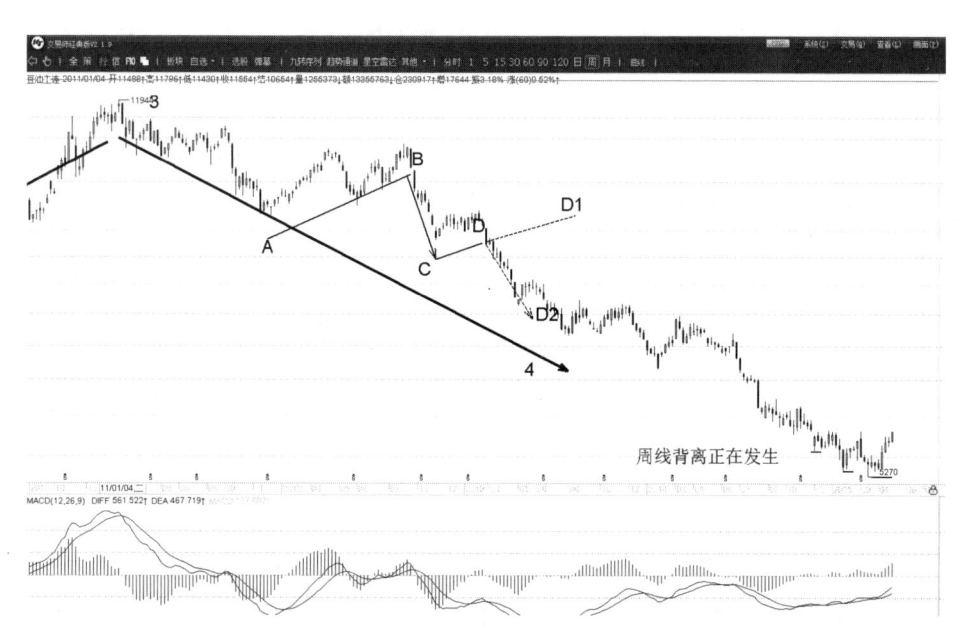

如上图，周线背离正在发生，价格虽然下跌但 MACD 柱线已经不再创新低了，而是运行在 0 轴之上。月线呢？如下图。

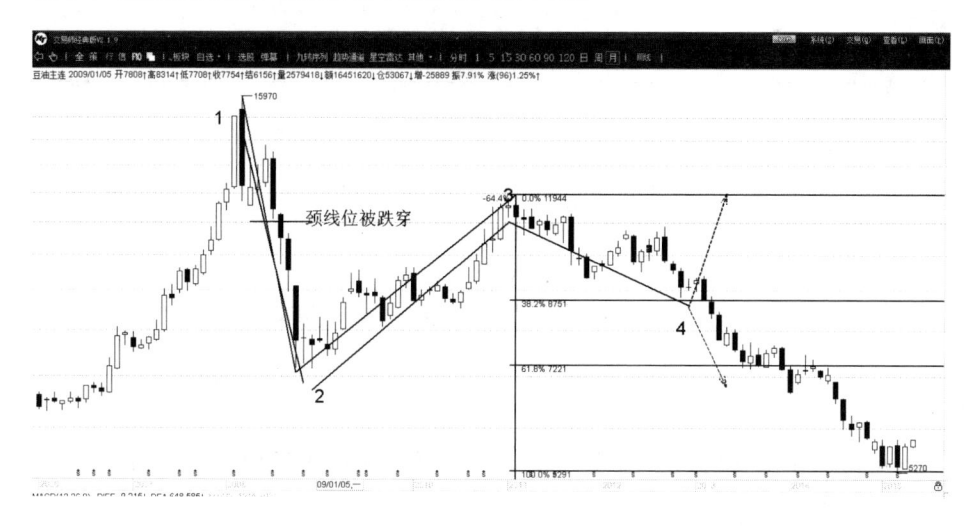

月线发生了神奇的对称。周线背离加月线对称，张三决定敏感一点离场，调整止损位，如下图。

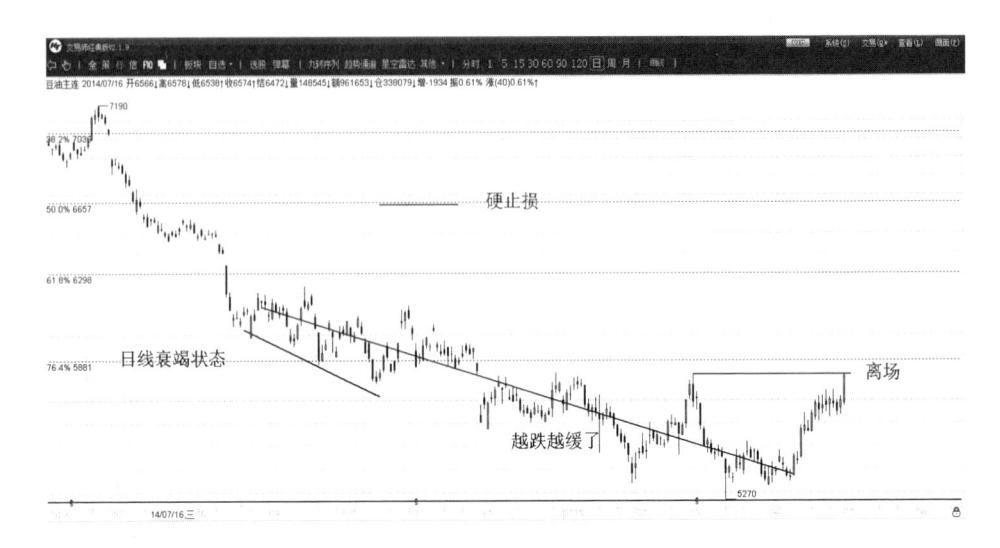

这个离场位几乎就是当天高点。虽然会回吐 9% 的利润，但赚到了 30%，也比之前预计的利润多太多了，如下图。

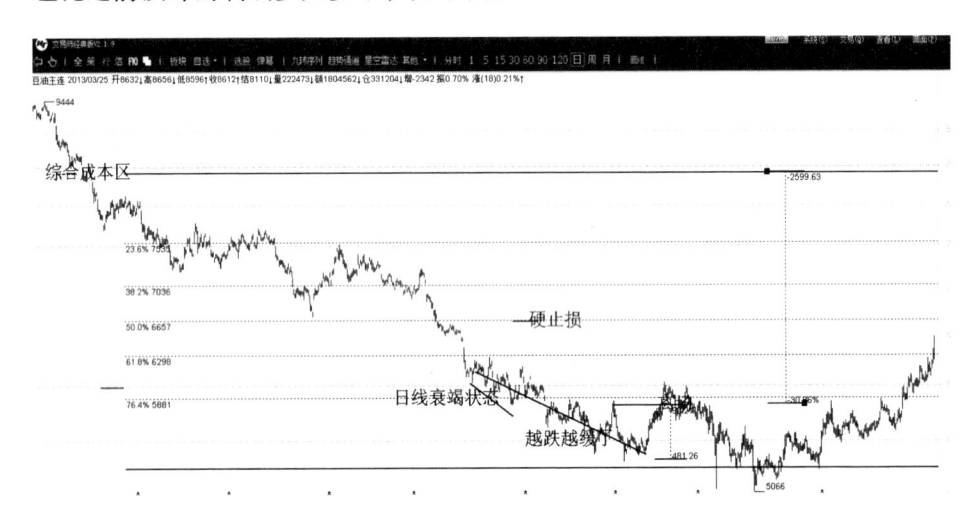

这是后来的走势图。很遗憾，张三没有等到月线 V 形反转之后再离场，如下图。

但以张三的经验，周线级别的背离（简易规则第七条）出现的时候，离场是必须果断的。之后大部分情况都是一个尖顶或 V 反。比如宁德时代：

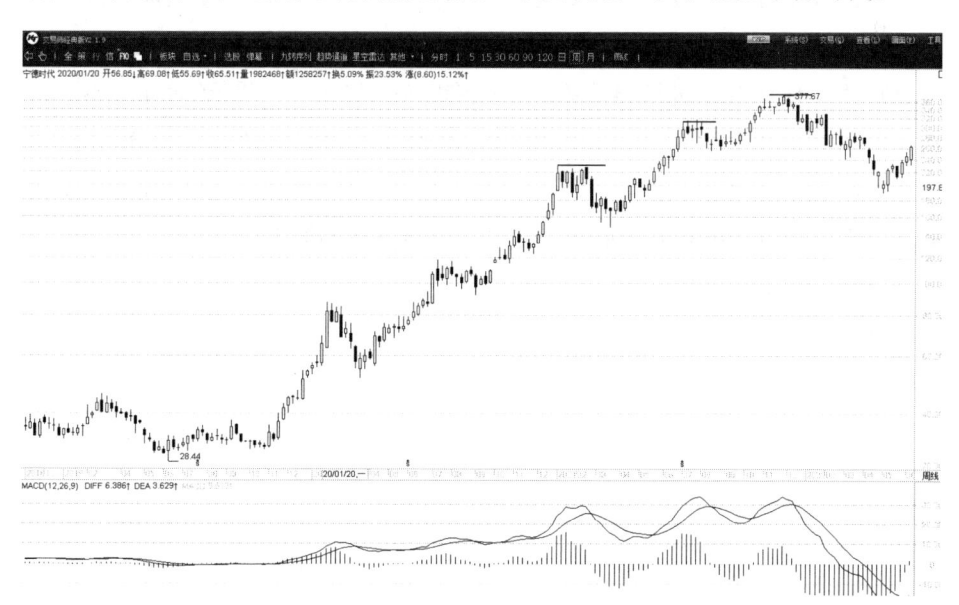

所以简易规则第七条很重要，可以应用于各个周期。

本节用豆油总结了简易交易规则的运用，也运用到了很多分析方法、画线工具。虽然豆油后来又走了更远的路（具体合约和主连指数的走势图不一样，并没有走太远。这里为了看图说话，只针对主连指数的走势图来阐释），但对于按照核心交易周期进行交易并且提高了离场时间周期级别的交易者来说，持有到本节最后那个位置已经是尽力了，再往后就算是价格又创了新低，那已经属于另一次交易机会了，是否参与要看当时的走势情况。一般来说，在最终确认转势之前，我们还是应该坚持按原方向交易的，至于没给交易机会的情况则另当别论。读者可以自行复盘，看看后面豆油是否又给了亲人图形，给了之后运行状态如何。反正我已经很久没有酣畅淋漓地交易豆油了，偶尔交易一两次也很快离场了。所以机会是市场给的，市场给了机会，就要把机会用足。本节豆油的案例分析，有真实的部分，也有后来用模拟训练方式进行分析的部分，甚至把豆油看成股票来交易，目的只是为了让读者了解方向交易体系里的技术规则、技术分析在实战中是如何运用的。希望读者能对照豆油走势反复体会案例中的得与失。若能举一反三运用到其他品种或股票里，当能有所收获。

至此技术分析和技术规则部分全部结束。技术规则已经在豆油案例里体现了，同时这个案例也运用了一些技术分析方法，但大部分分析方法都是在持仓过程中使用的。进场很简单，方向判断好、出现亲人图形后在节奏点进场，就这么简单。但在持仓过程中则会遇到很多我们学到的技术分析方法，所以在我们的体系里，技术分析主要用于持仓、分析大盘，这两项功能也很重要，**不可因进场模式简单而忽视了技术分析方法的学习。**

第三章

资源配置

第一节　资源配置总论

一、资源配置比技术更重要

2021年初之前，我认识的几个证券客户经理天天在朋友圈里推荐基金，大概4月份之后就不再推荐了，起初我还以为是离职或转岗了，后来才明白，火了小三年的基金开始"凉"了。慢慢的，很多因业绩上佳而被基民亲切地称为"某哥""某姐""某神"的基金经理们开始切换新的称呼，当然都是些不太好的称呼。到了2023年，基金被曝业绩爆雷、网红基金经理被拉下神坛，某些私募跑路的新闻开始较为频繁地出现。现在回过头来看，沪深300连收三根年线的阴线。曾经的各种爆火的赛道，也纷纷熄火。问题出在哪里呢？

首先一个问题就是，每个人都有自己的能力圈。假如市场的走势恰好符合基金经理的能力圈时，基金经理就能大赚。这一点几乎适合于所有人。比如马云若是生在20世纪50年代，也许就没有"他"的阿里巴巴了——当然也会有阿里巴巴，但不再姓马。

第二个问题就是，当市场和能力圈匹配的时候，以及更重要的，当市场和能力圈不匹配的时候，究竟是什么因素让基金爆火或暴亏？

没有疑问，就是资源配置。

能力圈，对于大起大落的基金经理来说，差不多就是选赛道的本事。对于稳健的基金经理来说，能力圈里配置上"资源配置"的本事，才能做到业绩的稳健。比如某网红基金经理曾经在2023年初押准AI，净值一度达到1.51。这意味着什么？意味着三个月（AI的上升周期大概持续了三个月）里他净赚了51%。三个月净赚51%，需要做到两点：①重仓甚至是满仓；②仓位集中在AI赛道。人工智能指数从2023年1月3日涨到2023年4月10日见高点，区间最大涨幅43.07%，如下图。

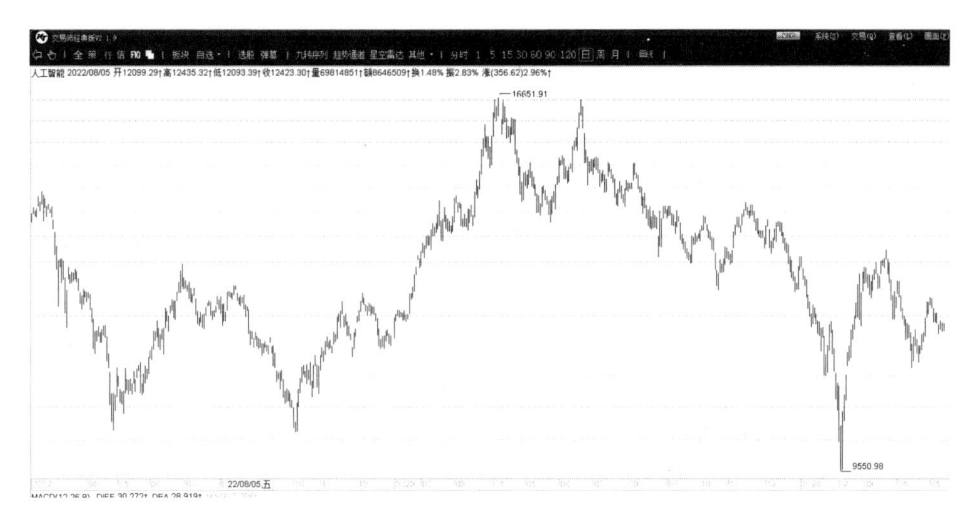

所以该基金经理必然需要满仓而且满仓的是人工智能板块才能达到51%的利润幅度。但之后这种给他带来高额回报的资源配置方法，也同样给他带来灾难性后果。该基金的净值到2024年5月10日为止已经到达0.55。也就是说，从1.51最高点回撤了接近64%。64%，一年的时间。重点是本金亏了45%，跌破私募基金0.7的传统清盘线。该经理的能力有没有？有，准确押宝AI赛道；他的公开看法也多次看准大盘。所以问题出在哪里？资源配置。类似的还有擅长医药赛道的、擅长白马赛道的、擅长白酒赛道的、擅长重组赛道的各类基金经理，都曾经一时风头无两，如今也随着他们各自赛道的低迷而跌落神坛。问题仍然出在资源配置。

2020年8月，上海一位大妈招女婿，要求三年以上投资的年化收益率达到10%以上。好事媒体梳理了各基金经理的业绩，发现连续3年年化收益率10%以上的基金经理仅占23.3%；管理基金10年以上且复合年均增长10%以上的仅有35人，占比约1.55%。这35人中，复合年均收益率超过20%的仅有4位。当然也有可能因一些基金经理跳槽导致业绩数据不连续，统计数据会漏掉一些，但长期年化收益率10%、20%确实是一件很难办到的事。至于国外的大师们长期的年化收益率，20%已经是很高的水平，35%几乎是业界天花板。这些数据和我们的印象形成了巨大反差：在我们媒体的报道里，某些基金业绩翻倍是每年都有的，50%、70%之类的业绩基本也算是平常事，怎么一旦认真查证起来，长期业绩保持年化20%都这么难？其实通过前面那部分的分析，某年收益率达到50%以上确实不难，只要押准赛道且集中重仓交易即可；但要想当寿星，资源配置就成为比选择赛道更为重要的能力了。

我也曾经对比过一位基本面派高手的净值曲线，斜率、波动率跟我的差不多，见面一问，他的资源配置方法跟我差不多。所以我用技术、他用基本面，看似方法不同，但因为资源配置方法类似，资金曲线的变化方式也接近。

后来我跟几位跟了我十年的学生聊起来，他们的共同感受也是，资源配置比技术要重要。所以资源配置这一部分，字数远少于技术分析和技术规则部分，但重要性高于技术。

二、什么是资源配置，需要解决什么问题

资源配置，大部分人称为资金管理，但我更喜欢用资源配置这个名词。在我的理解里，资金管理更偏重于单一市场如股票市场的资金管理方法：单只股票的仓位控制、总仓位控制等。但我觉得如果跨股票、期货、期权、外汇、债券，甚至跨国交易，用资源配置来表述比较好一些。

其实不仅仅是做交易需要资源配置，人类活动的所有领域、人生的所有阶段，都存在资源如何配置才最"有效"的问题。

一个国家的预算，是国防多一些还是教育多一些？还是公共设施多一些？这是资源配置，事关国运。

一个学生，花在语文的时间多一些还是花在物理的时间多一些？这也是资源配置，事关考试成绩。

一个白领，下班后学习充电的时间多一些，还是陪领导、同事、客户应酬的时间多一些？这还是资源配置，事关职业生涯。

所以，资源配置是我们在**资源相对静态有限**的世界里实现能效最有效目标的重要手段。

先解释一下"资源相对静态有限"这几个字。资源的有限是相对静态的，比如第一次工业革命时期的棉花产量相对于当时飞速提高的生产力是有限的、稀缺的（相对于工业革命前的棉花需求量是充足的），但这种有限随着棉花种植面积的扩大变得不那么有限了，所以它又不是完全静态的。基金管理的资

金规模在某个时段也是有限的，但之后也许会扩大，也许会缩小。在当下，这个规模就是有限的，所以这个资金规模资源也是相对静态有限的。

所有使用资源的主体，面对这种相对静态有限的资源时，如果要实现这些资源的能效最大化，就必须更为合理、高效地对这些资源进行配置。

资源配置，从总量的角度，要解决的是多配（运用杠杆）、少配（缩减投资规模）的问题。资源多配，也就是加杠杆，可以提高资金使用效率，但也会面临风险放大的问题。资源少配，可以降低风险，但也会相对减少收益。何种条件多配，何种条件少配，何种条件适中配置，是资源配置主体必须思考和解决的问题。而"何种条件"里的"条件"如何考量，以及长远收益风险和短期收益风险如何考虑，则是根本问题。举个简单例子，阅读哲学书籍的问题。小学阶段背诵、初中阶段适中阅读、高中阶段少读、大学阶段多读是我觉得比较合理的配置方式。"阶段"就是条件，考量的是学习时间的紧张程度。单独说高中阶段少读，从短期收益来看有利于高考（当然从议论文写作的角度来看少读的收益会减少），从长期收益来看，如果高中阶段比平均阅读量高一点还是有好处的。交易者的资源配置也面临同样的问题。市场好的时候加杠杆，市场不好的时候收缩投资规模肯定是共识，那么"好"和"不好"的条件是怎么设置的？假设交易者以"年"为单位衡量交易收益，在年初认为重仓投资某赛道是"好"主意，假如这个判断错误，年初就"获得"10%的回撤，对于一年的收益来说，是有很大影响的：他会变得畏首畏尾，真正的投资机会来临时抓不住；或者反过来，变得疯狂想挽回损失，一错再错。这也是交易者面临的短期和长远的问题。

从资源内部分配的角度，要解决的是往哪些方向配置和分别配置多少的问题。跨市场交易者，面对的是股票、期货、期权、外汇、国债、固收、不同国别的资金分配问题。股票交易者面对的是大盘股、中盘股、小盘股；或者金融板块、资源板块、制造业板块等板块分配问题。期货交易者面对的是化工、黑色、有色、贵金属、油脂粕等板块分配问题，具体到黑色板块又面临铁矿石多一些还是螺纹钢多一些的问题。那么交易者应从哪个角度来考虑配置方向和配置份量的问题？

所以，本章资源配置问题，要解决的不仅仅是单个期货品种如何计算杠杆、如何控制股票仓位等具体问题，而是立足于小亏大赚的核心交易思想、立足于以交易为生的长远职业规划，从具体到宏观、从短期到长远来设计资源配置的问题。当然，仅凭资源配置这一章是解决不了这些问题的，本书的各个章节都会对资源配置问题产生不同的影响。

第二节　单品种轻仓、分散持仓和标准化控仓

分散持仓和标准化控仓除了是资金管理规则，本身就还是一种交易思想。它强调的是个股或商品期货单品种相对轻仓、并且分散在关联度较低甚至毫无关联的板块里。与之相对的是重仓甚至动用高杠杆并且持仓集中在某个股票赛道或商品期货板块里进行交易的交易思想。简单说，就是重仓集中打和轻仓分散打的两种思路。

一、重仓集中打的魔力和问题

大概是 2012 年，网名"集中重仓"的交易者跟我讨论过重仓集中打的思路。他的理由是市场的大机会是很罕见的，如果遇到了，不重仓、不把仓位集中在某个板块甚至某个交易标的上，纯属浪费机会。这个理由我也思考了一段时间。一方面，确实能看到一年翻倍甚至翻几倍的交易者基本都是重仓集中打的思路，想想看，一年翻倍，十年下来是什么财富状态？另一方面，他说的也不是没有道理，大机会确实也不是经常出现的。

其实问题在于立论的前提：大机会。他显然把自己定位为**能看出大机会并抓住大机会**的交易者。如果能看准大机会并抓住大机会，小孩子都知道重仓无疑是收益最高的。重仓的极端例子就是期货用足 10 倍杠杆。让我们看看在同样的一段趋势下，用足十倍杠杆和轻仓之间的收益对比。

2024 年商品期货最吸引眼球的就是锰硅合约了。鉴于不是每位读者都了解期货交易中与杠杆相关的一些规定，我们在这里稍微详细地说一下。以锰硅为例，锰硅做一手是 5 吨，交易保证金为 10%。这是什么意思呢？假如交易者做多一手锰硅，就相当于买了 5 吨锰硅，只不过要在未来的某个月份才能拿到。具体哪个月，要看作的是哪个合约。比如交易者做的是

锰硅 2409 合约，那他会在今年 9 月份拿到 5 吨锰硅。为了防止交易者 9 月份不去取货，所以交易者要交 10% 的保证金。这 10% 按什么计算？按锰硅的价值。当锰硅价格为 6400 元/吨的时候（这个价格也就是行情图里看到的价格，它表示的是一吨的价格），做多一手锰硅就相当于买了 5 吨单价为 6400 元的锰硅，价值为 6400×5=32000 元。10% 的保证金，就是 3200 元。假如交易者张三期货账户里有 3200 元，理论上他就可以做一手锰硅了。好了，我们看看张三用 3200 元在锰硅的行情里可以赚多少钱：锰硅在 5 月 14 日最高点达到了 9192 元/吨，涨幅 43.6%。交易者是赚了 9192-6400=2592 元吗？不是，是这个数字乘以 5，也就是 12960 元。用 3200 元在 43.6% 的涨幅里赚了 12960 元，相当于赚了 4 倍，也就是 400% 的盈利幅度。43.6% 的涨幅，赚 400% 的利润，这就是用足杠杆的效果。如果交易者李四也同样在 6400 的价格看好锰硅，李四稍微富裕，账户上有 32000 元，他只做了 1 手，那么李四也赚了 12960 元，但盈利幅度则缩水为 40.5%。而交易者王五账户上有 256000 元，王五比较谨慎，只做了 1 手，纯利润还是不变，盈利幅度则是大幅缩水到了 5%。同样做了一次大行情，王五和李四一聊天，用 0.125 倍杠杆的王五和用 1 倍杠杆的李四相比，后者是前者盈利幅度的 8 倍。志得意满的李四转头和用了 10 倍杠杆的张三一聊，人家的盈利幅度是自己的 10 倍，兴奋的心情想必马上会变得低落。于是鄙视链形成：张三鄙视李四，李四鄙视王五。王五跟我说，同样都是对行情进行了正确判断，同样是点了一下买入，同样是熬了将近一个月盯盘，我要是也跟张三一样用上 10 倍杠杆，纯利润就是 100 多万，再搞一次别的，1000 万元；再搞一个亿，然后 10 亿元、100 亿元、1000 亿元……李四也来找我，说我要是用了 10 倍杠杆……你们整天喊着要轻仓，说重仓是爆仓的第一秘诀，你看看，这不是耽误我发财了？面对如此气势汹汹的质问，我一时竟无言以对。于是只好拿出纸和笔，重新给他们算账。账户里有 3200 元的张三在 4 月 17 日以 6400 元的价格做空 1 手锰硅，会怎样呢？锰硅只要涨 640 元到达 7040 元的价格，640×5=3200 元，张三就能把这 3200 元动态清零。此时的张三只不过活了 6 个交易日。不信你们看看下图。

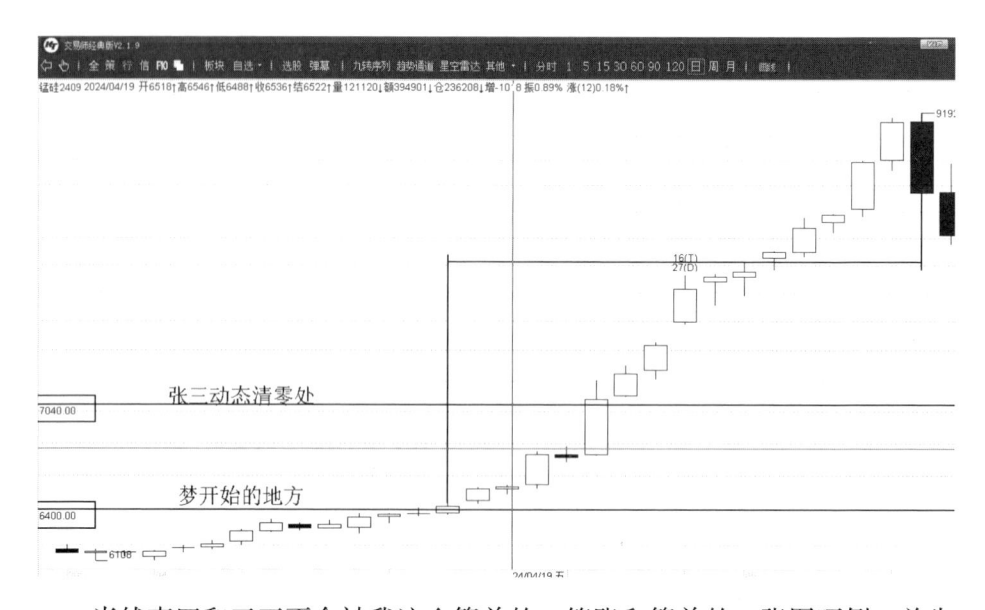

当然李四和王五不会被我这么简单的一笔账和简单的一张图吓倒，首先他们大胜之后认为自己目光如炬，看不准不动，看准了再动，不存在做反了的问题；其次一旦做反了会很快平仓，绝不会等着接客户经理补缴账户保证金的电话（其实张三真的活不到 6 天，不用到 7040 的价格他就会接到期货公司客户经理的电话，让他补缴保证金，否则就会替他强平）。于是我说，张三在 6400 元做空，当天收盘 6422 元，1 手损失 110 元，大概 3.4% 的亏损，他会想什么？会不会觉得已经涨这么多了，该跌了，等跌了就赚了；或者想等回到成本价我就平仓。你俩在以往的交易中有没有过类似的想法？二人若有所思，艰难地点了点头。于是我受到了一点鼓励，继续说下去。你们看，第二天锰硅最低价格 6432 元，到没到张三的成本？不光没到，还收盘到了 6524 元，1 手损失 620 元，差不多 20% 的亏损了，换成你们，下得去手止损吗？我认识的那些在股票市场套牢的，一旦损失 20%，就会想，已经跌了这么多了，该反弹了吧？就这么想着，股票一天天下跌，于是变成了那只股票的坚定持有者。你们呢？难道会比别人更有割肉的决心？李四和王五互相看了一眼，嘴里嘟囔了一句：也许会砍仓吧。好吧，假设你们舍得砍仓，如果你们想赚回这 20%，还用 10 倍杠杆，张三剩了 2580 元，回到 3200 元需要赚 24%，更何况下次他一定能做对吗？下坡容易上坡难啊！这番话说完，李四和王五口中唯唯，面色阴晴不定，走了。其实我知道他们心里一定是不服气的，因为我知道交易者很容易有一种心理：道友易死，贫道难亡。我也算是仁至义尽了，听不听的，各安天命吧！

好了，杜撰的故事讲完了，目的是让不甚熟悉期货的读者对高杠杆的魔力和风险有个感性认识，顺便提前预习一下期货杠杆怎么计算。

有了锰硅大行情里张三暴富而王五赚了蝇头小利的故事，我们就比较容易理解网友"集中重仓"（后文简称"老集"）同学的想法了。无独有偶，前几天我恰好看到一个视频，就是期货界四大传奇之一的一位前辈分享成功经验，他的经验就是看准大机会，然后重仓出击。理论上讲，这是能讲通的，加上有传奇业绩加持，说服力自然爆表。但在出击之前，大机会是存在于交易者内心判断的，内心看准了和市场走准了一定一致吗？我不知道前辈用的什么方法看准，我只知道他的业绩曲线很陡峭，回撤也很大。在大回撤发生的时候，一定也是重仓的，而之所以重仓，这位前辈也是认为自己看准了的，否则不会重仓。也就是说，他内心的看准和市场的走准并不总是一致。更何况，绝大多数交易者并不拥有这位前辈的"看准"的能力。所以，对于绝大多数交易者来说，寄希望于看准，从长期的角度，是靠不住的。大部分情况是：某次看准，大赚；某次看错，大亏。怕就怕交易者看错的那次导致爆仓，再也无法翻身。

再说抓住大机会。我们假设交易者看准了一次大机会，然后重仓上车。那么大机会运行的时间一般是很长的，股票能持续一两年，商品期货也能持续数月，甚至有持续数年的（如豆油的下行趋势行情，从2012年持续到2015年，历时三年）。假设老集同学的入场手法和我一致，我们以豆油2013年2月到5月的行情为例，看看重仓抓住这波流畅行情的难度（建议先复习第二章第七节的豆油案例）。

先熟悉一下豆油的基本规则。豆油做1手是10吨；保证金7%，我们为了计算方便改为10%。2013年2月豆油大概在8600元左右晃悠。所以做一手豆油的价值是86000元，需要保证金8600元。我们再看看老集同学的账户状态和入场时机。老集同学在2013年2月24日，账户里有86000元，他看准了豆油的大跌即将到来，打算在豆油跌到8500元的时候入场做空10手豆油，动用保证金85000元，持有豆油价值为850000元，以8580元的价格止损，止损一旦发生，止损额为80元×10吨×10手=8000元，止损幅度9.3%。

老集跟我一样，预期豆油的对称位是 7100 元左右，预计获利（8500 元 –7100 元）×10 吨 ×10 手 =140000 元，盈利幅度约 63%。预算报酬风险比（预计盈利幅度除以预计止损幅度）大概 7∶1，老集觉得是很划算的一笔大生意，要是价格真的到了 7100 元，老集的账户资金将达到 86000 元 +140000 元 =226000 元，心仪已久的中档车到手。那么老集在后面的持仓中会面临什么情况呢？我们通过前面的豆油案例分析已经知道，豆油到达 7100 元的过程并不顺利，中间较大的反弹有四次。所以老集同学需要过四关才能完成中档车之梦，如下图。

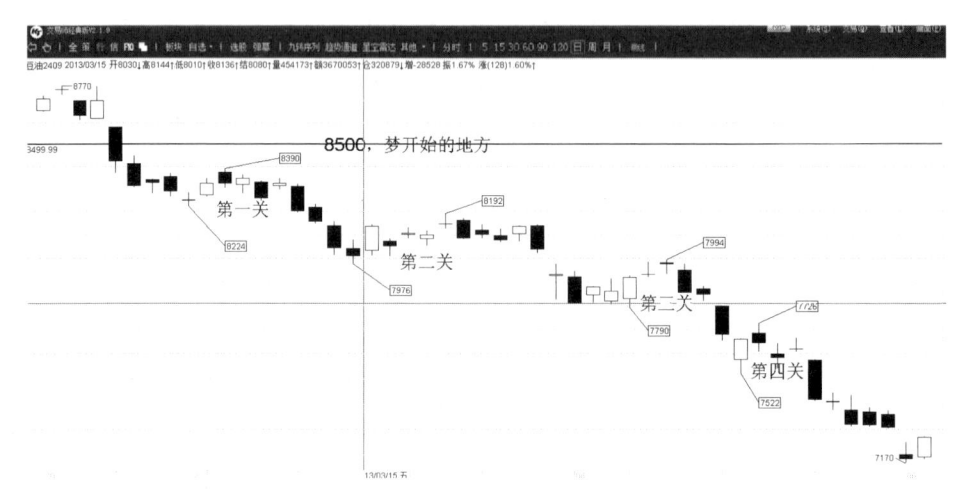

第一关，最低价格 8224 元，老集同学获利 27600 元（计算过程略，下同），获利幅度 32%，仅用了 4 个交易日。不幸的是，反弹来了，最高反弹到 8390 元，从最低点计算，反弹了 16600 元，回吐 60%。此时我想起了《五亿探长雷洛传二》里的一个桥段：刘德华饰演的雷洛劝犯罪嫌疑人憎口平供出同伙，价码从 5000 元加 10000 元，对方不招；从 10000 元减到 7000 元，对方崩溃招供。三十多年过去了，这个电影的情节都忘光了，但这个场景我仍然记得。

其实这就是人性。看着可能到手的财富在减少，心里比已经到手的财富在减少还要难受。不信读者可以自己回忆一下，进场亏了 5000 块钱：算了，投资都有风险，就当交学费了。价格从高点回落，导致账面少赚了 5000 块钱：不行啊，再跌咋办，赶紧落袋为安吧（于是做飞单子，更大的利润没吃到）；或者，唉，高点没卖，少赚了 5000 元，再等等回到高点再卖吧（于是错过离场机会）。这样的情景是不是很熟悉？所以其实我不太相信老集同学能扛过第一关。第二关，老集最大浮盈 52400 元，最大回吐 21600 元，回吐 41%；第三关，老集最大浮盈 71000 元，最大回吐 20400 元，回吐 28.7%；第四关，老集最大浮盈 97800 元，最大回吐 20400 元，回吐接近 21%。第一关扛过去，看上去后面还算好过些。但真的到了现实持仓中，比如老集到了浮盈 97800 元、账户达到 183800 元的时候，心里真的只会更慌，万一到不了 7100 元的价格怎么办？万一豆油减产怎么办？万一大户恶意做多怎么办？各种万一像雨后春笋一样在心里呈现旺盛的生机。加上之前某次交易有过从获利变成亏损的经历、加上落袋为安的古训在脑海中徘徊、加上回吐 20400 元相当于中档车从高配变为低配……别抬杠，10 倍杠杆扛住回撤甚至敢于一直浮盈加仓的，也就听说过浓汤野人一人，更何况他用同样的手法在后面被各路资金围剿，吃了大亏。所以，我觉得老集同学如果用了 10 倍杠杆，中间面对那么多关卡，大概率是拿不到最后的，心仪的中档车也大概率仍然只能心仪。

  结论就是：高杠杆重仓操作，长期而言，能看准大行情本身就是难度极大的事，能持有到大行情结束，是难度更大的事。难上加难，所以老集同学能"看出大机会、并抓住大机会"的概率是很低的。

  从现实案例来看，老期货大概都知道武汉老太太的故事。老太太以 5 万元起家，做绿豆，赚到 5000 万元，一战封神。之后从 5000 万元又回到了 5 万元。每年的期货交易大赛冠军，能成为常青树的又有几人？正所谓"货悖而入者，亦悖而出"，用高杠杆得来的财富，也容易用高杠杆吐回去。以高杠杆起家并存活下来的交易者，少之又少，且大部分后来降低了杠杆倍数。但大量交易者看到的都是成功存活的案例，或者流星划过天空时闪耀的瞬间，浑不知"行险道或可一战成名，谁曾见失意者积骨如山"！

  简单说，重仓一则错了易死，二则对了难持，三则止损不易下手。推论到"集中交易某板块"也是一样。集中的另一个问题就是存在机会风险。前面分析过，集中重仓打能赚大钱的前提是"看得准""持得住"。看不准则有两种情况，一种是看反了，该做空反而做多之类的；一种是以为大机会会发生在某赛道或某板块，结果大机会出现在了另一个赛道或板块。后者就是机会风险，由于在没有机会的板块集中了火力，导致别的机会出现时，一是没有了子弹；二是产生了所谓沉没成本，觉得已经在这个赛道里投入这么长时间（或产生一定的亏损了），此时再换赛道万一错了岂不是错上加错？

所以老集同学"集中重仓"的打法，我觉得长期来看是靠不住的。当然也有交易者会说，我就豁出去赌一把，赌赢了就金盆洗手，江湖上只留下哥的传说。且不说赌输了怎么办，单说"赌赢了就走"就办不到。我敢说这世上99.99%的赌徒赌赢了还想继续赢。

总结一下重仓+集中的弊端：

①错了容易爆仓或大亏或大幅回撤。

②不易持仓。

③止损下不去手；单次止损损失太大，无法实现"小亏"。

④机会风险。

二、对治方案：像个普通生意人一样做交易

注意前提，是"普通生意人"，不是皮带哥那种生意人。皮带哥那种生意人，都有非同常人的胆魄、心理承受力、命局，敢于用高杠杆创造财富，但一旦失败了，摔得也很惨。我母亲生前常说两句话，一句是：别起心起高了，让老鹞子叼了。另一句是：别干大了，飞不高跌不着就行了。民间普通老百姓的传统智慧是很高的，他们知道收益越高，风险越大。期望值低一些，投入的成本也就低，损失也会小。所以传统老派生意人都是靠脚踏实地一步一步积累做起来的，成不了首富，也不耀眼，但扛得过风雨、经得起风浪。

2024年4月中旬的一个晚上，王五同学做空沪铜暴亏，来找我做心理按摩。我问他为啥做空沪铜，他黯淡的眼光瞬间发亮：美铜和伦铜都到了左侧密集K线区，必有调整；用波浪尺量了，已经是高点了，巴拉巴拉。我说在你眼里这是个好机会喽？是的，王五说。我说你用了多大杠杆？王五说，吸取锰硅的教训，用了10倍杠杆。我就问他，如果你现在需要做个正经生意，比如开个饭馆，需要100万，你手里就只有10万，什么样的情况你会找亲朋好友加上银行贷款，借上90万去开这个饭馆？王五想了想，觉得是饭馆扎堆并且大家生意都挺火的位置，饭菜利润也比较高，是能赚大钱的那种。那这种

饭馆，你敢保证不亏吗？比如这种饭馆你借钱90万开了以后，亏10%，你亏多少？9万，王五很快就作出回答。我说，你这不是很明白吗？本金10万，如果需要借90万才能做的生意，你知道不能干，为什么期货就敢干呢？做期货，本质上和做生意是一样的，再有把握的生意，用上10倍杠杆，一旦亏10%就倾家荡产，所以算来算去，一般人不敢借那么多钱去做生意，因为要挨个人借钱，搭上的是自己的人情、信誉，亏本了，也优先还别人的钱。就算是现代经济，用天使轮之类的融资，天使们也不是傻子，你敢借人家也不一定敢借给你。期货呢，不用求爷爷告奶奶，灵光一闪：这是个千载难逢的大机会！于是满仓梭哈。感觉不到钱来得不容易也意识不到一旦赔了就会赔掉所有本金，满脑子想的都是赚了之后的豪车豪宅游艇，自然就容易激发赌性。所以做期货要想对抗高杠杆的恶习，先把下单想成做生意。然后我给王五讲了讲我太姥爷做生意的故事（纯属虚构）。

我太姥爷开中药铺，先算算家里的钱，再算算开药铺的成本、费用、平均利润，再好好考察一下位置，觉得如果开了之后赔了，不影响家里开销，就开。他开了第一家，赚了，又想开第二家，算了算，大不了把赚的钱赔进去、然后再搭进去点，还算划算，就又开了第二家。他不着急，按自己的家底，做承担得起风险的生意。这就是传统普通生意人做生意的思路。当我太姥爷药铺赚钱够多了，他又觉得只开药铺的话遇到大的风险扛不住，所以他又开了饭馆、商铺、小鞋厂。后来有段时间西医西药大肆流行，幸亏有其他买卖支撑着，中药铺才扛过了最难的阶段。这就是我太姥爷量力而行、分散投资的经验。

这种传统做生意的思路，后来颇为新经济模式所鄙视。新经济从2000年左右就兴起了，那时候叫眼球经济，挂上".com"就能融到钱，最后一地鸡毛，留下来的没多少家。近些年又有人指责银行的"当铺"思想，说已经不符合新时代的要求了。我搞不懂那些云里雾里的花头。所谓新经济之类的名堂，玩花头能玩过华尔街？无论怎么拆分、包装、转售，不良资产就是不良资产，最后还是要演化为次贷危机的。就算是未来有了所谓新的经济花头，传统思维再次被嘲笑，我也觉得从最基本的常识出发考虑问题是最合理的。2000年被嘲笑的巴菲特，现在还在每年召开朝圣式的股东大会，当年嘲笑他的那些新锐们，如今又在何方？

三、我的资金管理规则

这种资金管理规则设置，完全基于我的交易世界观，复习一下。

> 方向交易世界观认为，市场价格是由多空双方的力量和意愿两个因素的较量形成的，其结果表现在K线、走势图上。在参与人数具有统计学意义的市场中，其走势图会有一定的规律性，但由于多空力量的变化、各种外界因素的影响，这些规律并不总能精准实现，市场走势最有确定性的规律就是不确定性。

既有规律，又有不确定性，这就是三条资金管理规则的由来。

（1）单品种相对轻仓，是因为我们虽然看着某个品种会走趋势，但不知道它究竟会不会真的走趋势，它的节奏点会不会失败，所以轻仓进场。好处是：

①避免单次交易带来过大的损失。

②避免机会风险——因为别的品种机会来了我们手里还有子弹。

③单品种轻仓当然也能让我们在止损时心理压力轻一些，容易下得去手。这几天我闲着没事统计了一下2024年上半年的个股跌幅，发现绝大多数个股是有明确的且位置也不错的止损位。但如果股民在持仓时单只股票仓位过重且已有10%以上的损失，再好的止损位他也是很难下得去手的。

④单品种轻仓还能在持仓中对这个品种的逆向波动较为客观地看待。这一点很重要。我们可以试一试，一块平衡木，直接平放在地上，我们比较容易走过去；同样宽度的平衡木架在两座高楼之间，几乎没人能走过去。按理说平衡木的宽度没有变化，我们的平衡能力也没变化，为什么走不过去？因为过重的心理负担，让我们不再客观地看待平衡木和我们的平衡力。重仓，就容易有过重的心理负担，就容易把正常的逆向波动看得过重，导致该持有的单子做飞了；轻仓，心理负担则会轻很多，看待走势图的心情也轻松，眼光也客观，该持有的单子也能拿得住。我记得2014年有段时间我持有塑料空单，有一天突然发现我都快忘了有这么个单子了，回头一想，已经持有一个多月了。

（2）分散持仓，是因为我们假设我们不知道哪块云彩会下雨，也许我们的持仓中就有块下雨的云彩。好处是如下。

①避免机会风险。我记得有一年只有PTA和焦炭走了流畅趋势,其他品种都在震荡。那一年若是全部押注在这俩品种之外的某个品种上,大概率是吃不到它俩的趋势的,反而吃了一堆震荡,震荡带来的损耗除了金钱还有"心水"。股票市场也有这个问题,除了全面牛市(如2006—2007年和2014—2015年),哪个板块会启动也未必能看准的,分散一下,碰上的概率就大了。

②各品种互相保护。持仓品种之间要么波动率不一致,要么逆向波动的时间有可能错开,整体账户会表现比较平稳,持仓心理会很稳定。比如豆油持仓过程中发生了较大反弹,此时可能有色板块的铜恰好在走趋势,或者黑色板块的铁矿石在走趋势,整个账户状态比较健康,那么豆油的回撤就不那么被过度关注,能客观地对这次逆向波动的性质进行分析。再比如说刚进场的单子可能发生了点小回撤,若有其他品种的利润保护,止损位置就可以稍微宽松一点,也许就能熬过小波动进而迎来大趋势。

分散持仓需要注意相关度问题,在一个板块里分散,有时能起到分散应有的作用,大部分时间同板块是容易齐涨共跌的,那就失去了分散的意义了。就商品期货市场而言,有色板块内部相关度有时会不那么高,比如铜在震荡、铅在走趋势、铝在小回调。但大部分时间它们是比较一致的。当然这也不意味着有色板块只能选一个品种来交易,触发进场条件多了也可以多交易几个,这属于适度集中。而且就细节而言,具体到每一天这些品种之间也会有不同的节奏的,互相之间也有保护作用。黑色板块里螺纹热卷几乎可以看成一个品种,它俩同时持有就不算分散;铁矿石和这两个品种之间既高度相关,又有细节差别,算是稍微分散了一下;焦煤焦炭大部分时间也几乎是孪生兄弟,比螺纹热卷的相关度低一点,又比它俩和铁矿石之间的相关度高。从不同板块的角度,黑色和有色板块的相关度不高;工业品内部的相关度又比工业品和农产品之间的相关度高。

这些相关度高低程度的区别,其实给我们的操作带来了"相对集中又相对分散"的好处。比如在一波商品期货大熊市中,我们同时持有农产品的若干品种、黑色系的若干品种、有色系的若干品种、化工系的若干品种,它们之间本身相关性较低,形成了互相保护;同时,如果化工系出现机会的品种较多，我们持有的化工品种会比其他板块要多几个，这又形成了相对的集中。而化工板块内部涨跌节律的不同，也起到了一定的分散作用。

股票市场的板块之间、板块内部也有细节区别。一种情况是跨行业板块的。比如高股息概念，可能会跨越煤炭、有色、银行板块。还有一种情况是大的行业板块内部也有区别，比如同属金融板块的保险、银行、券商、多元金融之间会有涨跌节律的不同；同属能源板块的煤炭和石油又有涨跌节律的不同。

这些不同板块之间、同板块内部之间的细节分辨，平时多看盘、多复盘就能总结出来了。

（3）标准化控仓。标准化控仓意味着对各个品种一视同仁，不认为我们个人的能力能准确分辨出哪个品种能起行情。这同样是基于我们的交易世界观。好处是：

①避免因厚此薄彼造成机会风险。

②各品种或各股票之间的波动幅度比较一致，能起到互相保护的作用。假如我们在持仓中铁矿石占了 0.6 倍杠杆，沪铜占了 0.125 倍杠杆，即便某天它俩的涨跌幅度一致，它俩对账户造成的波动也不会一致，一个回撤了 0.6%、另一个增长了 0.1%，互相之间就失去了保护作用。

说到标准化控仓，我也走过一段弯路。我曾经搞过一段时间的分级控仓，就是按各种机会的级别进行了三级分级。一级机会是什么走势标准，用什么仓位；二级机会是什么标准，用什么仓位，等等。显得我比市场要聪明，也显得我能看准每次交易的机会大小。后来我发现，即便老油条如我，也不能准确分辨出机会的大小。后来我干脆跟老子学习，弃圣绝智，各品种一视同仁、各安天命，反而效果很好。如果读者也有我曾经有过的想法，不妨借鉴一下我走过的弯路。

四、股票的标准化控仓规则

因为股票的比较简单，放到前面来说。

1. 单只股票的具体标准

ETF：10% 左右。

大股票，主要指的是上证50里的股票，也包括深证的一些大股票，总的来说就是那种涨跌5%就显得很突兀的大盘股，标准仓位7%左右。

中型股票，主要是沪深300减去上证50和深证大盘股的股票，标准仓位5%左右。

小型股票，中小板、创业板、科创板股票，标准仓位3%左右。

这么设置主要考虑这些股票的波动幅度差别很大。比如张三股票账户100万，一段行情来了，大盘股持有5万，吭哧吭哧走完行情也就走个15%，看着也涨了一大段，盈利也就7500元；而小盘股走完行情可能是30%涨幅，5万块钱能赚1.5万元。假如把大盘股调整到7万/只，小盘股调整到3万/只，小票能赚9000元，大票能赚10500元，也算对得起对这两种股票所花的心思了，更重要的是给了它俩均等的机会，它俩之间也能互相保护一下。

当然这种分类只是粗略划分，读者在具体交易时应多看看历史走势里经常发生的涨跌幅度来进行调整。

从单只股票的仓位设置我们可以看出，如果账户里持有的都是小票，能做30多只；大票能做14只。以我的经验，账户满仓时大概20多只股票。20多只股票，可能很多人觉得看不过来，这是因为他们希望能不错过"最佳"卖点的原因。按我的技术和理念，20多只股票照顾起来还是很轻松的，就像种庄稼，好苗子不用管，关注坏苗子就行了。发生系统性风险的时候，好苗子坏苗子一起薅掉就是了。

2. 股票账户的总仓位控制

①超配。也就是需要用杠杆的情况。个股的融资我是很少能融资成功的，所以股票使用杠杆要寄希望于期权和股指期货。何时超配？主要看大势分析，比如2015年3月份之后的那种指数主升浪行情。大概期指和期权各动用5%的资金，其他90%满仓股票，总杠杆就能达到1.5倍左右，届时波动幅度已经很大了，也能满足利用大行情多赚些钱的需求。当然是否超配除了大势分析，还要看账户状态、系统设定和市场是否匹配等情况，后文账户策略和交易执行部分会有详述。

②满配。当然也就是个股满仓了。对于大部分股民来说这种行情经常有，对我来说这种行情不多，往往是指数看着没有系统性风险＋指数有向上突破

走一段持续一两个月的预期+恰好符合交易条件的个股能让我们满仓，三个条件叠加才是满配情况。另外，满配和超配一样，同样要考虑账户策略问题，详见第四章。

③随缘配。指数没有明确的大趋势预期，但也暂时看不出系统风险，个股行情良好（股票池里的股票总能走出预期趋势），那就随缘配置，有几只算几只。

④空仓或极低仓位。指数表现出系统性风险了，预期下跌空间、时间都较大，那就空仓为主。有时我们也会保留一点仓位，几只股票的样子。一般都是在指数出现系统性风险之前买入且在股市系统性风险期间表现良好的才留下，这种情况比较少。

⑤主动减仓+对冲。预期指数将起码开始一段难以承受的大级别调整，如果预期这种调整可能会给账户带来15%以上的回撤的时候，我们会主动减仓，让留下的个股仓位即便随着股指回调，也不会让净值大幅回撤。一般来说股指回撤10%，个股起码回撤15%，这时候我们前面啰里啰唆讲了那么多结构分析、画线工具就派上用场了，我们可以预计一下指数的最大回撤情况，然后计算应该保留多少仓位的个股。如果个股仓位降低仍不能满足控制回撤的需求，我们会用股指或期权的空单进行对冲。2015年6月份，现在回过头看是个大顶，但当时的第一预期应该先做大级别中继预期，进行主动防御，确认见顶了再清仓。可惜2015年的下跌过于剧烈，前所未见，我们留下的仓位造成的回撤仍然大于预期，用于对冲的股指期货我们平仓也早了些。也许下次会好些吧，不过交易总是有遗憾的，我也不期待余生能完成一次完美的交易，符合系统就好。2015年大顶是很多股民永远的痛，本书第五章第一节还会继续谈到面对这个大顶的时候我们是如何预期、交易的。

五、商品期货的杠杆计算和控仓标准

1. 单品种控仓标准

在商品期货的交易软件里我们用F10很容易查到各个品种的合约资料，如下图。

交易品种	螺纹钢
交易单位	10吨/手
报价单位	元（人民币）/吨
最小变动价位	1元/吨
涨跌停板幅度	上一交易日结算价±6%
交易时间	每周一至周五 上午：9:00—10:15 10:30—11:30 下午：13:30—15:00 连续交易时间：21:00至23:00
最后交易日	合约月份的15日（遇国家法定节假日顺延，春节月份等最后交易日交易所可另行调整并通知）
最后交割日	最后交易日后第三个工作日
交割品级	标准品：符合国标GB/T 1499.2-2018《钢筋混凝土用钢 第2部分：热轧带肋钢筋》HRB400牌号的Φ16mm、Φ18mm、Φ20mm、Φ22mm、Φ25mm螺纹钢。 替代品：符合国标GB/T 1499.2-2018《钢筋混凝土用钢 第2部分：热轧带肋钢筋》HRB400E牌号的Φ16mm、Φ18mm、Φ20mm、Φ22mm、Φ25mm螺纹钢。
交割地点	交易所指定交割仓库
最低交易保证金	合约价值的8%
交割方式	实物交割

其中比较重要的就是交易单位和交易保证金两项。前面我们用锰硅简略介绍了商品期货交易的一些知识，在这里再以螺纹钢为例系统罗列一下，期货老手可绕行。从这张表里我们可以计算如下信息。

①价值。

螺纹合约1手10吨，螺纹价格3700元。则交易一手螺纹的价值为：
3700×10=37000元

大部分合约都是1手10吨的，但读者需要自行查看各个品种的交易单位，比如黄金1手是1000克，锰硅1手是5吨。价值计算错了，杠杆也就计算错了。

②杠杆。

就是账户资金的利用程度。假设账户资金100万元，发挥了100万元的价值博取利润，就是运用了1倍杠杆；发挥了25万元的价值博取利润，为运用0.25倍杠杆；发挥了1000万元价值博取利润，为运用10倍杠杆。

③利润和亏损计算。

利润和亏损按照持有价值计算。如螺纹涨跌2%，持有1手，则利润计算方法为：37000×0.02=740元。

也可以按照涨跌点数计算，比如螺纹涨跌 100 元，持有 1 手，则利润/亏损的计算方法为：100×10=1000 元。

④重点来了，某级别杠杆的手数计算。

假设 100 万元账户想持有 0.25 倍杠杆的螺纹，计算方法为：

——先计算持有多少价值的商品才算是持有了 0.25 倍杠杆该商品 1000000×0.25=250000 元

——再计算 0.25 倍杠杆可以做多少手螺纹，用 0.25 倍杠杆对应的商品价值除以 1 手商品当前的价格，比如螺纹当前 1 手价值是 37000 元，计算方法就是：250000/37000=6.75（手）

也就是说，一个资金规模 100 万元的账户，想做 0.25 倍杠杆的螺纹，可以做多少手呢？就是 6.75 手，四舍五入得 7 手。

2. 总仓位和单品种控仓标准调节

商品期货的单品种控仓标准和我们所能交易的品种总量，以及总杠杆控制是有关的。比如我们的总杠杆上限设定为 4 倍杠杆，如果市场上可交易的活跃品种只有二三十个、发生系统性多空机会时我们持仓数量大概达到 15 个，那么使用 0.25 倍杠杆作为单品种标准仓位比较合适。现在随着期货市场急速扩军，活跃品种达到了五十多个（去掉走势相关度几乎相当于一个品种的那些重复品种），那么使用 0.125 倍杠杆比较合适。如果以后再扩军我们还可以用这个原则来调节单品种杠杆。调节单品种杠杆的另一个要考虑的要素就是商品期货的总体行情研判，偏重于结构性行情时，比如偏重于有色行情出趋势，其他板块大概率也就零星出现交易机会，那么也可以根据大概率可做的总品种数量对单品种控仓标准进行调节。

①总杠杆控制。

有人说，不用杠杆我来期货市场干嘛来了？他隐含的意思是不为使用高杠杆暴富，我为啥要做期货？在我看来，期货和股票、期权、外汇没有什么区别，都是以交易为生的工具罢了，要不要用高杠杆和用到多高的杠杆，取决于你把期货市场当成赌场还是生意场。我是把期货市场当成生意场的，所以杠杆的使用遵从做生意的原则。

既然是做生意的原则，杠杆的使用不是不可以，李嘉诚也用过杠杆，但需要量市场而行、量力而行。力，包括资格和心理承受力。

先说心理承受力。每个人的心理承受能力是不一样的，账户波动给每个人带来的压力也是不一样的，所以总杠杆控制没有唯一的标准。按我的心理承受能力，采用分散持仓的方法，商品期货总杠杆达到4倍已经是极限。所以当总杠杆达到4倍的时候，我会停止进场和加仓。4倍杠杆，意味着账户单日波动幅度有多大？目前商品市场平均波幅在1.85%左右，这么算的话4倍杠杆的单日波幅极值可以达到7.4%。7.4%的增长还好说，7.4%的单日回撤对我们来说已经是不能承受之重了，很容易影响对市场的客观判断，从而作出错误决策。

再说资格。资格是个非常重要的问题。我常举的例子就是猎人打猎。一个身体虚弱的猎人拿着一杆汉阳造，看见毛茸茸的脑袋，判断不好是兔子还是狗熊的话，他有没有资格开枪？没有。他的资格是看明白了是兔子再开枪。一位身强力壮、手持最先进猎枪的猎手，有没有资格打熊？有。打不中他能跑、能爬树；打中了能一枪毙命（本人纯为举例，动物保护法大家一定要遵守）。所以4倍杠杆是一个随着身体强壮程度慢慢加到的数值。大多数情况下，4倍杠杆只是克制欲望洪水的堤坝，是极值，不是常态。

在需要做安全垫的阶段，我会控制初始总杠杆，期货大概0.5~1倍，股票大概1.5~3成仓位，在分散持仓的情况下，各持仓品种有涨有跌，带来的单日波幅最大值一般不会超过2%。当有了安全垫（大概5%~10%的利润幅度），再把期货总杠杆阀门提高到2倍左右、股票5~6成仓位。当期货有资格达到4倍总杠杆、股票有资格满仓的时候，净值肯定已经在1.2以上了，不怕发生单日7%的波动。简明列表如下。

总杠杆	期货（杠杆）	股票（仓位）
初始阶段	0.5~1	15%~30%
安全垫之上	上限2	50%~60%
20%利润以上	上限4	满仓

②单品种杠杆调节。

所以当总杠杆能在不同阶段限定的时候（一般这种情况发现的都是大周期机会，大周期机会在一定时间段内很难发生变化），就可以根据当前市场预期能做的品种数量进行单品种标准杠杆的调节了。原则上以 0.125 倍杠杆为基准，根据预期可做的品种数量和不同阶段的总杠杆调节单品种杠杆。比如现在是 1 倍总杠杆控仓阶段，预期可做的品种为 5 个，可以适当调节到单品种 0.2 倍杠杆。余仿此。

另外一个问题就是各品种的波动幅度不一样。比如焦煤当前阶段波幅 4%，沪铜当前阶段波幅 1.7%，这就需要适当调节。大体上我以沪铜为参照物进行调节。比如焦煤的波幅是沪铜的 2 倍多，沪铜使用 0.125 倍杠杆的话，焦煤顶多使用 0.0625 倍杠杆。如何计算每个品种的波幅？大部分情况下都是看近阶段单日涨跌幅度估量一下的，如果要仔细计算，那就以自己的核心交易周期来取值，比如核心交易周期是日线，那就取最近 20 天的单日涨跌幅度的平均值。计算起来比较繁琐，其实不计算也大差不差，做几次就有感觉了。

再就是单品种的不同阶段的波幅也不一样。总体上，当某品种进行了 20 日左右的大横盘了，那么它的波幅肯定是大幅降低了，仓位可以适当调高；若某品种已经运行了一段趋势，当前正在进行几天的调整，那么它的波幅一定是大幅提高了，进场要降低仓位。

③基础杠杆表。

设计一个表格，把所有品种可做的手数放到里面，做交易计划的时候查阅一下是很方便的。

代码	品种	合约价格	合约乘数	每手价值	总资金	0.125 倍杠杆	调节杠杆 1
RB	螺纹钢	3700	10	37000	1000000	3.38	4

上表以螺纹为例设计了一个基础控仓表。0.125 倍杠杆对应的是 100 万资金、使用 0.125 倍杠杆时可做的螺纹手数，具体计算方法已经在前面讲过了。我们可以按照这个设计，自行查阅各品种的交易合约资料，把所有品种都计算一下，看看各品种都能做多少手。调节杠杆 1 指的是按照沪铜的波幅进行的调节；调节杠杆 2 指的是按照阶段性可做品种数量进行的调节。这个表还没完成，下一章我们讲赢冲输缩之后，这个表才能完整做好。

六、小资金如何轻仓做期货

如果读者按照书中的方法把控仓表做完，会发现如果自己账户上只有 10 万资金，按照 0.125 倍杠杆作为单品种控仓标准的话，可做的品种寥寥无几。比如螺纹钢，只有 10 万资金的情况下，按照 0.125 倍杠杆，只能做 0.34 手螺纹，但凡做了 1 手，就不符合轻仓的要求了。如果商品期货全品种都能按 0.125 倍杠杆来做的话，最低也要 300 万的总资金。我在光大期货的直播中就经常遇到这个难题，常有人动辄持有 1 手沪铜，却已经使用了 5 倍杠杆，问我后市如何。如果我说日线趋势没有问题可以持仓，但对他来说分时线的每次逆向波动都是折磨，日线稍有小折返他就得放弃持仓，那我说的日线没问题对他来说就毫无意义。大量的这种问题也折磨着我。最后我想出来的办法就是用调节核心交易周期的方法来解决这个问题，这也算是粉丝送给我的福利了——没有他们的问题我也不会去琢磨这件事情。

我们先来看看下面这张表。

单位：元

品种	合约乘数	价格	每手价值	总资金	0.125	总分钟数	对应 0.125
沪金	1000	570	570000	100000	0.02	555	12
沪铜	5	85000	425000	100000	0.03	465	14
螺纹	10	3700	37000	100000	0.34	345	117
豆油	10	7900	79000	100000	0.16	345	55
橡胶	10	14700	147000	100000	0.09	345	29

先说结果。如果张三只有 10 万元资金，他要想做黄金，而且想实现 0.125 倍杠杆轻仓交易的话，那他就应该把 12 分钟当成核心交易周期，当然也可以近似取 10 分钟为核心交易周期。这个结论是怎么来的呢？如果张三想做 0.125 倍杠杆的黄金，那他以日线为核心交易周期的话，只能做 0.02 手。显然交易所没有这个设置。那怎么办呢？ 0.02 手是 1 手的 0.02 倍，黄金算上夜盘的话一个交易日有 555 分钟的交易时间，那么 555 分钟的 0.02 倍，岂不就对应了 1 手的 0.02 倍？所以，用 555 乘以 0.02，就能得到 12 分钟这个数值（其实 0.02 是用 EXCEL 表格公式计算的，只保留了小数点后两位数，所以是 12 而不是计算器计算的 11）。我知道这么说有点绕，我再换种表达方式。1 手

对应日线，对应 555 分钟；0.02 手自然就应该对应 0.02 日，555×0.02=12 分钟。我看过，12 分钟图的波动幅度和日线图波动幅度的 0.02 倍很接近。这也就意味着，10 万资金的张三做 1 手黄金，他把 12 分钟设置为核心交易周期，在 12 分钟图表里走一根 K 线带来的心理波动、盈亏幅度、设置的止损以及触发止损时带来的回撤幅度，和 500 万元资金的王五做 1 手黄金使用日线图表时的效果是一样的。

那么问题又来了，从上面的表中我们可以看出，做 1 手沪金要在 12 分钟图表里看，把 12 分钟设为核心交易周期；做 1 手螺纹钢就要切换到 120 分钟图表里看，把 120 分钟设为核心交易周期，这核心交易周期换来换去的，也不方便啊！所以我们需要对这个表做进一步加工，实现什么目的呢？就是如果张三想以 30 分钟为固定的核心交易周期，他做螺纹能做多少手，做黄金能做多少手。实现起来也简单，我们需要找一个 做 1 手恰好是以 30 分钟为核心交易周期的品种，把它的 30 分钟当分母，用其他品种的做 1 手对应的核心周期分钟数当分子，两者的比值就是其他品种的手数。所以我们需要在上面这张表上加一列。

单位：元

品种	合约乘数	价格	每手价值	总资金	0.125	总分钟数	对应 0.125	对应手数
沪金	1000	570	570000	100000	0.02	555	12	0.41
沪铜	5	85000	425000	100000	0.03	465	14	0.47
螺纹	10	3700	37000	100000	0.34	345	117	3.97
豆油	10	7900	79000	100000	0.16	345	55	1.86
橡胶	10	14700	147000	100000	0.09	345	29	1.00

我们找到了橡胶作为参照标的。10 万资金做 1 手橡胶，对应的核心交易周期是 29 分钟，近似取 30 分钟为核心交易周期。而螺纹做 1 手对应着 117 分钟交易周期，用 117 除以 29，得到 3.97 手，也就意味着张三以 30 分钟为核心交易周期的话，可以做 4 手螺纹、2 手豆油，做不了黄金和铜。所以如果张三以 30 分钟为核心交易周期并且想实现 0.125 倍杠杆控仓的话，只能选那些比橡胶小的品种来交易。坏消息是无法实现商品期货的全品种覆盖，好消息是比橡胶小的品种有很多。善于举一反三的读者自然就能知道，如果以 15 分钟为核心交易周期，想实现 0.125 倍杠杆控仓效果的话，

就以沪铜为参照物，计算其他品种的交易手数。沪铜这个品种很大，差不多能覆盖除原油和黄金以外的所有品种。其他设置，比如想实现全品种覆盖如何调整交易周期而总资金只有 3 万元怎么办，也都是举一反三、自行选择的事，我就不操心了。读者若连这些都不想自己研究，交易前途也不会很乐观。

在这里顺便说一下隔夜单问题。期货界有个流传甚久的说法，就是不持隔夜单。其实我做期货都是持隔夜单的——除非进场当天证明我错了。好单子能拿几个月，一般情况下都是 5 个交易日起步。为什么我能拿隔夜单呢？因为单品种轻仓，做的也是日线趋势。为什么期货界故老相传不拿隔夜单呢？因为大部分交易者是三成仓位起步，次日一个反向跳空，哪怕跳空 1%，也会带来 3% 的回撤。所以，轻仓日线，不用怕隔夜单问题。但小资金若按我们的方法，找一个 15 分钟、30 分钟的核心交易周期去交易，那大部分情况下就不宜持有隔夜单了。原因在于小周期的轻仓到了日线就变成了重仓。以 10 万资金做 1 手橡胶为例，在 30 分钟周期相当于用了 0.125 倍杠杆，到了日线变成了 1.5 倍杠杆，就是重仓了。从时间架构的角度，也相当于大幅度提高了核心交易周期的级别，是违反规则的。但也有两种情况可以持隔夜单：

①交易周期的上一级是日线，且根据盈利状态可以把防守级别提高到日线级别。

②交易周期的上一级是日线，盈利状态虽然没有达到提高到日线防守的程度，但持仓品种与外盘无关，不会因外盘影响大幅度跳空开盘。

第三节　波士顿循环——可大可小、顺应自然的仓位策略

> 资源配置，从总量的角度，要解决的是多配（运用杠杆）、少配（缩减投资规模）的问题。从资源内部分配的角度，要解决的是往哪些方向配置、分别配置多少的问题。

问题提出来了，如何解决？思路就是波士顿循环。波士顿循环就是解决多配还是少配；往哪里配、配多少的问题的。波士顿循环完全遵从市场自身给出的运行信号，该进场的进场、该加仓的加仓、该持有的持有、该止损的止损、该获利了结的获利了结，完全顺其自然。执行波士顿循环的基础规则就是单品种轻仓、分散持仓、单品种标准化控仓、适度总量控制。可以说，没有这些规则也就无法运行波士顿循环。同时在波士顿循环的思路指引下，自然会产生分步建仓和仓位的适度集中、超配，前者可以用最低损失规避系统性风险，用最低成本试探市场机会，后者可以通过仓位的自然适度集中抓住市场的主流机会。

好了，云里雾里说了一大套，这波士顿循环究竟是个什么样的东西？怎么实现的前面那些功能？且听我慢慢道来。

一、波士顿矩阵——波士顿循环的灵感来源

真的是没有白学的东西。我学过管理学，自然会在交易中试着从管理学中找点灵感。有一天我盯着账户里利润厚薄不一、持仓时间有长有短的品种们，突然感觉它们就像我管理的一个个子公司，有的运行良好，丝毫不用担心；有的看上去前途光明但当前有点小问题。有的干脆半死不活，能不能活到明天都是个问题。于是我突然想到了上学时学过的波士顿矩阵：这一个个的品种的状态，多像波士顿矩阵里分属不同象限的公司事业群啊！于是赶紧找来课本重温波士顿矩阵。

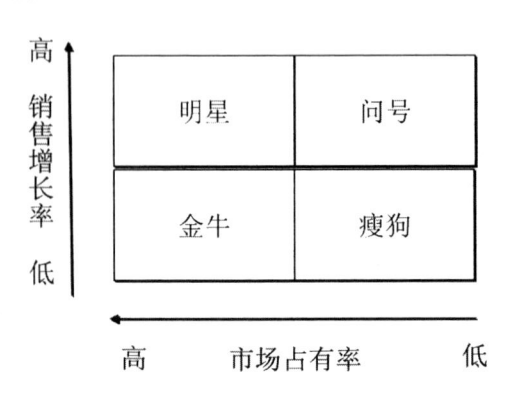

	高 市场占有率 低
高 销售增长率 低	明星　　问号 金牛　　瘦狗

波士顿矩阵是 20 世纪 70 年代波士顿咨询公司发明的，所以叫波士顿矩阵。这个矩阵把公司的产品或负责不同产品线的子公司（或公司事业群）放到矩阵里的不同的位置，放置的依据是它们的市场占有率和销售增长率数据高低。大部分情况下，这个矩阵用于多产品线的分析。如果用于事业群分析，恐怕销售增长率要改为其他名词了，市场占有率也许也要改。我们就从产品线分析的角度来看一下这个矩阵的含义和用处。

瘦狗：市场占有率和销售增长率双低，属于可能会被淘汰的产品线，公司在瘦狗产品线增加投入的概率是比较低的。

问号：市场占有率低，销售增长率高的产品线。虽然销售增长率表明这个产品线有前途，但由于其在市场中的地位尚不稳固，所以随时有被竞争对手打败变为瘦狗的可能性。公司一般会对这种产品线增加投入，予以扶持，以期其能转化为明星产品线。

明星：市场占有率和销售增长率双高的产品线，是公司获得快速发展的动力。公司一般对这种产品线会加大投入力度，提高市场占有率，使之成为金牛产品线。

金牛：市场占有率很高、销售增长率较低的产品线，是公司发展的蓄水池和稳定器，这类产品线市场地位已经非常稳固，其他竞争对手难以撼动，公司只需要在保持产品质量，保证功能更新，维护市场地位等方面保证资源支持即可。

这种对不同产品线的准确定位，可以及时淘汰落后产品，扶植潜力产品，发展拳头产品，稳固老牌产品的优势地位，同时在稳定和活力两个方面保证公司的良性发展。

这个思路也可以用于管理多元化公司事业群。但对于公司事业群而言，考量的恐怕就不只是销售增长率这种简单指标了，考虑更多的是跨经济周期、行业互补等问题。以李嘉诚为例，他的产业遍布全球 50 多个国家，涉及地产、通信、基建、港口、石油、保险、零售、医疗、科技等领域，这样的跨国别跨行业投资组合起码有两个好处：一是可以防止单一市场或者单一行业出现大的风险时给公司带来灭顶之灾；二是行业节律互补，这些行业有的能提供稳定的现金流；有的能提供稳定的利润。有的能跨越经济周期；有的处在高速增长过程中；有的处于新兴市场或者新兴行业，有很大的增长潜力，能给公司带来新的增长动力。所以李嘉诚的投资组合是符合波士顿矩阵的。而且很重要的一点是，李嘉诚采取的是渐进的、稳健的投资步骤，使各类资产互相保护、互相扶持。李嘉诚对总杠杆的控制也是很严格的，即便最早投资的房地产业，也没有使用高杠杆，而是尽量使用自有资金。到20世纪亚洲金融危机发生时，李嘉诚的资产负债率不过20%，虽然在系统性风险发生时也受到巨大打击，但多元化投资组合和总杠杆控制还是让他平安度过了那次危机。

这种对实业的资产配置思路其实也可以搬到我们的金融投资领域。而且我们还比李嘉诚们多了一个天然优势：资产组合的快速循环、变现。

二、波士顿循环

现实里实业的资产配置会长达数年甚至几十年处在相对静态的状态；产品线的生命周期也通常很长。但在商品期货或股票，或商品期货+股票+外汇+债券，或跨国界的商品期货+股票+货币+债券的投资中，除了金牛类投资有可能跨数年甚至十几年之外，大部分的投资行为持仓时间不过数月，一般不会跨年，甚至瘦狗类投资只持续几天。所以大部分情况下，如果把波士顿矩阵应用于金融投资领域，各类资产是可以很快完成一个从瘦狗到问号、到明星、到金牛，最后金牛也退出持仓的循环的，四类资产共存的时间通常也比较短，相对于长期静态的、不易变现的波士顿矩阵而言，这种现象更像是在快速完成一轮又一轮的投资循环，所以我把应用于金融投资领域的波士顿矩阵称为波士顿循环。

命名为"循环"的另一层想法是：我们在金融领域的资源配置是一种动态行为，是主动要求各类资产进入循环状态的，命名为矩阵感觉上更像对各类持仓在某个时点的静态判断。我们需要静态判断，但判断不是资源配置的目的，目的是"配置"。它是动的，是代表着一种资源如何配置的思路的。

另外波士顿循环对资产的评价尺度和产品线型的波士顿矩阵也不一样。波士顿循环采用"利润贡献"和"增长前景"两个座标来评价持仓资产的状态，如下图。

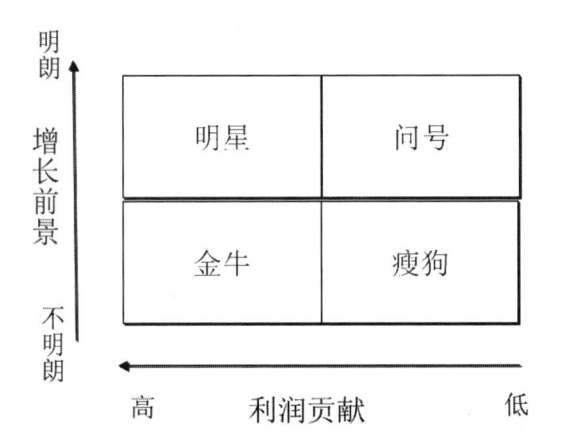

```
明朗
 ↑
 │
增  ┌─────────┬─────────┐
长  │         │         │
前  │  明星   │  问号   │
景  │         │         │
    ├─────────┼─────────┤
    │         │         │
    │  金牛   │  瘦狗   │
    │         │         │
 │  └─────────┴─────────┘
 ↓
不明朗
    ←──────────────────→
    高     利润贡献      低
```

我们用横轴"利润贡献"的高与低和纵轴"增长前景"的明朗程度来定位各类持仓。

瘦狗：除非进场即连续上涨或下跌，否则通常刚进场的持仓都是瘦狗状态。瘦狗持仓通常微利或微亏。同时K线状态可上可下，可能会进化为问号，也可能被止损。所以它的增长前景非常不明朗。

问号：通常已经产生了一定的利润，虽然仍有变回瘦狗的可能性，但大概率可以进入趋势状态，且未来盈利前景可期。

明星：已经进入趋势状态，产生了较大利润，通常会遇到一次次级折返且已经摆脱该折返，距离对称位仍然有一定距离，还会继续产生一定利润。

金牛：是各品种中利润贡献最高的，通常已经到达对称位附近，增长前景不甚明朗——重点看能否熬过一个上级周期的中继进而提升持仓级别。

三、波士顿循环的通常状态、交易要点

1.瘦狗：瘦狗通常在两种情况下产生

①在基金结算年度的初始阶段，我们通常会谨慎进场，进场点以收盘次日为主。以总初始止损不超过2%的标准确定标的数量。这样的话，进场的标的数量不会很多、杠杆也不高。比如股票，股票近期波动率4.5%，大部分情况下初始止损约等于2倍波动率，如果进场股票全部打止损、总损失不超过2%，初始仓位应该是多少呢？也就是二成左右，4只中盘股或

者 3 只大盘股或者 6 只小盘股。如果是做期货，按单个品种 0.125 倍杠杆计算，初始止损仍然是 2 倍波动率（近期期货市场平均波动率 1.85%），若在全部打止损的情况下保证总亏损幅度在 2% 以内，也就做大概 4 个期货品种。

在结算年度初期第一批进场的情况下，瘦狗盘中触发止损位会被坚决止损。

②当手中持仓分布在明星、问号的情况下，此时一般有小的安全垫利润保护，起码利润率在 2% 以上，会考虑进下一批标的。这些标的有的也会暂时成为瘦狗。这时出现的瘦狗有了一点利润保护，可以多看看，比如止损的触发以收盘或次日为主，这样可以防止一些喜欢盘中骗线的交易标的被错杀。当然弊端是有可能会比初始止损带来的损失大一点，但通常不会大很多。

如下图，典型的瘦狗图例。

假如 2024 年 4 月 29 日进场比亚迪（倒数第二根 K 线），当天微利、次日微亏，这只股票就处在典型的瘦狗状态：向下则触发止损、向上则变为问号，前景十分不明朗。

2. 问号

部分问号品种由瘦狗进化而成，部分进场即为问号，纯粹由市场走势决定。走得利索的，就会当天或次日即为问号；走得磨叽的，过几天转化为问号。按我的标准化控仓，问号通常给账户已经带来 0.25%~0.5% 的利润，按大盘股计算，进场后涨幅大约 5%~10%。商品期货按 0.125 倍杠杆计算，也有 2% 以上涨跌幅。问号有资格等待下一级波峰 / 波谷止损，如日线核心周期的交易者可以等待小时图波峰 / 波谷形成后，将止损位从初始止损移动到次级别波峰 / 波谷止损。问号通常对于之后的运动斜率比较敏感，如果趋势斜率明显变缓，会提高警惕，因为运动方式的变化很有可能导致问号品种变为瘦狗品种。运气好的话，问号品种会遇到一次比较和缓的同级别小折返，这种折返都是很好的加仓机会。如下图。

还记得我们的豆油案例吧？豆油就属于进场之后很快就成为问号品种的典型案例。豆油在进场后到次日收盘，跌幅 3.85%，可为账户带来 0.35% 的利润，属于典型的问号品种。图中标示的小时图波峰止损位，也是那根日 K 线的高点，波峰成立之后即可把止损位下移到该位置（一定注意是波峰形成之后，什么是波峰形成之后？就是折返最低点被打穿之后）。此后若豆油出现阳包阴和下跌斜率下降等变化，我们是需要警惕的。所幸豆油之后出现了一个弱反弹，恰好是加仓的好机会。加仓之后运行几天，豆油的地位就提升为明星了。

3. 明星

按商品期货 0.125 倍杠杆、中盘股 5% 仓位计算，明星品种一般已经给账户带来 0.75% 以上的利润，涨/跌幅比较大，中盘股涨幅 15%、商品期货涨/跌幅 7% 是比较常见的。明星品种已经处在明显的趋势之中，但离对称位尚有相当距离，盯盘敏感度进一步降低，有资格等待新的本级别波峰/波谷形成之后再移动止损位。仍以豆油为例，如下图。

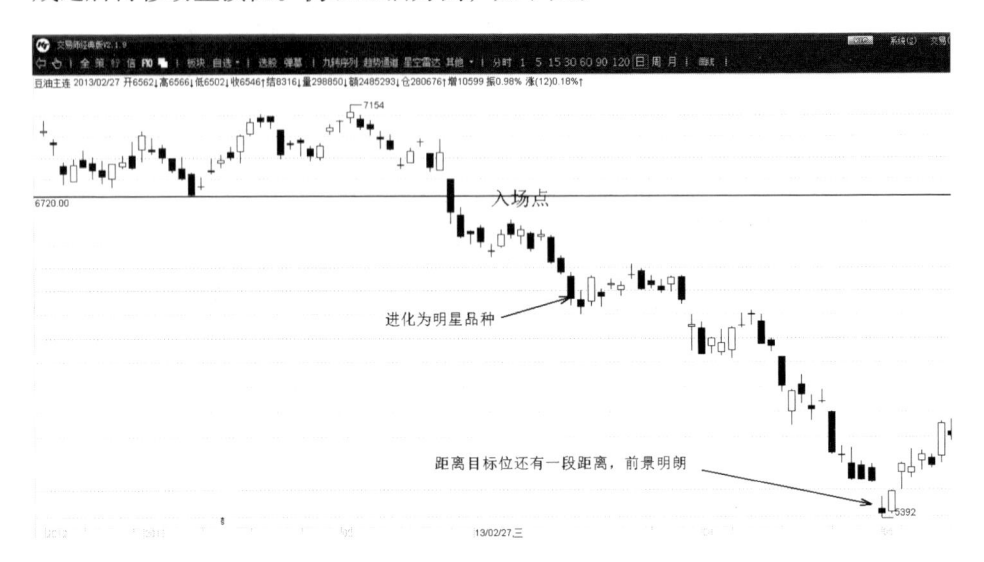

豆油在图示位置进化为明星品种，已经给账户带来 0.9% 的利润（不计入加仓的情况），形成了明显的趋势。此时安心等待一个日线级别的折返并将新的止损位移动到这个折返的波峰处即可。而且按当时的波浪尺目标跌幅（之前案例里有，这里就不画了），豆油还有很长的路可走，增长前景是很明朗的。

4.金牛

金牛按标准控仓计算，通常商品期货已经给账户提供了 1.5% 以上的利润，涨跌幅度巨大。但由于金牛已经接近对称位，能否到达 1.618 之类的扩展位，或者能否扛过上级周期（比如核心周期为日线，上级是周线）级别的反弹，并提高持仓和止损级别，是金牛品种所需要关心的问题。所以虽然金牛看上去利润巨大（我不知道读者觉得 1.5% 是不是不算什么大利润？对于单品种杠杆率极低的分散持仓法来说，能给账户带来 1.5% 以上利润的品种，已经走了较远的趋势了，是件很不容易的事），但前景并不明朗。金牛通常以本级别的顶部或底部形态确立为离场位，对于本级别比较和缓的波峰/波谷比较漠视，只在异常波动发生时才提高警惕。豆油案例最后走成了金牛，并获得了提升持仓级别的资格。读者可以复习一下上一章最后一节的豆油案例。

四、波士顿循环运行三原则

1. 鳄鱼原则

鳄鱼原则我有时称为守株待兔原则，并在聊天中戏称"有兔子撞树就拎走，没有就算了"。之前我们提到过鳄鱼捕食的特点，就是耐心等待合适的猎物经过，然后迅速捕食。我曾经的研究目标是把市场上所有强趋势的交易标的一网打尽，管它是什么形态，只要过后是强趋势而我没有抓住，那么就是自己的捕猎能力有问题，要提高。甚至我一度羡慕"海龟法则"能守在所有趋势的入口处，只要市场发生了趋势，必定会被海龟法则捕捉到。但我发现，海龟法则无效信号过多、止损频繁，只能由毫无"心水"消耗问题的自动化交易来实现，交易者主观交易难以长期执行。而很多强趋势交易标的事后看确实值得艳羡，但在趋势发动前存在变数太多、止损不易设等问题，对于我这只鳄鱼来说，那些交易标的就属于老虎、狮子，我何必跑去找它们拼命呢？所以最后我只选择"亲人图形"+节奏点这种弱小的、易捕捉的小动物为主要交易模型，只在账户状态积极或有金牛、明星保护的情况下尝试挑战一下有点战斗力的中型动物。当然，老虎和狮子这种猛兽是任何账户状态下都不会去挑战的。

这么做的弊端当然是很多事后看大涨大跌的交易标的没有抓住，失去了获利机会，比如2004年4、5月份锰硅这种品种就抓不到。但遵循鳄鱼原则会有以下好处。

①做能力圈范围内的事。俗话说，"没有金刚钻，不揽瓷器活"，说的就是能力圈。我去健身房锻炼，遵循的就是"跷跷脚、够得着"的原则，绝不超量运动，因为运动一次躺三天，坚持不住。我常说的一句废话是：容易坚持的事才容易坚持。看上去是废话，但有助于长期目标的实现。基本面、消息面显然不是我能力圈范围的事；变数过多的走势容易消耗心水，也不是我能

力圈范围的事。做能力圈范围的事，错了知道如何纠错，对了知道如何持有，止损和目标利润都是心里有数的，进场从容、止损淡定、持仓心态良好。超出能力圈范围的事，出力了不见得讨好，常常是操着卖白粉的心赚着卖白菜的钱。

②做能力圈范围的事＝寻找适合自己的环境。年轻时梦想轻裘快马、仗剑天涯，总觉得不管干什么都能干好，不惑之后才发现，再好的种子种在南极也一样不发芽。举个简单例子，为什么刘邦的得力助手大量出自沛县？是别的省份、别的县没有能员、干将吗？不是，是那些拥有同样面板值（游戏用语，指的是游戏里武力、智力、防御等属性的初始数值）的人没有机会种到合适的土壤里。我身边就有这样的人，聪明才智、格局、性情皆为上品，但每个人生的关键环节他都遇到了问题，如今虽也有所成就，但与他的面板值相比绝对可以说是屈才了。阅人阅事无数之后，我们会发现大量的高品级人才都是如此。所以在人生中找到自己能力圈范围的位置就容易发光，反之则泯然众人矣。人生的事充满无奈，交易的事我们自己是说了算的。所以我做交易的过程就是寻找适合自己交易方法的市场环境的过程。如何寻找？就是遵循鳄鱼原则，只吃适合自己的菜。当小动物天天路过，撑得肚皮溜圆的时候，那就是适合我们生存的环境；当狮子老虎成群路过、小兔子一只不见的时候，我们就该转移阵地了。比如股票市场，股票池里的股票少得可怜，观察那些中意股票的表现也差强人意，那就意味着当前环境不适合交易。不适合交易，就别勉强交易。

③降低交易频率，减少重仓机会。我们掌握的交易模型越多，交易机会就越多；掌握的交易模型越少，交易机会就越少。如果以"能涨"或者"能跌"为交易机会选择标准，建立十几个乃至几十个交易模型，那么一年当中个股每天都有交易机会。商品期货也一样。但其实无论股市还是商品市场，大的机会都是稀缺的；中型机会一年也就一两次。重要的是，这些大型机会和中型机会几乎都是集体行动的（最起码也是以板块为行动单位）。这种集体行动，就是让猪飞起来的风。按"一网打尽"的思路，每天都有交易机会，自然会导致两个结果：一是频率过高；二是出现机会既然多，即便按分散持仓原则，也容易一次进场标的过多，形成重仓的结果。以最近几年的股市为例，沪深300年线连收三根阴线，我们就很少出手。偶尔出手，也是一击不中、

全身而退。为什么？因为合适的交易标的很少，出现了，也是轻仓派几个斯巴达试探一下，不行就撤了。而按我们的选股模式，市场机会真正来临的时候，也就是潜力股大量出现的时候；也就是进场即获利进而有资格进下一批仓位的时候。有没有市场机会来了的时候，我们却没有那么多个股可做的情况？也有，比如有时指数连涨数月，因合适的标的没那么多，我们也只能轻仓交易。合适的标的没那么多＝这不是适合我们的环境，那就韬光养晦，等待适合自己的环境好了。

前面讲的都是进场的鳄鱼原则，就是等待合适猎物路过的原则。其实鳄鱼还有个特点，就是捕捉到猎物之后轻易不松口，直到死透为止；实在反抗剧烈咬不住的，也就算了。这就是持仓的鳄鱼原则。能不能把瘦狗养成问号，由初始止损决定；能不能把问号养成明星，由离场规则决定，而离场规则能不能触发由市场走势自然决定。

所以波士顿循环之所以是顺其自然的，按鳄鱼原则制定技术规则、按技术规则自动触发进场和离场动作是其中的一个方面。

2. 分散持仓且波动性一致原则

即便在技术上遵守鳄鱼原则，如果资金管理规则是集中重仓、有轻有重的思路，也同样实现不了波士顿循环。

先说分散持仓。分散好理解。当市场环境不太确定的时候，用几只股票、几个商品期货，以2%的止损进场试探，错了就撤，伤不了元气。再比如股票市场遇到大型中继和大顶皆有可能的时候，自动触发的分批离场，也不至于在最终确认为中继时毫无底仓、完全踏空一段涨势。这种方法在躲避风险时的优势要大于抓住上帝视角的机会，因我们并不拥有上帝视角，所以躲避风险当为优选。

再说标准化持仓。在我们前面介绍标准化持仓的时候，有关于股票大、中、小盘股的不同设定；也有商品市场根据各品种日常波动率调节杠杆的设定。这些设定都是为了让各品种在波动率方面保持相对一致。惟其如此，才能在各品种正常波动的情况下形成互相保护。比如我们手里的明星品种日常波动幅度为2%，持仓5%；刚进场的问号品种日常波幅为6%，持仓也是5%，问号品种的一个单日回撤就能吃掉明星品种3天的利润，大多数情况下此时问号品种还没到止损位，但账户已经产生了不该有的较大波动，这样一来持仓心态会不稳。当然让所有品种一直保持一致的波动性，也就是所有品种对账户的影响是一样的，是我们做不到的，因为它们的波动性是变化的，但总体而言，考虑一下各交易标的的波动性还是能让账户较平稳运行的。

3.持仓利润和技术规则综合考量的原则

这个原则包含两种含义。

①分批进场/离场。从进场的角度，市场走势触发进场信号不等于进场之后展开趋势。市场是否展开了趋势，账户利润最有发言权，也就是先行进场的仓位能转化为问号、明星，则市场必定开启了趋势行情，此时方可考虑进场第二批仓位。反过来，当先行进场的仓位处于瘦狗状态甚至被打止损，说明当前市场环境不适合我们，第二批即便触发进场信号也就没有必要继续进场了。这样一来，市场有符合系统规则的趋势，则进场的仓位越来越大；市场无趋势则保持低仓位甚至空仓。从离场的角度也一样，金牛持仓形成顶部形态离场，瘦狗被打止损都说明市场可能会发生大的变化了：要么是大的中继形成，**市场风格转换，需要调仓换股**；要么见顶，系统性风险来临。这样分批离场，既腾出仓位供换股之用（当大中继确认后），又先行减仓保留利润规避一定风险（当顶部确认后）。而无论从进场角度还是离场角度，交易动作的发生都是单品种利润和进场/离场技术信号综合考量的结果，进攻和防守兼备、市场状态和自身账户状态兼顾。

②当有利润保护时，技术规则可以灵活调整。前面说过，形态学经常事后合理，且变化多端，所以止损位、离场位的设置其实并不是一成不变的。有时稍微宽松一点，一个好仓位也许就留下了（当然也有可能导致更大一点的损失）。有没有资格进行放宽止损的实验，就看利润保护够不够。

从以上阐述可以得知，利润和规则综合考量的原则会产生以下资源配置效果：

①单市场波士顿循环下的仓位轻配和重配。这个不多说了，前面讲得很详细。

②资源跨市场、跨板块的自然配置。也就是解决资源往哪里配、配多少的问题。比如商品期货无可做品种，或做了几单就打止损，说明商品市场不

适合我们的能力圈，而同期股票市场进场就有利润、不断进场不断有利润，那么期货账户的资金自然就慢慢调配到股票账户了。也就是说，跨市场、跨板块的资金配置并不单纯由进场信号决定，而是由利润+信号两个因素共同决定。这种原则也会带来单板块的仓位自然变重。比如交易者交易期货的过程中，同时交易化工、有色、黑色、农产品，假如某个板块机会较多，利润增长较快，不断产生加仓或新的单品种进场机会，那么资源自然就向这个板块倾斜，形成资源的适度集中。当然这种集中也不是无限度的，我的经验是单板块的持仓不能超过其他板块持仓之和。把这种跨板块资源配置的方法进一步扩大，则可变成跨市场资源配置，比如跨外汇、债券、期货、股票，这四个市场组成波士顿循环。再进一步，单市场内部又可以自成波士顿循环，比如股票交易跨数个国家，其资源配置也遵循波士顿循环的方法，那么股票交易自身就构成一个单独的波士顿循环。同理可及其他市场。最终，单板块内部循环、单市场内板块循环、单市场内跨国循环、多市场跨国跨板块共同循环，整个资产就转起来了。桥水基金的全天候交易我猜也就是这么做到的吧？所以，波士顿循环用好了，资金可以放大到桥水的规模；也可以缩小到几万规模（参考"小资金如何轻仓做期货"的内容）。

综合陈述一下波士顿循环的内在机理：波士顿循环以单品种轻仓、分散标准化控仓为前提，用利润和交易规则综合考量的方法实现资源的有效配置，包括资源的多配、少配，以及往哪里配、配多少的问题。

第四章

账户策略

前面三章把一个交易系统最主要的架构讲完了。交易哲学是基础，由此推导出小亏大赚的核心交易思想，围绕这个核心交易思想设计了交易技术规则和资源配置规则。按理说，一个交易系统有了源头、有了思想、有了进出场规则、有了资金管理，也就完成了。但我觉得，从以交易为生的角度，前三章只解决了一个正常账户在正常市场状态下的交易问题。我们要知道，第一，市场的大势常常持续数年甚至十几年。这几年、十几年的市场特点往往比较一致。比如始于 2016 年的白马行情，持续了四五年（不同白马的持续时长不同），对于擅长题材炒作的交易者来说就比较难受。第二，每位交易者入市时机不同，可能一入市就遇到大牛市，也可能遇到的是大熊市，也可能是震荡市。等交易者学习建立了一个交易系统，当时的账户状态以及遇到的行情又有不同。再加上交易者磨合交易系统的时间，账户状态和市场状态又会有变化。所以我们给出的交易系统前三章，或者其他书籍作者给出的交易系统，都是建立在一种理想的理论模型的基础上，就像经济学在各种假设基础上提供的模型。问题在于，现实中这些模型并不一定会在交易者学习完成、用于交易的瞬间是有效的，也未必适合交易者当时的状态，甚至还有可能随着交易者在交易生涯的某些年份遇到重大挫折而无法应用那些模型。借用郭德纲相声里的一个包袱：于老师学习了如何维修寻呼机，还没毕业，寻呼机毕业了。"英雄无用武之地""冯唐易老李广难封"说的就是相同面板值的人，人生际遇不同，结局也大不相同。还是那句话，人生充满无奈，交易却可以部分做主。做哪部分的主？做自己账户的主。市场可以不断变化，有时适合交易系统，有时不适合。在适合的时候多积累资粮，在不适合的阶段生存下去，这就是我们能做主的事情。所以账户策略解决的就是交易者在不同情况下如何死不了、活得好的问题。

在解决了账户策略的基础上，方能谈到交易执行。交易执行是交易思想、交易技术规则、交易资源配置规则、账户策略的落地、变现部分，包括交易策略、交易计划、交易执行和交易记录。注意，交易执行当中也有交易策略，它和账户策略有什么不同呢？

交易策略属于微观策略，是为了某个阶段的、某一天的交易制订的策略，这个策略服务于具体的交易计划和执行；账户策略是一种宏观策略，立足于整个交易的状态来对仓位设置、交易标的选择、触发条件进行阶段性规定和调整，为小亏大赚提供阶段性战略指导，动态地为小亏大赚起到保驾护航的作用。它充分发挥了人的主观能动性，是我们接近量化的交易体系中最为主观的部分，也是保证体系长期有效的思想性内容。

下面我们就分别阐释这些内容。

第一节　赢冲输缩

赢冲输缩既是一种思想观念，也是一种定量的操作方法。赢冲，即在账户净值良好的状态下，在进场条件、止损条件、仓位控制方面稍做放宽，以期取得更好的业绩；输缩反过来，当账户净值缩水时，随着净值下降逐级调低单品种控仓标准进而严控入场条件和止损条件。为什么要搞赢冲输缩？

首先是活下来，活到系统与市场相匹配的一天。成熟的交易者，他的交易系统是不会经常变动的，在市场游戏规则改变之前，他的进出场方法、仓位控制方法一般是保持不变的。而在漫长的交易生涯中，市场的特点是变化的。除了本章开头提到的白马风格问题，我们看到巴菲特几十年的投资生涯中，也有大回撤，也有增长缓慢的时段，那些时段，就是巴菲特的交易系统和市场特点不匹配的阶段。巴菲特，就是位几十年交易风格不变的投资者。我们当然也会面临同样的问题，比如擅长做日线长趋势的，遇到三步一回头的脉冲式行情，就会很不适应，甚至更糟，也许他会遇到好几年的震荡行情。比如商品市场，2017年到2019年三年窄幅震荡；股市2021年全年也窄幅震荡，2022年和2023年的主流趋势又是下跌的，仅有的几次行情也仅仅是大反弹，这种大反弹是没有扭转趋势的，像我们这种系统是不会大规模参与的。类似这些年份，对于长趋势交易者来说，就是灾年。跨市场、跨国别的交易者日子会好过一些，但绝大部分交易者是没有这种条件的。所以交易者遇到这种"灾年"，最重要的就是活下来。如何活下来？输缩。

其次才是活得好。赢冲除了增加收益之外，还为困难阶段积累了财富。那种适合自己交易系统的年份就是"丰年"。"丰年"若不赢冲，到了灾年，地主家也会没有余粮的。

那交易者有没有必要在灾年改变交易系统？如果读者读到现在还问这种问题，前面的部分就白读了。我就简单说一句：如果你能知道哪年或哪几年是灾年，地球都得跟着你姓。

那么如何赢冲？如何输缩？赢冲输缩主要表现在三个方面：仓位控制、交易标的的选择、进出场条件的设置。

一、赢冲的情况

赢冲的规则：

（1）单品种标准仓位提高25%，总仓位控制标准也随之提高。次年度重新开始，即便上一年度有利润积累，也按新的年度计算。这么做是防止在新的年度初始杠杆过高，又恰好遇到不利于系统的行情，导致年初即回撤过大，会影响一年的操作。当然也会因为初始杠杆没有赢冲而错失大幅盈利的机会，但我觉得此时应默念"钱赚不完但能亏完"八字真言。

（2）进场标准适当放宽，一些走法不很标准但看着是个横向中继的（图1）、斜率20°~45°角的（即波浪形走势）可以考虑交易（图2）；同级别节奏点可以考虑交易。

图1：图形无法归类为某个形态，但看着是个横着的中继

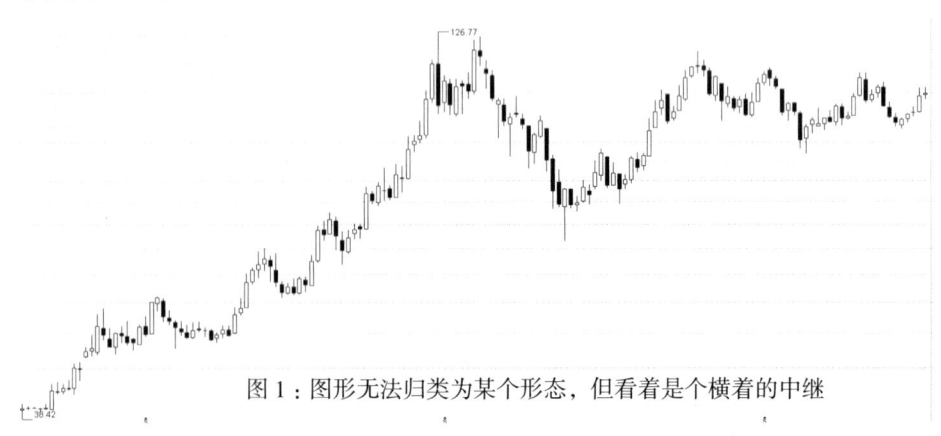

图 2：波浪形走势

（3）止损、进场等触发条件适度放宽。当然也不是无底线放宽，比如有的交易标的进场后节奏点失败，回到小横向中继，但仍有希望继续形成节奏点突破，此时可以考虑把"进场理由不存在即止损"的规则放宽一下，只要次级别折返还存在就先不离场；再比如横向中继突破失败，又回到横向中继，只要还在横，就先留着看看。下图恰好这两种情况都发生了。

原则上安全垫（账户 5%~10% 的利润）以上方考虑赢冲问题。但还有个因素要考虑，就是一波行情是否已经结束。我们把股票市场和期货市场分开来讲这个问题。

按我们的系统，股票市场在以下两种情况下，对于赢冲规则的使用是不同的。

（1）指数潜在 N 字结构的最后一笔接近完成之前不做赢冲（不等于说这

笔之后没行情了，而是先把这段做了再说）。典型的就是 2010 年 10 月份的那一笔。在那一笔运行过程中，很容易达到安全垫状态，但在那一笔结束前，不宜提高单品种仓位标准，总仓位也按正常规则执行。原因是未来是可预期的，当安全垫产生之后，阶段行情也接近结束了，有没有下一段趋势？不知道。所以在这种行情未结束之前搞赢冲，很容易产生大的回吐，不如等可预期的指数那一笔结束之后，根据走势演化决定是否参与。如果值得参与，是可以进行赢冲的。

（2）指数环境看不出有系统性下跌风险，个股处在可交易状态。典型走势是 2021 年全年，那一年虽然有些类别的股票发生了大跌，但结构性行情还是有的，个股机会也不少。在这种行情里，指数方面没有显示系统性风险，也没有很明确的指数结构预期，个股只要还不断进入股票池并且表现不错，就安心慢慢做个股就行。注意是慢慢做，严格遵守波士顿循环的思路。那么这种行情下个股常常有亏有赚，盈利速度并不是很快，也没有阶段性行情结束的特殊标志，很容易出现安全垫有了之后又出现个股交易机会的情况。在这种情况下，是可以考虑赢冲规则的。

期货市场也有齐涨共跌和结构性行情两种情况。

（1）齐涨共跌的年份比如 2013 年到 2015 年。这种情况下，市场也是有休息阶段的，有时会休息 1~3 个月。在这种休息阶段出现之前，假如我们参与了，也有了安全垫，然后出现了新的入场机会，尽量不要赢冲，尤其不要提高单品种的仓位标准，因为会打破各持仓品种之间的平衡状态。

（2）结构性行情近些年比较常见。出现结构性行情之前我们是不知道它只是个结构性行情的，往往是出现了几个品种的交易机会，我们就进场了。进场之后其他没走行情的板块的持仓都被打掉了，留下的大多数持仓都是一个板块的。此时分两种情况。

①若是同板块其他品种也出现了交易机会，建议只对图形选择和触发标准进行适度放宽，单品种仓位也要等这个板块的行情进入阶段性休整之后再考虑提升。

②其他板块出现了交易机会，安全垫之上倒可以考虑提高单品种仓位标准，因为可以和主要持仓板块之间形成一定程度的分散效果。

以上谈的都是安全垫出现阶段的赢冲思路。如果遵循"行情阶段性休整前不赢冲"的思路，大部分情况下，一年当中赢冲的机会只有一次，而这次机会出现之前，基本都是20%以上利润了，那么不用多说，新的大规模交易机会出现的时候，直接赢冲好了。我们的系统大部分有行情的年份理论极限利润是30%，但有时能冲到40%、60%，就是靠的这种赢冲机会。当然赢冲也是双刃剑，有可能我们赢冲的时候，仓位也提高了，选择交易标的的标准也放宽了，触发条件也放宽了，但这波行情也看错了。没关系，好消息是我们仍然用的是分步建仓、波士顿循环、节奏点交易思路，即便提高了25%的单品种仓位标准，损失也不会太大。以期货交易简单推算一下就知道了：初建仓上限由1倍杠杆提高到1.25倍杠杆，平均波动幅度1.85%，止损宽度4%，也就发生5%的回撤。更何况，大部分情况下，我们的最终止损只有初始计划止损的一半（这是多年统计的结果，如果读者按照我们的系统去交易，做好交易记录，统计一下最终止损和计划止损的情况，就会发现这种奇妙的现象）。20%以上利润的阶段，正是李云龙坐拥五千人马，还有一架意大利炮的时候，打打平安县城的底气还是有的。

二、输缩的情况

跟赢冲一样，输缩也是体现在三个方面。

（1）以年初净值为准，净值每下滑3%，单品种标准仓位下调25%，调三次停止下调。为什么调三次？因为按我们的交易系统交易，一年净值跌10%是很难的，三次够用了。再者，一年内也难以出现三次大规模的机会。总杠杆调整幅度灵活掌握，原则上是随着下调的，但若遇到特别有利的行情，也可以考虑下调幅度少一些，比如本应随着单品种杠杆下调25%，也可根据市场行情特点与系统是否相符的情况少下调一些（这里就要用到下一节的"三元一体理论"），比如下调10%之类的。次年度初始阶段原则上仍按上年度最后一次设置的输缩标准执行。但在品种选择、触发条件两个方面执行严格标准，轻易不出手。出现市场特点与系统非常符合的情况，总仓位标准可以上调一些。这样设计，单品种保证风险可控；在出现系统与市场特点非常符合时可以多做一些品种（只要出现这种情况，可做品种必然增加），保证总杠杆所提供的回血能力。次年度按上年度输缩标准进行交易的问题在于回血速度会慢一些，但一方面焉知次年度你能回血？另一方面，从以交易为生的角度，本金恢复之前保持输缩是有利于长期生存的。

若次年度出现净值下滑 3% 怎么办？第三年度呢？一般来讲，按我们的系统，严格控制出手次数的情况下，加上输缩的杠杆标准，次年度很难下滑 3% 的。即便出现了这种情况，也没必要再下调单品种标准杠杆了，再调，就没有回血能力了。

总结一下：单品种标准杠杆最多下调三次；总杠杆调整相对灵活一些。这样新的基础杠杆表就可以设计出来了：

单位/元

代码	品种	合约价格	合约乘数	每手价值	总资金	0.125倍杠杆	调节杠杆1	调节杠杆2	输缩1	输缩2	输缩3
RB	螺纹钢	3700	10	37000	1000000	3.38	4		2.53	1.90	1.43

（2）交易标的的选择从严，只做标准的亲人图形，出现形态内和形态外节奏点才入场，不做同级别节奏点。

（3）触发标准从严。进场以收盘附近甚至次日入场为主；止损严格执行——即便出现明星、金牛保护。

第二节　三元一体理论

几年前我看到一张国外投资界大佬的长期净值曲线图，其中包括巴菲特、索罗斯这种级别的大神。这张图里面，几乎每位大佬都经历过一年或连续几年的大幅回撤，目测有的年度回撤达到 40% 以上。这张图让我陷入了沉思：假如他们成立基金或进入投资界的第一年就遇到大回撤，并且假如他们投资水平和风格保持不变，后面会怎样？于是我研究了巴菲特历史上的净值大缩水，其中比较夸张的发生在 1974 年，回撤达到 48.7%；排第二的是 2008 年，回撤 31.8%（数据来源于网上，该数据作者在备注里注明，1965 年以后巴菲特的收益率以伯克希尔·哈撒韦公司市场价值增加值测算）。然后，我假设巴菲特在 1973 年成立了基金，之后的投资水平和风格保持不变，计算了一下他到 2021 年的净值，发现按这个假设来算的话，他 2021 年的财富将只有现在的2%。巴菲特的投资收益仍然会达到年化20%，仍然是交易寿星，但他将不是现在意义上的巴菲特。

是什么导致了这些大佬的大幅回撤？是他们的投资水平不行吗？显然不是，年化收益率在那摆着呢，遇到某些年份他们的投资收益率会超过100%。是他们投资风格有变化吗？有可能。海龟的创始人就发生过这种问题。但根据公开资料，起码巴菲特一直坚持着价值投资——虽然他受芒格的影响改了捡"烟蒂"的做法，但改了之后一直就坚持着自己的投资法则。既然不是投资水平的问题，也不是投资风格转变的问题，那某年度产生大幅度回撤就只有一个原因了：他们的投资风格（或者说交易系统）与当年的市场特点不匹配。明证是1999年，巴菲特投资收益率为-19.9%，那一年纳斯达克指数上涨85.59%、道琼斯指数上涨25.22%、标准普尔指数上涨19.53%。那一年，网络科技股狂欢，巴菲特不做看不懂的股票。第二年，嘲笑巴菲特的人们对他重拾敬意。所以1999年发生的事情就是：巴菲特的投资系统和那年的市场特点严重不匹配。

所以问题来了，谁能保证自己投资体系成熟的当年，就遇到自己投资体系和市场特点匹配的年份？谁能保证自己的资本积累还在弱小阶段时就不会遇到交易系统和市场特点不匹配的年份？谁能保证自己的交易系统在一生的交易中不会遇到系统与市场严重不匹配的阶段？我们又如何保证自己在这种年份里活下来，活到系统与市场匹配的阶段？

在这种思考背景下，三元一体理论诞生了。

让我们从容易理解的人生入手，解析一下这个理论。

一、人的一生，得时很重要

数年前的一篇网文，给我留下了深刻印象，可惜找不到了。大意是，有个孩子，一出生就有保姆，父亲高官，上下学有车接车送，他自己也天资聪颖。如果这个孩子的生长环境不同，他的命运也是不一样的。

诸葛亮，假如躬耕于兖州，又会如何？

郭子仪，没有安史之乱的郭子仪，还会是"郭子仪"吗？

我相信，这些人物即便出生在其他年代、其他地点，以他们的天分、性情、思维格局、奋斗精神，都有可能在人生历程中闪耀出异乎常人的光。只是这道光究竟能不能达到我们看到的那种亮度，就不好说了。

也就是说，同样的面板值，出生在不同的时代，结局大不相同。甚至，同样的面板值，出生在同一时代的不同地点，结局也大不相同。再行推论，同样的面板值，出生在同一时代、同一地点，面临的机遇不同，结局也大不相同。

原因何在？古人已经用四个字回答了：生不逢时。或者，生逢其时。

什么是生逢其时？你和她（他），男未婚，女未嫁，正当韶华；侬有情，我有意，和羞碎捻花。

什么是生不逢时？东风恶，欢情薄；山盟虽在，锦书难托！

我觉得"时"是个综合的概念。综合了什么？

①人生状态，包括：年龄、身体状况、家庭状态、思想状况、财富、地位等。唐婉的家庭状态就是已经嫁做人妇，锦书难托了。而"你和TA"，则男未婚、女未嫁、正当韶华。

②能力状态：有一个基本能力框架、格局，但随着阅历和学习，会有变化。性格、兴趣、感情等先天存在又受后天影响的个人特质也属于此范畴。唐婉和陆游离婚，他俩的感情状态，一个是"一怀愁绪"，一个是"咽泪装欢"。"你和TA"的感情状态则是侬有情、我有意。

③外部环境：国际国内大势、所在省份城市、所在行业和单位、人际关系等。陆游和唐婉互为外部环境，陆游的母亲是他俩的外部环境；"你和TA"也互为外部环境。

最终，这三个因素共同作用，成为了"时"。三要素共振，则得其时。三要素有缺，则不得其时。所以一个人的人生高度、人生道路甚至婚姻，和这个"时"密切相关，这个"时"则由人生状态、能力状态、外部环境三要素共同作用而成。三要素，是"一体"的。

于是我就想，一个人，能不能分析一下自己当前面临的三要素，调整一下自己的人生策略，让自己活得更好一些呢？我比较熟知的是诸葛亮。

诸葛亮按我的理解，他的智力面板值在三国时代应属第一。当然陈寿认为他并不是那种擅长奇计的人才，也有人从他的生平事迹中得出结论，就是他不像演义中描写的那么足智多谋。好吧，假设他们说的都是对的，但起码，诸葛亮是一等一的人才,这应该没有异议吧?同属一等一的人才,司马懿活得就比诸葛亮舒坦很多。而诸葛亮呢,在蜀国只有十万可用之兵的时候,六出祁山(也有人会考证出不是六出祁山,还有人会指出六出祁山的战略是对的,咱这本书不是历史书籍,不多讨论)。让我们粗略看看他六出祁山时的人生状态、能力状态和外部环境。

人生状态:诸葛亮在40多岁掌握了蜀汉军政大权,正是年富力强的阶段;思想状态则是兴复汉室(我很怀疑他是以攻代守)。

能力状态:经过多年军事、政治历练,各方面经验都是很丰富的阶段。

外部环境:蜀汉是三国当中地盘最小、人口最少的,曹魏的地盘和人口是吴蜀之和的二倍;刘禅很信任他;五虎仅存其一,正是蜀中无大将、廖化作先锋的阶段;蜀汉能用的兵不过二十多万,还要留十万防守,诸葛亮能用的兵也就十万。

如果,我是说如果,诸葛亮在当时的人生状态和能力状态下,拥有曹魏的外部环境,那就三要素共振了。可惜,他所面对的外部环境非常不利。那么,假如诸葛亮冷静分析三要素,重新制订他的人生策略,会不会好一些?我相信诸葛亮肯定分析过,但他为了他的信仰,豁出去了。最后他活得远不如司马懿舒坦。

当然,我们这里纯属理性分析,没考虑信仰之类的问题。从后世名声的角度,诸葛亮比司马懿活得成功,因为人格。

郭子仪是古代罕有的得善终的名将。他59岁之前是高级军官,若没有安史之乱,或许他都上不了史书。59岁,性格成熟稳重、军旅经验丰富,除了会比年轻人少些锐气之外,人生状态、能力状态和外部环境共振了,就成了"再造大唐"的一代名将。到了晚年,已是三朝元老,被尊为"尚父",儿子也当了驸马,无论声望还是权力都达到了巅峰,甚至有人劝他取大唐而代之。但他的人生策略就制订得很好:韬光养晦。郭子仪的府门一直是敞开的,以示府中无兵马甲具;卢杞登门拜访,他赶紧屏退家眷,如对大宾,只因卢杞是小人,容貌丑陋,郭子仪怕家人忍不住嘲笑他的容貌,引来小人构陷。最终,郭子仪以85岁高龄得了善终。同为一代名将的岳飞,位列中兴四大名将,官至枢密副使。但他犯了两个错误:"迎二圣"之志甚坚,试想二圣回归,今上何以自处?"立太子"一事,再三上表,犯了武将干涉皇帝家事的忌讳。所以杀岳飞者，主要是赵构。若他学学韩世忠，或许结局就会好一些吧，不过那样的话也就不是岳飞了。

我一直有个感触，就是假如大人物最后失败了，各种问题都会被总结出来，比如刚愎自用、独断专行、好大喜功、不知变通等等。其实这些贬义词同样可以转换为褒义词，用于总结他们成功的原因，比如力排众议、慧眼独具、勇往直前、坚韧不拔、不达目的誓不罢休等等。也就是说，大部分情况下，我认为，这些能力值都有其两面性。三要素共振，这些特点就是成功的原因，就是褒义词；三要素有缺，这些特点就是失败的原因，就是贬义词。我常想，我们通过总结历史人物的成功经验或失败教训来指导自己的人生，也许就是个笑话。当然有些人的失败源于他能力值变了，我觉得这种变化也属于三要素有缺的情况。

所以我更喜欢从三要素的角度分析历史人物的人生得失，自不量力地从三要素综合分析，得出他们应有的人生策略。这就是关于人生的三元一体理论。

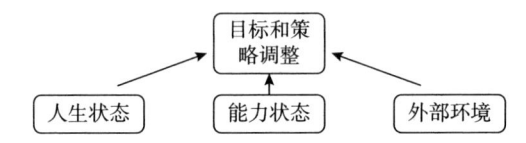

```
                   目标和策
                   略调整
                     ↑
          ↗          ↑          ↖
      人生状态    能力状态    外部环境
```

其实三元一体理论也可以用于公司发展、国家战略等等，只不过把人生状态和能力状态替换一下而已。所以我一直觉得世间的事大部分是相通的。

人生是充满无奈的，有时我们能很清晰地根据三要素分析出应如何修正我们的人生目标，如何调整我们的人生策略，但真正做起来，难！难！难！比如苏武，他运用三元一体理论是应该先投降的，但他能投降吗？

好处是，交易，我们可以自主，不妨设计一个交易方面的三元一体理论来指导我们的交易，让我们的交易生涯舒坦一些。在交易中，哪三个要素和人生三要素能对应上呢？

账户状态可以对应人生状态：账户状态就是账户的净值状态。净值状态好，相当于人生正当盛年，净值状态差相当于人生遇到体弱多病的阶段，净值状态正常则为人生常态。

交易系统设定可以对应能力状态：一个交易系统和一个人的能力状态何其相似！一个激进的交易系统多像激情四射的李云龙，很容易大起大落；一个稳健的交易系统多像赵刚，处事成熟，遵守规则。另外交易系统也有自己的能力圈，有的系统擅长震荡交易，有的系统擅长短线交易，有的系统擅长长线交易，有的系统擅长某个赛道，有的系统擅长分散交易。这多像拥有不同能力值的人们。

市场特点可以对应外部环境：这个不用多说了吧？不同特点的大势对不同能力圈的交易系统绝对拥有极大的影响力！

所以，和人生的三元一体理论一样，我们也可以设计出交易的三元一体理论。

```
        账户策略
       ↗   ↑   ↖
   账户状态  系统设定  市场特点
```

二、三元一体理论的定义

又要给出定义了，它必须很严谨，但严谨了就难免枯燥。

三元一体理论指的是账户状态、系统设定、市场特点三者之间相互依存、相互制约、互动协调的关系。它充分体现了方向交易体系的整体观，对赢冲输缩的适当调整起到指导作用。它可以更为理性地认识和处理交易生涯不同阶段遇到的问题，让账户尽可能合理、平滑地运行。让我们解释一下这个定义：

1. 三要素之间的关系

其实所谓相互依存云云，主要是账户状态和系统设定之间，以及它俩和市场之间的关系。市场对其他两个要素并没有什么依存、互动，有的只是制约关系，即市场制约着账户状态和系统设定，我们小小账户，岂能制约市场，和市场互动？

所以定义重点强调的是账户状态和系统设定之间的关系、系统设定和市场之间的关系、账户状态和市场之间的关系。上学时最讨厌书里写的这些关系，为了避免折磨读者，让我们简单一些，直接说明问题。

①这三个要素的状态是变化的，系统设定要稳定一些。系统设定，基

本逻辑、基本思想、基本方法是不变的，但里面也有可变的东西，比如进出场的触发条件、杠杆的应用、交易标的的选择等。按照赢冲输缩的要求，在输缩阶段，这些条件都是从严控制的。那么问题来了，假如在输缩阶段，遇到了市场特点与系统非常匹配的阶段，还要输缩吗？继续输缩岂不是错失良机？须知，类似2007、2014—2015年上半年的大牛市，人的一辈子赶不上几次。遇到这种情况，就要调整系统设定，抓住机遇。当然有人会说，你怎么知道那就是个大牛市？简单啊，各指数大幅上升之后进行周线、月线级别横向调整，之后大概率就是持续数周、数月的上升啊！失败了怎么办？撤呗，反正是有先头部队的，损失不会太大。遇到这种机遇不搏，更待何时？这就是市场特点对系统设定的影响，进而影响到账户状态。

②账户状态和系统设定是经常发生互动的。其中账户状态是优先考虑的问题。有交易者问到某单子如何处理，我经常会加一个前提，就是如果你账户状态好，就如何如何，状态不好，就如何如何。如何，指的就是系统设定，比如止损点的宽严调整。

③拥有了三元一体理论之后，评判账户状态的标准就会不同。比如某年亏了，究竟是系统的正常表现，还是系统本身存在问题？系统的正常表现意味着只是系统和市场之间存在不匹配的问题，系统是不用修正的。只要系统的原理没问题，适合多数的趋势型市场状态，那么大部分情况下是不用修正系统设定的。如果是系统设定的某个部分不适合变化了的市场特点，那么就需要修订系统。这里的"变化了的市场特点"主要指的是根本性的游戏规则变化，比如取消涨跌停板限制，比如T+0的实施，比如退市制度等。

讲一个小插曲：我有个朋友，他的交易规则就是：如果买的股票赔钱了，就一直不卖，一直等到回本或赚一些利润再卖。有一年他买了一只股票之后大赔，他忍了一年，后来不仅回本了，还赚了不少，于是这个经历更坚定了他的交易规则。2024年，他又遇到了所持股票大赔的情况，这下他慌了，为啥呢？因为退市制度更严了，大量股票连续一字板跌停，也有大量股票退市了。显然，在退市制度这个游戏规则变得更严之后，他需要修改自己的交易规则了。

2. 没有一个交易问题是独立存在的

这就是方向交易体系的整体观。三元一体，强调的"一体"就是把三要素看成一个整体，从这个整体出发考虑问题。两个交易者遇到同样一笔单子，我给出的建议往往不同，这是因为我的思维习惯就是从整体出发考虑问题，我希望读者们也渐渐意识到，所谓交易秘籍是不存在的，交易的过程是对问题的处理过程，这更像公司管理者从公司整体的角度对各项事务进行处置，有时需要考虑效率，有时需要牺牲局部，有时需要偏重发展。但所有这些措置，都是以处置"恰当"来评判的，而非结果如何或局部胜败。所以好的生意人、好的管理者，通晓了市场运行的基本原理，掌握了交易的基本方法之后，往往也会是好的交易者。

3. 三元一体理论和赢冲输缩的关系

①赢冲输缩也是一个指导思想。从方法论的角度，赢冲输缩只考虑净值状态这一个因素。三元一体理论综合考虑三个要素的状态，尤其考虑市场特点与系统之间的匹配状态，对赢冲输缩的规定进行一定范围的调整。之前我们说过输缩遇到大牛市应及时调整，同样的，净值状态处于赢冲阶段的时候，发现市场特点与账户状态不匹配，也并不是一定要赢冲的。

②赢冲输缩更为量化，三元一体理论更为主观。两者一个是定量的，一个是定性的。

③它们的共同之处都是通过策略的调整来让账户尽可能处在健康状态。

三、三元一体理论的应用

三元一体理论通过账户状态、系统设定和市场特点三要素的综合分析，得出的是什么？是账户策略。账户策略无非保守、中性、积极三种。

①保守。毫无疑问，当账户状态不好，系统设定和市场特点又不匹配的时候，必定是保守的账户策略。另一种情况是，当账户状态良好，系统设定和市场特点不匹配的时候，也应是保守策略。

②中性。中性策略往往发生在账户状态处在建仓初始，尚无安全垫保护的阶段，此时系统设定和市场特点是否匹配也属于不确定状态。

③积极。这个也不用多说，账户状态良好、系统与市场非常匹配的阶段必定是积极策略。

但我们遇到的情况往往是错综复杂的，所以这三种策略也有个尺度拿捏的问题。比如，遇到账户状态较差、市场特点与系统非常匹配，同时还是初建仓阶段，应该怎么办？采用积极的账户策略，万一市场特点和系统只匹配了几天怎么办，岂不是让本来就较差的账户状态雪上加霜？采用保守的账户策略，可能就错过了一生中难得的几次大机会。如果是我的话，一般这样制订账户策略：先采用保守中的积极策略，即主基调仍然是保守，在初始总仓位设定、品种选择、触发条件等方面略积极一些，单品种仓位标准仍偏保守。这种积极，比积极的账户策略要保守；这种保守，比保守的账户策略要积极。一旦确认了大的系统性机会，第二阶段会更加积极，直接采用积极的账户策略。

同样的，我们还会面临账户状态良好、系统设定和市场特点是否匹配不确定；账户状态中性、系统设定和市场特点比较匹配等等一系列的组合。积极中的保守、积极中的中性等等账户策略也会随着这些组合而出现。

究竟该如何细化制订这些策略？说实话，无法给出定量的标准，这就是中国传统文化的特点。我觉得，就像同样发生了三要素共振，项羽、韩信、郭子仪、岳飞、戚继光这些名将的尺度拿捏也是不同的；名将和普通战将的尺度拿捏也是不同的。这种不同，也许就决定了战局，也许就决定了人生高度。所以我只能给出大概的思路，具体运用时，和交易者不同阶段的读盘能力、心理承受力、个人格局等等也是密切相关的。

四、注意事项

①三元一体理论由于其主观性很强，分析结果容易受到当时困境或顺境影响变得不理性、不客观，所以运用时要时时提醒自己。俗话说"屁股决定脑袋"，一个纯理性的个人是不存在的。这也就意味着从纯客观的角度来分析三要素的状态并得出纯理性的账户策略是困难的。但我们仍然需要尽量放空大脑，尽量理性客观地分析三个要素的状态。

②切忌变成更改系统的理由。由于三元一体理论过于主观，运用不当容易成为更改系统的理由。一种情况是遇到账户回撤，总怀疑是系统出了问题；

另一种情况是看着别人净值步步高升，自己原地踏步或者赚得不如别人多，也会觉得需要根据当前市场特点修改一下系统设定。说实话，能从原理和逻辑的角度建立系统本就不易；能在千变万化的交易境遇中坚信系统的原理和逻辑没问题就更不容易。在写下三元一体理论这一节之前，我一直在犹豫究竟要不要写这一节，我很担心读者运用不当适得其反。最后我觉得还是写出来吧，毕竟对于某个层级的交易者来说，这个理论或许能起到"顿悟"的效果，至于大多数读者如何运用，运用效果如何，各安天命吧。

第五章

交易执行

在前面的各个章节中，我们已经做好了如下准备：

①在交易三观的基础上，确定了持续稳健盈利的交易生涯目标，根据这个目标，把"小亏大赚"定为核心交易思想。

②以小亏大赚为核心交易思想：在技术方面，筛选出适合实战的技术分析方法、制定了技术规则。在资源配置方面，设计了基本仓位管理规则和波士顿循环的配置思路。

③为了让账户在不同的市场环境下"死不了、活得好"，我们设计了赢冲输缩规则，更进一步开发了三元一体理论，以更高层面的账户策略来指导我们漫长交易生涯各阶段的交易。

以上所有这些，都是为了这一节"交易执行"做的准备。最终，所有知识储备、所有美好的设计、所有完美的逻辑，都要落实到交易执行上。

交易执行，是一个统称，它包括交易策略制订、交易计划制订、交易执行和交易记录。

第一节　交易策略制订

交易策略是在账户策略的指导下，根据近期市场走势及预判，对交易的板块、交易的步骤、具体交易标的的进出动作、仓位管理等进行统一考虑后制订的对策、安排。

一、账户策略的指导

我们的账户策略基本上是会维持一段时间不变的，不用天天制订。与交易策略密切相关的是系统设定与市场特点的匹配情况，我们需要密切观察这个匹配情况是否发生了变化。

期货交易比较简单，通过大部分品种的走势状态是否符合进场模式即可知道当前市场是否与系统匹配。假如交易者是遵循脉冲式进场法，而大量交易品种都在走脉冲式走势，那么无疑这位交易者来到了自己的主场。我要求的是亲人图形，全市场没几个亲人图形，那么无疑我是该休息的。偶尔有个亲人图形，试一下，能拿住就拿住了，拿不住就走人，很简单。

股票市场稍微复杂一些。在股票交易中，我一般采用"四重选股法"。这个方法能很有效地探测出市场特点和系统的匹配情况。

第一重：选出潜力股。在五千只股票中按照潜在亲人图形的标准选出潜力股。

①有一段明显上升，且其长度足以使调整周期达到20日以上；是否有横向雏形不重要。如下图。

这股一看，一旦展开横向调整，起码两三个月。那就先存着。如果后面变成了波浪形调整，那就不是亲人图形了，从潜力股删掉。一般是实在没啥股票可选的阶段才用这种方法选股。发生在大盘大幅长期下跌以后，绝大多数个股都跟随下跌，然后大幅反弹的阶段。反弹总有结束的时候，反弹结束，无非横向调整或波浪形调整，过一两个月自然就走出样子了，到时候再看。这种选股，好几年才能用上一次。思路上有点像买宠物，看父母的脸、健康情况，推测幼崽未来长啥样。

②有一段明显上升且有横向调整雏形，如下图。

这种状态看着是要横一段了，也有可能变成 M 头，但横的概率大。同时横的时间还不够，需要再等等。如果有大量已经横的差不多的个股入选潜力股，这种的我一般是不考虑的。只有潜力股股票池处于接近干涸状态才选。

③有一段明显上升且横向调整一半左右，如下图。

感觉与上升段相比，横的时间还不够。长得也不够好看。放在潜力池里的目的是：我认为的"一半"不等于市场认可的"一半"，会有突然爆发的股票出现。若账户策略为"积极"，是可以跟上的。

④有一段明显上升且有完整横向调整，如下图。

当市场环境处在较好的状态时，这种股票会大量出现，这也是我们选择潜力股的正常状态。这种股票只需要等待它出现潜在节奏点就可以入选"备选股"了。

周末选完潜力股之后，我们会把所有潜力股按照"等权"设置编成指数，每天跟踪这个指数的涨跌，每周五看一下周涨跌幅与指数的关系，是衡量当前市场是否符合交易系统的评价标准之一。另外，入选潜力股数量的多少，也是衡量市场状态的标准之一。如果市场交易环境比较好，这个股票池能入选700多只股票；市场环境差的时候才100只出头。遇到入选潜力股非常困难的阶段，通常也是我们的休息期，这个休息期我们可能长达数月一只股票都不交易。

第二重：选出备选股。备选股肯定来自潜力股股票池。备选股的选择标准如下。

①满足横向时长。这条不多说。

②已形成节奏点或周一即可形成节奏点。这种股票会在衡量筹码峰，形态是否漂亮以及成交量三个条件后，决定是否入选"重点关注"甚至"计算数量"，如下图。

显然，这只股票只要周一一根大阳线即可形成节奏点，毫无疑问是可以入选备选股的。当然有人会觉得上升段不够长，但月线状态表明，这里的潜在N字只是前面月线级别结构的形态外潜在节奏点，如下图。

只要日线节奏点成功，意味着长达半年以上的上涨。所以这个日线图虽然偏丑，我们也就不那么计较了。

③下周经过三两天运行，有可能形成节奏点。如下图。

像这种走势，再涨一天、横三天，差不多周五能形成节奏点，那也就纳入备选股。当然它也存在直接走同级别节奏点的可能性。

备选股同样会被编成指数，观察每天的涨跌家数比例和涨幅、周末看一下本周涨幅。备选股代表着我们非常有可能入场的股票，它的表现如何，对于我们判断系统与市场的匹配度具有很高的权重。另外，匹配度好的时候，备选股可达30多只；匹配度不好的时候，能入选备选股的寥寥无几，这也是观察匹配度的一个角度。

第三重：重点关注。

我们会从备选股中选择那些筹码峰很漂亮，横盘状态也比较完美，最好所在板块有大量个股入选潜力池、备选池的个股进入重点关注。例如2024年元旦前，我们复盘发现大量银行股、煤炭股入选潜力股、备选股，且板块指数表现良好，我们就分别从两个板块中选择了两只股票进入重点关注。在节奏点进场后，表现很好，一直持有到现在，成为股票池中的金牛品种。重点关注不意味着它一定比备选股涨得好，只是瑕疵很少，让人比较放心而已。在市场不好的阶段，我们经常选不出来重点关注的股票，这种阶段都属于市场给我们放假的阶段。反之，当重点关注的股票入选数量较多，表现良好的阶段都是系统和市场匹配度较高的阶段。

第四重：计算数量。

计算数量指的是通过复盘潜力股、备选股、重点关注股票，发现次日如果突破某个价格即构成买入条件的股票所构成的股票池。由于准备次日买入，所以需要计算出买入数量，所以我们干脆命名为"计算数量"。计算数量股票池需要每天更新，并以这个股票池的指数作为衡量"跑输""跑赢"市场的标准；同时我们也会记录这个股票池的涨跌比，有时某只股票大涨，而其他股票都跌，那么也不意味着系统与市场的匹配度很高。这个股票池的表现我们非常看重，其权重要高于其他股票池的表现。

在这里我们主要讲的是如何利用四重选股法观察系统与市场的匹配度，以制订账户策略。同时这个方法也能帮我们筛选出中意的股票，炒股的读者们不妨做个参考，试一试。

当然，观察系统与市场匹配度的最佳方法是进场交易的个股的表现。进场就被打，毫无疑问是不适合交易的阶段，此时分步建仓就显得特别重要。反过来当然也就是匹配度较好的阶段。不过我们仍然需要密切跟踪，说不定过了几天就不匹配了。

通过观察系统与市场的匹配度，我们就可以得出一个阶段性的账户策略，或者对赢冲输缩的标准进行调整。

二、大势观察

期货市场和股票市场对于大势的观察是不一样的。

先说期货市场。期货市场缺乏一个能影响大部分品种的指数，各品种基本按板块自行其是。但我们仍然需要分板块观察一下大势。

①有色板块以铜为主导，其中外盘铜算是先导。

②化工板块分上下游，大体一致，但上游和下游还是有区别的。上游以原油为主导，外盘原油为先导；下游比较乱，需要把 PTA、塑料、甲醇等品种浏览一遍，得出一个"大部分品种处在何种状态"的结论，这样的话对个别品种的假突破就会有一定的免疫力。

③黑色板块以铁矿石和螺纹钢为主导，各品种也要浏览一遍，得出一个基本的印象。

④农产品比较乱，成体系的是油脂、粕、豆，和外盘弱关联。其他基本各自为战，按各自的表现决策就好，不用太关注大势。

再说股票市场。股票市场没有T+0，个股比较服从大势，我一向很慎重。所以需要细说的仍然是股票市场。

1. 大势有多重要

全A等权（通达信软件的代码880008）指数是衡量个股表现的重要指数，因其计算方式剔除权重因素。所以我们用这个指数和大盘指数叠加，能看出个股涨跌和大盘走势之间的关系。先看图（为了画面简单直观，我在下图中没有叠加这个指数，只是统计了大盘和个股之间的同步关系）。

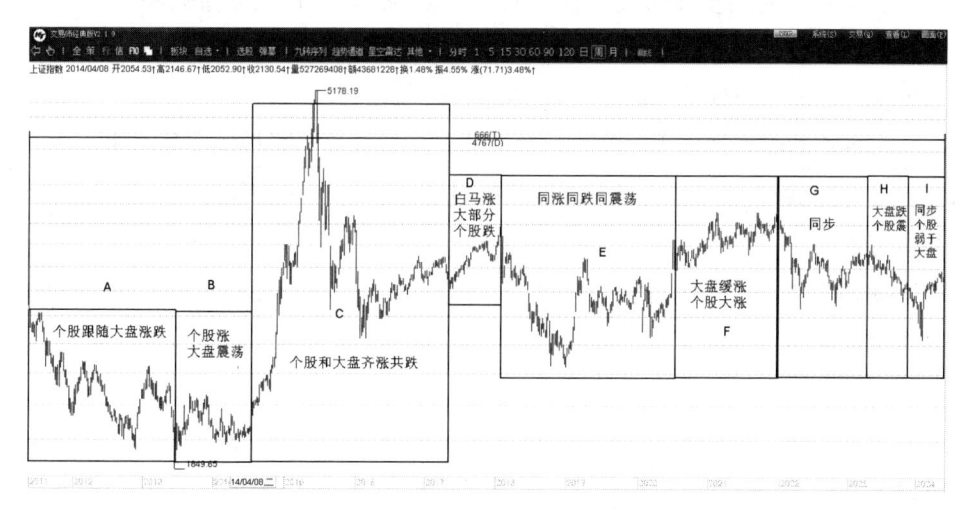

我以上证指数为准，把大盘和个股的关系分为以下四种（统计时间从2011年5月到2024年6月初）。

①强同步。即图中的A、C、E、G四个阶段。这四个阶段，大盘和个股是齐涨共跌的，有时个股强一些，有时大盘强一些，但基本保持同步。这种强同步的阶段占比约66%。

②弱同步。即图中的F、I段，占比约15%。

③走势相反，个股明显强于大盘。即图中的B、H段，占比约13%。

④走势相反，大盘明显强于个股。即图中的 D 段，占比约 6%。

简单划分的话，大盘和个股同步的时间占比达到了 81%，不同步的时间仅占 19%。尤其需要注意的是，大盘和个股走势相反且个股明显强于大盘的仅有 B 段，占比 8%。如果算上 F 段，占比 19%。也就是说，完全抛开大盘只做个股且盈利概率较大的阶段，也就占 19%。80% 以上的时间，我们要以大盘指数为准的。

我个人是经历过 2007 年大牛市和 2008 年大熊市的，这次牛熊轮回，让我养成了分析大盘指数，严格按照大盘指数的涨跌做个股的习惯。这个习惯在 2017 年下半年的白马股时代（图中 D 段）有所纠正，重点观察走强的板块。2020 年下半年到 2021 年，大盘横向震荡而个股大涨，长达一年半的时间足以改变一个人的固有看法，我觉得是不是今后大盘和个股的关系就不大了？后来两者的同步又纠正了我的观点。最终，在处理大盘指数和个股关系的问题上，我形成了这样一种看法：大盘指数提供了也代表了一种交易环境，这种交易环境可以评估为以下三种情况。

①各指数综合评定无系统性风险，为可交易环境，看板块交易个股为主；

②各指数综合评定处于系统性风险过程中，为不可交易环境，持仓个股基本为零。

③各指数综合评定处在系统性机会过程中，为积极交易环境，满仓且加期指杠杆。

交易环境，就是大势。80% 的时间，大势和个股是比较一致的。

但还存在一种情况，就是大势预期清晰且处在可交易环境中，但个人却选不出符合自己交易模型的个股来，或者只能选出很少的符合模型的个股，这就是系统与市场不匹配的情况了。这种情况一般发生在市场转势的初期，个股经过长期下跌已经面目全非，处于上升加横向状态的个股很少，那么我们选股就很困难。如 2014 年 9 月，市场经过长期下跌后突破长期下降趋势线，虽然不敢说要走牛市了，但当时确实处在可交易的市场环境下。我记得那段时间我们选股是比较困难的，符合模型的个股比较少。在这种情况下，较好的处理方案就是个股采取兔子撞树原则，以 ETF 和股指期货这种指数型交易来补充仓位的不足。下图就是当时的市场情况。

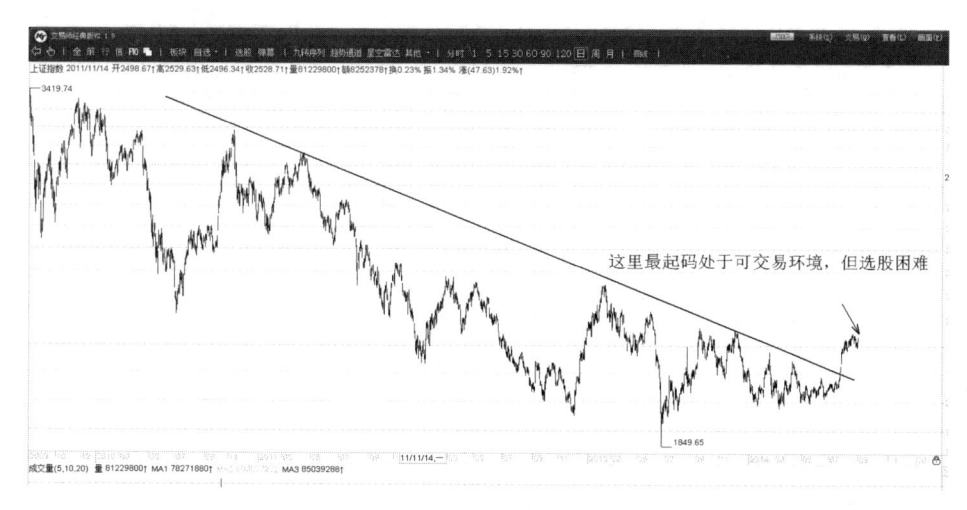

这里最起码处于可交易环境,但选股困难

2. 如何评估和应对大势

评估大势说起来简单,无非反转、反弹、震荡、下跌、大牛、大熊、中继之类的,但难就难在身在其中的时候,谁能一口咬定这里是反转还是反弹?反弹几天?高度如何?这个震荡结束后市场一定会如何?敢咬定的,你就让他做期指,10倍杠杆,你看他还敢咬吗?更别说咬定了。十几年前,我是专门看指数做股票的,在研判指数方面下了很大的功夫,在评估大势和预防异常走势方面多少有点心得,我觉得起码在应对方面还算能做到应对得当,所以在这里介绍一下我对大势的评估和应对。开启阅读下面这些内容之前,最好复习一下第二章有关技术分析的内容。

在我看来,评估大势只有两种情况:主预期清晰和主预期不清晰。什么是主预期呢?就是运用方向交易体系的技术分析方法的话,我们面对一张图表的时候,会对未来一段时间的走法有一个预期。这个预期不外乎某级别的趋势、逆向波动、顶底、长期震荡。这个预期我从来不是脑子里只有一根弦,咬死未来一定会如何如何的,而是有个主要的推断,交易按这个推断去做,这就是主预期。同时也会有个预案,预案是次预期,有时只有一个,有时好几个,根据市场当时的情况来制订次预期。但不是每次面对市场走势的时候都会形成清晰的主预期,有时会觉得市场可以有3~5个走法,那就是主预期不清晰的情况。所以我对市场走势的推断,只有"主预期清晰"和"主预期不清晰"两种情况。

①主预期清晰的情况。

潜在 N 字的第三笔,如下图。

当市场一旦形成上升加横向或者波浪形回调，那就形成了一个 N 字的前两笔，第三笔一般是要完成的，所以这时我们的主预期就是清晰的：市场有可能走一段与 1 对称的趋势，即图中标号为 3 的虚线。

但市场是不是一定会走 3 呢？那不一定。之前我们举过上证指数 2012 年 5 月份之前的例子，那个 N 的第三笔就没完成对称。所以我们需要留个心眼，防止市场犯坏，准备个预案。比如 2024 年 4 月 26 日，我对市场的主预期是走第三笔，同时我也准备好了次预期，即走法 4，如下图。

我为什么会做这个次要预期呢？因为我见过且经历过，如下图。

2023年3月份和4月份，我都作出了图中虚线的主预期，但都走了黑色箭头的次预期。至于2023年我为什么能作出那种次预期，是因为2021年市场也有类似的折腾人的走势。所以在市场里待久了，什么都见过了，就不会一根筋了。同时，在市场上活下来的秘诀，也从来不是看得准，而是看得大致靠谱，然后做好看错了的准备。

但我们也不能因为次预期的存在变得畏首畏尾，毕竟2010年10月份还走过很流畅的第三笔。所以重要的是应对。2010年什么特点？煤飞色舞，主流板块很清晰。2024年五一开盘后，就看有没有清晰的主流板块出现。比如集体涨停的板块。结果是没有。那么如何应对呢？我采取的是个股"撞树原则"，就是守株待兔，有兔子撞在树上就拎走，没有就算了；指数交易加强，包括期指和期权，毕竟主预期清晰，个股没有主流板块，不等于指数不涨，所以指数交易必须加入，以补充"兔子"数量的不足。同时，一旦走了次预期的走势，自然就要清仓指数交易。个股呢？也不能因为指数的暂时的下跌而立刻清仓，毕竟还有2021年全年指数没怎么涨，但个股表现不错的市况。所以个股的处理就是打止损的就走，没打的就留着，同时进场高度保守，不是非进不可的图形不做。后来市场确实走了次预期，但我们的个股保持横向震荡，没受指数调整的影响。当然后面再有新的变化我们又会调整为新的个股策略。

类似下跌一段后走了一段反弹，然后又出现下跌的状态，也属于N字第三笔，是主预期清晰的情况，应对方面是坚决空仓的。总的来说，N字第三笔，无论是上涨还是下跌预期，都是清晰的趋势预期，应对要点就是按主预期去做，按次预期去防。

清晰的某级别顶、底之后的走势，如下图。

2019年2月，在经历了下跌减速之后，上证突破左侧波峰颈线位，主预期为V形反转。其目标区域也清晰，只是需要步步为营，随时防止V反结束（我们的A股经常以V反开始，以尖顶结束，搞得人措手不及，所以我很不愿意参与这种走势）。在主预期形成之后，可以选择符合系统要求的个股进场。只是当时市场里保留上升加横向状态的股票较少，多见于软件等科技股，所以参与起来很不易。这没办法，市场状态和系统设定没有形成大的共振，只能赚点小钱。当时的次预期是，如下图。

在标号 1 的周线结束之前，我们要做好走势 A（头肩底）和走势 B（横向中继）两个预案。标号 1 走完，即可按 V 反预期步步跟随，以防范尖顶为主要关注点。

总结一下主预期清晰情况下的应对方案：**按主预期大胆交易，做好预案，然后跟踪、求证、应变。**

②主预期不清晰的情况。

某级别顶、底还是中继？

市场的基本规律就是涨多了会跌，跌多了会涨。所以我们在一波长趋势成功走出来之后，渐近对称位时要开始做预案。以上升为例，在一波大的上升之后，出现回调是必然的。那么这个回调，是个顶部还是中继？最典型的是 2007 年 5~7 月的走势，如下图。

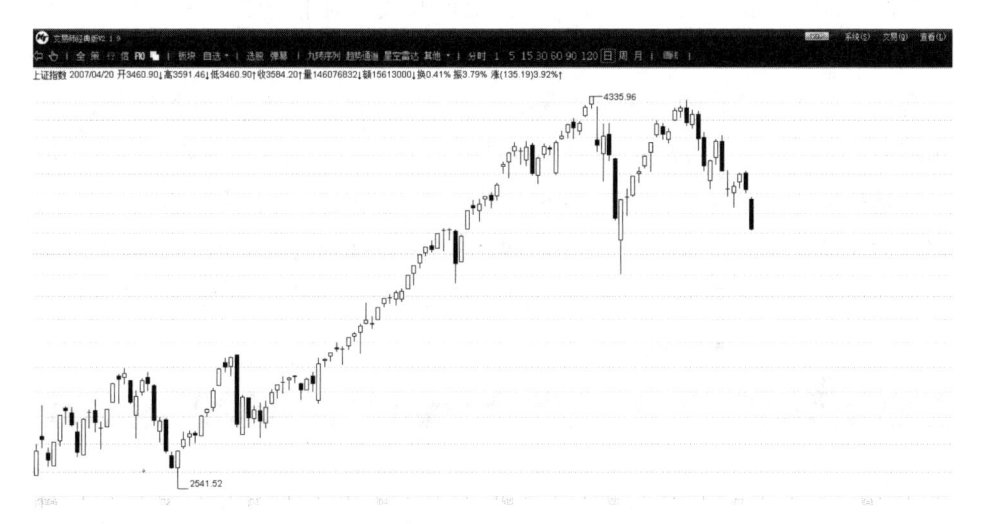

试问，当我们第一次遇到这种图形，会作出何种选择？典型的 M 头嘛，跑路恐怕是第一选择。之后的走势大家都知道了，指数越过 M 头高点，直奔 6124。所以当我们在 2015 年又一次遇到较大回撤的时候，所做的预案就是三个。先看一下 2015 年 6 月 16 日的情形，如下图。

5 月份的 A 区域有惊无险度过去了，当时的回调并没有什么我们能注意的预兆，所以就是硬扛（当然也有预案）。但请注意，上升途中的任何一次回调都不是没有意义的，其最基本的意义就是减速。所以 A 区域成功确认为小中继之后，我们开始关注市场的运行速度。之后的大阴线和十字星其实也是

减速的一部分。到了 6 月 4 日标号 1 的那根 K 线，对上证而言是一根长下影，对期指而言盘中已经跌穿标号 3 的低点，个股也很狼狈。所以我们的减仓动作是从 6 月 4 日开始的，同时立刻把预警级别提高，不再进新股，密切关注市场变化。6 月 4 日到 6 月 15 日多少是有些难熬的，当时知道要回调了，但到底是顶部还是中继，还是 2、3 根 K 线的小级别回调，是不知道的。实际上当时 IF 已经不涨了。到了 6 月 16 日跳空下跌的那根 K 线，我们觉得大调整大概率要开始了，但究竟是不是顶部，不知道。所以我们把四种预期都作出来了，看市场自己如何走，如下图。

当时的第一第二预期是走中继，第一预期是中继当中最坏的走法，即图中粗黑实线部分，标号为 1。这种走法就是参考了 2007 年 530 暴跌，当时指数最大收盘跌幅为 15%。第二预期是图中细实线，标号为 2，这种中继较为温和，大体上按 2015 年 1、2 月份的中继面积来衡量。经过这种横向调整之后，指数将继续向上突破。第三预期（图中粗虚线，标号为 3）只是照例做了最坏打算，反而是后来实际发生的。当然第三预期总体而言是顶部预期，也会有 M 头之类的顶部预案，但当时，也就是 6 月 16 日那天，支持顶部预案的迹象太少了，只能是提前心里有个准备。第四预期（图中细虚线，标号为 4）是市场只调整这两根 K 线，之后继续向上突破。除了这四种预案，其实还能作出其他预案，比如头肩顶、复杂中继之类的，但总的来说也无非就是这四种预案的变形，就不再一一列举了。

应对方法如下。

预期 1 和 2 均为中继，其中 1 最不利于持仓，属于中继中的最坏打算。所以应对以预期 1 为主。在指数跌幅 15% 的情况下，个股平均跌幅一般要超过 20%，所以需要配合期指空单加上大幅减仓来应对。至于调配多少期指空单、减仓多少，要看我们对净值回撤的最大容忍度是多少。不管怎么说，按 2007 年的经验，每次大中继发生的时候，都是市场风格转换的时候，大幅度减仓是必须的，给未来的新主流板块腾出仓位。

预期 3 代表了所有见顶的预期，其中 3 的走法是最坏的打算。划重点：**不管是中继预期还是顶部预期，一定要按最坏的打算进行准备**。6 月 16 日，离顶部预期还早，但需要划定标准，做好心理预期。

预期 4 对我们其实不利，因为已经大幅度减仓并配上了期指空单。若那么走，我们觉得会形成小级别的两次背离，"大中继或顶部"反而会更容易确认，所以应对上无非平掉空单，但仓位不做变化，尤其是不再进新的股票。

到 6 月 24 日，市场反弹两根阳线，颇似要走预期 1，所以我们平掉了期指空单，但预期 1 既然没有消失，也就没必要着急恢复仓位。后来的事大家也都知道了，股灾，走了预期 3，我们也逐步清掉了所有仓位，保留了大部分利润。

而市场跌多了也同样会发生大幅反弹。这个反弹到底是底部还是下跌中继？预案的做法也是一样的。不同的是，在长期下跌中的第一波反弹，我们向来是放弃参与的，直到大的底部形态有了眉目才适当参与符合系统要求的个股，在大的底部形态正式确认后大规模参与。就凭着"**不参与第一波大反弹**"这一条守则，我们躲过了很多次大的下跌趋势，如下图。

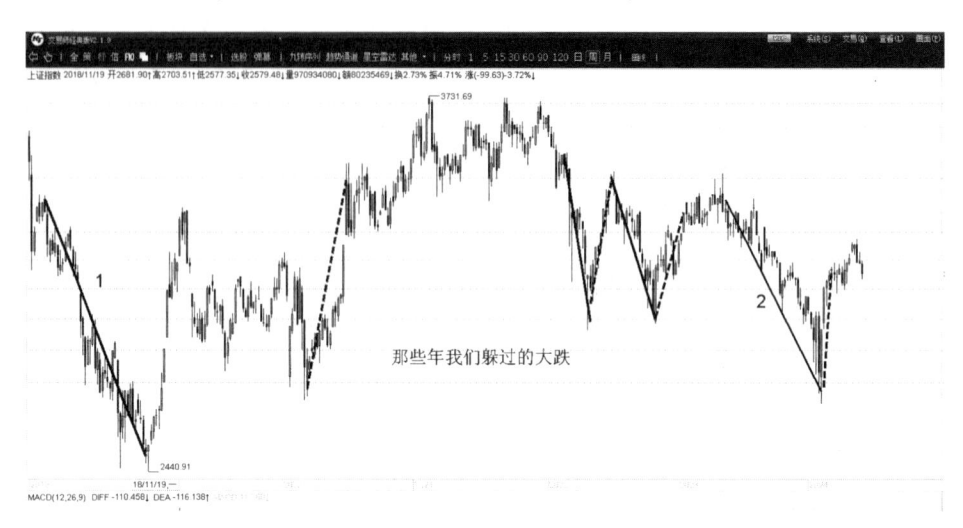

标号 1 是 2018 年的全年下跌，标号 2 是 2023 年下半年直到春节前的下跌。这两段下跌都躲过去了，由于下跌是很凶猛的，所以给我印象很深。前面其实还有。我记得 2011 年我有 8 个月空仓。当然躲过下跌的代价就是图中粗虚线那种大幅反弹也没参与。我们以读者容易有印象的 2023 年为例。2023 年下半年有过几次反弹，如下图。

图中反弹都是比较诱人的，尤其 8 月 27 日，出了很大的利好，差不多相当于 2008 年 9 月 18 日那种级别的利好（当时次日全部股票集体涨停，但反弹几天后市场再创新低，直到 1664 点）。我当天晚上发微博和朋友圈："历史不会完全复制，但躁动的心灵亘古不变"。后面还出过利好，也反弹，我们也不为所动。这么说吧，任何一次反弹发生时，我们的应对策略就一条：观察反弹的速度和第一波的高度再做决策。

"结构变清晰"之前的迷惘。

在我长期的实战过程中，我发现大部分走势即便在运行过程中有令人迷惑的状态出现，最后仍会走出一种较为清晰的预期。在清晰预期走出来之前，我们面对的就是一种不清晰的预期，如下图。

2023 年上半年就很折腾人。标号 1 的阶段，预期是清晰的，即喇叭形中继；标号 2 处预期不甚清晰，因有弱反 + 下跌，需要作出下跌预案。标号 3 的阶段是迷惘的，不知道市场要干什么。之后走出一笔小横，然后出现标号 4 的大阳线突破，预期又变得清晰，但也做好突破失败的预案。标号 5 的阶段，重新迷惘。标号 6 处，预期为：上升加乱七八糟的横向中继，之后向上突破。到了标号 7 处，整个横向被打破，预期重新变得不清晰。标号 8 的弱反，觉得大事不妙，到了标号 9 的 K 线出现，大局已定，前面的各种结构推演、结构预期均有了答案，最重要的是，我们得出了市场大概率将重启跌势，而且是大级别跌势，只需稍微防范一下市场重新走强即可。

在这9个阶段或关键节点处，有4个地方是预期不清晰的，均需要多方假设、小心跟随和应对。

应对方法如下。

标号2处：指数仍未打破横向状态，但存在破位风险，应对策略为放弃期指、期权等指数交易，个股谨慎持仓，不开新仓。

标号3处：持仓，遇到撞树的"兔子"就拎走，指数交易仍暂停。

标号5处：持仓，遇到撞树的"兔子"就拎走，指数交易已经止损，暂停。

标号7处：虽然破位，但仍有类似2021年指数斜向上而个股走势强于指数的可能性，所以个股仅收紧止损位和离场位，不做主动大规模减仓；指数交易仍暂停。

到了标号9处，主预期已经清晰了，主动大规模减仓甚至清仓是必做的动作了。

在整个长达半年的过程中，我们遇到了4次预期不清晰的过程，共同的应对策略就是指数交易停止，个股谨慎参与（包括谨慎开仓和持仓）。

总结一下指数走势不清晰的应对策略：**多方假设、小心跟随**，在预期清晰之前不做指数型交易；个股谨慎参与。

三、策略制订

看上去交易变复杂了：既要考虑账户策略，又要考虑市场大势。账户策略又有系统和市场的匹配问题；市场大势也有主预期清晰与不清晰的问题，清晰和不清晰又分不同情况。实际上，交易策略分为阶段策略和时点策略，阶段策略一旦确定，在较长时间内是不会变化的；而时点策略又根据阶段策略制定，也是不需要费脑子思考的。我们先来解释一下阶段策略和时点策略。

阶段策略一般用较为概括的语言来表述，包括总仓位控制、单品种标准仓位规定、交易标的选择的严与宽、止损和离场标准的严与宽。如果是股票交易，再加上指数交易与个股交易的搭配问题。阶段策略属于战略性策略。

一旦这个阶段策略制订好了，到了某个具体时点需要制订交易策略的时候，就会产生时点策略，时点策略包括进、出、加、减、持、观六个字，属于战术性策略，在战略策略指引下很容易制订。

所以稍复杂的是阶段性策略。阶段性策略在我这里很简单，到了某个阶段该制定何种策略都是不用太思考的事情；同时它也不是很死板地掰开揉碎了详细分析的结果。但为了读者理解的方便，我们还是把影响阶段策略的各变量拆开进行分析。

①账户净值状态：输缩、正常、积极。账户净值状态决定了单品种仓位标准，这是不能改变的。可变的是总仓位、标的选择、进场、止损、离场。

②市场与系统的匹配度：不匹配、匹配。对股票交易而言主要影响指数交易和个股交易的搭配，次要影响标的选择（比如可选标的较多，反倒可以优中选优），间接影响总仓位的增长速度。对进场、止损、离场标准的影响不大。

③大势状态（主要指股市）：清晰的 N 字第三笔上升、清晰的底部确认、清晰的下降趋势、清晰的顶部确认，不清晰的顶或上升中继、不清晰的底或下跌中继、不清晰的形态变数。大势状态对总仓位、指数交易和个股交易的搭配、标的选择、进场、止损、离场均有很大影响。

所以，读者们能看出来了吧，1 和 2 很简单，一段时间不易改变，也容易判定；复杂的是 3，即便在清晰的预期中也会有变数。所以我们的交易策略基本上就是以净值状态定基本调子、根据市场与系统的匹配度和市场大势的变化进行策略调整。

是时候再次请出张三、李四、王五三位老朋友进行现场演示了。张三净值状态 0.96、李四净值状态 1.02、王五净值状态 1.2，这个净值状态在一段时间内不会让他们调整赢冲输缩的标准，所以这是个不变量。另外，当市场与系统不匹配的时候，张三和李四的策略很简单，偶尔试仓、大部分时间直接远离市场即可；王五多少可以浪一浪，用期权或期指来进行指数交易，所以无论市场状态如何，"系统与市场特点不匹配"这一条已经可以让他们三人制定一个简单的策略了。那么"系统与市场特点匹配"就又成为一个不变量。而市场大势变量较多，所以我们可以直接以净值状态、市场与系统匹配这两条为不变量，以市场状态为变量，请三位老朋友演示自己面对不同市场大势时的策略。

（1）指数面临 N 字的第三笔突破。

张三的策略：总基调为保守中的积极。单品种仓位按输缩标准执行；指数确认突破前严选个股，在从严选股的前提下，总仓位标准不超过20%；个股进场优先形态外节奏点和形态内节奏点，不考虑同级别节奏点；节奏点进场以收盘附近或收盘次日为准；初始止损严格执行"进场理由消失即止损"；只在指数确认突破后进行第二次加仓，加仓后总仓位标准不超过40%；指数确认突破后两三天内若无变化，且持仓个股表现良好，可以根据指数距离目标位的远近决定加仓节奏；仔细斟酌假突破的预案，密切关注假突破的可能性。

李四的策略：总基调为正常中的积极。单品种仓位执行正常标准；指数确认突破前严选个股，总仓位标准不超过30%；不考虑同级别节奏点；若形态非常好，节奏点进场可以考虑盘中条件单；初始止损适当考虑指数当天的情况；在指数确认突破当天收盘附近可以考虑加仓，次日进一步加仓，加仓后总仓位不超过60%；若突破后指数出现形态外小节奏点，可以搭配0.1倍杠杆左右的指数交易（期权复杂一些，此处指期指）。若指数一路上攻，可根据指数距离目标位的远近决定是否尽快加仓至满仓；对假突破的确认可以稍放宽。

王五的策略：总基调为积极中的积极策略。单品种仓位按赢冲标准执行；指数确认突破前个股选择标准可以宽松一些，斜向调整的个股可以考虑；总仓位标准不超过40%；同级别节奏点可以考虑；进场根据个股具体走势决定使用盘中条件单还是收盘附近进场；初始止损适度放宽，指数没有确认第二笔失败且个股不是变得很难看就可以先持仓看看；指数确认突破当天迅速加仓，可交易个股数量不足可以用指数交易补足，但一般来说由于单品种仓位按赢冲标准，此时已经满仓；指数突破后根据距离目标位的远近决定是否使用杠杆。

为节约读者时间，以下部分的策略描述会简单一些。

（2）清晰的底部确认。

张三的策略：总基调为保守中的中性策略。只在底部确认之后进场交易；个股执行严格选股标准；收盘次日进场为主；兔子撞树原则，有撞树的即拎走；止损正常执行；总仓位不超过15%（注意，虽然是底部确认，但我们的确认不是市场的确认，底部形态突破确认后又演变为中继的情况很多）；若底部有效，上行途中不再加仓，等待大的中继形成；密切关注底部是否重新变为中继。

李四的策略：总基调为中性中的中性策略。只在底部确认之后进场交易；个股亲人图形即可，在节奏点收盘附近进场为主；止损正常执行；总仓位不超过30%；不做指数交易；其他同张三。

王五的策略：总基调为积极中的中性策略。可以在底部确认之前选择个股交易，个股选择标准较宽松，但仍控制总仓位，不超过 50%；若个股仓位不足，可以考虑用指数交易补足；止损以指数的底部确认失败为准；其他同张三。

需要说明的是，底部确认即便再清晰，它也是推测的底部，不是市场最后证明的底部，所以我们在底部确认时一律采用中性策略，以防止这个推测是错误的。一旦推测错误，以张三的总仓位，止损按 10%，不过 1.5% 的止损，李四 3%，王五 5%。这种止损对他们来说还是能够承受的。

（3）清晰的顶部确认、清晰的下跌趋势、不清晰的底部或下跌中继：张三、李四和王五一律采用保守策略，遇到符合系统的个股也不交易。王五的唯一特权是可以持有尚未出现离场信号的金牛个股。

（4）不清晰的顶部或者上升中继（即搞不清是顶还是中继）。

一般来说，这种市场走势出现之前，指数已经走了一大段上升趋势了，张三和李四的净值怎么会处于 0.96 和 1.02 呢？这是可能的，就是他俩之前亏损幅度较大，借着上升趋势回到了 0.96 和 1.02。

张三的策略：主基调为保守中的保守策略。保留 10% 的仓位；明确是顶还是中继之前不再进场；确认顶部之后清仓。

李四的策略：主基调为中性中的保守策略。保留 20% 的仓位，可以适当对冲；其他同张三。

王五的策略：主基调为积极中的保守策略。保留 30% 的仓位，采用对冲策略，明确是顶还是中继之前不再进场；确认顶部之后保留部分尚未出现离场信号的金牛品种。

（5）预期不清晰的形态变数（即前文"结构变清晰之前的迷惘"状态）。

这里主要指的是一段上升之后推测可能要走中继、但这个中继很折腾，一会儿看着是要走中继，一会儿看着中继要结束了，一会儿又回来了，总之就是很折腾，具体案例可以参考前文"结构变清晰之前的迷惘"。其实 2024 年 5 月份之后的走势也处在这种状态下。这种状态的问题在于，虽然指数折腾，但个股机会还是有的；个股机会虽然有，但有的很折腾，有的就很流畅。所以他仨的策略的主要不同之处在于对个股进出场的处理上。至于仓位策略、个股选股等，可以参考"指数面临 N 字的第三笔突破"部分。

张三的个股策略：严格按个股自身的止损位离场；走势清晰之前停止进场。

李四的个股策略：可以设置止损位，等收盘确认再离场；走势清晰之前只做极完美的且不做会非常后悔的个股。

王五的个股策略：以指数清晰为标准进行止损，除非个股出现明显的破位；个股进场标准从严，轻易不进场，但也不至于严到李四的程度。

好了，策略部分就讲完了。有了阶段性策略，我们心里就有了一杆秤，遇到某个交易品种做还是不做就有数了；各品种进多少仓位，止损设在哪里等等都有了一个标准。后面我们就可以制订交易计划了。

第二节 交易计划、交易执行和交易记录

一、交易计划

《帝纳波利点位交易法》的作者帝纳波利有两句话我印象很深。

第一句：计划你的交易、交易你的计划。

第二句：按计划执行的交易，亏钱了也是对的；不按计划执行的交易，赚钱了也是错的。

交易计划不是凭空来的，它是在交易策略的指引下，技术研判综合功力、品种选择功力、应变功力以及熟练使用交易规则（包括技术规则和资金管理规则）功力的综合体现。看似一张简单的交易计划表，体现的是策略是否得当，体现的是复盘过程中的思考，体现的是日常积累的功力，也体现了交易者的智慧和情绪状态。所以我们必须要有一张交易计划表，在填写这张计划表的时候，会发现新建仓的止损大了还是小了，从而调整一下仓位；会发现某个看着很好的品种也许存在瑕疵，当仓位比较重且可做可不做的时候也许就放弃了。通过交易计划表，我们也可以复盘过往的计划哪些是有问题的、哪些是完美的。

在制作交易计划表之前，我们需要一张复盘表。如果只做国内期货、期权、股票交易的话，复盘表示例如下。

日期		周			
一	期货					
1. 外盘	外盘中与内盘品种相关品种的情况				
2. 内盘	内盘各板块的基本情况；值得关注的品种；异常走势品种				
二	期权				
波指	波指的波动大小、位置				
机会	合约的可操作性				
三	股市				
1. 概览	对股市个股和指数环境的综合评估				
活跃度	总涨跌比	7%比例	涨跌停板比例	股票名称	
评估个股的活跃度	涨停收益	封板率	连板高度	连板数量	
指数环境	上证、深成指等重要指数的基本表现，有时会加入市场关注的指数，比如微盘股				
细分板块	涨跌比例	我用的是通达信细分行业板块			
涨幅榜	看9%以上涨幅的股票的特点，尤其是位置（高中低）、行业				
跌幅榜	看9%以上跌幅的股票的特点，尤其是位置（高中低）、行业				
2. 潜力股	平均涨幅	发现其中的机会（挑选备选股时漏掉了）、观察其强弱			
3. 备选	平均涨幅	评估其表现（涨跌家数比）、寻找适合交易的个股			
4. 重点	平均涨幅	评估其表现（涨跌家数比）、寻找适合交易的个股			
5. 计算数量	平均涨幅	评估其表现（涨跌家数比）、确定次日适合交易的个股			
以下部分在周五复盘时加入					
6. 关注板块	数量	值得重点关注的细分行业板块			
7. 千股选股	每周从一千只个股中选出潜力股，五周一轮回				
8. 潜力股	潜力股的周表现评估、剔除的数量、加入的数量				
9. 备选股	备选股的周表现评估、剔除的数量、加入的数量				
10. 重点关注	重点关注股的周表现评估、剔除的数量、加入的数量				

读者可以根据个人喜好和需求对这个复盘表作出调整。这个复盘表的作

用，一是对市场进行全景式复盘，了解市场情势；二是从中发现交易机会。全景式复盘可以把阶段交易策略具体化为时点交易策略；发现的交易机会则可以列入交易计划表中。交易计划表示例如下。

时间	状态	品种	方向	结算价	持仓价	止损价	单价	手数	价值	持仓利润	当前资金	利润率	止损后利润	止损率	回撤	回撤率	备注
年月日	新建	期权	多空														
		期货	多空														
		股票	多														
	合计																	
	持有	期权	多空														
		期货	多空														
		股票	多														
	合计																	

上表中不易理解的一些栏目说明如下：

①结算价：在新建部分，结算价为拟建仓品种的收盘价；在持有部分，结算价是期货品种的结算价，以及期权和股票的收盘价。

②持仓价：在新建部分，持仓价为拟进场的条件单触发价；在持有部分为建仓时的价格。若有加仓，则合并到一起为持仓价。

③止损价：在新建部分，止损价为事先拟定的止损价格；在持仓部分，脱离成本区之前为初始止损价格；脱离成本区后，为调整后的离场价。

④单价、手数和价值：单价即各品种的单位计价，期货按《基础杠杆表》填写，期权为10000、股票为1。手数栏期权和期货按实际手数填写；股票指的是股数，不是100股1手的手数。价值等于单价乘以手数。

⑤持仓利润：在新建部分可不填。在持有部分指的就是持仓利润，用的是结算价和持仓价两栏。需要注意多空方向的问题，多头为结算价减持仓价、空头为持仓价减结算价。

⑥利润率：在新建部分指的是单品种止损金额占总资金的比例；在持仓部分指的是单品种持仓利润占总资金的比例。

⑦止损后利润和回撤：这两项为可选项，用于计算账户可能面临的利润变化和回撤。在新建部分，止损后利润就是止损额，合计之后为新建仓的总止损额；回撤不用填写。在持仓部分，止损后利润就是品种离场后的利润（亏损）额；回撤就是结算价与止损价的差额（注意多空方向的调整），用于计算持仓品种离场后的回撤金额。

⑧合计：在新建部分，合计的主要作用是看所有建仓若能完成，其止损总额是多少，这个总额会让我们掂量一下建这么多仓位一旦止损全部触发，账户能不能受得了。在持仓部分，合计的主要作用是看回撤的总额是多少。止损总额加回撤总额，即可知道一旦所有止损发生，账户会回吐多少金额。对于资金规模较大的基金来说，对这个金额的调整（比如调整止损位、调整进场品种）是可以平滑曲线的。

二、交易执行

交易执行当然就是临场下单。我比较推荐使用条件单下单方式。

①条件单可以克服临场的心理变化，强化执行力。建仓前，进场条件、止损条件、下单手数都已经在计划表里写好了，但如果是手工下单，看着不断变化的分时线、不断变化的大盘，心里难免会犯嘀咕，这一嘀咕，计划好的事情就泡汤了。所以无论是进场还是初始止损、最终离场，我们都喜欢设置条件单。如今除了期货和期权，很多券商的手机 APP 也有了条件单设置，所以股民朋友也就可以尝试用条件单交易了。

②我最看重的是，条件单交易可以把一位交易者由"判断式交易者"转化为"触发式交易者"。判断式交易者比较依赖对市场和交易标的的主观分析、判断，"看得准"是他们的主要抓手，习惯于主动出击，想要抓住所

有类型的趋势，且易养成抄底逃顶的习惯。触发式交易者也有分析和判断，否则交易计划表里的进场价和止损价从何而来？但触发式交易者更相信市场自己的选择，认为市场可以有多种走法，只有当触发某条件时市场才更倾向于某种走法，若出现与倾向相反的走势，自有止损条件单在等待触发。这种做法更像是"不见兔子不撒鹰"和武术里的"后发制人"的情况。触发式交易者不喜欢预测市场，看到某种市场状态，他们会在脑子里画出主要预期和其他预案，所以你很难从触发式交易者嘴里听到对市场的斩钉截铁的预言。触发式交易者一般有自己的交易模型，当市场或交易标的符合交易模型的时候才触发他们的交易行为，这就让触发式交易者有机会避开不符合自己能力圈的市场并抓住自己擅长的市场机会，实现系统和市场的共振。

但并不是所有交易都可以设置条件单的，有些情况（这些情况一般会写在交易计划表的备注栏）需要在执行中进行调整。

①股票交易中需要根据指数变化决定进出场的情况。股票交易最大的问题是 T+1 交易，盘中触发了条件单，然后留下长上影在图中嘲笑交易者的情况比比皆是，要命的是你只能看着它嘲笑你，次日才有机会跑掉。所以当我们对指数走势有清晰预期的时候，推荐用条件单交易。但有时指数能否在关键点取得突破？指数当下到底要干什么？出现了这些不清晰的预期的时候，恰好又有很好的交易标的进入视野，这时就需要根据盘中指数表现决定是否进场了。

②需要收盘附近决定是否进出场的情况。股票和期货都有这种情况，之前提到多次，这里就不多说了。

③预计次日也许会大幅高开、低开的情况。重大利好或利空、外盘剧烈波动都容易引起次日开盘价的异常。如果预计的高开、低开幅度符合报酬风险比还好一些，如果这个幅度让报酬风险比变成了 2∶1 就不划算了，所以此时需要人工盯盘，决定进出场动作。

④期货品种会有板块集体行为，当某个品种能否形成节奏点在两可之间的时候，就需要观察同板块其他关联品种的走势了。这种情况不多见，但也存在。比如黑色系，一般螺纹、热卷、铁矿、焦煤、焦炭的大的走势是一致的，但具体到某个几天内的小阶段，它们是有差别的。这时假如恰好拿捏不

准其中的某个品种是否值得进场，就需要观察一下次日各品种是否出现了集体行为，这样的话就需要盘中临时决定是否进场了。

三、交易记录

交易记录表分两个，一个是单品种记录，一个是净值记录。如果交易者是跨市场交易，且希望了解自己的系统在不同市场中的表现的话，也可以进一步细分。

1. 单品种记录表

单品种记录表可以让交易者了解自己在各个品种交易中的得失，并与计划表里的止损进行比较，知道自己实际止损和计划止损之间的差别。每过一段时间回顾一下这个阶段的交易，是一件很有乐趣，也会很有收获的事情。交易记录表示例如下。

时间	品种	交易方向	交易单位	手数	单价	进场价	离场价	利润	利润率
年月日	股票	多				价格			
年月日	股票	平				价格	价格		
年月日	期货	多/空				价格			
年月日	期货	平				价格	价格		
年月日	期权	多/空				价格			
年月日	期权	平				价格	价格		

这个表格最初是按时间流水记录的。当平仓发生时，可把平仓栏剪切复制到开仓栏的下一格，并计算出利润率。一年下来，开仓多少笔、盈利单子占比、各单交易带来的利润率就可以统计出来了。相信我，相对于你的模糊记忆，你一定会大吃一惊的。我为什么能知道方向交易体系一年大体做多少笔交易、胜率是多少、主要利润来源于多长周期的持仓？为什么会坚定做某种模型的交易、坚持做大周期？就来自于这些交易记录表里的数据。希望读者也能坚持记录，同时回顾自己的交易，收获之大是意想不到的。

2. 净值记录表

示例如下。

时间	账户权益				备注	份数	净值	净值变动
	券商账户	期货账户	期权账户	总权益	出/入金			
	1400000	200000	400000	2000000		2000000	1	0
	1420000	205000	410000	2035000		2000000	1.0175	0.0175
	1600000	204000	414000	2218000	入20万	2196560.2	1.0098	−0.0076

个人交易者难免会发生账户出入金的情况，所以"份数"这一栏是必须保留的。比如张三在某日入金20万，入金前一天净值为1.0175，那么他入金的份数就是20万除以1.0175，把这个份数加上入金前的份数，就是当天的份数。当天的总权益除以这个新的份数，就是当日净值。净值变动也可以让我们了解自己账户的日常波动情况，知道自己在好行情时单日波动最大值和大概值；在遇到回撤时的单日最大回撤和正常回撤，这些数值都很有意义，可以帮助交易者修正自己系统中的资源配置思路。

净值记录表的重要作用是形成一个净值曲线图。净值曲线图会让我们发现系统中存在的问题、系统的特点。下图是方向体系典型的曲线图。

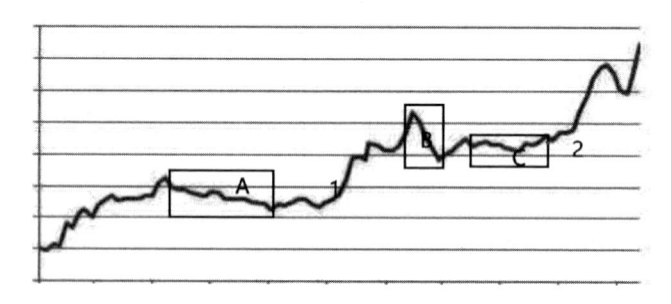

通过这个曲线图我们能看出什么？

①图中的B区域，显然回撤太大了，当时也许是仓位过于集中于某个板块，也许是止损不合理，也许是仓位过大。那么我们就可以找到当时的交易记录，决定是否需要修正系统中的某些设定。

②A、C两个区域显示了方向交易体系的显著特点，就是市场不利于系统的阶段交易笔数和仓位都比较小，所以回撤也很小。同时这种阶段时间也

比较长，这是符合市场走势特点的：市场经过一段迅猛趋势之后，一般要休息一段时间，这也是方向体系在这个市场的休息时间。若想全天候交易，那就跨国、跨市场交易，资金曲线又会有新的变化。

③图中标号1和2是迅猛增长前的阶段，坡度稍缓。这说明在大趋势来临之前我们是经过试仓的，一旦发现市场和系统很匹配，仓位增加也比较快。

我看一只基金的风格，一般就看曲线图就能知道个大概。那种一年能翻数倍的曲线，肯定都会有高达30%~50%的阶段回撤。如果交易者要买一只基金，一定不要只看盈利能力，要看整体曲线图是否稳健。

好了，现在我们有了四张表格：基准杠杆表、交易计划表、交易记录表、资金权益表。一位个人交易者，把这四张表格放到一个EXCEL文件里之后，他就接近于机构交易者的管理了。我们常说散户打不过机构，先不说阴谋论里的"操纵"问题，就说我们散户的操作，是有系统、有计划、有执行力的吗？我希望读者们阅读完本书之后，把最后一节之前部分掌握的知识，全都能用到这些表格里、用到自己的交易执行里，奠定以交易为生的基础。像曾国藩那样结硬寨、打呆仗，久久为功，自有成功的一天。

在本书的结尾，我把我最喜欢的四句话送给读者。

市场里的钱是赚不完的，但能亏完。

探究原理、直指交易；多方假设、小心跟随。

术无道不久，道无术不精。

行险道或可一战成名，谁曾见失意者积骨如山；循正途方能百战不殆，无智名无勇功仍称善战。

后记

这本书在心里写了十年，在电脑上写了十个月。没想到出版颇费周折，联系数家出版社皆有不同的障碍。所以首先需要感谢蔡晶女士，是她热心热肠，通过杨楠先生找到了企业管理出版社的尚尉老师。和尚老师的第一次通话，他的一句话令我动容："出版社除了要讲经济效益，还应该担负传播、保留好的著作的社会责任。"此后尚老师无论在出版安排、校对等方面都表现出高度的专业性和极为认真负责的态度。尚老师说话办事干脆利索、思路清晰，合作期间给我留下了深刻印象，我们的合作也一直非常顺畅、愉快。这本书最终能得以面市，必须感谢尚尉老师，他能在出版业低迷的阶段帮我出版这本销售前景并不明朗的书籍，是需要身为出版人的责任感的。

在此我还要感谢我的五个弟子：洪昆银、姜海、刘磊、任于洁和吴宝刚。他们在本书的第一次校对期间提出了很多宝贵的意见和建议。尤其是姜海，非常善于思考，从思路、内容、行文、布局等方面都进行了深入思考，提出不少建议。

一本书的出版是非常不容易的。本书的最后一次校对，我邀请了凡尘和xiaoxiao（都是网名）帮我逐字校对，他们也从中发现了一些疏漏之处，在此也表示感谢！

我还要感谢我交易生涯中的几位贵人，他们分别从技术分析、资金管理方面给了我很多启发。比如K线反映一切（网名）老师，他是我技术分析的入门老师，跟从K线反映一切老师学习期间，我在裸K线分析、结构分析方面打下了坚实的基础。再比如投资家1973（网名）先生，他在商品期货的交易方面堪称我的入门老师；另外如果没有他的分散持仓、单品种轻仓和标准化控仓等资金管理方法，我的资源配置系统也不会那么快地形成。还有鼎砥论坛的贺彦君先生，他仅用"无所谓"三个字让我摆脱了指标参数的束缚。其他十几年前活跃在网络的技术分析高手们也提供了或多或少的营养，在此一并表示感谢！

正所谓"教学相长"，我的学生们、粉丝们在学习和交流过程中也给我的交易体系增加了不少灵感。比如"小资金轻仓做期货"的方法，是被常年重仓的粉丝们"逼"出来的，所以在这里也要对他们表示感谢。

考虑到读者群体的层次不同，我在写作过程中尽力写得通俗、详细，但限于我的表达能力，可能仍有很多地方读者们不易读懂。为了方便读者们沟通、交流，我打算建几个读书群，有不明白的地方可以在群里提问，我将尽力解答。有意加群的读者请加微信：fangxiangjiaoyi。另外，为了本书出版后不至于湮没无闻，我在短视频方面做了一些努力，虽说涨粉效果不好，但还是留下了很多视频作品，也可以作为书籍的有效补充，读者们也可以移步几个短视频账号进行观看。视频号和抖音平台搜索"小李扔刀"、百家号和哔哩哔哩平台搜索"戚春涛"都能找到我的视频资料。另外我已重新启用公众号"方向交易研究院"，每周都会对股市、交易进行分析，这些分析都是结合当下市场走势进行的，可以说是结构形态学应用的"活案例"，读者读完本书后若能结合这些案例进行进一步学习，当能有更多的收获。

最后感谢一下本书推荐序的作者叶燕武先生，他也是我多年的好友，身为光大期货研究所的所长，在年底、年初最忙的阶段拨冗阅读二十多万字的书稿并亲为本书写序，也确实难为他了。

戚春涛
2025年1月于北京